Gerd F. Hepp

Bildungspolitik
in Deutschland

Eine Einführung

VS VERLAG

Bibliografische Information der Deutschen Nationalbibliothek
Die Deutsche Nationalbibliothek verzeichnet diese Publikation in der
Deutschen Nationalbibliografie; detaillierte bibliografische Daten sind im Internet über
<http://dnb.d-nb.de> abrufbar.

1. Auflage 2011

Alle Rechte vorbehalten
© VS Verlag für Sozialwissenschaften | Springer Fachmedien Wiesbaden GmbH 2011

Lektorat: Verena Metzger | Frank Schindler

VS Verlag für Sozialwissenschaften ist eine Marke von Springer Fachmedien.
Springer Fachmedien ist Teil der Fachverlagsgruppe Springer Science+Business Media.
www.vs-verlag.de

Umschlaggestaltung: KünkelLopka Medienentwicklung, Heidelberg
Druck und buchbinderische Verarbeitung: Ten Brink, Meppel
Gedruckt auf säurefreiem und chlorfrei gebleichtem Papier
Printed in the Netherlands

ISBN 978-3-531-15210-3

Vorwort

Im letzten Jahrzehnt verzeichnet die Bildungspolitik in Deutschland eine regelrechte Renaissance. Sie ist vor allem den wenig schmeichelhaften Ergebnissen der internationalen Schulleistungsvergleichsstudien geschuldet, die das Vertrauen in die Qualität des deutschen Bildungssystems nachhaltig erschüttert haben. Im Zentrum der Kritik stehen insbesondere Leistungsdefizite sowie das im internationalen Vergleich relativ hohe Ausmaß an sozialen Disparitäten im deutschen Bildungssystem. Damit wurden Befürchtungen wachgerufen, das deutsche Bildungswesen verliere den Anschluss an die internationale Entwicklung, wodurch die internationale Wettbewerbsfähigkeit und damit auch die Zukunftssicherung des Wirtschaftsstandortes Deutschland nachhaltig gefährdet seien. In diesem Kontext wird seitdem die geradezu existenzielle Bedeutung der Bildung beschworen, zumal außer der Bildung hierzulande kein nennenswerter Rohstoff als Quelle der Wohlstandssicherung zur Verfügung steht.

Längst haben diese von den Medien propagierten Warnsignale auch die Politik mobilisiert. Waren bildungspolitische Themen in den 1990er Jahren noch von nachrangigem Gewicht, so zeigt sich seit der Jahrhundertwende hier eine Zäsur. Sowohl im Bund wie in den Ländern ist die Bildungspolitik zunehmend in das Rampenlicht der politischen Wahrnehmung getreten und hat die politischen Akteure in Bund und Ländern unter erheblichen Handlungszwang gesetzt. Dies zeigen die Bundestagswahlkämpfe seit 2002, vor allem aber die letzten Landtagswahlkämpfe, in denen bildungspolitische Themen durchweg Spitzenplätze erreichten, wenn nicht gar wahlentscheidend wurden.

Vor dem Hintergrund der wachsenden Aufwertung dieses Politikfeldes bietet dieses Studienbuch eine systematische Einführung in den hochkomplexen Gegenstandsbereich der Bildungspolitik in Deutschland. Die Darstellung konzentriert sich dabei schwerpunktmäßig auf die beiden Hauptbereiche der Bildungspolitik, die Schulpolitik und die Hochschulpolitik. Sie stehen nicht nur herausgehoben im Fokus der Medien und der gesellschaftlichen Wahrnehmung, vielmehr kommt ihnen auch auf der politischen Agenda der diversen bildungspolitischen Akteure in Bund und Ländern eine Spitzenstellung zu. Auf eine systematische und ins Detail gehende Einbeziehung der vorschulischen Bildung, der beruflichen Ausbildung und der Weiterbildung wurde daher verzichtet, zumal sie den Umfang, der für diese Studie vorgegeben war, gesprengt hätte. Im Vordergrund dieses Studienbuches steht daher auch das Bemühen, sich auf grundlegende Fragestellungen zu beschränken und in exemplarischer Absicht vor allem jene

Strukturen, Prozesse und Entscheidungen im System des deutschen Bildungsföderalismus herauszuarbeiten, die für das Verständnis der Bildungspolitik von grundlegender und vorrangiger Bedeutung sind. Ziel ist es, dem Leser einen ebenso breit fundierten wie kompakten Überblick über das Politikfeld Bildungspolitik zu ermöglichen, wobei sich die Darstellung von einem institutionell-handlungsorientierten Ansatz leiten lässt. In ihm stehen ordnungspolitische und institutionelle Faktoren, Fragen der politischen Steuerung und Entscheidungsanalyse, inhaltliche Probleme und Aufgabenfelder sowie die Rolle der bildungspolitischen Akteure und die Art ihrer Einflussnahme gleichermaßen im Fokus der Analyse.

Nach einer begrifflichen Erörterung des Bildungsbegriffes (Kapitel 1) werden kurz die verschiedenen Teilbereiche der Bildungspolitik und die durch diese zu erfüllenden Funktionen skizziert (Kapitel 2). Deren gleichgewichtige Realisierung stellt für die Bildungspolitik eine höchst anspruchsvolle, tatsächlich aber oft nur unbefriedigend gelöste Aufgabe dar. Vieles hängt hier nicht zuletzt von den diversen Rahmenbedingungen ab, da bildungspolitische Entscheidungen durch diese häufig konditioniert werden. Was den ordnungspolitischen Rahmen anbetrifft, verfügt in Deutschland traditionell der Staat im Bildungswesen über eine fast schon monopolartige Stellung (Kapitel 3). Erst in jüngerer Zeit sind hier verstärkte Entstaatlichungs- und Privatisierungstendenzen zu beobachten, deren Intensität jedoch nach Teilbereichen variiert. Wichtige Rahmendaten ergeben sich ferner aus der demographischen Entwicklung (Kapitel 4) , da der Rückgang der Gesamtbevölkerung zu erheblichen Verzerrungen der Bildungsnachfrage, zu strukturellen und regionalen Disparitäten aber auch zu großen Arbeitsmarktproblemen führt. Schließlich hängen die bildungspolitischen Gestaltungsmöglichkeiten auch von den finanziellen Ressourcen ab, die ein Land bereit ist, in sein Bildungssystem zu investieren. Deutschland, wo die öffentliche Finanzierung mit Abstand überwiegt, erreicht hier im Vergleich mit anderen prosperierenden Wirtschaftsnationen seit längerem nur unterdurchschnittliche Werte (Kapitel 5), wobei jedoch zwischen Bildungsbereichen und Bundesländern teilweise erhebliche Unterschiede bestehen.

Geradezu unüberschaubar ist Zahl der Akteure, die bei den bildungspolitischen Entscheidungsfindungen mitwirken. Neben den „amtlichen" Entscheidungsträgern in den staatlichen Institutionen, sind im nichtstaatlichen Sektor insbesondere die politischen Parteien, die Nutzer der Bildungseinrichtungen, Kirchen, Verbände und Gewerkschaften bemüht, ihre spezifischen Interessen geltend zu machen (Kapitel 6). Davon abzugrenzen sind die Akteure, die im Rahmen der wissenschaftlichen Politikberatung tätig sind. Das Spektrum der Anbieterseite hat sich hier jedoch im staatlichen wie im privaten Bereich gerade in jüngster Zeit immer weiter ausdifferenziert (Kapitel 7).

Den institutionellen Rahmen für die Bildungspolitik in Deutschland bildet das föderale System. Durch die Verfassungsreformen von 1969 und 2006 sind die machtpolitischen Gewichte zwischen Bund und Ländern jeweils neu justiert worden (Kapitel 8). Trotz dieser Gewichtsverlagerungen blieb der Bund bei aller Kompetenzarmut jedoch immer ein einflussreicher bildungspolitischer Player, der zwar weniger in der Schulpolitik, dafür aber umso mehr in der Hochschulpolitik seine Mitgestaltungsmöglichkeiten nutzen konnte (Kapitel 9). Den Rahmen hierfür bildeten die Einrichtungen des kooperativen Föderalismus, in denen der Bund seine gesamtstaatlichen Interessen mit den Ländern abstimmen muss.

Das umfangreichste Kapitel des Buches ist der Bildungspolitik auf der Länderebene gewidmet, zumal die Bildungspolitik zuvörderst eine Aufgabe der Länder darstellt, die darin ihr eigentliches Kerngeschäft sehen (Kapitel 10). Sie wehren sich daher mit aller Vehemenz gegen die stets wiederkehrenden Infragestellungen des Bildungsföderalismus. Bei der Analyse der Schulpolitik (Kapitel 10.1) gilt das Augenmerk zunächst den administrativen und den legislativen Steuerungsinstrumenten der Länder, bevor anschließend die miteinander zusammenhängenden Problemkreise der einzelschulischen Selbständigkeit und der Qualitätssicherung und Evaluation diskutiert werden. Daran anknüpfend folgt auf der Basis intranationaler Vergleichsstudien ein Vergleich der Schulleistungen der Länder, der auch regionale und schulformbezogene Diskrepanzen im Kompetenzerwerb sichtbar macht. In einem zweiten Schritt geht es dann um die vieldiskutierte „Gerechtigkeitsfrage", wobei zu klären ist, welche sozialen Faktoren den Bildungserfolg konditionieren und welche gravierenden Folgeprobleme durch das Phänomen Bildungsarmut entstehen. Abschließend folgt ein Blick auf die typisch deutsche Strukturdebatte, die nach dem PISA-Schock eher unerwartet wieder neu entfacht wurde, so dass nun wieder heftig über das gegliederte Schulsystem und alternative Modelle wie etwa die Gemeinschaftsschule gestritten wird.

Der zweite Teil der Länderpolitik befasst sich mit der Hochschulpolitik. Nach einem auf Kennzahlen basierenden Überblick über die quantitative Entwicklung im Hochschulbereich werden auch hier wichtige Reformentwicklungen bearbeitet, die im Zentrum der politischen Kontroverse stehen. Das gilt zunächst für das neue Steuerungssystem, das von der Politik in allen Ländern implementiert wurde, bei den Betroffenen in den Hochschulen selbst aber häufig nur auf zögerliche Akzeptanz oder unverhohlene Ablehnung stieß. Ähnlich stellt sich die Situation im Falle des Bologna-Prozesses dar. Auch hier ging die Initiative von der Politik aus, von den Hochschulen kamen überwiegend skeptische bis heftig ablehnende Reaktionen, zumal die ursprünglich angestrebten Ziele bis heute bei weitem nicht erreicht werden konnten.

In zwei abschließenden Kapiteln werden schließlich noch zwei institutionelle Problemkreise thematisiert. Zunächst werden zwei wichtige Gremien der

Bund-Länder-Kooperation vorgestellt: Zunächst die KMK, in der die Länder ihre Bildungspolitik auf der Bundesebene koordinieren, sodann die BLK (Bund-Länder-Kommission für Bildungsplanung) und die GWK (Gemeinsame Wissenschaftskonferenz), die als Nachfolgeorganisation der BLK 2008 ihre Arbeit aufgenommen hat (Kapitel 11). Abgerundet wird das Studienbuch durch einen Ausblick auf die zunehmende Internationalisierung und Europäisierung der deutschen Bildungspolitik (Kapitel 12). Ein besonderes Interesse gilt hier den Instrumenten, über welche die EU verfügt, um Harmonisierungsprozesse im europäischen Rahmen voranzutreiben. Durch deren Einsatz wurde eine schleichende Kompetenzverlagerung in Gang gesetzt, die geeignet ist, die nationalen und föderalen Gestaltungsmöglichkeiten in der Bildungspolitik zunehmend zu beschneiden.

Inhaltsverzeichnis

1 Zum Begriff der Bildung

1.1 Etappen der Begriffsgeschichte

Der Begriff der Bildungspolitik begegnet uns im politischen wie öffentlichen Sprachgebrauch heute mit alltäglicher Selbstverständlichkeit. Dennoch hat er sich erst relativ spät etablieren können, obwohl die Gegenstände, auf die er sich bezieht, der Sache nach schon immer existierten. So war in den fünfziger Jahren in der öffentlichen und politischen Diskussion ausschließlich die Rede von Schulpolitik und Kulturpolitik, gelegentlich auch von Hochschulpolitik. Der Begriff Bildungspolitik selbst taucht erstmals Anfang der sechziger Jahre in der (partei)politischen Sprache auf, als die SPD die Einberufung eines „Rats der Weisen" für Kultur und Bildungspolitik forderte.[1] An die Stelle der bis dahin üblichen sektoralen Betrachtungsweise trat nun die gesellschaftspolitisch motivierte Intention, alle Bildungseinrichtungen als systemisches und vernetztes Ganzes zu sehen, immer mehr in den Vordergrund. Als dann Mitte der sechziger Jahre die Reformdebatte über die Modernisierung des deutschen Bildungswesens geradezu vehement in Gang kam, fand der neue Begriff rasch und nachhaltig Eingang in das öffentliche Vokabular. Das Bildungswesen mit seinen drängenden Problemlagen war damit von einem gesellschaftlichen zu einem „politischen Thema" avanciert. Nicht dass nach 1945 nicht immer wieder auch über Bildungsreformen diskutiert worden wäre. Neu aber war, dass die Bildungsthematik nun zur nationalen Schicksalsfrage erklärt wurde und so der Sprung ins Rampenlicht der politischen Arena gelang. Georg Picht hatte diese Entwicklung maßgeblich befördert als er 1964 mit seinem aufsehenerregenden Buch über die „deutsche Bildungskatastrophe" dem deutschen Bildungssystem im internationalen Vergleich mangelnde Wettbewerbstauglichkeit vorhielt (Picht 1964). Ohne einschneidende Kurskorrektur, so sein Fazit, würde Deutschland im Vergleich mit den anderen Industrienationen in seiner wirtschaftlichen Entwicklung zurückfallen. Bildung war somit zum ökonomischen Faktor geworden, durch drastisch erhöhte Bildungsinvestitionen sollte die Bundesrepublik auf dem wirtschaftlichen Wachstumspfad gehalten werden. Dieses ökonomische Deutungsmuster, das die Standortsicherung betonte, ist in den späten sechziger und den siebziger Jahren durch gesellschaftspolitische Kontroversen überlagert worden. Bildungs-

---

[1] Vgl. SPD-Pressedienst, P/XVI/216 vom 25. September 1961 (http://library.fes.de/spdpd/1961/610 925.pdf).

politik wurde nun zum Synonym für eine allgemeine Gesellschaftsreform, in der die Herrschaftsfrage ins Zentrum des öffentlichen Interesses rückte. Gestritten wurde vor allem um die Frage, ob und in welchem Ausmaß das Bildungssystem geeignet sei, die Demokratisierung der Gesellschaft zu befördern und mehr soziale Gleichheit herzustellen. Doch die Politisierung der Bildungspolitik blieb nur eine kurze Episode. Die fortschreitende Globalisierung hat seit Mitte der achtziger Jahre wieder die internationale Standort- und Wettbewerbsfrage zum beherrschenden Thema gemacht. Seitdem ist die Entwicklung des Bildungswesens durch einen kontinuierlich voranschreitenden Ökonomisierungstrend charakterisiert. Parameter der Betriebswirtschaft und des Unternehmensmanagements, Kriterien der Effizienz und der unmittelbaren Verwertbarkeit prägen zunehmend die bildungspolitischen Debatten und geradezu flächendeckend die Entscheidungen auf allen Ebenen unseres Bildungssystems.

Im Kontext dieser Veränderungen und der diese begleitenden öffentlichen Diskussionen manifestieren sich gleichzeitig auch Irritationen hinsichtlich der zugrunde liegenden Begrifflichkeiten. Was hat man heute und mit Blick auf die Zukunft unter Bildung zu verstehen und auf welchen Begriff oder welches Verständnis von Bildung könnte eine zukunftsorientierte Bildungspolitik rekurrieren? Besteht diesbezüglich überhaupt die Chance eines begrifflichen Konsenses? Um hier wenigstens ansatzweise Klarheit gewinnen zu können, erweist sich an dieser Stelle ein klärender Rückblick in die Begriffsgeschichte als notwendig. Dies um so mehr als es unter den Gegebenheiten eines weltanschaulichen Pluralismus heute keine einheitliche Bildungstheorie mehr gibt. Vielmehr gibt es zu dem normativ besetzten Begriff der *Bildung* nicht nur eine unüberschaubare Vielzahl von Definitionen, auch die inhaltlichen Deutungsmuster variieren erheblich. Noch unübersichtlicher wird die Situation, wenn man sich die Vielzahl der begrifflichen Komposita und die Aufsplitterung auf einzelne Teilbereiche vergegenwärtigt. So sprechen wir z. B. von Allgemeinbildung, von beruflicher Bildung oder Ausbildung, von naturwissenschaftlicher und technischer, von politischer und ökonomischer Bildung, von vorschulischer und schulischer Bildung oder auch von Jugendbildung wie auch von Weiter- und Erwachsenenbildung. Diese Liste lässt sich heute fast beliebig verlängern oder weiter zergliedern, wobei jedoch gleichzeitig eine verbindende Grundidee darüber, was mit Bildung gemeint ist, immer weniger zu erkennen ist.

In einer ersten begrifflichen Annäherung ist zunächst daran zu erinnern, dass Bildung ein typisch deutscher und damit exklusiver Begriff ist. Charakteristisch ist die enge Verknüpfung mit neuhumanistischem Gedankengut sowie seine starke Affinität zu den Bereichen Geisteswissenschaft und Kultur. Zu seiner Eigentümlichkeit gehört, dass er sich auch nicht in andere Sprachen übersetzen lässt. Während im Deutschen zwischen Bildung, Erziehung und Unterricht unterschieden wird, kennt z. B. die englische Sprache nur das übergreifende Wort *education*. In ihm werden die im Deutschen zumeist getrennt stehenden Begriffe Erziehung und Unterricht zusammengefasst, zu denen dann noch das Anliegen von Kulturaneignung hinzukommt, gewissermaßen als englisches Pendant von „Bildung".

Allerdings sind auch im Deutschen die Begriffe Erziehung und Bildung nicht eindeutig zu unterscheiden, vielmehr gibt es auch hier Überschneidungen. Erziehung meint jedoch eher die von außen erfolgende intentionale Einflussnahme auf die Persönlichkeitsentwicklung, durch die bestimmte normative Einstellungsmuster und Verhaltensdispositionen bei dem zu Erziehenden gezielt verändert oder aufgebaut werden sollen. Dominant ist hier also die Erzieher-Perspektive. Dagegen bezieht sich Bildung auf Prozesse und Ergebnisse, bei denen es eher um ein Sich-Bilden geht, um die selbstverfügte Aneignung von Kenntnissen, Fertigkeiten und Fähigkeiten mit dem Ziel einer reflexiven Ausgestaltung und Ausformung eines individuellen kultivierten Lebensstils. Somit steht hier die Educand-Perspektive im Vordergrund (Raithel/Dollinger/Hörmann 2005: 11f; 37).

Der im deutschen Sprachgebrauch dominierende Begriff der Bildung hat zudem einen mehrfachen Bedeutungswandel erfahren. Der Begriff entstand im Mittelalter als Begriffsschöpfung Meister Eckharts, ist somit theologischen Ursprungs. Bilden wird verstanden als gebildet werden durch Gott, d. h. nach dem göttlichen Abbild. Mittelhochdeutsch ist dann von „bildunge", althochdeutsch von „bildunga" die Rede, wobei sich mit diesen Begriffen wechselnde Vorstellungen verbanden: Zunächst Bild, Ebenbild und Nachbildung, sodann Gestalt, Gestaltung, Verfertigung und Schöpfung. Ende des 18. und zu Beginn des 19. Jahrhunderts setzt sich dann im Kontext von Aufklärung, deutscher Klassik und Neuhumanismus ein säkular geprägtes Menschenbild durch, in dem ein völlig neues Verständnis von Bildung im Sinne von Allgemeinbildung prägend wurde. Zu seiner inhaltlichen Ausgestaltung haben Kant, Schiller, Göthe, Herder und Fichte, vor allem aber Wilhelm von Humboldt beigetragen. Humboldt (1767-1835) forderte in seinem neuhumanistischen Konzept der Allgemeinbildung, dass diese allen Menschen zugänglich gemacht werden sollte, wobei es ihm vor allem um individuelle Persönlichkeitsbildung, um geistige Vervollkommnung des Individuums durch umfassende Kulturaneignung ging. Bildung, verstanden als Allgemeinbildung, sollte zugleich von allen beruflichen oder sonstigen bürgerlichen Geschäften frei bleiben, in ihrer idealistischen Zielsetzung also nicht durch äußere Zwecke beeinträchtigt oder gar bestimmt sein. Träger dieser Allgemeinbildung sollten neben den Elementarschulen vor allem die altsprachlichen Gymnasien sein, die es aus der Sicht Humboldts als reine Bildungsanstalten zu bewahren galt.

Bildung, das Erlangen von personaler Individualität durch Sich-Bilden, sollte also nicht auf Zwecke oder einen Nutzen ausgerichtet sein. Humboldt, dem es um reine Menschenbildung ging, wollte bürgerlich-realistische, partikulare und berufliche Inhalte aus allen Schulen grundsätzlich heraushalten. Bildung sollte nach dem Motto „Werde, der du bist – werde, der du sein kannst" um ihrer selbst willen angestrebt werden und allen Menschen unabhängig von Stand, Geschlecht oder gesellschaftlicher Funktion zustehen. Dieses Bildungsverständnis enthielt trotz Humboldts Eintretens für ein gegliedertes Schulwesen eine kritisch-emanzipatorische Programmatik. Alle Individuen sollten geistig autonom werden, zu selbständiger Lebensgestaltung fähig sein, vor Vereinnahmungen durch die Alltagswelt und die Politik geschützt werden und universale sprachlich-kulturelle Kompetenzen erwerben (Ballauff 1982: 372f.).

Diese Zielsetzung einer allgemein zugänglichen Bildung, einer gleichen Bildung für alle, ist jedoch im 19. Jahrhundert unter den Rahmenbedingungen des Obrigkeitsstaates nicht umgesetzt worden. In den Elementarschulen, die den unteren Schichten vorbehalten waren, dominierte eine schlichte Volksbildung, die auf eine Erziehung zu Demut und Gehorsam gegenüber der kirchlichen und staatlichen Autorität abzielte. Nur das wirtschaftlich aufstrebende Bürgertum, d.h. die gehobenen Schichten, denen der Zugang zum Gymnasium und zu den höheren Bildungsanstalten offen stand, konnten von den neuen Möglichkeiten nachhaltig profitieren. Für die privilegierte Bildungsschicht bemaß sich nun der persönliche Rang in der Gesellschaft weniger durch ererbte Rechte oder die Zugehörigkeit zum Adelstand als vielmehr durch den jeweils erreichten Grad an Bildung, der auch kritische Distanz und Widerspruch zur herrschenden Staatsordnung erlaubte. Die Gebildeten, die sich nun als Teil eines neu entstandenen Bildungsbürgertums begriffen, verstanden sich zugleich als „eine neue Elite außerhalb und über den alten Eliten des Adels und des Militärs, als Elite des Geistes, deren einziges Zugehörigkeitskriterium Bildung und deren Aufgabe, die Pflege eines höchsten Menschheitsgutes, der Geist, die Kultur, eben ‚Bildung' war" (Romberg 1979: 573f.).

Dieses idealistisch geprägte Bildungsverständnis war politisch-kulturell folgenreich. Es hat nach dem Scheitern der bürgerlichen Revolution von 1848 zum allgemeinen Rückzug der Bildungseliten in die machtgeschützte Innerlichkeit des deutschen Geistes- und Kulturlebens beigetragen. Der seinen ästhetischen Neigungen zugewandte Bildungsbürger zog sich aus der politischen Arena zurück nicht ohne verächtlich auf die Niederungen des politischen Betriebes und der dort agierenden materiellen Interessen herabzublicken. So kam es zu der für die deutsche Entwicklung typischen Trennung von Geist und Macht, ging die Nationbildung mit der begrifflichen Unterscheidung von Kultur und Zivilisation einher. Kultur und die schöne Welt des Geistes wurde zu einer Domäne der Deutschen, ein Privileg des Volks der Dichter und Denker. Zivilisation dagegen stand für das bloß Technische und Materielle, eben das Westliche, zu dem die deutschen Bildungseliten Distanz hielten. Der politisch-kulturelle Sonderweg der Deutschen, der sie der Politik und der Demokratie entfremdete, ist somit auch als Reflex auf bestimmte Eigentümlichkeiten des idealistischen Bildungsbegriffs zu verstehen.

Die Vorstellung Humboldts, Bildung im Sinne von Allgemeinbildung müsse zweckfrei bleiben, hatte darüber hinaus eine folgenreiche Abwertung der beruflichen Bildung zur Folge. Da es bei letzterer um praktische Fertigkeiten, um an ökonomische Zwecke gebundene Aus-Bildung geht, hatte schon der Pädagoge Heinrich Pestalozzi (1746-1827) der Berufsbildung den wahren Bildungscharakter abgesprochen. Hierzu bemerkte er 1780: „Allgemeine Emporbildung der inneren Kräfte der Menschennatur zu reiner Menschenweisheit ist allgemeiner Zweck der Bildung auch der niedrigsten Menschen. Übung, Anwendung und Gebrauch seiner Kraft und Weisheit in den besonderen Lagen und Umständen der Menschheit ist Berufs- und Standesbildung. Diese muss immer dem allgemeinen Zweck der Menschheitsbildung untergeordnet sein" (Pestalozzi 1956: 12f.).

Als Ende des 19. Jahrhunderts auch im wilhelminischen Deutschland eine stürmische industrielle und ökonomische Aufwärtsentwicklung einsetzte, ließen sich jedoch die Realia nicht weiter aus der Schule fernhalten. Das Streben nach einem „Platz an der Sonne" und die sich ausbreitende positivistische Fortschrittstimmung führten zu einer Aufwertung von industriell und naturwissenschaftlich geprägter Bildung. Gegen Ende des 19. Jahrhunderts waren die Geisteswissenschaften in den Universitäten und Schulen weitgehend in die Defensive geraten. 1899 erkämpften sich die Technischen Hochschulen das Promotionsrecht, ein Jahr später wurde die Gleichwertigkeit der Realgymnasien und der Oberrealschulen mit den Gymnasien durch Erlass amtlich anerkannt. Im Laufe des 20. Jahrhunderts setzte sich diese funktionale Bedeutungsverschiebung im Bildungsverständnis weiter fort. Der technologisch-ökonomische Wandel in der Informationsgesellschaft führte zu einer folgenreichen Aufsplitterung der Wissensgebiete und damit einhergehenden Veränderungen im Berufsleben und auf dem Arbeitsmarkt. Gefragt waren nun primär berufs- und anwendungsorientierte Fähigkeiten und Fertigkeiten. Als gegen Ende des 20. Jahrhunderts die Globalisierung die Standortfrage immer mehr ins Zentrum rückte, geriet der neuhumanistisch-idealistische Bildungsbegriff immer mehr in die Defensive. Überlebt haben die ihm zugrunde liegenden Leitideen vor allem in bestimmten Zirkeln eines literarisch-philologisch geprägten Bildungsbürgertums, wo es nach wie vor hochgehalten und gepflegt wird. Angesichts dieser konträren Entwicklungen scheint eine inhaltliche Verständigung, über das was Bildung inhaltlich ausmacht, auch auf Bildungskongressen, kaum noch möglich zu sein.[2] Was heute unter Bildung bzw.

---

[2] Deutlich wurde die begriffliche Konfusion etwa auf dem 18. Kongress der Deutschen Gesellschaft für Erziehungswissenschaft (2003), der dem Thema „Innovation durch Bildung" gewidmet war. So

Allgemeinbildung verstanden werden kann, ist so im weitesten Sinne diffus geworden. Der Begriff droht zur leeren Worthülse zu verkommen, zu einem beliebig auffüllbaren und kombinierbarem Konglomerat von naturwissenschaftlicher, ökonomisch-technischer und kulturell-lebensweltlicher Bildung. Die Verwirrung wird zudem noch dadurch gesteigert, dass der Begriff auch durchlässig geworden für die rasch wechselnden Konjunkturen und Moden des Zeitgeistes. Dieser Sachverhalt kontrastiert auffällig mit der Selbstverständlichkeit, in der umgangssprachlich, wissenschaftlich und politisch heute von Bildung die Rede ist.

1.2 Die Kontroverse um die Zeitgemäßheit des Bildungsbegriffs

Aufgrund dieser konfusen Situation erstaunt es daher auch kaum, dass auch in Teilen der Bildungsforschung gelegentlich kritische Stimmen die Auffassung vertreten, der Begriff sei nicht mehr zeitgemäß und daher aus dem Sprachgebrauch zu eliminieren. Manche nennen ein ideologiekritisches Motiv. Der Begriff Bildung erinnere einseitig an „höhere" Bildung, er sei elitär-bildungsbürgerlich befrachtet und somit Ausdruck einer vordemokratischen politischen Ordnung (Arnold/Marz 1979: 96). Damit verbunden stößt man sich an der „Abgehobenheit des klassischen Bildungsbegriffs". Er habe die Trennung von allgemeiner Bildung und Ausbildung postuliert und so die bis heute fortbestehende Abwertung der beruflichen und technischen Bildung zu verantworten. Schließlich wird auf die sprachlich-inhaltliche Verschwommenheit und Konturlosigkeit des Begriffs, der nur in der deutschen Sprache existiert, Bezug genommen. Er behindere, so lautet der Vorwurf, den Austausch und die Verständigung in der Europäischem Union und stelle mit Blick auf die Tendenz der allgemein fortschreitenden Internationalisierung einen Faktor der Isolierung dar (Begemann 2005: 12).

Entsprechend wurden so auch gelegentlich Versuche unternommen, begriffliche Alternativen ins Spiel zu bringen. So etwa mit dem Vorschlag, den Begriff der Bildung durch den der Qualifikation zu ersetzen. Begründet wurde dies mit dem Hinweis, letzterer habe eine größere Nähe zum Arbeits- und Produktionsprozess und sei daher geeignet, den alten Dualismus von Bildung und Ausbildung aufzuheben (Baethge 1970: 479). Der Qualifikationsbegriff selbst hatte über die Curriculumtheorie Ende der sechziger Jahre Eingang in die pädagogische Debatte gefunden. Dort diente er dazu, ausgehend von bestimmten Lebenssituationen, nach den zu ihrer Bewältigung erforderlichen Qualifikationen in Form von Kenntnissen, Fähigkeiten und Fertigkeiten zu fragen. Er betont jedoch, weil auf

---

betonte die damalige Vorsitzende, Ingrid Gogolin, in ihrem Einführungsreferat, dass es eigentlich vorausschauender gewesen wäre, „‚Innovation *der* Bildung' anstatt ‚Innovation *durch* Bildung' über diesen Kongress zu schreiben" (Gogolin/Tippelt 2003: 23).

eine begrenzte Aufgabe oder einen Aufgabenbereich bezogen, einseitig stark den Aspekt der instrumentell-technischen Verwertbarkeit und Effizienz des Lernens. Die Gegner eines solchen Vorschlags konnten so ins Feld führen, dass im Qualifikationsbegriff die sozialen und ethischen Bezüge praktisch auf der Strecke blieben (Derbolav 1977: 24). Aufgrund dieses Mankos konnte er sich dauerhaft nur in der beruflichen Bildung und in der Bildungsökonomie behaupten. Größere Akzeptanz erfuhr der zweite Alternativvorschlag, der den Kompetenzbegriff favorisierte (Münch 2002: 23ff). Er stammt aus der betrieblichen Personal- und Organisationsentwicklung und betont stärker die personal-individuelle Komponente des Lernerfolges. Ziel ist die Vermittlung von individueller Handlungskompetenz, die sich wiederum in verschiedene Teil- oder Basiskompetenzen untergliedern lässt, nämlich in Fachkompetenz, Sozialkompetenz, Methodenkompetenz und Persönlichkeitskompetenz. Zwar dominiert auch in diesem Falle eine betriebswirtschaftlich geprägte Sichtweise, doch kommen hier neben rein fachlichen zusätzlich auch personale und soziale Zielsetzungen zur Geltung. Der Kompetenzbegriff blieb in seiner Wirkung deshalb nicht nur auf den Sektor der beruflichen Ausbildung beschränkt. Vielmehr hat er auch in die Schulpädagogik, in die Didaktik und die Schulpraxis, Eingang und Verbreitung gefunden. Den im allgemeinen Sprachgebrauch fest eingewurzelten Bildungsbegriff hat er dennoch nicht verdrängen können. Dagegen spricht nicht nur seine lerntechnologische Schlagseite, sondern auch die dem Begriff inhärente formale Abstraktheit und inhaltliche Unverbindlichkeit. Zudem werden, ähnlich wie beim Qualifikationsbegriff, auch hier die Fragen der normativen und kulturellen Reflexivität, die sich in jeder Gesellschaft stellen, eher nachrangig oder marginal berücksichtigt.

Historisch gewachsene und im Sprachgebrauch tief verankerte Begriffe, die auch Ausdruck eines spezifischen Kulturverständnisses sind, das sich in längeren Zeiträumen ausgeformt hat, lassen sich zudem nicht voluntaristisch oder per Dekret aus der Welt schaffen. Sie durch künstliche Neukonstruktionen zu substituieren ist weder machbar noch wünschenswert. Trotz aller Irritationen verbinden sich mit dem durch Aufklärung und Neuhumanismus geformten Begriff der Bildung auch normative Leitideen, die für die freiheitlich-demokratische Verfassungsordnung von zentraler Bedeutung sind. Die Betonung der Menschenwürde, das Recht auf freie Entfaltung der Persönlichkeit und die dem Grundgesetz inhärente Balance von Individualität und Sozialität, stehen in der Tradition dieses Bildungsverständnisses. Vor diesem Hintergrund gibt es auch keinen Anlass, die Zukunftsfähigkeit des Bildungsbegriffs in Frage zu stellen. So sieht z. B. der Erziehungswissenschaftler Heinz-Elmar Tenorth in der Differenz von Person und Persönlichkeit einen konsensfähigen Ansatzpunkt (Tenorth 2006: 20). Mit Person bezeichnet er die bloße Tatsache unserer gesellschaftlichen Existenz, während sich mit dem Begriff der Persönlichkeit weiterreichende subjektive

Dimensionen unserer Individualität verbinden. Bildung versteht er als prozesshafte Ermöglichung der „Selbstkonstruktion des Menschen angesichts der Herausforderungen unserer Welt", durch welche die Person erst zur Persönlichkeit werde.[3] Auf ein entsprechendes Teilhaberecht durch Gewährleistung eines Bildungsminimums oder einer Grundbildung habe jeder einzelne, unabhängig von seiner Herkunft, kraft eines ihm zustehenden „Bürgerrechts" auf Bildung Anspruch. Inhaltlich gehöre dazu ein altbewährter aber modernisierungsfähiger Kanon, der in der öffentlichen Schule vier unerlässliche Lernbereiche umfasst: Das sprachliche, das historisch-gesellschaftliche, das mathematisch-naturwissenschaftliche und das ästhetisch-expressive Lernfeld (Tenorth 1994: 174).

Man kann in diesem inhaltlich breit angelegten Bildungsbegriff unschwer das alte aufklärerische Ziel der personalen Mündigkeit wie auch eine moderne Variante des neuhumanistischen Postulats der Kulturaneignung entdecken. Bildung soll den Sich-Bildenden vor einer „Verzweckung" durch „äußere Sachzwänge" schützen, ihn aber auch durch die Kultivierung seiner Lernfähigkeit dazu befähigen, die komplexen Herausforderungen durch die moderne Lebenswelt zu meistern. Diese differenzierte Deutung des Bildungsgedankens kontrastiert mit aktuellen Trend, der im Zeichen des PISA-Schocks dazu geführt hat, Bildung und Bildungspolitik primär an den Kriterien der ökonomischen Effizienz und der Standortfrage auszurichten. Allen PISA-Studien liegt nämlich ein einseitig funktionales und utilitaristisches Verständnis zugrunde, das auf rein quantifizierenden Bewertungen basiert (Gauger 2006: 52). In den PISA-Studien fehlt etwa der gesamte Bereich der gesellschaftlich-ethischen Fächer, die gesamte musische Bildung, die in Deutschland besonders geförderten Fremdsprachen und im Fach Deutsch wird der gesamte Literaturunterricht ausgeblendet. Bildungspolitik, der es nicht nur um Quantitäten sondern vor allem um inhaltliche Qualitätssicherung geht, kann sich aber nicht im Schielen auf Ranglisten oder in der einseitigen Begrenzung auf fachliche Teilsegmente erschöpfen (Liessmann 2006: 74). Vor dem Hintergrund solcher Verengungen von Bildung kann daher die Rückbesinnung auf die Geschichte und Tradition des Bildungsbegriffs den Blick dafür schärfen, dass Bildung mehr beinhaltet als die funktionale Anpassung an die Erfordernisse der Marktrationalität und der Standortsicherung.

---

[3] „Persönlichkeit ist dann nichts anderes als das, was wir aus uns selbst und unserer ‚Natur' im Kontext unseres ‚Geschlechts' in unserer historisch-gesellschaftlichen Praxis gemacht haben, das, worin wir jenseits der Daten unseres Personalausweises unsere eigene Identität gefunden haben, und zwar in der Zeit, als Konstrukteure unserer eigenen Lebensgeschichte, im ‚geselligen Verkehr', als Konstrukteure unseres eigenen Kommunikationsfeldes, und zwar politisch wie sozial, beruflich wie gesellig" (Tenorth 2006, 20f.)

2 Bildungspolitische Aufgaben- und Handlungsfelder

2.1 Gegenstandsbereiche der Bildungspolitik

Wie bereits angedeutet hat sich der Begriff der Bildungspolitik erst seit Anfang der sechziger Jahre im allgemeinen Sprachgebrauch eingebürgert. Er bezieht sich auf das Bildungssystem in seiner Gesamtheit, in dem die einzelnen Ebenen, Teilbereiche und Sektoren mehr oder minder eng miteinander verknüpft sind und ein systemisches Ganzes bilden. In diesem Kontext hat Bildungspolitik als eigenes Politikfeld die Gesamtheit aller Bildungseinrichtungen zum Gegenstand, unabhängig davon, ob sie von öffentlichen oder privaten Bildungsträgern eingerichtet und unterhalten werden. Diese Gegenstandsbereiche lassen sich nach dem heute üblichen formalen Schema von Aufbau und Struktur des Bildungswesens in vier Stufen untergliedern. Diese sind wiederum nach Mindestalter und Bildungsjahren voneinander abgegrenzt, bauen jedoch systematisch aufeinander auf. Im Einzelnen werden hier unterschieden: Auf der untersten Ebene der Elementarbereich der vorschulischen Einrichtungen. Er bildet die Vorstufe für den anschließenden Schulbereich, für den in der Mehrzahl der Bundesländer eine Vollzeitschulpflicht von neun, in vier Ländern von zehn Jahren besteht. Er untergliedert sich zunächst wieder in den Primarbereich sowie den allgemein bildenden Sekundarbereich I, mit dem die Vollzeitschulpflicht endet. Der darauf aufbauende Sekundarbereich II spaltet sich wiederum in einen allgemein bildenden und einen berufsqualifizierenden Teilbereich. Für letzteren besteht eine Teilzeitschulpflicht, die in der Regel drei Jahre dauert. An den schulischen Sekundarbereich schließt sich der tertiäre Bereich an, dem die Hochschulen zugerechnet werden. Danach folgt der quartäre Bereich, unter den die vielfältigen Formen der allgemeinen, der beruflichen und der wissenschaftlichen Weiterbildung subsumiert werden. Diese allgemeinen Hinweise können für die einzelnen Ebenen weiter spezifiziert werden:

- Der *Elementarbereich* umfasst die Altersgruppe der 3-5-Jährigen, die einen Kindergarten, ein Kinderhaus, eine Vorklasse oder einen Schulkindergarten besuchen. Der Besuch dieser Einrichtungen ist freiwillig.
- Darauf folgt der Schulsektor, beginnend mit dem *Primarbereich*, in dem in der Regel die 6-9-Jährigen die vierjährige Grundschule (in einigen Ländern 6 Jahrgangsstufen) als gemeinsame Schule dieser Altersgruppe besuchen.

Grafische Übersicht: Grundstruktur des Bildungswesens in der
                          Bundesrepublik Deutschland

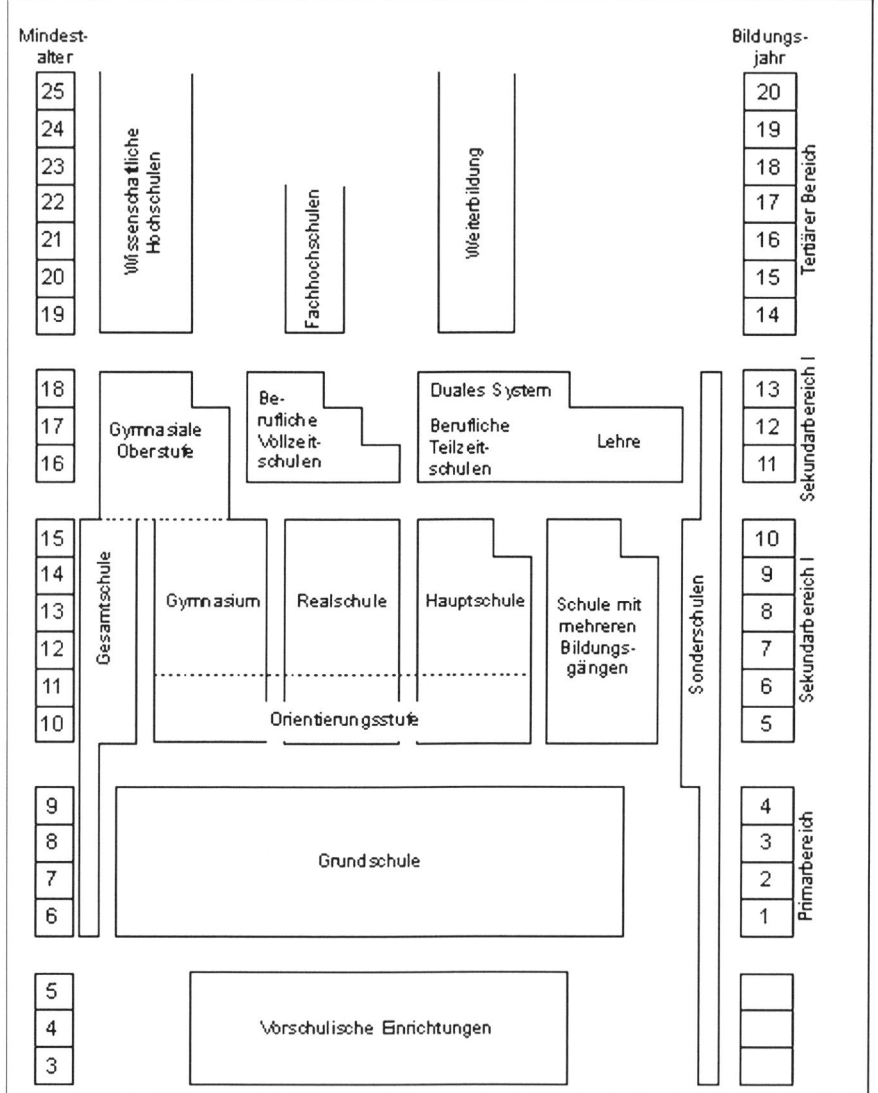

nach Cortina, Kai S./Baumert, Jürgen/Leschinsky, Achim/Mayer, Karl Ulrich/Trommer, Luitgard
(Hrsg.): Das Bildungswesen in der Bundesrepublik Deutschland. Strukturen und Entwicklungen
im Überblick. Reinbek: Rowohlt Taschenbuch, 2008, S. 26

- An die Grundschule schließt sich der *Sekundarbereich I* an, in dem die Altersgruppe der 10-15-Jährigen sich auf die Klassen 5-10 in den vertikal gegliederten Schulformen verteilt. Er umfasst die Bildungsgänge der Hauptschule, der Realschule, des Gymnasiums und der Gesamtschule. Die Bildungsgänge der Haupt- und Realschule werden jedoch auch an Schularten mit mehreren Bildungsgängen angeboten. Dafür gibt es in einer Reihe von Bundesländern unterschiedliche Organisations- und Verbundsformen mit variierenden Bezeichnungen. Nach 10 Jahren kann ein mittlerer Bildungsabschluss (Realschulabschluss) erworben werden.

- Der *Sekundarbereich II*, der die Jahrgangsstufen 16-18 (19) umfasst, gliedert sich in die allgemeinbildenden und die beruflichen Schulen.

  - Die gymnasiale Oberstufe umfasst verschiedene Schularten, auf denen die Allgemeine Hochschulreife erworben werden kann. Dazu zählen das Gymnasium, wobei das altsprachliche, das neusprachliche und das mathematisch-naturwissenschaftliche die bekanntesten Formen darstellen. Hinzu kommen in einer Reihe von Bundesländern die beruflichen Gymnasien und die Fachgymnasien – sofern zwei Fremdsprachen unterrichtet werden- sowie die entsprechend ausgebauten Gesamtschulen. Durch die Verkürzung der Schulzeit endet die gymnasiale Oberstufe heute bereits nach der Jahrgangsstufe 12.

  - Auch das berufliche Schulwesen hat sich enorm ausdifferenziert und weist nach Ländern beträchtliche strukturelle Unterschiede auf. Von flächendeckender und herausragender Bedeutung ist hier die Berufsausbildung im Rahmen des dualen Systems, bei dem private Betriebe mit öffentlichen Berufsschulen kooperieren. Von den rund 2,8 Millionen Jugendlichen, die im Jahre 2006 berufliche Schulen besuchten, begannen immerhin etwa 60% eine Ausbildung („Lehre"). Die übrigen haben die Möglichkeit, eine Berufsgrundbildung in einer Vollzeitschule zu absolvieren, wobei es hier eine Vielfalt unterschiedlicher Schularten und Abschlüsse gibt. So führen z. B. die Berufsaufbauschulen und die Berufsfachschulen zu einer dem Realschulabschluss vergleichbaren Fachoberschulreife. Die Fachoberschulen dagegen schließen mit der fachgebundenen Hochschulreife ab, ebenso wie die beruflichen Gymnasien und Fachgymnasien, in denen nur eine Fremdsprache unterrichtet wird.

- An die Sekundarstufe schließt sich der Hochschulbereich als tertiärer Sektor an, in dem neben der Promotion ein berufsqualifizierender Studienabschluss erreicht werden kann. Dazu zählen neben dem Diplom, der Staatsprüfung und dem Magister zunehmend der Bachelor und der Master. Anfang 2007 gab es in Deutschland insgesamt 339 Hochschulen. Dazu zählen 117 Universitäten oder gleichgestellte wissenschaftliche Hochschulen, darunter Technische Universitäten/Hochschulen, Gesamthochschulen, Pädagogische Hochschulen, Hochschulen mit einzelnen universitären Studiengängen (z.B. Theologie, Philosophie, Medizin, Verwaltungswissenschaften, Sport). Hinzu kommen 165 Fachhochschulen mit sehr unterschiedlichen Fachausrichtungen sowie 57 Kunst- und Musikhochschulen. Schließlich werden zum tertiären Sektor auch die Berufsakademien, die in einigen Ländern eine wissenschaftsbezogene und zugleich praxisorientierte berufliche Bildung vermitteln, hinzugerechnet.

- Den Schlussstein des Bildungssystems bildet der quartäre Sektor, der die Weiterbildung für Jugendliche und Erwachsene im Alter von 19 bis unter 65 Jahren umfasst. Nach einer Definition des Deutschen Bildungsrats (1970) gilt Weiterbildung als Fortsetzung oder Wiederaufnahme organisierten Lernens nach Abschluss einer unterschiedlich ausgedehnten ersten Bildungsphase. Das kaum überschaubare Weiterbildungsangebot der entsprechenden Einrichtungen bietet eine Vielzahl von Bildungsgängen und Fachrichtungen aus dem Bereich der allgemeinen, beruflichen, kulturellen, politischen und wissenschaftlichen Weiterbildung an. Es wird von einem gewachsenen Nebeneinander von staatlichen und privaten, gemeinnützigen und gewinnorientierten, betrieblichen und öffentlichen Bildungseinrichtungen sowie von Einrichtungen der Katholischen und Evangelischen Kirche, den Gewerkschaften und anderen gesellschaftlichen Gruppen getragen. Dazu gehören auch die Bundeszentrale für politische Bildung und die Landeszentralen der Länder. Zu erwähnen sind ferner die Möglichkeiten eines Nachholens verschiedener schulischer Abschlüsse an den entsprechenden Schularten der Abendschulen sowie die Fachschulen (für Agrarwirtschaft, Gestaltung, Technik, Wirtschaft, Gesundheitswesen und Sozialwesen), die einen beruflichen Berufsabschluss nach dem jeweiligen Landesrecht ermöglichen.

Allerdings stehen nicht alle Gegenstandsbereiche dieses Gesamtspektrums gleichermaßen im Fokus der öffentlichen Wahrnehmung, weshalb den einzelnen Teilsektoren auch von der Politik nicht derselbe Stellenwert beigemessen wird. Eine eher randständige Position nehmen hier die beiden äußeren Pole im Gesamtgefüge des Bildungssystems ein. Für den *Elementarbereich* hat diese Geringschätzung schon Tradition, sind doch die Möglichkeiten der frühpädagogischen Förderung und deren Bedeutung für den späteren schulischen Lernerfolg von der Bildungspolitik über Jahrzehnte erheblich unterschätzt worden. Erst seit dem PISA-Schock, der die Defizite des deutschen Schulsystems offen legte, ist hier eine Wende eingetreten, die zur Aufwertung der Elementarbildung führte.

Diese Wende wird zudem durch den allgemeinen sozialen Wandel, insbesondere die demographischen Einbrüche und die erheblich veränderten weiblichen Erwerbsbiografien nachhaltig unterstützt. Die frühkindliche Phase wurde nun auch von der Politik als eigene Bildungsphase entdeckt und nach dem Motto „Bildung von Anfang an" in einem breiten politischen Konsens erste Reformen auf den Weg gebracht. Bildungspläne wurden in allen Bundesländern nun auch für die Kindertageseinrichtungen erstellt, die den Zweck verfolgen, Betreuung, Bildung und Erziehung systematisch miteinander zu verknüpfen und eine frühere und flexiblere Einschulung sowie eine engere Kooperation mit der Grundschule zu ermöglichen. Der Bund folgte mit dem zum Jahresbeginn 2005 in Kraft getretenen Tagesbetreuungsausbaugesetz (TAG), das dazu beitragen soll, den quantitativen Ausbau von Ganztagesplätzen nicht nur für Kinder im Kindergartenalter (3 Jahre bis zum Schuleintritt), sondern auch für Kinder im Krippenalter (bis unter 3 Jahre) stark voranzutreiben. Hier besteht im internationalen Vergleich, vor allem in den alten Bundesländern, ein starker Nachholbedarf. Im Gegensatz zum flächendeckenden Ausbau von Ganztagseinrichtungen im Osten Deutschlands liegen im Westen die Versorgungsquoten bei den Kinderkrippen nur bei knapp 3% (2004). Der 1996 eingeführte Rechtsanspruch auf einen Kindergartenplatz wurde zwar inzwischen auch hier flächendeckend umgesetzt, doch liegt die Versorgungsquote mit Ganztagsplätzen in diesem Altersbereich erst bei knapp 25% (2002). Hier besteht also immenser bildungspolitischer Handlungs- und Gestaltungsbedarf, wenngleich hier selbst ansatzweise auch in naher Zukunft nicht von einem eigenen Teilbereich „Vorschulpolitik" gesprochen werden kann.

Mit mangelnder öffentlicher und bildungspolitischer Beachtung hat am anderen Ende des Spektrums auch der Bereich der *Weiterbildung* zu kämpfen. Zwar besteht im öffentlichen und bildungspolitischen Diskurs ein breiter Konsens darüber, Weiterbildung als öffentliche Aufgabe und als integrierten und gleichberechtigten Teil des gesamten Bildungssystems zu betrachten. Verwiesen wird in diesem Kontext vor allem auf die beschleunigte Dynamik des wissenschaftlich-technischen und sozioökonomischen Wandels und die Alterung der Gesellschaft. Die Forderung nach Lern- und Bildungsprozessen auch im Erwachsenenalter, nach einem lebenslangen Lernen als Voraussetzung für die persönliche Entfaltung, die Teilhabe am Arbeits- und Erwerbsleben und die optimale Nutzung der Humanressourcen in einer alternden Gesellschaft, sind längst Bestandteil der öffentlichen Rhetorik. Auf der anderen Seite sinken – nach Jahrzehnten der Expansion – seit dem Beginn dieses Jahrhunderts die individuellen Teilnehmerquoten an der organisierten Weiterbildung, allerdings weniger in der allgemeinen als in der beruflich-betrieblichen Weiterbildung. Dieser Rückgang ist vor allem auf verschlechterte Rahmenbedingungen durch die Sparpolitik der öffentlichen Haushalte und den gestiegenen Kostendruck in den Betrieben zurückzuführen. Diese Entwicklung ist auch insofern bedenklich, als Deutschland im Vergleich mit anderen Industrieländern in der Weiterbildung eher einen unteren Rang einnimmt. Einer durchgreifenden bildungspolitischen Reform des quartären Sektors stehen jedoch hohe Hürden entgegen. Insbesondere die chaotische Zersplitterung des Weiterbildungssektors hinsichtlich Trägerschaften, Kompetenzen, Finanzierung, Interessen und Zielen verhindern hier eine übergreifende und durchschlagende politische Repräsentanz. Entsprechend kann auch von einem systematischen „Weiterbildungsrecht", vergleichbar etwa dem Schul- oder Hochschulrecht, nicht die Rede sein. Unter diesen Voraussetzungen ist es verständlich, dass sich im quartären Sektor ein eigener Politikfeldbereich „Weiterbildungspolitik", bislang nicht hat etablieren können.

Von diesen Besonderheiten abgesehen, die den Elementarbereich und den Bereich der Weiterbildung betreffen, haben sich in Deutschland unter dem Dach der Bildungspolitik vor allem zwei schwerpunktmäßige Teilbereiche herauskristallisiert und als eigene Politikfelder konstituiert. Sie stehen für die gesamtgesellschaftlich und politisch besonders hervorgehobene Relevanz dieser Handlungsfelder. Traditionell von besonderem Gewicht ist hier die *Schulpolitik,* der in der öffentlichen und politischen Wahrnehmung und Bedeutungszuschreibung eine eindeutige Spitzenposition eingeräumt wird. Dies hat mehrere Gründe: Die Schule betrifft über die allgemeine Schulpflicht ausnahmslos alle Gesellschaftsmitglieder. So müssen alle Kinder und Jugendlichen nach Vollendung des 6. Lebensjahres mindestens 12 Jahre die Schule besuchen. Darin kommt jedoch mehr zum Ausdruck als die zwingende biographische Vorgabe, eine bestimmte Lebensphase des Kinder- und Jugendalters als Schüler oder Schülerin in der Institution Schule zu verbringen. Über diese Vorgegebenheiten hinaus hat die Schule für das Individuum eine in vielfältiger Hinsicht lebensprägende Bedeutung. Die Schule leistet eine wichtigen Beitrag zur Bildung der Persönlichkeit und legt das Fundament für die Entwicklung wichtiger Fähigkeiten, Fertigkeiten, Verhaltensdispositionen und Kompetenzen, die das Individuum für die Bewältigung späterer Lebenssituationen unabweislich benötigt. Die Schulforschung belegt zudem eindeutig, dass der Erfolg oder Misserfolg in der eigenen Schulbiographie ganz entscheidend die künftigen Lebens- und Berufschancen jeder heranwachsenden Person beeinflusst. Hinzu kommt in der überindividuellen Perspektive die gesamtgesellschaftliche Bedeutung der Schule. Sie erbringt von allen Bildungseinrichtungen den wichtigsten, weil grundlegenden Beitrag zur Reproduktion, Innovation und Integration des kulturellen, sozialen und ökonomischen Gesamtsystems. Dies manifestiert sich auch in materieller Hinsicht, etwa in der immensen Breite der strukturellen und organisatorischen Ausformung des allgemein bildenden und beruflichen Schulwesens und der Ausstattung mit personellen und finanziellen Ressourcen durch die öffentliche Hand. Die herausragende gesamtgesellschaftliche Bedeutung des Schulsektors spiegelt sich auch darin, dass der Staat, anders als etwa im Bereich der Elementarbildung und Weiterbildung, speziell im Schulwesen als Akteur eine dominante Rolle innehat. Er verfügt nicht nur über ein umfassendes Privileg der politischen Steuerung und weitreichende Kompetenzen der Strukturgebung, er ist zugleich auch ein fast schon konkurrenzloser und zugleich flächendeckender Träger und Anbieter der in Deutschland existierenden schulischen Einrichtungen.

Neben der Schulpolitik hat sich die *Hochschulpolitik* als zweiter Teilbereich der Bildungspolitik etablieren können. Sie stellt ein deutlich schmaleres, wenn auch dynamisch expandierendes, politisches Aktionsfeld dar. Seit Ende der sechziger Jahre ist das Hochschulsystem in Deutschland in erheblichem Umfang ausgebaut worden. Heute nehmen über 40% eines Altersjahrgangs ein Hochschulstudium auf. Angesichts der wachsenden Bedeutung von wissenschaftlichem Wissen, die gemeinhin mit Bezeichnungen wie Wissens- oder Informationsgesellschaft umschrieben wird, wird dem Hochschulsektor auch von der Politik eine strategische Schlüsselrolle zuerkannt. Verstärkt wird diese Wahrnehmung durch die stark gestiegene Nachfrage des Arbeitsmarktes nach Hochqualifizierten, den verschärften internationalen Standortwettbewerb wie auch durch die Technologie- und Exportabhängigkeit der rohstoffarmen deutschen Wirtschaft. Von daher hat die Politik in den letzten Jahrzehnten gerade auch im Hochschulbereich eine Eigendynamik von Expansion und Differenzierung in Gang gesetzt. Dies gilt nicht nur für quantitativen Ausbau der Hochschuleinrichtungen, sondern auch für die Diversifizierung der Institutionen und Ausbildungsprogramme sowie den Ausbau und die Neugestaltung des Hochschulrechts. In diesem Kontext wurde seit Ende der neunziger Jahre eine umfassende Reform des gesamten Hochschulwesens auf den Weg gebracht, deren Auswirkungen und Folgen als eine einschneidende Zäsur zu bezeichnen sind. In quantitativer Hinsicht dürfte sich die Zahl der Studierenden von knapp 2 Millionen (2007) im nächsten Jahrzehnt in erheblichem Umfang weiter erhöhen, wenn die Vorgaben des von Bund und Ländern geschlossenen Hochschulpaktes 2020 umgesetzt werden. Parallel zu diesem Ausbau von Massenbildung im tertiären Bereich erfolgt die Förderung von Eliteuniversitäten und der damit gekoppelte Ausbau des Forschungssektors, vor allem im Bereich des ökonomisch verwertbaren Wissens. Insgesamt spiegelt sich in diesen Entwicklungen die zunehmende Bewertung des tertiären Sektors als eines ökonomischen Produktionsfaktors wider. Diese Sichtweise korrespondiert auch mit der gesellschaftlich vorherrschenden und empirisch bestätigten Einschätzung, nach der ein erfolgreicher Hochschulabschluss die besten Chancen auf dem Arbeitsmarkt eröffnet und die Voraussetzung für eine materiell, beruflich und sozial herausgehobene Stellung bildet. Aufgrund dieser gesamtgesellschaftlichen Bedeutung kommt dem Staat traditionell in Deutschland auch im tertiären Sektor eine zentrale Rolle zu, wenngleich sich in jüngster Zeit speziell in diesem Bereich der Trend zur Privatisierung und staatlichen Deregulierung verstärkt hat.

2.2 Funktionen der Bildungspolitik

Bezogen auf die einzelnen Gegenstandsbereiche richten sich in einer demokratischen Öffentlichkeit vielfältige individuelle wie gesamtgesellschaftliche Erwartungshaltungen an die bildungspolitischen Akteure. Insbesondere von den staatlichen Entscheidungsträgern in Bund und Ländern, die für die meisten Bereiche die Hauptverantwortung tragen, werden entsprechende Initiativen und Steuerungsleistungen erwartet. Dazu gehören die Festlegung eines verbindlichen rechtlichen Normensystems, die Ausgestaltung der Bildungseinrichtungen in strukturell-organisatorischer und inhaltlich-curricularer Hinsicht sowie die Sicherstellung der erforderlichen materiellen und personellen Ressourcen. Je nach Bereich sind hier ganz unterschiedliche Lösungen gefordert, zumal die jeweiligen Aufgabenstellungen, Zuständigkeiten, Kompetenzen und Trägerschaften auf den einzelnen Ebenen des Bildungssystems sich zum Teil erheblich voneinander unterscheiden. In einem übergreifenden Sinne können die damit verbundenen Funktionsleistungen und Zielsetzungen jedoch nach drei Gesichtspunkten systematisch gebündelt werden. Demnach hat die Bildungspolitik in den oben beschriebenen Gegenstandsbereichen vor allem die Gewährleistung zu erbringen, dass das Bildungssystem drei sich ergänzende Funktionen erfüllen kann. Nämlich eine Integrationsfunktion mit einer kulturellen, eine Qualifikationsfunktion mit einer ökonomischen und einer Allokationsfunktion mit einer sozialen Zielsetzung. Von der erfolgreichen und gleichgewichtigen Verwirklichung dieser Funktionsziele hängt es wiederum ab, ob in dem gesamtgesellschaftlich zunehmend wichtiger werdenden Politikfeld der Bildungspolitik auch ein Beitrag zur Legitimierung, Stabilisierung und Akzeptanz des politischen Systems im Ganzen geleistet werden kann.

Unter die *Integrationsfunktion* fällt zunächst die Aufgabe der Tradierung und der Innovation der bestehenden Kultur. Die nachwachsende Generation muss in das kulturelle Sinn- und Symbolsystem der Gesellschaft eingeführt werden, was den Erwerb grundlegender kultureller Fertigkeiten, Fähigkeiten und Verständnisformen von Welt und Person voraussetzt. Dieser auch als Enkulturation bezeichnete Prozess impliziert zum einen den Erwerb von Sprach- und Schriftbeherrschung, die Auseinandersetzung mit den überlieferten Kultur- und Bildungsgütern sowie den Erwerb notwendiger Wissensbestände. Damit verbunden ist die Aneignung grundlegender Wertorientierungen und moralischer

Grundhaltungen wie Vernunftfähigkeit, Kommunikationsfähigkeit und Verantwortlichkeit. Insgesamt geht es dabei um eine ganzheitlich zu verstehende Persönlichkeitsbildung, die individuelle Mündigkeit und Autonomie mit sozialer Gemeinschaftsorientierung in Einklang zu bringen versucht. Kulturelle Bildung enthält so den Schlüssel für personale Selbstverwirklichung und bildet zugleich die Voraussetzung für eine gelingende soziale Teilhabe des Einzelnen in den unterschiedlichsten gesellschaftlichen Lebens- und Daseinsbereichen. Ein höheres Bildungsniveau bildet so nicht nur eine Quelle kultureller Bereicherung, sie hat auch positive Auswirkungen auf die Lebensführung insgesamt. Sie fördert positive Einstellungen zur Gesundheit und das individuelle Gesundheitsverhalten, erhöht die Lebenserwartung, stabilisiert das Sozialverhalten, begünstigt das Interesse an der Politik und unterstützt die Bereitschaft zum ehrenamtlichen und politischen Engagement. Ein „Recht auf Bildung" wird deshalb auch in einzelnen Landesverfassungen ausdrücklich postuliert. Das Grundgesetz selbst enthält keine solche Verbürgung, dafür aber wichtige bildungsrelevante Grundrechtsnormierungen. Dazu gehören insbesondere die Postulate der Menschenwürde (Art. 1, Abs. 1) und der freien Entfaltung der Persönlichkeit (Art. 2, Abs. 1) sowie der Gleichheitsgrundsatz nach Art. 3, Abs. 1, der den freien Zugang zur Bildung garantiert. Das nach einem weitverbreiteten Verständnis hieraus abgeleitete „Bürgerrecht auf Bildung" (Dahrendorf: 1965) steht jedoch nicht nur für einen individuellen Rechtsanspruch. Es stellt zugleich auch den normativen und kulturellen Grundpfeiler einer funktionsfähigen Demokratie dar. Diese ist auf die aktive und kompetente Partizipation ihrer Gesellschaftsmitglieder angewiesen, wenn es darum geht, in einer Bürgergesellschaft Verantwortung bei der Lösung der gemeinsamen Probleme zu übernehmen. Hinzu kommen muss jedoch auch eine ausreichend vitale Substanz an gemeinsamer kultureller Identität und innerer Kohäsion, ohne die eine offen und plural verfasste Gesellschaft zentrifugale Tendenzen entwickeln und letztendlich auseinanderdriften müsste. Die Pflege dieser kulturellen Integrationsaufgabe ist eine wichtige Aufgabe öffentlich verantworteter allgemeiner und politischer Bildung. Sie hat darauf hinzuwirken, dass sich die Gesellschaftsmitglieder mit den Leitvorstellungen der eigenen kulturellen Tradition und den zentralen Prinzipien und Normen des demokratischen Gemeinwesens identifizieren können. Die Gewährleistung dieser Integrationsaufgabe ist für das Bildungswesen jedoch in den sich rasch wandelnden modernen Gesellschaften zunehmend schwerer zu erfüllen. Die Dynamik des technologischen und ökonomischen Wandels, die zunehmende Internationalisierung und die Auswirkungen der Globalisierung ziehen in größerem Umfang auch kulturelle Veränderungen nach sich, die sich in den individuellen Lebenswelten widerspiegeln. Sie manifestieren sich im Phänomen des Wertewandels, in der Individualisierung und Pluralisierung der Lebensformen, in der kontinuierlichen Säkularisierung der Gesellschaft, in der Omnipräsenz medialer Einflüsse oder auch in den Anpassungszwängen einer zunehmend digitalisierten Berufs- und Arbeitswelt. Darüber hinaus ist zudem auch das Zusammenleben mit anderen Kulturen, die Frage der Interkulturalität, zu einer wichtigen gesellschaftlichen Aufgabe geworden. Die vor dem Hintergrund dieses gesellschaftlichen Szenarios deutlich erhöhte Binnenpluralität hat naturgemäß auch enorme normative und kulturelle Verunsicherungen bewirkt. Sie haben über die Familien längst auch die Schulen erreicht, in denen seit geraumer Zeit eine Zunahme von Verhaltensauffälligkeiten, Suchtverhalten und Gewalthandlungen zu beobachten ist. Der Schule wird so neben der primären Aufgabe des Unterrichtens häufig auch die Rolle eines pädagogischen Reparaturbetriebs zugemutet, der für alle denkbaren kulturellen Defizite und Verwerfungen in der Gesellschaft kompensatorisch in die Pflicht genommen werden soll. Jenseits solch überzogener Ansprüche zeigen diese Entwicklungen aber auch, dass Enkulturation, Persönlichkeitsbildung und kulturelle Integration mehr denn je eine zentrale Aufgabe des Bildungswesens darstellen, auch wenn die PISA-Studien ihr Augenmerk primär auf arbeitsmarktrelevante Leistungen gerichtet haben.

Die *Qualifikationsfunktion* steht in einer engen Beziehung zum ökonomischen System, insbesondere zur Berufs- und Arbeitswelt und somit zum Beschäftigungssystem. Hierunter fällt zunächst die Aufgabe, jedem Individuum seiner Begabung entsprechend jene Fähigkeiten und Wissensbestände zu vermitteln, die es zur Entwicklung seiner persönlichen Leistungspotenziale im Arbeits- und Berufsleben benötigt. Dies ist für den Einzelnen vor allem deshalb von Bedeutung, weil von der beruflichen Ausbildung und Qualifizierung auch die späteren Berufs- und Erwerbschancen, das Arbeitsplatzrisiko und damit auch die Lebensqualität insgesamt abhängen. Zwischen den einzelnen Qualifikationsstufen des formalen Bildungssystems bestehen hier beträchtliche Unterschiede. Mit einem höheren Ausbildungs- und Qualifikationsniveau, insbesondere mit einem Hochschulabschluss, steigen nämlich nicht nur das Einkommen, die Arbeitszufriedenheit und das soziale Prestige. Es ergeben sich auch positive Nebeneffekte für die Gesundheit und die gesellschaftliche Teilhabe in praktisch allen Lebensbereichen. Umgekehrt gilt, dass auf der unteren Skala der Qualifikationshierarchie, jenem Personenkreis, der über keinen Schulabschluss und/oder keine abgeschlossene Berufsausbildung verfügt, essentielle Lebenschancen erheblich beschnitten werden. Ihm bleibt entweder der Zugang zum Arbeitsmarkt ganz versperrt oder es bleibt nur noch der Weg in die risikobehaftete Geringbeschäftigung des Niedriglohnsektors. Defizite in der individuellen Bildungs- und Ausbildungsbiographie können so, falls keine nachholenden Korrekturen erfolgen, zu lebenslanger gesellschaftlicher Benachteiligung führen.

Aber auch für die Gesellschaft insgesamt ist das Ausbildungs- und Qualifikationsniveau des Bildungswesens von zentraler Bedeutung. Insbesondere hat der Bildungsstand der Bevölkerung entscheidende Auswirkungen auf die wirtschaftliche Leistungskraft und die Steigerung der Arbeitsproduktivität. Er befördert entscheidend das Wirtschaftswachstum und den daraus resultierenden Wohlstand einer Gesellschaft. Die Verfügbarkeit von qualifizierten Arbeitskräften beeinflusst zudem die Innovationsfähigkeit der Wirtschaft. Sie begünstigt die Übernahme und Adaption neuer Technologien im Produktions- und Dienstleistungsbereich, wodurch zusätzliche Wachstumsimpulse freigesetzt werden. Vor allem für die rohstoffarme Bundesrepublik stellen die über Bildung und Wissen erworbenen Qualifikationen einen zentralen Produktionsfaktor dar, um im internationalen Standortwettbewerb mithalten zu können. Seit die PISA-Studien den deutschen Schülern erhebliche Defizite bei der Lesekompetenz und bei der mathematischen und naturwissenschaftlichen Bildung attestiert haben, sind erhebliche Zweifel laut geworden, ob die im internationalen Wettbewerb erforderliche Qualität des „Humankapitals" auch künftig sichergestellt werden kann.

Unter dem Eindruck des PISA-Schocks hat das ökonomische Paradigma die Debatten in der Bildungspolitik in den letzten Jahren dominiert. Eine Unterordnung der Bildungspolitik unter die Wirtschaftspolitik, für die das Bildungswesen nur noch Zubringerdienste an Humanressourcen leisten müsste, ist jedoch schon aus ordnungspolitischen Gründen abzulehnen. Hinzu kommt, dass die Entwicklungen im Beschäftigungssystem alles andere als eindeutig prognostizierbar sind. Welche Qualifikationsprofile künftig auf dem Arbeitsmarkt nachgefragt und wie viele Fachkräfte in welchen Berufen benötigt werden, hängt nämlich von einer Vielzahl unterschiedlicher Faktoren ab. Dennoch gibt es klar erkennbare Trends, die mit dem raschen technologischen Wandel und dem daraus folgenden Strukturwandel zur Dienstleistungs- und Wissensgesellschaft zusammenhängen. Danach wird künftig der Bedarf an hochqualifizierten Tätigkeiten und an Fachtätigkeiten mit Führungsaufgaben ganz erheblich, jener an qualifizierten Facharbeitern leicht steigen, die Nachfrage nach ungelernten Hilfstätigkeiten dagegen deutlich absinken. Für die Qualifikationsprofile, die das Bildungswesen gewährleisten muss, ergeben sich dadurch neue Anforderungen. Gefragt sind auf allen Ebenen zunehmend polyvalente und entspezialisierte Handlungskompetenzen, die auch jenseits einer engen fachlichen Berufsrolle den flexiblen Einsatz in sich rasch ändernden Tätigkeitsfeldern ermöglichen. Das Bildungswesen wird auf allen Ebenen somit eher für die Ausbildung allgemeiner Schlüsselfunktionen zuständig sein, während die engere funktionale Spezialisierung zunehmend im Betrieb selbst erfolgen wird. Für die künftige Bildungspolitik bedeuten diese Entwicklungen vor allem zweierlei. Es gilt, die hohe Zahl der Jugendlichen, die über keinen Schul- bzw. keinen Berufsbildungsabschluss verfügen durch Maßnahmen der individuellen Förderung und Nachqualifizierung deutlich zu senken. Ansonsten wird das Risiko der Arbeitslosigkeit für diesen Personenkreis weiter steigen. Zudem ist aufgrund des demographischen Wandels und des vorhersehbaren Alterungsprozesses der Gesellschaft nach 2015 mit einem massiven Mangel an qualifizierten Fachkräften, die über das duale System ausgebildet werden, zu rechnen. Diese Lücke könnte durch die Verminderung der Zahl der Bildungsverlierer geschlossen werden. Zweitens gilt es auch die Zahl der Absolventen in den Institutionen der Wissensproduktion und Wissensdistribution, d.h. an den Fachschulen, Fachhochschulen und Universitäten, insgesamt deutlich zu erhöhen. Nur so kann der rasch steigende Bedarf an Hochqualifizierten sichergestellt werden, wobei es hier darauf ankommen wird, vor allem die sich abzeichnenden Engpässe in den Ingenieur- und Naturwissenschaften im Blick zu behalten.

Die *Allokationsfunktion* steht ebenfalls in einem engen Bezug zum Beschäftigungssystem. Im Vordergrund steht jedoch die Aufgabe des Bildungswesens, über einen entsprechenden Leistungsnachweis eine Zuordnung zu einer bestimmten beruflichen Laufbahn oder Position zu gewährleisten. Die Ausgangssituation wird jedoch nicht durch das Bildungssystem selbst, sondern von außen durch das Beschäftigungssystem und die vorherrschenden sozio-ökomischen Strukturen bestimmt. Es gehört zu den Merkmalen des deutschen Wohlfahrtssystems, dass es ein hochdifferenziertes Gesamtgefüge darstellt, in dem Berufslaufbahnen hierarchisch geschichtet und Führungspositionen notorisch knapp sind. Entsprechend werden berufliche Positionen nach Qualifikations- und Leistungsprofilen auch sehr unterschiedlich eingestuft und bewertet. Die jeweils erreichbare Höhe des sozialen Status unterscheidet sich so deutlich nach Einkommen, kultureller Teilhabe oder sozialem Ansehen. Daraus resultieren wiederum stark voneinander abweichende sowie ausgesprochen differenzielle individuelle Lebensläufe. In diesem Kontext fällt dem Bildungswesen die gesellschaftspolitisch brisante Aufgabe zu, eine Vorverteilung und Zuordnung von Personen mit bestimmten Qualifikationen auf einzelne Berufe und Berufslaufbahnen vorzunehmen. Somit ist es die Bildungsbiografie, die indirekt über unterschiedliche individuelle Sozial- und Lebenschancen entscheidet. Diese Zuteilung auf verschieden hoch bewertete soziale Positionen ist legitimatorisch an das Leistungsprinzip als rationales und normatives Selektionsprinzip gebunden. Formal wird dieser Prozess über das schulische Prüfungs- und Berechtigungswesen in Form von Zeugnissen und Abschlüssen geregelt. Es eröffnet jedem Einzelnen die Chance, durch eigene Lernanstrengungen und Leistungsbereitschaft den beruflichen Aufstieg und das Erreichen der beruflichen Stellung so weit als möglich selbst in die Hand zu nehmen. Faktisch sind jedoch die Chancen, über eigene Bildungsbemühungen sozialen Aufstieg zu bewerkstelligen, nach der sozialen Herkunft ungleich verteilt. Das Leistungsprinzip bedarf daher der Ergänzung durch das Prinzip der Chancengleichheit, um entsprechende Startnachteile auszugleichen. Bildungspolitik ist somit immer auch Gesellschafts- und Sozialpolitik. Allerdings variiert der politische Stellenwert des sozialen Paradigmas wie auch dessen inhaltliche Ausrichtung im Zeitablauf erheblich. So verdichtete sich in den sechziger Jahren die Gesamtheit aller sozialen Benachteiligungen in der Kunstfigur des „katholischen Arbeitermädchens vom Lande". Die seinerzeit angestoßene Bildungsexpansion hat jedoch in den folgenden Jahrzehnten diese sozialen Ungleichheiten in mehrfacher Hinsicht signifikant entschärft. Geschlechtsspezifische, konfessionelle und auch regionale Benachteiligungen konnten mehr oder minder weitgehend abgebaut werden. Zugleich erhöhte sich der Anteil der bildungsferneren Sozialschichten in den weiterführenden Schulformen und Hochschulen. Allerdings fiel der soziale Mobilitätseffekt, da auch die bildungsnahen Schichten von dem kollektiven Aufstieg profitierten, insgesamt eher gering aus. Er reduzierte sich zusätzlich, weil damit eine allgemeine Abwertung formaler Bildungstitel einherging, die sich vor allem zuungunsten der bildungsferneren Schichten auswirkte. Da sich die Bildungsbeteiligung aufs Ganze gesehen jedoch deutlich verbessert hatte, verschwanden die schichtspezifischen Problemlagen aus der öffentlichen Wahrnehmung. In den bildungspolitischen Debatten der achtziger und neunziger Jahre spielte so das soziale Paradigma praktisch keine Rolle mehr. Erst die PISA-Studien haben das Thema wieder in die Schlagzeilen gebracht. Sie haben die Öffentlichkeit mit der Feststellung aufgeschreckt, dass in Deutschland Kinder und Jugendliche aus Facharbeiterkreisen sowie insbesondere solche mit Migrationshintergrund in ihrer Bildungsbiografie weit mehr benachteiligt werden als in anderen europäischen Ländern.

Die vergleichsweise hohe soziale Selektivität des deutschen Bildungswesens manifestiert sich vor allem beim Übergang von der Grundschule in den Sekundarbereich I. So haben nicht nur Kinder aus Facharbeiterkreisen, sondern vor allem solche aus Zuwanderungsfamilien wesentlich mehr Schwierigkeiten auf höher qualifizierende Schularten zu gelangen. Da in Deutschland heute mehr als jedes vierte Kind und jeder vierte Jugendliche einen Migrationshintergrund hat, schlägt diese Problematik auch quantitativ zu Buche. Ursächlich für diese Bildungsbenachteiligungen ist vor allem eine ungünstigere Ausstattung der Herkunftsfamilie mit kulturellem und sozialem Kapital. Sie manifestiert sich vor allem in der höchst ungenügenden Beherrschung der deutschen Sprache. Der Selektionseffekt wird zudem verstärkt durch die relativ stark verbreitete Neigung der Lehrerschaft, bei der Feststellung der Gymnasialfähigkeit soziale Kriterien stärker zu gewichten als objektive Leistungstests. Dies führt zu der Konsequenz, Kinder aus unteren Sozialschichten auch bei gleicher Schulleistung bei der Übergangsentscheidung zu benachteiligen.

Aufgrund dieser Benachteiligungen fällt es der aus bildungsfernen Familien kommenden Schülerschaft auch wesentlich schwerer, sich in den höheren Bildungsgängen zu halten. In der Praxis profitieren sie kaum von der Durchlässigkeit zwischen den Schularten, vielmehr ist diese ganz überwiegend abwärts gerichtet. Dabei hatte die Bildungsexpansion auch in dieser Hinsicht die soziale Selektivität deutlich abgemildert. So sind die Bildungsgänge insgesamt flexibler, variantenreicher und offener für Übergänge geworden. Abschlüsse können leichter nachgeholt, allgemein bildende Abschlüsse zunehmend auch über andere Schularten erworben werden, Kompetenzen und Bildung auch in späteren Lebensphasen noch akkumuliert werden. Diese Möglichkeiten können Schüler aus bildungsfernen Familien faktisch jedoch kaum nutzen. Die daraus resultierenden Risiken für die sprachliche und kulturelle Förderung dieser „Bildungsverlierer", insbesondere solcher mit Migrationshintergrund, werden sich auf allen Ebenen des Bildungssystems in den kommenden Jahren zu einer zentralen bildungspolitischen Herausforderung verdichten.

3 Ordnungspolitische Rahmenbedingungen der Bildungspolitik

3.1 Der Primat des Staates im Bildungswesen: Das Gewicht der etatistischen Tradition

Mit Blick auf diese drei zentralen Funktionsbereiche werden von den Individuen und den zahlreichen gesellschaftlichen Gruppierungen hohe Ansprüche und Erwartungen an die Bildungspolitik gerichtet. Diese soll durch die Bereitstellung eines leistungsfähigen Bildungswesen gleichermaßen die Aufgabe der Persönlichkeitsbildung und der kulturellen Integration gewährleisten, die für die Arbeits- und Berufswelt erforderlichen Qualifikationsprofile bereitstellen wie auch die chancengerechte Zuteilung zu einer bestimmten sozialen Position ermöglichen.

Ob diese Ziele, die zudem miteinander konkurrieren, im Einzelnen und zudem auch in einem ausgewogenen Verhältnis erreicht werden können, hängt nicht zuletzt von den Rahmenbedingungen ab, in die bildungspolitische Entscheidungen eingebettet sind. Der *ordnungspolitische Rahmen* ist insofern von Bedeutung, weil er festlegt, welcher Einfluss und welche Rolle den jeweiligen Akteuren in Staat, Gesellschaft und Wirtschaft bei der Ausgestaltung des Bildungswesens zukommen. Für Deutschland ist diese Ordnungsfrage vor allem durch historische und traditionelle Entwicklungen entschieden worden, die bis heute nachwirken. Bis in das 18. Jahrhunderts hinein galt das Bildungswesen als eine Domäne der Stände, das auf deren Bedürfnisse zugeschnitten war. Die Kirche unterhielt Lateinschulen, die Städte Bürgerschulen und der Adel Ritterakademien. Der Staat selbst beschränkte sich auf seine Landesuniversitäten und einige wenige Landes- oder Fürstenschulen. Dies änderte sich im Zeitalter des aufgeklärten Absolutismus, als sich der Staat zunehmend aus den traditionellen kirchlichen und ständischen Bindungen löste. Aus wirtschaftspolitischen und staatspolitischen Interessen heraus war er nun bemüht, den staatlichen Primat auch im Bildungswesen durchzusetzen. Bahnbrechend und richtungsweisend wirkte hier das Preußische Allgemeine Landrecht von 1794. Es definierte Schulen und Universitäten als Veranstaltungen des Staates und verfügte neben der staatlichen Schulaufsicht eine allgemeine Schulpflicht sowie die Finanzierung des Schulwesens aus öffentlichen Mitteln. Damit waren, zumindest rechtlich, die Weichen für eine umfassende Bestimmungsgewalt des Staates über das gesamte Bildungswesen gestellt. Allerdings dauerte es bis Anfang des 20. Jahrhunderts, bis der Staat die geistliche Schulaufsicht praktisch gänzlich ersetzen konnte. In ihren Schulartikeln (Art. 142-

149) bestätigte dann die Weimarer Reichsverfassung von 1919 die geradezu monopolartige Stellung des Staates im Bildungswesen. Sie zementierte insbesondere die völlige Beseitigung der geistlichen Schulaufsicht, bestätigte die vorwiegende Trägerschaft des Schulwesens durch die öffentliche Hand und verwies so das Privatschulwesen definitiv in eine Randexistenz. Verstärkt wurde diese etatistische Vorrangstellung in der Ära der Weimarer Republik zudem durch die herrschende Staats- und Verwaltungsrechtslehre, die unter Berufung auf die vorkonstitutionelle Rechtsfigur des „besonderen Gewaltverhältnisses" das Bildungswesen einer extensiven staatlich-bürokratischen Kontrolle unterwarf.

Nach 1945 hat man in der neu gegründeten Bundesrepublik bei der Ausgestaltung des Bildungswesens weitgehend an die Weimarer Tradition angeknüpft und so auch die herausragende bildungspolitische Rolle des Staates bestätigt. Danach ist der Staat nicht nur zuständig für die politische Gesamtsteuerung und die strukturelle Rahmensetzung im Bildungsbereich, die er insbesondere durch Gesetzgebung, untergesetzliche Normierungen und öffentliche Finanzierung wahrnimmt. Er ist auch mit Abstand der wichtigste Träger und Anbieter entsprechender Einrichtungen und Institutionen. Ausgeprägt ist diese Doppelrolle insbesondere im Bereich der *Schulpolitik*. Grundlage für diese fast monopolartige Stellung bildet Art. 7 des Grundgesetzes, der das Schulwesen regelt. Nach Abs. 1 untersteht das gesamte Schulwesen der Aufsicht des Staates, für deren Wahrnehmung aufgrund der ihnen zustehenden Kulturhoheit die Länder zuständig sind. Nach der vorherrschenden juristischen Lehre und der höchstrichterlichen Rechtssprechung wird dieser Aufsichtsbegriff nach wie vor extensiv als Inbegriff von Herrschaftsrechten interpretiert. Er umfasst demnach die Bestimmungsgewalt des Staates über die Gesamtheit der Planung und Organisation des Schulwesens, d.h. die organisatorische Gliederung und die strukturellen Festlegungen, das inhaltliche und didaktische Programm, das Setzen von Lernzielen und die Organisation von Prüfungen und Berechtigungen. Ferner verfügt der Staat im öffentlichen Schulwesen über die Personalhoheit. Er entscheidet über Einstellung, Einsatz und Besoldung des überwiegend beamteten Lehrpersonals, finanziert dieses über den Landesetat und übt zugleich als oberster Dienstherr die Fach-, Dienst- und Rechtsaufsicht aus.

Allerdings ist der Begriff Staat aber auch kein Synonym für eine schrankenlose oder zentralistische Herrschaft. Die staatliche Bestimmungsgewalt wird durch das Rechtsstaats- und Demokratieprinzip des Grundgesetzes in vielerlei Hinsicht begrenzt. Entsprechend hatte das Bundesverfassungsgericht Anfang der siebziger Jahre die überlieferte Lehre vom Schulverhältnis als „besonderes Gewaltverhältnis" durch jene vom „Rechtsverhältnis" ersetzt. Dadurch sind die Grundrechte von Schülern und Eltern und die pädagogische Freiheit der Lehrer innerhalb der Schule geschützt und können nur durch Gesetz oder auf der Grundlage eines Gesetzes im Einzelfall eingeschränkt werden. Begrenzend wirken zudem die in den Schulgesetzen der Länder verankerten Partizipations- und Mitbestimmungsrechte der am schulischen Geschehen Beteiligten, die sich aus dem Demokratieprinzip des Grundgesetzes ergeben. Durch ihre organisatorischen und verfahrensmäßigen Regelungen sichern sie diese Grundrechte zusätzlich ab, die zudem auch bei staatlichem Missbrauch vor den Verwaltungsgerichten eingeklagt werden können. Begrenzend wirkt schließlich auch die in Art. 7, Abs. 4 des Grundgesetzes ausdrücklich garantierte Privatschulfreiheit. Allerdings unterstehen die Schulen in freier Trägerschaft als Ersatzschulen für öffentliche Schulen ebenfalls einer umfassenden staatlichen Schulaufsicht. Sie bedürfen der staatlichen Genehmigung, durch welche die „Gleichwertigkeit" ihres Bildungsangebots überprüft und sichergestellt wird und erhalten erst aufgrund einer staatlichen Anerkennung die Befugnis, Prüfungen und Abschlüsse nach staatlichen Kriterien zu vergeben. Schließlich unterliegen die Schulen in freier Trägerschaft, die trotz zunehmender Tendenz, nur von 6,7% (2007) der Gesamtschülerschaft besucht werden, auch in finanzieller Hinsicht einem starken Anpassungsdruck. Erst nach einer mitunter mehrjährigen Wartefrist kommen sie in den Genuss der ihnen verfassungsrechtlich zustehenden staatlichen Regelförderung, die – je nach Bundesland – im Schnitt jedoch nur etwa zwei Drittel der Gesamtkosten deckt.

Anders als das allgemein bildende Schulwesen ist dagegen das schulische Berufsbildungswesen, in der das duale Ausbildungssystem nach wie vor von zentraler Bedeutung ist, durch ein gemischt korporatistisch-staatliches Steuerungssystem (Baethge 2003: 526) charakterisiert. Entsprechend der Aufspaltung der beruflichen Ausbildung auf einen betrieblichen und einen schulischen Lernort sind hier die Kompetenzen zwischen Staat und den Selbstverwaltungsorganen der Wirtschaft geteilt. Für die Gestaltung und Steuerung der teilzeitlichen Berufsschulen, die sich fast ausschließlich in öffentlicher Trägerschaft befinden, sind auf der Grundlage des Kulturföderalismus rechtlich die Kultusministerien der Länder zuständig. Im Bereich der Betriebe dominieren dagegen die Arbeitgeberverbände, die Kammern und die Gewerkschaften. Sie sind zuständig für die inhaltliche Ausgestaltung der Ausbildung, gewährleisten die praktische Durchführung und übernehmen ganz überwiegend auch die Finanzierung. Zwar setzt auch hier der Staat den allgemeinen Rahmen, insofern er über das Berufsbildungsgesetz (BBiG) des Bundes und die vom Bund zu erlassenden Ausbildungsordnungen eine gewisse Kontrollfunktion ausübt.[4] Faktisch wird jedoch die staat-

---

[4] Das Berufsbildungsgesetz von 1969 wurde 2005 novelliert. Es regelt unter anderem die allgemeinen Ziele der betrieblichen Ausbildung, die Anerkennung der Ausbildungsberufe, die Modalitäten des Ausbildungsverhältnisses, Fragen der Ausbildungsstätte, des Ausbildungspersonals wie auch des Prüfungswesens. Die Ausbildungsordnungen für die einzelnen Berufsbilder werden formal vom Bundes-

liche Handlungsfähigkeit sowohl auf der Länder- wie der Bundesebene durch die Gestaltungsmacht der Verbände und Sozialpartner erheblich eingeschränkt. Auf beiden Ebenen vermögen sie nämlich aufgrund ihrer großen Praxisnähe, ihrer bedeutend größeren Ausbildungsanteile und ihrer politischen Partizipationsrechte die staatliche Willens- und Entscheidungsbildung in der Berufsbildungspolitik im Sinne ihrer interessenpolitischen Zielsetzungen maßgeblich zu beeinflussen.

Ähnlich wie im allgemein bildenden Schulwesen tritt der Staat auch in der *Hochschulpolitik* bislang ganz überwiegend in einer doppelten Funktion auf. Er ist rahmensetzende Steuerungsinstanz und nahezu konkurrenzloser Anbieter und Träger der Hochschuleinrichtungen. Zwingend geboten ist diese Doppelstruktur vor dem Hintergrund der gegebenen Rechtslage jedoch nicht. Der Staat könnte sich theoretisch mehr oder minder auch auf die Funktion der allgemeinen Steuerung und Strukturgebung beschränken. So könnte er auf gesetzlichem Wege die Errichtung, die Struktur und die Finanzierung der Hochschulen normieren, bestimmte Qualitätsstandards vorgeben und kontrollieren, ansonsten aber die Durchführung des Hochschulbetriebs selbst überwiegend privaten Trägern überantworten. Einem solchen Modell steht aber nicht nur die gewachsene deutsche Staatstradition im Hochschulwesen entgegen, sondern auch die föderale Ordnung. Bildungspolitik gilt als politisches Reservat, als Kernaufgabe der Länder, die in diesem Politikfeld angesichts der sonstigen Dominanz des Bundes ihre politischen Gestaltungsfreiräume noch umfassend nutzen können. Landeseigene Hochschulen sind immer auch bildungspolitische Prestigeobjekte. Vor diesem Hintergrund erklärt sich die im internationalen Vergleich sehr marginale Bedeutung der privaten Hochschulen. Eine solche besuchen bei leicht steigender Tendenz gegenwärtig (WS 2006/2007) nur 3,8% aller Studierenden.

Allerdings verfügen die staatlichen Hochschulen im Unterschied zu den Schulen, die als nichtrechtsfähige Anstalten des öffentlichen Rechts gelten, in der Bundesrepublik jedoch über eine historisch überlieferte Autonomie. Als Körperschaften des öffentlichen Rechts sind sie zwar staatliche Einrichtungen, ihnen ist jedoch über Art. 5 Abs. 3 GG das Prinzip der Freiheit von Forschung und Lehre garantiert. Zur akademischen Selbstverwaltung gehören neben der Lehr- und Forschungsfreiheit unter anderem auch die Verantwortung für die Heranbildung und Förderung des eigenen Nachwuchses sowie die autonome Gestaltung von Promotions- und Habilitationsverfahren. Dennoch ist auch im Hochschulbereich der staatliche Einfluss beträchtlich. Hochschullehrer, wissenschaftliche Mitarbeiter und sonstiges Personal werden vom Staat eingestellt und bezahlt, sie unterliegen als Angestellte oder Beamte traditionell der staatlichen Dienst- und Rechtsaufsicht. Über den Landeshaushalt steuert der Staat die Personalentwick-

---

wirtschaftsminister oder einem sonstigen Fachminister im Einvernehmen mit dem Bundesminister für Bildung und Forschung in Form einer Rechtsverordnung erlassen.

lung und die sachliche Ausstattung der Hochschulen, auch wenn diese heute über Globalhaushalte inzwischen über größere interne Gestaltungsfreiräume verfügen. Ferner nimmt der Staat über die Berufungspolitik Einfluss auf die Zusammensetzung des Lehrkörpers und kontrolliert über Staatsexamina und staatlich Prüfungsvorschriften auch den Zugang zu bestimmten akademischen Berufen wie auch zu den meisten höheren Positionen im Staatsdienst.

Deutlich weniger etatistisch geprägt sind dagegen die übrigen Bildungsbereiche. Dies gilt zunächst für den *Elementarbereich*, für den die große Bedeutung der freien Träger charakteristisch ist. Traditionell gilt hier das Subsidiaritätsprinzip, nach dem die öffentliche Hand erst dann als Träger entsprechender Einrichtungen in Erscheinung tritt, wenn die freien Träger untätig bleiben. Bundesweit stellen diese so die Mehrzahl der Plätze für Kinder in den vorschulischen Tageseinrichtungen bereit, doch werden sie von der öffentlichen Hand bei der Finanzierung der Sach- und Personalkosten in erheblichen Umfang unterstützt. Der private Anteil bei der Finanzierung des Elementarbereichs betrug so für das Jahr 2002 zwischen 23-25% (Bundesministerium für Familie, Senioren, Frauen und Jugend 2005: 101). Die meisten Einrichtungen unter den freien Trägern stellen mit Abstand die konfessionellen Wohlfahrtsverbände, während der Anteil von Wirtschaftsbetrieben oder sonstigen privaten Anbieter verschwindend gering bleibt. Eine herausragende Rolle spielen die freien Träger vor allem in den alten Bundesländern, in denen sie 2002 immerhin 63,6% aller Plätze bereitstellten. Deutlich niedriger liegen die entsprechenden Anteile dagegen in den neuen Bundesländern und den Stadtstaaten. Allerdings gibt auch im Elementarbereich, der unter den Regelungsbereich des Kinder- und Jugendhilferechts fällt, der Staat den rechtlichen Rahmen sowie bestimmte Richtungsentscheidungen vor. So hat der Bund mit der Einführung des Sozialgesetzbuches VIII (SGB VIII) im Jahre 1991 für bundeseinheitliche Rahmenvorgaben in diesem Bereich gesorgt und in der Folgezeit innerhalb desselben durch Novellierungen auch gezielte politische Akzente gesetzt. So etwa mit dem Rechtsanspruch auf einen Kindergartenplatz (1996) und dem Tagesbetreuungsgesetz (TAG). Es trat, ebenso wie das dieses ergänzende Kinder- und Jugendhilfeweiterentwicklungsgesetz (KICK), 2005 in Kraft und soll in den kommenden Jahren den forcierten Ausbau von Kinderkrippen vorantreiben. Den vom Bund abgesteckten Rahmen haben die Länder rechtlich insbesondere durch eigene Kinder- und Jugendhilfegesetze und Kindergartengesetze weiter konkretisiert. Inzwischen haben sie auch flächendeckend Bildungspläne für die Kindertagesstätten erlassen, durch die sie auch den freien Trägern curriculare Vorgaben machen. Ferner sind die Länder nach dem GG auch zuständig für die Regelung der Finanzierung, wobei allerdings die Kommunen als örtliche Träger der öffentlichen Jugendhilfe mit Abstand die finanzielle Hauptlast bei der Versorgung mit Kindertageseinrichtungen zu tragen haben.

Besonders ausgeprägt ist die privat-marktwirtschaftliche Komponente im Bereich der allgemeinen und beruflichen *Weiterbildung*, für die ein äußerst heterogener Pluralismus von institutionellen Trägerschaften und Anbietern kennzeichnend ist. Die mit Abstand größte Trägergruppe bilden die Arbeitgeber und Betriebe, denen fast jeder dritte Teilnehmerfall der gesamten Weiterbildung zuzurechnen ist. Sie investieren auch bei weitem die meisten Finanzmittel, so dass die betriebliche Weiterbildung seit langem als Hauptmotor der gesamten Weiterbildungsdynamik fungiert. An zweiter Stelle rangieren die überwiegend von der öffentlichen Hand getragenen Volkshochschulen mit 14%, an dritter die privaten Institute mit 11% (BBF 2006: 283). Die Angebots- und Nachfragelenkung wird in der Weiterbildung zu einem beträchtlichen Teil über Marktmechanismen gesteuert, während die Finanzierung von einem gemischtwirtschaftlichen System getragen wird, bei dem sich private und staatliche Mittelströme vielfach überschneiden (Faulstich 2003: 630). Der Staat spielt als Träger und Anbieter von Einrichtungen der Weiterbildung eine vergleichsweise eher bescheidene Rolle. Da jedoch eine geordnete Entwicklung und Förderung der Weiterbildung im öffentlichen Interesse liegt und diesem Bereich künftig eine wachsende bildungspolitische Bedeutung unterstellt wird, fallen ihm dennoch wichtige Steuerungsaufgaben zu. Als regulierende Instrumente dienen ihm vor allem Gesetze und Subventionen, durch die er inhaltliche und prozedurale Vorgaben machen, Regeln für die Qualitätssicherung festlegen und bestimmte Einrichtungen finanziell fördern kann. Die staatlichen Kompetenzen sind auch hier zweigeteilt. Die Länder treffen im Rahmen des Bildungsrechts entsprechende Normierungen und Finanzierungsregelungen vor allem durch die Weiterbildungs-, Erwachsenenbildungs- und Bildungsfreistellungsgesetze.[5] Der Bund, der für den Bereich des Arbeits- und Wirtschaftsrechts die Zuständigkeit besitzt, konkretisiert entsprechend seine Steuerungsfunktion vor allem über das bereits genannte BBIG, das Sozialgesetzbuch III (SGB III), das Aufstiegsfortbildungsförderungsgesetz (ABFG) sowie das Fernunterrichtsschutzgesetz (FernUSG).[6]

---

[5] In den Weiterbildungs- bzw. Erwachsenenbildungsgesetzen werden unter anderem folgende Aspekte geregelt: Ziele und Aufgaben der Einrichtungen, Pluralität und Unabhängigkeit, Grundsätze für die staatliche Anerkennung und Förderungswürdigkeit, Art der Verwendung der öffentlichen Zuschüsse, Qualitätssicherung und Evaluation. In 12 von 16 Ländern (2007) ermöglichen Bildungsfreistellungsgesetze dass Arbeitnehmer, sofern bestimmte Voraussetzungen erfüllt sind, bei Fortzahlung des Arbeitsentgelts an Weiterbildungsmaßnahmen in Form von Bildungsurlaub teilnehmen können. In der Regel gilt dieser Anspruch für fünf Arbeitstage.

[6] Das BBIG regelt z. B. die prüfungsrelevanten Modalitäten der beruflichen Fortbildungs- und Umschulungsordnung. Das Sozialgesetzbuch III umfasst die Maßnahmen der beruflichen Fortbildung und Umschulung, die von der Bundesagentur für Arbeit im Rahmen ihrer präventiven Arbeitsmarktpolitik zur Reduzierung der Arbeitslosigkeit durchgeführt werden. Die Ausgaben wurden seit 1995 kontinuierlich zurückgefahren und betrugen 2004 nur noch 3,6 Mrd. Euro. Das ABFG hat das Ziel, Maßnahmen der beruflichen Aufstiegsfortbildung durch staatliche Beiträge zu den Kosten der Maß-

Der Überblick über das Verhältnis von Staat und Markt in den einzelnen Bildungsbereichen zeigt ein recht facettenhaftes Bild. Das ordnungspolitische Koordinatensystem im Bildungswesen weist ganz unterschiedliche Kombinationen und Mischungen von Steuerungsformen und Trägerschaften auf. Während im Elementar- und Weiterbildungsbereich Marktelemente und private Anbieter eine wichtige Rolle spielen, konnte sich im Schul- und Hochschulbereich der Primat des Staates bislang fast ungeschmälert behaupten. Er spiegelt sich nicht zuletzt auch in den Bildungsausgaben wider. Im Jahr 2003 wurden rund drei Viertel der Kosten von Bund, Ländern und Gemeinden aufgebracht, das restliche Viertel von Privathaushalten, Organisationen ohne Erwerbszweck und Unternehmen (Konsortium Bildungsberichterstattung 2006: 22). Dieser Sachverhalt ist nicht nur aus der älteren etatistischen Tradition zu erklären, vielmehr trug auch der kontinuierliche Ausbau des Sozialstaates nach 1945 dazu bei, den Primat des Staates im Schul- und Hochschulwesen zu verstetigen. Mittelfristig zeichnen sich hier jedoch nachhaltigen Veränderungen ab, da seit den neunziger Jahren ein starker marktliberaler Gegentrend den Staat im Bildungssektor in die Defensive drängt. Ursächlich sind die sich weltweit verschärfenden Finanzierungsprobleme des Sozialstaates und die allgemein in komplexen Gesellschaften feststellbare abnehmende Steuerungsfähigkeit des Staates, die zu einer wachsenden Effizienz- und Akzeptanzkrise staatlicher Institutionen im gesamten öffentlichen Sektor geführt hat. Auch das Bildungswesen geriet so unter einen Modernisierungs-druck, der sich durch die seit PISA diagnostizierten Qualitäts- und Effizienz-probleme noch weiter verstärkte. Die primär unter ökonomischen Wettbewerbs-kriterien diskutierte Standortfrage führte zu einem allmählichen Umdenken in der Politik, die sich gegenüber Forderungen aus der Privatwirtschaft nach Ent-staatlichung des Bildungswesens, nach verstärkter Angebotsorientierung und Marktsteuerung, nach einer Individualisierung der Bildungsfinanzierung durch die Bildungsnachfrager, zunehmend offen zeigt. Die Schlüsselbegriffe der neuen Steuerungsphilosophie wie Deregulierung und Dezentralisierung, Entbürokrati-sierung und Flexibilisierung, Privatisierung und Wettbewerb haben seitdem verstärkt Eingang in die offizielle politische Rhetorik gefunden. Der Marktlogik entsprechend sollen in den öffentlichen Bildungseinrichtungen effektivitäts- und effizienzsichernde Reformen initiiert werden, wobei in der Diskussion insbeson-dere auf die angelsächsischen Staaten oder die Niederlande als Vorbild verwie-sen wird. Als Trendsetter dieses Denkens gelten auf der internationalen Ebene insbesondere Organisationen wie die OECD (Organisation for Economic Cooperation and Development), die WTO (World Trade Organisation) sowie

---

nahme und zum Lebensunterhalt der Teilnehmer zu unterstützen. Das FernUSG dient dem Schutz der Teilnehmer am Fernunterricht und regelt insbesondere die Grundsätze und Modalitäten der staatli-chen Zulassung.

auch die Europäische Union, die sich in ihren Bemühungen um die Schaffung eines einheitlichen europäischen Bildungsraums ebenfalls primär am Wettbewerb orientiert. Ihr nationales Pendant finden diese marktliberalen Reformbestrebungen insbesondere in einflussreichen Kreisen der deutschen Privatwirtschaft. Sie nehmen im Sinne ihrer Vorstellungen über eigene Initiativen, Organisationen, Netzwerke oder mächtige Think-Tanks wie etwa die Bertelsmann-Stiftung, nicht unerheblichen Einfluss auf die bildungspolitischen Entscheidungsträger in Bund und Ländern.

3.2 Der Trend zur Entstaatlichung und Ökonomisierung des Bildungswesens

Der Trend zur Entstaatlichung, zu mehr Marktorientierung und Privatisierung, manifestiert sich im Schul- und Hochschulbereich teilweise in analoger Form. Er tritt weniger in einer Privatisierung der Trägerschaften und einer Pluralisierung auf der Anbieterseite in Erscheinung. Vielmehr äußert er sich vor allem in einer an der Marktlogik orientierten inneren Verbetriebswirtschaftlichung der staatlichen Einrichtungen selbst. Was den ersten Punkt anbetrifft, so ist zwar im *Schulwesen* aufgrund einer wachsenden Nachfrage seitens der Elternschaft seit längerem eine deutlich wachsende Zahl von Neugründungen bei den Schulen in freier Trägerschaft zu registrieren. So stieg zwischen 1992 und 2006 die Zahl der privaten allgemeinbildenden und beruflichen Schulen immerhin um insgesamt 1405, so dass im Schuljahr 2005/2006 rund jeder 14. Schüler in einer Privatschule unterrichtet wurde (Schuljahr 1992/1993 jeder 20. Schüler). Dies ändert aber nichts an der eindrücklichen Bilanz, dass nach wie vor rund 83% aller Schüler eine Staatschule besuchen. Insgesamt betrachtet dürfte sich hier daher auch in Zukunft an der beherrschenden Anbieterrolle des Staates nur wenig ändern, zumal eine Hundert-Prozent-Budgetierung der Privatschulen durch den Staat, wie sie von mancher Seite mit dem Ziel einer forcierten Privatisierung gefordert wird, politisch mit Sicherheit nicht durchsetzbar wäre.

Ein Trend zu marktorientierten Reformen und insbesondere zur Verbetriebswirtschaftlichung manifestiert sich zunächst im Bereich der inneren Entwicklung der öffentlichen Schulen. Diese Prozesse stehen in einem engen Zusammenhang mit der erweiterten Schulautonomie, die seit Anfang der neunziger Jahre in allen Bundesländern schrittweise zur Richtschnur bildungspolitischen Handelns wurde. Den Schulbeteiligten vor Ort wurden neue Eigenverantwortlichkeiten und Gestaltungsfreiräume nicht nur bei den Bildungsinhalten, der Unterrichtsorganisation und Personalauswahl, sondern auch in betriebsökonomischer Hinsicht zugestanden. In Anlehnung an das aus der kommunalen Verwal-

tungsmodernisierung stammende neue Steuerungsmodell haben betriebswirtschaftlich ausgerichtete Instrumente zur Effizienzsicherung seitdem auch Eingang in die Schulen gefunden. Diese können nun eigenverantwortliche Entscheidungen über die Budgetierung treffen und so finanzielle Mittel orts- und zieladä-
quat einsetzen. Erwartet wird durch den dezentralen Mitteleinsatz vor allem auch
ein kostenbewussterer und sparsamerer Umgang mit den knapp gewordenen Ressourcen. Ergänzend hat sich in diesem Kontext im Schulalltag die Praxis eingebürgert, über schulische Fördervereine Drittmittel durch Sponsoring einzuwer-
ben, um Aufgabenbereiche und schulische Projekte zu finanzieren, für die öffentliche Mittel nicht mehr in ausreichendem Umfang zur Verfügung gestellt werden
(Verbraucherzentrale 2006). Während Sponsoring inzwischen weithin auf Akzeptanz stößt, werden weitergehende Praktiken recht kontrovers bewertet. So
räumen einige Bundesländer ihren Schulen inzwischen die Möglichkeit ein, sich
für die Produktwerbung der Privatwirtschaft zu öffnen, so dass Schulen nun auch
zu Werbeträgern werden können. Unter dem Motto „Öffnung der Schule" werden zudem immer häufiger zwischen Firmen und Schulen sogenannte Lernpart-
nerschaften eingerichtet. Diese sollen, wie es heißt, dazu beitragen, den Unterricht praxisnäher zu gestalten und die Schülerschaft besser auf das Arbeitsleben
vorbereiten, wobei diese Intentionen teilweise auch inhaltlich in den Unterricht
hineinwirken. Um den öffentlichen Kostendruck zu mildern, sind zudem einzelne Bundesländer und Schulträger nach dem Vorbild anderer öffentlicher Aufgabenfelder dazu übergegangen, Aufgaben und Dienstleistungen auch im Schulbereich, soweit sie nicht den pädagogischen Kernbereich betreffen, zumindest
teilweise zu privatisieren. Dazu gehören Maßnahmen eines Outsourcings, das
Funktionen wie Gebäudeerhaltung, Renovierungen, Reinigung, Kantinenbetrieb,
Hausmeisterdiente etc., etwa in Form des Public-Private-Partnership (PPP), an
private Firmen und Unternehmensberatungen überträgt. Weitergehende Privati-
sierungsmodelle wie z.B. in Hamburg, wo die Politik versuchte, Berufsschulen
in Kooperation mit der Industrie- und Handelskammer in eine öffentlich-rechtliche Stiftung zu überführen oder in Bremen, wo eine GmbH für Bildungsinfrastruktur mit einem privatrechtlichen, gleichwohl öffentlichen Status, umfangreiche unterrichtsnahe Service- und Unterstützungsleistungen für die Schulen übernehmen sollten, war kein Erfolg beschieden. Sie scheiterten in Hamburg (2004)
am öffentlichen Widerstand des Volksbegehrens „Bildung ist keine Ware", während die politisch ebenfalls sehr umstrittene Bremer GmbH 2006 nach einem
finanziellen Desaster aufgelöst wurde (Sterzel 2005: 21ff; 33ff). Im Übrigen
gewinnen privatwirtschaftliche Interessen in den letzten Jahren zunehmend auch
auf indirektem Wege Einfluss auf die Schulen. So gehört es zur Strategie der
freien Wirtschaft über Wirtschaftsverbände, Konzerne, wirtschaftsnahe Stiftungen oder PR-Agenturen gemeinsame Netzwerke mit staatlichen Bildungsinstitu-

tionen und Schulverwaltungen auf vertraglicher Kooperationsbasis aufzubauen, um auf diese Weise auf die „Bildungsproduktion" auch inhaltlich Einfluss zu nehmen. Die geschieht in wachsendem Umfang unter anderem durch die Bereitstellung von Unterrichtsmaterial und Lernhilfen, durch die Erarbeitung von Schulbüchern, die Beteiligung an der Lehrerfortbildung oder die gezielte Förderung von Eliteschulen, die sich in öffentlicher Trägerschaft befinden.

Allerdings sind vor allem im Schulbereich dem Trend zu einer weitgehenden Entstaatlichung und Vermarktlichung auch unter verfassungsrechtlichen Kriterien Schranken gesetzt. Nach dem Grundgesetz gilt Bildung als ein grundrechts- und öffentlichkeitsrelevanter Bereich, als ein öffentliches Gut, für das der Staat die Gesamtverantwortung trägt (Avenarius 2000: 24ff). Das Schul- und Bildungswesen ist somit kein staatsfreier Raum, den man dem freien Spiel des Marktes überlassen könnte, weshalb die Kosten auch ganz überwiegend vom Steuerzahler getragen werden. Der Gemeinwohlbezug von Bildung verpflichtet den Staat vielmehr darauf sicherzustellen, dass zentrale Staatszielbestimmungen im gesamten Schulwesen eine angemessene Berücksichtigung finden. Dies erklärt auch die Tatsache, dass das Schulwesen sich ganz überwiegend in öffentlicher Hand befindet und der Privatschule Ausnahmecharakter zukommt. Innerhalb der öffentlichen Schulen als dem Regelfall kommt der staatlichen Schulaufsicht die Aufgabe zu, die Einhaltung rechtstaatlicher, demokratischer und sozialstaatlicher Prinzipien zu gewährleisten. Dazu gehört zunächst die Pflicht, ein Schulsystem bereitzustellen, das jeder Schülerin und jedem Schüler gemäß ihren jeweiligen Fähigkeiten jene Bildungsmöglichkeiten eröffnet, die sie zur Bewältigung ihrer individuellen und gesellschaftlichen Lebenssituationen benötigen. Ferner erwächst dem Staat aus dem Sozialstaatsprinzip in Verbindung mit dem grundrechtlichen Anspruch des Kindes auf gleiche Chancen bei der freien Entfaltung seiner Persönlichkeit die Pflicht, gleichzeitig sowohl für ein leistungsstarkes wie auch für ein sozial gerechtes Schulwesen zu sorgen. Schließlich hat die öffentliche Schule im weltanschaulich neutralen Verfassungsstaat die Aufgabe zur Demokratie zu erziehen, Toleranz, Pluralität und Offenheit zu gewährleisten sowie die Schülerschaft vor religiöser, parteipolitischer oder verbandspolitischer ideologischer Instrumentalisierung und Indoktrination zu schützen.

Diese pädagogischen Kernverpflichtungen des Staates setzen zugleich einer Aufgaben- und Organisationsprivatisierung im Bereich der staatlichen Schulverwaltung eine enge Grenze. Die Erfüllung des Erziehungs- und Bildungsauftrags als einer genuinen staatlichen Aufgabe kann zudem auch deshalb nicht an privatrechtliche Trägerschaft abgetreten werden, weil ansonsten der Primat des „Letztentscheidungsrechts" der demokratisch legitimierten Amtsträger unterlaufen würde (Sterzel 2005: 106ff). Ein Verzicht auf diese personell-demokratische Verpflichtung ist, so die herrschende höchstrichterliche Auslegung, nach dem

Demokratieprinzip des Grundgesetzes prinzipiell ausgeschlossen. Lediglich in Randbereichen des staatlichen Erziehungs- und Bildungsauftrags erscheint somit eine Organisationsprivatisierung bzw. Formen des Public-Private-Partnership möglich. Grenzen einer organisatorischen Privatisierung ergeben sich zudem aber auch aus den sozialstaatlichen Einschränkungen, die das Grundgesetz bei der Gewährung der Privatschulfreiheit verfügt. Art. 7 Abs. 4 Satz 1 bindet nämlich die Genehmigung privater Ersatzschulen ausdrücklich an die Maßgabe, dass „eine Sonderung der Schüler nach den Besitzverhältnissen der Eltern nicht gefördert wird." Damit verbietet das Grundgesetz, im Unterschied zu den USA oder anderen Ländern, ein System gewinn- und damit klientelorientierter Privatschulen, die sich durch die Erhebung annähernd kostendeckender Schulgelder selbst finanzieren können (Hesselberger 2000: 120).

Aus dem gleichen Grund muss die auch in Deutschland immer wieder vorgebrachte Forderung nach Einführung von staatlich finanzierten Bildungsgutscheinen, die den entscheidenden Durchbruch zu einem wettbewerblich organisierten freien Bildungsmarkt bewirken soll, als äußerst problematisch angesehen werden. Sie würde zwar die Nachfragemacht der Eltern stark ausweiten, da diese die staatlicherseits ausgegebenen Gutscheine an der Schule ihrer Wahl einlösen könnten. Nach den bisherigen Erfahrungen vor allem im angelsächsischen Bereich profitieren davon aber vor allem jene Eltern und Schüler, die aufgrund ihrer besseren Ausstattung mit ökonomischem, kulturellem und sozialem Kapital von den Anbietern bevorzugt berücksichtigt werden. Nicht die Eltern und Schüler suchen somit letztendlich ihre Schule aus, sondern die Schulen ihre Schüler. Die empirische Befundlage spricht somit eindeutig dafür, dass Quasi-Märkte zur Vergrößerung bestehender Leistungsdisparitäten und Chancenungleichheiten tendieren. „Die darin sich manifestierende Logik, dass es bei Wettbewerbssteuerung Gewinner und Verlierer geben muss, widerspricht zentralen Prinzipien staatlicher Gesamtverantwortung im Schulbereich" und kann daher auch auf deutsche Verhältnisse keine Anwendung finden (Weiss 2004: 122).

Weit durchschlagender als im Schulsektor kommt der Trend zur Privatisierung und zur Einführung von Marktelementen jedoch in der *Hochschulpolitik* zur Geltung. Auffallend ist zunächst, dass die Zahl privater Hochschulen in den letzten Jahren stark zugenommen hat. Sie stieg durch Neugründungen allein im Zeitraum 2004 bis 2007 von 45 auf 68. Da sie nur eine sehr begrenzte Anzahl von Studierenden aufnehmen, zumeist auch sehr hohe Studiengebühren erheben, bleibt in dieser Hinsicht ihr quantitativ-statistischer Anteil jedoch weiterhin sehr marginal[7]. Andrerseits gelten sie aber wegen ihrer Orientierung an angelsächsi-

---

[7] Beispielsweise wurde Anfang 2006 in Berlin von Bundeskanzlerin Angela Merkel nach einer schwierigen mehrjährigen Anlaufzeit die Managerschule ESMT (European School of Management and Technology) eröffnet. Die ursprünglich als „Harvard an der Spree" stilisierte Eliteschule, die

schen Strukturen auch als modellhafte Vorreiter und Vorbilder einer Verselbständigung und Vermarktlichung des staatlichen Hochschulsektors. Hieran orientierte Strukturreformen werden von der Politik seit den neunziger Jahren mit
Nachdruck vorangetrieben und unter Hinweis auf einen unaufhaltsamen Trend
zu einer globalisierten Wissensgesellschaft als unabweisbare Strategie dargestellt. Diese gründet auf der Einschätzung, dass im internationalen Wettbewerb
um die besseren Köpfe und die besseren Studierenden die deutschen Hochschulen nur dann mithalten können, wenn sich der Staat aus der engen Kontrolle der
Hochschulen zurückzieht. Die neueren Hochschulgesetze tragen diesen Forderungen nach umfassender Deregulierung Rechnung, zumal nach den Bestimmungen des Hochschulrahmengesetzes von 1998 staatliche Hochschulen in andere Rechtsformen, etwa auch in private Stiftungen, überführt werden können.
Den bundesweiten Trend verkörpert beispielhaft das zu Beginn des Jahres 2007
in Kraft getretene Hochschulfreiheitsgesetz in Nordrhein-Westfalen, welches das
Verhältnis von Staat und Hochschule auf eine völlig neue Basis gestellt hat
(Pinkwart 2007: 18ff). Die Hochschulen wurden als Körperschaften des öffentlichen Rechts verselbständigt und sind somit keine staatlichen Einrichtungen
mehr. In diesem Kontext zeichnet sich eine Entwicklung ab, welche die Unterschiede zwischen privaten und staatlichen Hochschulen zunehmend einebnet.
Der Staat bleibt zwar weiterhin verantwortlich für die finanzielle Ausstattung,
für die Leistungsfähigkeit und das Leistungsangebot der Hochschulen. Er zieht
sich jedoch aus der Detailsteuerung zurück und schließt mit den weitgehend
autonomen Hochschulen lediglich Ziel- und Leistungsvereinbarungen ab. Diese
erhalten nun die Vollrechtsfähigkeit und somit die Dienstherrenfähigkeit sowie
in gewissem Umfang eine eigene Vermögensfähigkeit, auf deren Grundlage sie
künftig nun über weitreichende Kompetenzen und die Verantwortung für Finanz-
, Personal- und Organisationsentscheidungen verfügen. Gleichzeitig wurden
durch das Gesetz den autonomeren Hochschulen im Gegenzug jedoch hierarchische Managementstrukturen verordnet. Die Hochschul- und Fachbereichs-
leitungen wurden mit einer deutlich größeren Machtfülle ausgestattet, die traditionellen Kollegialorgane der akademischen Selbstverwaltung weitgehend auf rein
beratende Funktionen beschränkt. Die unternehmensähnliche neue Struktur
kommt vor allem in der Einführung eines aufsichtsratähnlichen Hochschulrats zu

---

noch zwei Standorte in München und Schloss Gracht bei Köln unterhält, wird von 25 deutschen
Großkonzernen getragen, die für das Stiftungskapital aufkommen. Der berufsbegleitende Studiengang in englischer Sprache, der mit 30 Studierenden startete, dauert nach Auskunft auf der Homepage 21 Monate und schließt mit dem Grad Master of Business Administration ab. Die Studienge-
bühr beträgt stattliche 57.500 Euro. Das Land Berlin gewährte zwar keine direkten Zuschüsse, über-
eignete jedoch aus dem Bundesvermögen das ehemalige Staatsratgebäude der DDR. Im übrigen
erhalten auch die meisten anderen privaten Hochschulen entweder direkte staatliche Zuschüsse oder
indirekte Zuwendungen.

Ausdruck, der als strategisches Steuerungsorgan der Hochschule überwiegend mit externen Mitgliedern besetzt ist, die realiter vor allem aus der Privatwirtschaft kommen. Die ökonomische Effizienz und damit auch die Wettbewerbsfähigkeit der Hochschulen soll zudem durch betriebswirtschaftliche Elemente gestärkt werden. Dazu zählen insbesondere die Einführung einer produktbasierten Outputsteuerung, von Controlling und betrieblichem Rechnungswesen, von leistungsbezogener Besoldung und Mittelverteilung, wie auch die Einführung einer ergebnisorientierten Evaluierung und Akkreditierung. Hinzu kommen ferner auch die Erschließung neuer Finanzquellen durch die Hochschulen selbst, insbesondere durch Studiengebühren, die Vermarktung von Forschungsergebnissen, die Möglichkeit, selbst eigene Unternehmen zu gründen oder sich an Unternehmen zu beteiligen, damit die Hochschulen eigenverantwortlich auf den Zukunftsmärkten agieren können. Schließlich gehören zu diesem wettbewerbsorientierten Konzept in NRW wie auch anderswo die Umstellung der Studiengänge auf eine zweistufige Studienstruktur, eine verstärkte Anwendungs- und Berufsnähe, erste Ansätze zur Selbstauswahl der Studierenden, die aktive Einwerbung von Drittmitteln, die Werbung von Sponsoren und verstärkte Ansätze zu einer klientelgeprägten Alumni-Pflege (Kehm 2004: 13ff).

Diese sich auf ausschließlich bildungsökonomische Argumentationsmuster stützende weitreichenden Strukturreformen stoßen in den bildungspolitischen Debatten, insbesondere in universitären Kreisen, jedoch auch auf heftige Kritik (Liessmann 2006; Link-Heer 2006; Schmoll 2007). Der von der Politik als unaufhaltsam forcierte Trend zur Entstaatlichung, Verbetriebswirtschaftlichung und Kommerzialisierung des Hochschulwesens und dessen vorrangige Ausrichtung an Effizienz, Wettbewerb und ökonomische Verwertungsinteressen, wird hier häufig als Bruch mit der Universitätstradition und folgenschwere Fehlentwicklung wahrgenommen. Die Kritiker verwahren sich dagegen, Universitäten nach Managementmethoden wie betriebliche Unternehmen zu führen und die Standards von Lehre und Forschung produktbasiert durch den Markt bestimmen zu lassen. Die damit verbundene Hierarchisierung wird nicht nur als schmerzhafter Verlust traditioneller akademischer Selbstverwaltungsstrukturen erfahren, sondern auch als Gegenteil einer nur rhetorisch beschworenen Hochschulautonomie, die in den Augen vieler Betroffener ohnehin kaum mehr ist als ein Synonym für eine ökonomisch motivierte Mängelverwaltung. Zudem sieht man die Gefahr, dass durch den wachsenden Einfluss von Drittmittelgebern, die Abhängigkeit von externen Rankings, von Akkreditierungs- und Evaluationsagenturen und Universitätsräten, zunehmend auch private Interessen in die hochschulinternen Belange hineinregieren. Kritisiert wird auch die wettbewerbsbedingte Einführung von Eliteuniversitäten. Sie bewirke eine Zweiklassengesellschaft, da sie durch den Primat der Forschung die Lehre den Massenuniversitäten zuschiebe.

Dies forciere nicht nur die Verschulung der Lehre, sondern zerstöre auch die traditionelle und bewährte Einheit von Forschung und Lehre. Speziell die Geisteswissenschaften, die einst den Ruhm der deutschen Universität begründeten, führen Klage über die privilegierte Behandlung, die den anwendungs- und interdisziplinär orientierten Natur- und Lebenswissenschaften sowie den technischen Fächern aus Gründen der ökonomischen Verwertbarkeit seitens der Bildungspolitik zuteil wird. Als problematisch erachtet wird zudem die betriebswirtschaftlich inspirierte Tendenz, Qualitätssicherung und Qualitätsvergleiche auf der Basis rein statistischer und quantifizierender Daten zu betreiben. Deren Auswahl sei beliebig, die inhaltliche Aussagekraft begrenzt, weshalb ihnen kein Anspruch auf verobjektivierende Gültigkeit zukomme. Entsprechend warnen die Kritiker vor einem Zahlenfetischismus, der in Form modisch gewordener und geradezu wildwuchsartig expandierender Hochschulrankings oder rein statistischer Berechnungen zunehmend die Richtung künftiger Hochschulpolitik vorgeben könnte. Sie befürchten, dass es vor dem Hintergrund einer reinen Effizienzorientierung in der künftigen Universität nur noch darauf ankomme, nach Maßgabe von Ziel- und Budgetvereinbarungen den von der Politik gewünschten Output an Akademikerquote, Hochschulabsolventen, Drittmitteleinwerbung, modularisierten Studiengängen, kombiniert mit einem Höchstmaß an Interdisziplinarität und Internationalität, möglichst evaluationstauglich und somit wettbewerbs- und marktgerecht herzustellen. Insgesamt – so lautet das Fazit – sei durch das neue Steuerungsmodell und die damit verbundene Vermarktlichung ein Prozess eingeleitet worden, der nicht nur eine neue, „Motivation und Ressourcen gleichermaßen verzehrende Reformbürokratie" hervorgebracht habe. Vielmehr seien, und dies ist sicherlich der härteste Vorwurf, ausgerechnet im Namen der Hochschulautonomie dadurch die Universitäten entmündigt, der traditionelle Bildungsgedanke preisgegeben und die Wissenschaftsfreiheit abgeschafft worden.

4 Bildungspolitik und demographische Entwicklung

4.1 Bevölkerungsrückgang und Phaseneffekte im Bildungssystem

Die künftige Bildungsnachfrage auf der Basis der Schüler- und Absolventenzahlen in den einzelnen Schulstufen wie auch der Zahl der Studienanfänger und Hochschulabsolventen werden zunehmend durch die weitere demographische Entwicklung bestimmt. Vor allem in Zeiten demographischer Umbrüche haben die sich wandelnden Größenordnungen unter Umständen erhebliche Auswirkungen nicht nur auf die Bildungseinrichtungen selbst, sondern auch auf andere gesellschaftliche Aufgabenfelder. Betroffen sind somit nicht nur die baulichen Erfordernisse, der Bedarf an Lehrpersonal sowie die regionale und lokale Bildungsinfrastruktur, sondern auch der Arbeitsmarkt, das Beschäftigungssystem wie auch die Entwicklung der finanziellen Ressourcenausstattung. Der Bildungspolitik wird dabei eine hohe Steuerungsleistung abverlangt, um auftretende Problemlagen möglichst antizipierend durch Reformen abzufedern und zu korrigieren.

Die langfristige demographische Entwicklung ist in Deutschland dadurch charakterisiert, dass aufgrund einer nach wie vor sehr niedrigen Geburtenrate bei gleichzeitig steigender Lebenserwartung der seit Jahrzehnten anhaltende *Rückgang der Gesamtbevölkerung* sich auch in Zukunft weiter fortsetzen wird, zumal der Verlust durch Zuwanderung bei weitem nicht kompensiert wird. Die 11. Koordinierte Bevölkerungsvorausberechnung des Statistischen Bundesamts geht davon aus, dass die Bevölkerung von 2005 bis 2050 von 82,4 Mio. auf 68,7 Mio. (16,7%) schrumpfen wird, wobei es gleichzeitig zu einem starken Alterungsprozess der Gesellschaft kommt, der sich vor allem in einem höheren Anteil von Senioren sowie von älteren Personen an der Erwerbsbevölkerung niederschlagen wird. Lagen die Anteile der unter 20-Jährigen und der 65-Jährigen und Älteren 2005 noch fast auf gleichem Niveau, so wird es im Jahre 2050 doppelt so viele ab 65-Jährige wie unter 20-Jährige geben. Für das Bildungssystem und seine Einrichtungen ist in diesem Zusammenhang vor allem die Entwicklung der „Bildungsbevölkerung", der Altersgruppe der 5-29-Jährigen, von Interesse. Nach der mittleren Variante des Statistischen Bundesamtes wird diese von 21,9 Mio. im Jahre 2005 auf 14,7 Mio. im Jahre 2050 und somit insgesamt um 32,9% zurückgehen. Ihr Anteil an der Gesamtbevölkerung wird sich im besagten Zeitraum somit von 26,5% auf 21,3% verringern. Zu berücksichtigen ist hier zudem auch eine *regionale Disparität*, da die Entwicklung in den alten und neuen Bundesländern recht unterschiedlich verläuft. So fällt der Rückgang der Bildungsbevölkerung in den neuen Bundesländern viel dramatischer aus als in den alten, wobei zunächst die niedrigere Fertilitätsrate eine Rolle spielt. So kam es nach der Wiedervereinigung zwischen 1990 und 1994 zu einem enormen Einbruch bei den Geburtenzahlen um 60%, der durch den danach einsetzenden kontinuierlichen Wiederanstieg, der aber bis heute noch nicht das westdeutsche Niveau erreicht hat, bei weitem nicht kompensiert wurde. Dieser Einbruch und seine teilweise Korrektur schiebt sich in seinen Auswirkungen zeitverschoben durch alle Bildungsbereiche und bestimmt so die entsprechenden Größenordnungen bei der Bildungsnachfrage und den Absolventenzahlen entscheidend mit. Verstärkt wird diese regionale Disparität aber auch durch eine seit der Wiedervereinigung anhaltende und sich den letzten Jahren noch verstärkende Binnenwanderung von Ost nach West. Es sind vor allem junge Menschen, die in die wirtschaftlich prosperierenden Regionen im Westen abwandern, wobei manche Gebiete künftig bis zu 17% der 19-35-Jährigen verlieren werden, wodurch nicht nur das Erwerbspersonenpotenzial sondern auch die Bildungsnachfrage insgesamt weiter schrumpfen wird (Konsortium Bildungsberichterstattung 2008: 18f). Ein völlig gegenläufiger Ost-West Trend zeigt dagegen die Entwicklung der Bevölkerung mit Migrationshintergrund, denn 2006 lebten 91% der Migranten in den westdeutschen Ländern. Entsprechend haben in der für das Bildungswesen relevanten Altersgruppe der unter 25-Jährigen im Durchschnitt zu 30% einen Migrationshintergrund, der in Ballungszentren oder auch in machen Großstädten auf 50% und mehr ansteigt.

Für die bildungspolitische Steuerung ergeben sich daraus ganz unterschiedliche Problemlagen. So hatte die Schulpolitik aufgrund von demographischen Veränderungen in den letzten Jahrzehnten auf den einzelnen Stufen des Bildungssystems *zum gleichen Zeitpunkt häufig unterschiedliche Schülerzahlen* zu bewältigen. So kam es aufgrund eines mehrfachen demographischen Zyklenwechsels im westdeutschen Schulsystem im Zeitabschnitt von 1975-1985 zu der paradoxen Situation, dass die Sekundarstufe I demographische Höchstbelastungen zu verkraften hatte, während gleichzeitig sich die Grundschulen leerten und der Andrang an den Hochschulen sich vergrößerte (Baumert/Cortina/Leschinsky 2003: 74f).[8] Für den Zeitraum von 2005 bis 2020 ist nach den Vorausberechnungen der KMK jedoch davon auszugehen, dass der Schülerzahlenrückgang in Westdeutschland in allen Schulstufen sich ohne grö-

---

[8] Ursächlich hierfür war, dass die Zahl der jährlichen Geburten in der Bundesrepublik von 1950 bis Mitte der siebziger Jahre kontinuierlich bis über eine Million anstieg, um dann in dem Jahrzehnt nach 1967 auf unter 600 000 abzusinken. Nach einer Phase der Stagnation kam es dann 1985 bis 1990 wieder zu einem erneuten Anstieg der Geburten auf über 700 000 im Jahr. Dieses demographische Zwischenhoch dauerte bis Ende der 1990er Jahre, bevor dann um das Jahr 2000 ein neuer kontinuierlicher Abschwung einsetzte, der dazu führte, dass bis 2006 die Zahl der Geburten in den alten Bundesländern wieder auf knapp 673 000 zurückging.

ßere Zuspitzungen in eher moderaten Bahnen bewegen wird. Anders stellt sich die Situation in den neuen Ländern dar, wo der Geburteneinbruch zwischen 1990 und 1994 einen *phasenverschobenen Effekt* bewirkte, der sukzessive alle Alterstufen erfasst. Zunächst verringerte sich in drastischem Umfang von 1997 bis 2002 die Schülerschaft in den Grundschulen, bevor dieser Effekt zwischen 2001 und 2007 mit gleicher Intensität auf die Sekundarstufe I durchschlug. Nach den Vorausberechnungen der KMK ist davon auszugehen, dass es bis 2012 zu einem dramatischen Abfallen der Schülerzahlen im anschließenden Sekundarbereich II von insgesamt 48,9% kommen wird, der von 2008 bis 2013 auch einen vergleichbar starken Einbruch bei den Studienberechtigten nach sich ziehen wird.[9] Gegenläufig hierzu wird jedoch aufgrund kräftiger Zuwachsraten in Westdeutschland die Zahl der Studierenden im ganzen Bundesgebiet insgesamt weiter deutlich zunehmen und im Jahre 2020 um etwa 20% über der des Jahres 2005 liegen. Hier wirkt sich neben dem demographischen Faktor auch die Schulzeitverkürzung aus, die insbesondere in den Jahren 2011 bis 2013 den Anstieg der Studierendenzahlen beschleunigen wird. Allerdings wäre jedoch auch ohne Schulzeitverkürzung – so die Prognose der KMK – in Deutschland ein absoluter Anstieg der Studierendenzahlen zu erwarten.

4.2 Auswirkungen des Bildungsverhaltens auf die Bildungsinfrastruktur

Schwierigkeiten erwachsen der Bildungsplanung zudem aus den *Veränderungen des Bildungsverhaltens*, die den demographischen Effekt überlagern, diesen somit verstärken, abschwächen oder auch kompensieren können. Insbesondere im Hochschulbereich sind die verhaltensbedingten Nachfrageeffekte nur sehr schwer zu prognostizieren, weil neben der Zahl der Studienberechtigten hier zahlreiche Unwägbarkeiten eine Rolle spielen: Die allgemeine wirtschaftliche Entwicklung und der daran geknüpfte Qualifikationsbedarf, die Akzeptanz der neu eingeführten Studienabschlüsse auf dem Arbeitsmarkt, die Attraktivität nichtakademischer Ausbildungsgänge wie auch Fragen der Akzeptanz von Studiengebühren oder neuer Finanzierungsmodelle für das Studium. Im Schulsektor sind die demographischen Veränderungen faktisch nur in der Grundschule eindeutig prognostizierbar, da hier der gesamte Jahrgang in einem einheitlichen Schultyp zusammengefasst ist. Im Anschluss daran kommt es jedoch durch die mehrgliedrige Ausdifferenzierung innerhalb der Sekundarstufe I zu erheblichen

---

[9] Vgl. Statistische Veröffentlichungen der Kultusministerkonferenz, Nr. 182-Mai 2007, Vorausberechnung der Schüler- und Absolventenzahlen 2005 bis 2020; Statistische Veröffentlichungen der Kultusministerkonferenz, Dokumentation Nr. 176-Oktober 2005, Prognose der Studienanfänger, Studierenden und Hochschulabsolventen bis 2020.

Schülerwanderungen. Sie werden primär durch die Wahlentscheidungen der Eltern bestimmt und sind somit auch politisch-administrativ kaum steuerbar. Richtungsgebend wirken in diesem Kontext seit Jahrzehnten die Bildungsexpansion, die steigende Bildungsnachfrage der deutschen Bevölkerung nach höherwertigen Bildungsabschlüssen sowie die Zuwanderung ausländischer Schulkinder. Dies führte seit längerem in den alten, nach der Wende aber auch in den neuen Ländern, zu einer Expansion der Realschule, insbesondere aber des Gymnasiums, wodurch diese Schulformen demographische Defizite zeitweise sogar überkompensieren konnten. Verlierer dieser Entwicklung sind vor allem die Hauptschulen. Sie verloren in großem Umfang ihre deutsche Schülerklientel und wurden faktisch zur einzigen Schulart der Sekundarstufe I für Jugendliche aus Migrantenfamilien. Die KMK geht unter der Annahme eines auch in Zukunft gleichbleibenden Bildungsverhaltens zu höherwertigen Abschlüssen davon aus, dass der Anteil der Hauptschulen an der Gesamtschülerschaft sich von 21,1% im Jahre 2005 bis 2020 weiter auf 17,3% reduzieren wird. Umgekehrt wird der Anteil der Realschüler in diesem Zeitraum von 28% unwesentlich auf 27,1% zurückgehen, während die Gymnasien diesen sogar von 33,5% auf 37,3% steigern können. Insgesamt wirkt sich so die Verhaltenskomponente bei den einzelnen Schulformen ganz unterschiedlich aus. Sie verschärft die Auswirkungen des demographischen Abwärtstrends bei den Hauptschulen, mildert diese umgekehrt bei den Realschulen ab, während es den Gymnasien sogar gelingt, ihren Schülerbestand zwischen 1991 und 2020 praktisch ohne demographische Einbussen auf dem anfänglichen Ausgangsniveau zu erhalten.

Der Rückgang der Bildungsbevölkerung hat zudem erhebliche Auswirkungen auf die langfristige Weiterentwicklung der *Bildungsinfrastruktur,* da vor allem in vielen strukturschwächeren Regionen inzwischen eine kritische Bestandsgrenze erreicht oder auch unterschritten wurde. Der Staat, der die Aufgabe hat, zur Gewährleistung von Chancengleichheit in allen Regionen ein qualifiziertes und möglichst wohnortnahes Angebot von Bildungsgängen vorzuhalten, steht hier künftig vor einem großen Dilemma. Er kann einerseits versuchen, durch strukturelle und organisatorische Anpassungen das bestehende Schulnetz in pädagogisch und betriebsökonomisch vertretbarer Form möglichst in der Fläche zu erhalten. Als mögliche Handlungsansätze bieten sich unter anderem an: Die Bildung jahrgangsübergreifender Klassen, effizientere Gebäudeauslastungen durch flexiblere Organisationsformen, Fusionen von Schulstandorten im Falle einzügiger Jahrgänge, die Bildung kooperativer Schulverbünde oder auch die teil- oder vollintegrierte Zusammenlegung von Schulformen der Sekundarstufe I. Von einer Bestandsgefährdung betroffen sind vor allem kleinere Grund-, Haupt- und Realschulen. Hier kam es im letzten Jahrzehnt in allen Bundesländern zu Schulschließungen, wenn auch mit erheblichen regionalen Abweichungen, vor allem zwischen Ost und West. Besonders manifest sind die Schwierigkeiten jedoch im Sekundarbereich I, weil infolge der Mehrgliedrigkeit hier unterschiedliche Schulformen um schrumpfende Schülerjahrgänge miteinander konkurrieren. Unter Handlungsdruck stehen hier insbesondere Länder, die wie Baden-Württemberg und Bayern bei der Bewahrung des dreigliedrigen Schulsystems bundesweit traditionell eine Vorreiterrolle einnehmen. Nach wie vor halten sie gegen den Trend zur Zweigliedrigkeit, der sowohl infolge des geänderten Bildungsverhaltens und des demographischen Abwärtstrends sich auch in den alten Bundesländern zunehmend durchsetzt, an der Eigenständigkeit der Hauptschule als einer gesonderten Schulform fest. Dies wird ökonomisch wie pädagogisch zunehmend schwierig, da 2008 in Bayern etwa ein Drittel, in Baden-Württemberg bereits fast zwei Drittel aller Hauptschulen einzügig geführt werden mussten. Zahlreiche Schulschließungen, teilweise auch in Form von Standortfusionen, werden trotz des Widerstands der betroffenen Kommunen auf längere Sicht wohl unvermeidlich werden. Andrerseits bieten auch eher pragmatisch ausgerichtete kooperative oder integrative Ansätze keine zwingende Gewähr für den Bestandserhalt von Schulen wie die dramatische Entwicklung in den neuen Bundesländern zeigt. Dort wurden bereits nach der Wende in den Ländern Thüringen, Sachsen und Sachsen-Anhalt die Schulformen der Sekundarstufe I unter einem gemeinsamen Dach organisiert, doch hat die enorme demographische Kontraktion zwischen 1994 und 2003 in allen neuen Bundesländern zu einem regelrechten Schulsterben in der Fläche geführt. Vor allem in den dünner besiedelten ländlichen Gebieten haben sich die bereits bestehenden Infrastrukturprobleme weiter verschärft. Immerhin sind nach der Wiedervereinigung bis zum Jahre 2004 bereits über 3000 Schulen aus der ostdeutschen Schullandschaft verschwunden. Der Kahlschlag erfasste vor allem die Grundschulen, insofern im Zeitraum von 1994 bis 2003 ca. 700 Gemeinden von Grundschulschließungen betroffen waren. Bei den Sekundarschulen mit Hauptschul- und Realschulbildungsgängen kam es ebenfalls zu Einbrüchen zwischen 15 bis 25%. Die Schulschließungen bei den Gymnasien bewegten sich zwischen 11 und 18%, ausgenommen die Länder Brandenburg und Thüringen, die ihren Bestand sogar erhalten bzw. erhöhen konnten (Weishaupt 2004: 8ff).

4.3 Auswirkungen auf den Arbeitsmarkt und das Beschäftigungssystem

Die Schrumpfung und Alterung der Bevölkerung hat nicht zuletzt auch Folgen für den *Arbeitsmarkt* und das *Beschäftigungssystem*. Legt man die Annahmen der 11. Koordinierten Bevölkerungsvorausberechnung zugrunde, so wird der Anteil der nichterwerbstätigen gegenüber der erwerbstätigen Bevölkerung künftig weiter steigen und sich so das Verhältnis beider Gruppen erheblich verschieben: Kamen 2006 auf 100 Personen im erwerbsfähigen Alter (19- bis unter 67-Jährige) noch 55 Kinder, Jugendliche oder Senioren (unter 19- und über 66-Jährige), so wird sich diese Relation bis zum Jahre 2030 auf 100 zu 69 erhöhen (Autorengruppe Bildungsberichterstattung: 2006, 16ff). Gleichzeitig vollzieht sich eine rasche Alterung der Erwerbsbevölkerung. Betrug der Anteil der 55- bis unter 67-Jährigen an der potenziell erwerbsfähigen Bevölkerung im Jahr 2006 noch 22%, so wird er bis 2030 weiter auf 30% ansteigen. Parallel kommt es zu einer Talfahrt bei der Gesamtzahl der potenziell Erwerbstätigen, also der 19 bis unter 67-Jährigen, von 53,1 Mio. im Jahre 2006 auf 45,7 Mio. im Jahre 2030. Allerdings wird dieser Rückgang erst nach 2020 in größerem Umfang einsetzen und wiederum vor allem in den neuen Ländern dramatische Ausmaße annehmen. Mit der sinkenden Zahl der Schulabgänger, nachfolgendem Rückgang beim Nachwuchs für die Berufsausbildung und die Hochschulen, rücken immer weniger Berufsanfänger nach, so dass mittelfristig zahlreiche Fach- und Führungskräftearbeitsplätze nicht mehr besetzt werden können. Eine im Herbst 2008 veröffentlichte Studie der Prognos AG prognostizierte bei gleichbleibenden Bedingungen bis 2030 sogar einen Mangel von bis zu 7 Millionen qualifizierten Arbeitskräften, insbesondere an Facharbeitern und Akademikern (vbw-Vereinigung der Bayerischen Wirtschaft: 2008: 7f) . Dieser Fachkräftemangel könnte, so das Fazit der Studie, die Wachstumsrate des Bruttoinlandsprodukts halbieren und einen Wohlstandsverlust von 4,6 Billionen Euro verursachen. Auch wenn man diese Zahlen mit gebotener Vorsicht zur Kenntnis nimmt, so sind sie doch ein Indiz dafür, unter welch großen Handlungsdruck die Politik steht, um die sich abzeichnenden Engpässe abzumildern. Er ist auch deshalb so groß, weil entsprechende Reformmaßnahmen erst nach 10 bis 20 Jahren den Arbeitsmarkt erreichen und ihre Umsetzung daher keinen weiteren zeitlichen Aufschub duldet. Die in diesem Kontext oft geforderte Verkürzung der Schul- und Studienzeiten wird allerdings keine wirkliche Abhilfe schaffen, da sie nur eine einmalige Entlastung bringt, die durch die sinkende Geburtenrate wieder aufgezehrt wird. Der Politik bleibt daher nur die Möglichkeit, den drohenden Verlust an Arbeitsproduktivität und Innovationskraft in einer zunehmend wissensbasierten Dienstleistungsgesellschaft durch eine Qualifizierungsstrategie und eine neuerliche Bildungsexpansion zu kompensieren. Diese Strategie muss alle Bildungsstufen gleichermaßen im Blick haben. Da die Erwerbstätigen immer älter werden, muss der nötige Innovationstransfer durch vermehrte Weiterbildung und eine adäquate Umsetzung des Prinzips eines lebenslangen Lernens sichergestellt werden. Dies impliziert eine kontinuierliche Weiterqualifizierung im Berufsleben, insbesondere durch betriebliche Weiterbildung. Aber auch auf den anderen Stufen des Bildungswesens gilt es unausgeschöpfte Bildungspotenziale zu erschließen und gleichzeitig die Qualifizierungsleistung deutlich zu erhöhen. Im Schulbereich geht es vordringlich darum, allgemeine Kompetenzdefizite und sozial bedingte Benachteiligungen, insbesondere bei Kindern aus bildungsfernen Familien mit Migrationshintergrund, abzubauen und die Zahl der Risikojugendlichen ohne Schulabschluss und ohne Berufsperspektive deutlich zu senken. Im Hochschulbereich steht die Notwendigkeit im Vordergrund, die relativen Anteile der Studienberechtigten und der Absolventen weiter zu steigern, um dem sich abzeichnenden Mangel an Akademikern und Führungskräften entgegenzuwirken. Der Wissenschaftsrat hat in einer 2006 verabschiedeten Empfehlung hierzu konkrete Ziele benannt. Danach sollen die Hochschulen 35% eines Altersjahrgangs auf mittlere Sicht zu einem Studienabschluss zu führen, was wiederum heißt, dass deutlich über 40% ein Studium aufnehmen und mindestens 50% eine Hochschulzugangsberechtigung erhalten sollten.[10]

---

[10] Vgl. Wissenschaftsrat. Empfehlungen zum arbeitsmarkt- und demographiegerechten Ausbau des Hochschulsystems, Ders. 7083/06, Berlin 27.1. 2006, 65.

5 Struktur und Entwicklung der Bildungsausgaben

5.1 Gesamtausgaben nach Wirtschaftskraft, finanzierenden Sektoren und Bildungsereichen

Bildungsinvestitionen gelten gemeinhin als strategisch bedeutsame Zukunftsinvestitionen, die nicht nur die individuelle und gesellschaftliche Teilhabe, sondern insbesondere auch die wirtschaftliche Entwicklung eines Landes positiv beeinflussen. Von einer Steigerung der Bildungsausgaben erwartet man so einen Zuwachs an Produktivität und Wettbewerbsfähigkeit, somit auch an Einkommenssteigerungen, die sich zugunsten höherer Steuer- und Sozialversicherungseinnahmen auswirken. Von entscheidender Bedeutung ist in diesem Kontext jedoch nicht die Höhe der Bildungsausgaben als solcher, vielmehr kommt es darauf an, wo und in welcher Weise diese zum Einsatz kommen. So ist es etwa ein Trugschluss anzunehmen, es genüge bereits die Bildungsausgaben deutlich zu steigern, um in der PISA-Statistik im Leistungsvergleich entsprechend besser abzuschneiden. Ebenso besteht kein kausaler Zusammenhang zwischen der Bildung kleiner Schulklassen aufgrund einer quantitativ erhöhten Lehrereinstellungsquote und entsprechenden Lernergebnissen. Entscheidender sind in diesem Zusammenhang vielmehr primär qualitative Aspekte etwa der Lehrerausbildung, der curricularen und institutionellen Ausgestaltung der Schulen, der kulturellen Integration oder auch die Flexibilität föderaler Entscheidungsstrukturen.

Trotz dieser Relativierungen gilt der Umfang der finanziellen Ressourcen, die ein Land bereit ist, in das Bildungssystem und dessen Entwicklung, zu investieren, als ein wichtiger Indikator für die Wertschätzung, die eine Gesellschaft der Bildung entgegenbringt. In der bildungspolitischen Diskussion sind deshalb, nicht zuletzt vor dem Hintergrund der aktuellen Finanzkrise, die Ausstattung des Bildungswesens mit Finanzmitteln, die Verteilung der Finanzmittel auf die einzelnen Bildungsbereiche wie auch die Lastenverteilung zwischen öffentlichen Körperschaften und privaten Geldgebern zentrale Themen, die aus einer vergleichenden intranationalen und internationalen Perspektive diskutiert werden.

Die gesamten öffentlichen und privaten Bildungsaufwendungen in Deutschland werden im nationalen Bildungsbudget dargestellt, das jährlich vom Statistischen Bundesamt erstellt wird. Die jeweils aktualisierten Daten finden sich im Bildungsfinanzbericht, der seit 2008 im Rahmen des gemeinsamen Bildungsmonitorings von Bund und Ländern erscheint. Danach wurde im Jahr 2005 in Deutschland eine *Gesamtsumme* von insgesamt 141,6 Mrd. Euro für

Bildung aufgewendet, in jeweiligen Preisen berechnet gut 13,4 Mrd. Euro mehr als 1995. Dieser auf den ersten Blick positive Befund wird jedoch durch die Feststellung getrübt, dass unter Berücksichtigung der Preisveränderungen 2005 real 2,8% weniger finanzielle Mittel zur Verfügung standen als zehn Jahre zuvor (Statistisches Bundesamt: 2008, 18). Noch deutlich ungünstiger stellt sich die Entwicklung dar, wenn man die Ausgaben in *Relation zur Entwicklung der Wirtschaftskraft* betrachtet. Betrugen die öffentlichen und privaten Bildungsausgaben in nationaler Abgrenzung im Jahre 1995 noch 6,9% des Bruttoinlandsprodukts (BIP), so ging dieser Anteil auf nur noch 6,2% des BIP im Jahre 2005 zurück. Diese unterproportionale Entwicklung ist zudem vor allem auch vor dem Hintergrund internationaler Vergleichsstudien sehr kritisch zu bewerten, wenngleich Deutschland im OECD-Vergleich bei der jungen Bildungsbevölkerung einen besonders niedrigen Anteil aufweist. Wichtigste Quelle für den internationalen Vergleich ist hier die von der OECD jährlich herausgegebene Dokumentation „Bildung auf einen Blick", die allerdings die im nationalen Bildungsbudget vorhandenen Ausgaben für Weiterbildung, Jugendarbeit, Horte und dergleichen nicht einbezieht. Sie ermittelte in internationaler Abgrenzung für das Jahr 2005 für die OECD-Länder einen Durchschnittswert von 6,1% des BIP, den diese aus öffentlichen und privaten Quellen für die Finanzierung ihres Bildungswesens ausgeben. Deutschland erreichte mit einem Wert von 5,1% hier nicht einmal Mittelmaß. Besonders krass ist der Abstand zu anderen prosperierenden Wirtschaftsnationen. So gaben im gleichen Jahr etwa Israel 8,0%, Dänemark 7,4%, Korea 7,2%, die USA 7,1%, Schweden 6,4% und auch der PISA-Sieger Finnland immerhin noch 6,0% ihrer kumulierten Wirtschaftsleistung für das Bildungswesen aus (OECD: 2008, 257).

Betrachtet man die Bildungsausgaben für das Jahr 2005 nach *finanzierenden Sektoren* so ergibt sich eine komplexe Finanzierungsstruktur. Rund drei Viertel der gesamten Bildungsausgaben wurden von der *öffentlichen Hand*, also Bund, Ländern und Gemeinden aufgebracht. Den mit Abstand größten Anteil steuerten mit 51,1% die Länder bei, gefolgt von den Gemeinden mit 16,7%, während der Bund lediglich 8,4% aufbrachte. Das restliche Viertel kam aus *privaten Quellen*, also von Privathaushalten, Organisationen ohne Erwerbszweck und Unternehmen, die 23,5% finanzierten, während das Ausland 0,3% beisteuerte. Dies ist ein im internationalen Vergleich überdurchschnittlich hoher Privatanteil, der in Ländern wie Korea, Japan oder den USA jedoch deutlich höher, in den skandinavischen Staaten wie Schweden oder Finnland dagegen deutlich niedriger liegt.[11] Allerdings werden in Deutschland die Bildungsausgaben der

---

[11] In der OECD-Statistik in internationaler Abgrenzung, die aber vor allem die privat finanzierte Weiterbildung des nationalen Bildungsbudgets nicht berücksichtigt, beträgt der private Finanzierungsanteil aller Mitgliedstaaten im Durchschnitt 14,5%. Deutschland kommt hier auf 18%, Spitzenreiter

Unternehmen und teilweise auch der Privathaushalte zu einem erheblichen Teil über Steuerminderungen refinanziert, so dass der tatsächliche Finanzierungsanteil der öffentlichen Haushalte höher ausfällt. Im Übrigen ist davon auszugehen, dass in den nächsten Jahren sich die Finanzierungsstruktur, etwa durch die Reduktion der Kindergartengebühren oder die Einführung von Studiengebühren in sieben Bundesländern, die im Jahre 2007 etwa 700 Millionen Euro erbrachten, in einzelnen Bildungsbereichen verschieben wird.

Bezogen auf die *Bildungsbereiche* ist der Schul- und Hochschulbereich geprägt durch ein öffentlich finanziertes Bildungsangebot. So wurden die Ausgaben für die allgemeinbildenden Bildungsgänge zu 77% von den Ländern, zu 20% von den Gemeinden und nur zu 3% vom privaten Bereich bestritten. Im tertiären Bereich trugen die Länder sogar 73% der Ausgaben, 14% steuerte der private Bereich bei, 10% entfielen auf den Bund und nur insgesamt 3% auf die Gemeinden und das Ausland. Wesentlich stärker ausgeprägt ist dagegen der private Finanzierungsanteil in den anderen Bildungsbereichen, wobei für den Weiterbildungsbereich, der zu einem großen Teil privat finanziert wird, der Bildungsfinanzbericht für 2005 keine genauen Vergleichsdaten bereithält. Im Elementarbereich werden zwar 58,8% der Ausgaben von den Gemeinden aufgebracht, doch entfallen hier auf den privaten Sektor immerhin 27,9%. Noch höher ist dieser Anteil in den beruflichen Bildungsgängen, wenn die Finanzierung der betrieblichen Ausbildung im Dualen System mit einbezogen wird.[12] Hier werden sogar 51% der Gesamtkosten vom privaten Bereich getragen, 27% von den Ländern, 14% vom Bund und 7% von den Gemeinden.

Wie viel Geld fließt anteilig *je Bildungsteilnehmer/in* die einzelnen Bildungsbereiche? In Deutschland lagen 2005 die entsprechenden Ausgaben vom Primar- bis zum Tertiärbereich kaufkraftbereinigt insgesamt bei 7 900 US-Dollar und damit über dem OECD-Durchschnitt von 7 500 US-Dollar. Allerdings täuscht dieser erste Blick, denn zwischen den einzelnen Bildungsbereichen bestanden teilweise erhebliche Unterschiede (Statistisches Bundesamt 2008: 54). So lag Deutschland im Elementarbereich (für 3-Jährige und Ältere) mit insgesamt 5 500 US-Dollar über dem OECD-Durchschnitt (4 900 US-Dollar), während es im schulischen Bereich insgesamt betrachtet deutlich unterdurchschnittlich abschnitt. Im Primarbereich etwa gab Deutschland mit 5 000 US-Dollar deutlich weniger aus als im OECD-Durchschnitt (6 300 US-Dollar), ebenso aber auch im Sekundarbereich I, wo mit 6 200 US-Dollar der OECD-Durchschnitt von 7 400 US-Dollar ebenfalls deutlich unterschritten wurde. Weit günstiger

---

sind Korea mit 41,1%, die USA mit 32,7% und Japan mit 31,4%, während Schweden mit 3% und Finnland mit nur 2,2% die Schlusslichter bilden (OECD 2008: 271).

[12] Unter Einschluss ausbildungsrelevanter Zuschüsse der Bundesagentur für Arbeit, jedoch ohne Fachschulen, Fachakademien, Berufsakademien sowie Schulen des Gesundheitswesens im Tertiärbereich.

stellt sich auf den ersten Blick die Situation im Sekundarbereich II dar. Hier lagen die Ausgaben mit 10 300 US-Dollar deutlich über dem OECD-Durchschnitt (8 400 US-Dollar), was jedoch ganz überwiegend auf die hohen Ausgaben der privaten Unternehmen im Rahmen des Dualen Systems zurückzuführen ist. Betrachtet man im Sekundarbereich II nur die allgemeinbildenden Schulen (Oberstufe der Gymnasien, Fachoberschulen u. dgl.), dann liegt Deutschland hier mit lediglich 6 500 US-Dollar ebenfalls weit unter dem OECD-Durchschnitt. Somit sind unter Einschluss der betrieblichen Ausbildung in Deutschland die Ausgaben in den beruflichen Bildungsgängen mit 12 700 US-Dollar fast doppelt so hoch wie im allgemeinbildenden Bereich. Dieses Ungleichgewicht setzt sich auch im tertiären Bereich fort. Auf den ersten Blick sind zwar in Deutschland die Ausgaben je Studierenden verglichen mit dem OECD-Durchschnitt (11 500 US-Dollar) mit 12 400 US-Dollar sehr hoch. Die Bilanz erscheint aber nur deshalb in einem günstigen Licht, weil die deutschen Hochschulen relativ forschungsintensiv sind. Eliminiert man im Bildungsbudget die Ausgaben für Forschung und Entwicklung, so liegt Deutschland mit 7 800 US-Dollar wiederum deutlich unter dem Ausgabeniveau anderer OECD-Staaten und auch unter dem OECD- Durchschnitt von 8 100 US-Dollar. Teilweise dramatisch fällt diese Gesamtbilanz aus, wenn man sie im internationalen Vergleich im Zeitverlauf von 1995 bis 2005 betrachtet (OECD 2008: 243). So wurden in Deutschland die Ausgaben je Schüler/in im Primar-, Sekundär- und postsekundaren, nicht tertiären Bereich zu konstanten (realen) Preisen um lediglich 5% erhöht, im OECD-Durchschnitt dagegen um 34%. Im tertiären Bereich wiederum stiegen die Ausgaben pro Studierenden in Deutschland um 7%, im OECD-Durchschnitt dagegen um 12%, wobei sich in dieser Bilanz aber die in Deutschland besonders stark gestiegenen Ausgaben für Forschung und Entwicklung günstig auswirken. Internationale Spitzenreiter waren hier Österreich, die USA und die Schweiz (nur öffentliche Bildungseinrichtungen), die ihre Ausgaben jeweils um 27% erhöhten.

5.2 Öffentliche Bildungsausgaben im internationalen und intranationalen Vergleich

Im Mittelpunkt der bildungspolitischen Diskussionen steht insbesondere auch die *Entwicklung der öffentlichen Bildungsausgaben*, da die politische Steuerung des Bildungswesens primär durch die öffentliche Hand erfolgt, die auch in Ländern mit geringer Staatsquote vorrangig die Finanzierung des Bildungswesens gewährleistet. Von Interesse ist hier zunächst die Höhe der öffentlichen Bildungsausgaben *in Relation zum Gesamthaushalt*, da diese ein Indiz darstellt für den Stellenwert, der Bildung im Vergleich zu anderen öffentlichen Ausgaben wie etwa dem Gesundheitswesen oder der Sozialpolitik, eingeräumt wird. Auch hier zeigt sich, wenn man die internationalen Kennzahlen als Vergleichsbasis heranzieht, dass die öffentliche Hand in Deutschland sich bei den Bildungsausgaben deutlich zurückhält, während andere Staaten einen sichtlich größeren Anteil ihrer Gesamtausgaben in ihr Humankapital investieren (OECD 2008: 282). So ergibt sich für Deutschland für das Jahr 2005 ein bescheidener Anteil von 9,7%, das sind zwar 1,2 Prozentpunkte mehr als noch 1995, doch liegt dieser Wert wiederum deutlich unter dem OECD-Durchschnitt von 13,2% (1995: 11,9%). Auch hier wiederum schneiden andere vergleichbare Wirtschaftsnationen wie etwa die USA mit 13,7%, die Schweiz mit 12,7%, Schweden mit 12,6% oder auch Finnland mit 12,5% deutlich besser ab. Dieses Missverhältnis gilt analog auch für die öffentlichen Ausgaben in Bezug zur Wirtschaftskraft. So lag im internationalen Vergleich der Anteil der öffentlichen Gesamtausgaben für Bildung in Deutschland sowohl im Schul- als auch im Hochschulbereich unter dem Durchschnittswert aller OECD-Staaten. So gab die öffentliche Hand in Deutschland für den Primar- bis zum postsekundären nichttertiären Bereich insgesamt 2,9% des BIP aus, der Mittelwert der OECD lag hier jedoch bei 3,6%. Im gesamten Tertiärbereich lag Deutschland mit 1,1% ebenfalls unter dem OECD-Durchschnitt von 1,3%. Alle Bildungsbereiche zusammengenommen betrug der Anteil der öffentlichen Bildungsausgaben am BIP im Jahre 2005 nur 4,5%, im OECD-Durchschnitt dagegen 5,4%. Spitzenreiter war hier Finnland mit 6,3%, gefolgt von der Schweiz und Frankreich mit jeweils 5,7%.

Allerdings gibt es, was das finanzielle Engagement der öffentlichen Hand betrifft, nicht nur im internationalen, sondern auch im *intranationalen Vergleich von Land zu Land* teilweise erhebliche Unterschiede (Statistisches Bundesamt 2008: 36ff).[13] So steigerten die westdeutschen Bundesländer zwischen 1995 und 2005 ihre *Ausgaben für allgemeinbildende und berufliche Schulen* kontinuierlich, wobei Baden-Württemberg mit einer Ausgabensteigerung von 26,3%, gefolgt von Nordrhein-Westfalen mit 23,7%, die größten Zuwächse erzielte. Die Flächenländer Ost und Berlin, haben jedoch, bedingt vor allem durch den drastischen Rückgang ihrer Schülerzahlen, nominal 2005 weniger ausgegeben als 1995. So kam es in Mecklenburg-Vorpommern zu Ausgabenrückgängen in Höhe von 18,4%, in Brandenburg und Thüringen von gut 15%. Ein umgekehrtes Bild ergibt sich jedoch, wenn man die Ausgaben für öffentliche Schulen pro Schüler/in betrachtet. Trotz der Ausgabenkürzungen sind in den Flächenländern Ost die diesbezüglichen Ausgaben von 3 700 Euro in 1995 auf 5 000 Euro in 2005 erhöht worden, während sie in den Flächenländern West 2005 mit 4600 Euro nur

---

[13] In den nachstehend aufgeführten Ausgaben sind enthalten: Personalausgaben für Schulen und Schulverwaltung einschl. unterstellte Sozialbeiträge für verbeamtete Lehrkräfte sowie Beihilfeaufwendungen, laufender Sachaufwand, Investitionsausgaben.

geringfügig über dem Wert von 1995 (4 300 Euro) lagen. Spitzenreiter waren hier jedoch die Stadtstaaten, die hier aufgrund ihrer zentralörtlichen Funktion und ihrer vergleichsweise überdurchschnittlich hohen Wirtschaftskraft eine Sonderstellung einnehmen. So gab Hamburg in 2005 insgesamt 5 700 Euro und Berlin 5 600 Euro pro Schüler/in aus. Knapp dahinter folgten jedoch mit Thüringen (5 600 Euro) und Sachsen-Anhalt (5 300 Euro) bereits wieder ostdeutsche Flächenländer. Schlusslichter bildete das Saarland mit lediglich 4 300 Euro, während Nordrhein-Westfalen und Rheinland-Pfalz mit jeweils 4 500 Euro nur knapp darüber lagen.

Noch günstiger schneiden im innerdeutschen Vergleich die ökonomisch schwächeren neuen Bundesländer ab, wenn man die öffentlichen Gesamtausgaben für Bildung *in Relation zur Wirtschaftskraft* betrachtet. Entsprechende Daten liefern die seit 2006 jährlich von den Statistischen Ämtern des Bundes und der Länder gemeinsam veröffentlichten „Internationalen Bildungsindikatoren im Ländervergleich" (Statistische Ämter 2008: 65).[14] Spitzenreiter waren hier 2005 Thüringen und Mecklenburg-Vorpommern, die vom Primar- bis zum Tertiärbereich jeweils 5,9% des BIP für Bildung ausgaben. Auf den nächsten Plätzen rangierten Sachsen-Anhalt mit 5,7%, gefolgt von Sachsen und Berlin mit jeweils 5,6%. Weit weniger gaben dagegen die „reichen" westlichen Bundesländer aus. Hamburg schnitt mit 2,9% am schlechtesten ab, doch erzielten auch Hessen mit 3,0% und Bayern mit 3,3% erstaunlich niedrige Werte. Allerdings: Die günstigen Werte der östlichen Länder sind nicht deren besonderen Bildungsanstrengungen geschuldet, sondern primär eine Folge des Länderfinanzausgleichs, der die unterschiedliche Finanzkraft nivelliert. Er bewirkt, dass die finanzstarken westlichen Geberländer, also Bayern, Baden-Württemberg, Hessen, Nordrhein-Westfalen und Hamburg deutlich niedrigere BIP-Anteile aufweisen. Hinzu kommt, dass die Länder im Osten auf die hier deutlich stärker ausgeprägten demographischen Einbrüche unterkompensatorisch reagierten und ihre Bildungsausgaben nicht in gleichem Umfang reduzierten, sondern ihre Ausgaben pro Bildungsteilnehmer/in deutlich erhöhten und damit gezielt in qualitative Verbesserungen investierten.

Die *Gründe* für das im internationalen Vergleich insgesamt *unterdurchschnittliche finanzielle Engagement der öffentlichen Hand* in Deutschland sind vielfältig (Wolf 2008, 48f). Ein Faktor ist der im OECD-Vergleich besonders niedrige Anteil der jungen Bildungsbevölkerung, der die Nachfrage nach Bildung hierzulande entsprechend mindert. Eine Rolle spielt zudem der relativ hohe Anteil

---

[14] Enthalten sind in diesem Indikator neben den Bildungsausgaben der kommunalen und der Landesebene auch die Transfers des Bundes, der Bundesagentur für Arbeit und dgl. an das Land bzw. an Bildungseinrichtungen und Bildungsteilnehmer des jeweiligen Landes. Es handelt sich also nicht nur um öffentliche Mittel aus dem jeweiligen Landeshaushalt. Erfasst sind ferner auch Ausgaben, die der Unterstützung des Lebensunterhaltes für Schüler/Studierende dienen.

der privaten Finanzierung, deren Umfang nach der internationalen Abgrenzung zwischen 1995 und 2005 stärker angestiegen ist (21,3%) als der des öffentlichen Sektors (14,4%), wobei diese größeren Steigerungen vor allem auf den Ausbau des Elementar- und des Privatschulbereichs sowie auf die Ausweitung der Drittmittelforschung im Hochschulbereich zurückzuführen sind. Ferner ist zu berücksichtigen, dass in Deutschland die Wirtschaft im Rahmen der dualen Ausbildung sich stark an der beruflichen Bildung beteiligt während in anderen Staaten die berufliche Bildung überwiegend in öffentlichen Bildungseinrichtungen erfolgt. Die hohe Bedeutung des Dualen Systems innerhalb des Sekundarbereichs II hat zudem zur Folge, dass die Bildungsbeteiligung im besonders kostenintensiven und ganz überwiegend aus öffentlichen Mitteln finanzierten tertiären Bereich vergleichsweise sehr niedrig ist. So betrug die Studienanfängerquote in Deutschland 2006 nur 35,4%, im OECD-Durchschnitt 56%, da in diesen Ländern die berufliche Ausbildung zum überwiegenden Teil in den Hochschulen vermittelt wird. Weitere Faktoren sind dagegen eher allgemeinpolitischer Natur. So spielt in Deutschland „die Konkurrenz zweier großer Sozialstaatsparteien, die der Sozialpolitik die Vorfahrt geben", sicherlich eine gewichtige Rolle (Schmidt 2003: 8). Immerhin wurden in Deutschland 2005 insgesamt 31,3% des BIP für Sozialleistungen ausgegeben, damit das Fünffache dessen, was auf der Basis des nationalen Bildungsbudgets an privaten und öffentlichen Bildungsaufwendungen (2005: 6,2%) aufgewendet wurde. Einen höheren Stellenwert haben so etwa auch die Gesundheitspolitik und die Alterssicherung, für die 2005 hierzulande jeweils knapp unter 11%, bzw. 12% des BIP bereitgestellt wurden. Hinzu kommen die finanzpolitischen Nöte der Länder, die im föderativen System die Hauptlast der Bildungsfinanzierung schultern müssen. Infolge der hohen Staatsverschuldung, hohen Personalausgaben in der Staatsverwaltung und eher knappen Steuereinnahmen befinden sie sich in chronischer Finanznot. Das Bildungsbudget der Länderhaushalte steht zudem in harter Programmkonkurrenz zu anderen wichtigen landespolitischen Politikfeldern wie der inneren Sicherheit, der regionalen Wirtschaftsförderung oder den sozialpolitischen Aufgaben. Da das Bildungswesen schließlich aufgrund der internen Zersplitterung von Nutzern und Beschäftigten auch über keine einheitliche und schlagkräftige Verbände- und Wählerstimmenmacht verfügt, stehen somit eine Erhöhung der öffentlichen Bildungsausgaben aus einer Vielzahl von Gründen zahlreiche Hürden entgegen (Schmidt: 2003, 7).

5.3 Zur Diskussion künftiger Finanzierungsstrategien

Angesichts der mäßigen PISA-Ergebnisse und der Sorge um die künftige Wohlstandssicherung hat in jüngster Zeit jedoch der gesellschaftliche Druck auf die

Politik, die öffentlichen Bildungsinvestitionen signifikant zu erhöhen, deutlich zugenommen.[15] Dies gilt trotz bzw. gerade unter Hinweis auf die weltweite Finanzkrise und des von der Regierung Ende 2008 verabschiedeten 480 Milliarden schweren Rettungspakets für die Banken. Kostenintensive Reformen werden in allen Bildungsbereichen angemahnt. Obenan in der Prioritätenliste stehen der Ausbau der frühkindlichen Erziehung, die Reduktion der Schulabbrecherquote, die Integration von Migranten, die individuelle Schülerförderung, der Ausbau der Ganztagsschulen, die Steigerung der Akademikerquote wie auch die Verbesserung der Lehrerausbildung. Allerdings gehen die Auffassungen über die anzuwendenden *Finanzierungsstrategien* teilweise erheblich auseinander. Dies beginnt schon bei Einschätzung des Umfangs des finanziellen Mehrbedarfs, der künftig von der öffentlichen Hand aufzubringen ist. So kommen etwa zwei 2008 vorgelegte Studien der Sozialpartner zu deutlich unterschiedlichen Größenordnungen. Ein im Auftrag der gewerkschaftsnahen Hans Böckler Stiftung erstelltes Gutachten veranschlagte mittelfristig Mehrausgaben in einer jährlichen stattlichen Höhe von immerhin 37 Milliarden Euro (Jaich 2008: 100ff). Nicht weit darunter blieb eine im Auftrag der Robert Bosch Stiftung von McKinsey & Company erstellte Studie, die im Gegensatz zur Gewerkschaftsseite auch auf eine adäquate Steigerung der privaten Ausgabeseite setzte. Sie errechnete für den Zeitraum von 2008 bis 2020 ebenfalls einen jährlichen staatlichen Mehrbedarf in Höhe von 25 Milliarden (Robert Bosch Stiftung 2008: 105ff). Verglichen mit diesen Forderungen der Sozialpartner hat sich die verantwortliche Politik im Bund und den Ländern jedoch bislang nur zu höchst bescheidenen Festlegungen durchringen können. Auf dem im Oktober 2008 von der Bundeskanzlerin nach Dresden einberufenen Bildungsgipfel mit den Regierungschefs der Länder wurde lediglich vereinbart, bis 2015 die Investitionen für Bildung und Forschung schrittweise auf zehn Prozent des BIP zu steigern. Die insgesamt anfallenden Mehrausgaben wurden höchst vage auf 25 bis 60 Milliarden Euro beziffert. Damit wurden die fälligen Investitionen nicht nur zeitlich weit hinausgeschoben. Sie lagen mit einer äußerst geringfügigen Erhöhung von insgesamt nur 1,1% des BIP, bezogen auf das Referenzjahr 2008 (in nationaler Abgrenzung für Bildung 6,2%, für Forschung und Entwicklung 2,7%), weiterhin mit Abstand unter den Ausgaben anderer vergleichbarer Industriestaaten.

---

[15] Diskutiert wird auch eine Ausweitung der Privatfinanzierung durch eine stärkere Heranziehung der Wirtschaft und der privaten Haushalte sowie die Förderung dieses Engagements durch steuerliche Vergünstigungen. Die Strategiediskussion über einen stärker öffentlich oder privat finanzierten Entwicklungspfad wird jedoch in den politischen Lagern von werte- und ideologiebasierten Faktoren bestimmt Angesichts des hohen Investitionsbedarfs spricht vieles für den Vorschlag einer Synthese, etwa nach dem Vorbild der USA und Neuseelands. Ziel wäre dann, die öffentlichen *und* privaten Bildungsausgaben gleichermaßen zu erhöhen, wobei es dann darauf ankäme, Gesichtspunkte der Effizienz und der sozialen Gerechtigkeit miteinander auszutarieren (Wolf 2008: 97f).

Strittig ist in diesem Zusammenhang aber auch, aus welchen Quellen die zusätzlichen öffentlichen Investitionen finanziert werden sollen. Das erwähnte Gutachten der Hans Böckler Stiftung, das in Anlehnung an die skandinavischen Staaten ausschließlich auf einen staatlich finanzierten Entwicklungspfad setzt, plädiert für eine grundlegende Steuerreform, die auf der Einführung einer Solidarischen Einheitssteuer basiert. Diese beinhaltet insbesondere eine höhere Belastung hoher Einkommen, umfangreiche Einnahmen aus einer Vermögenssteuer, sowie erhöhte Einnahmen aus der Gewerbe-, Körperschafts- und Erbschaftssteuer. Für eine Durchsetzung dieser einschneidenden Umverteilungspolitik fehlen hierfür auf absehbare Zeit jedoch die erforderlichen Mehrheiten. Breitere Akzeptanz finden dagegen die Forderungen nach Einführung eines steuerfinanzierten „Solidarbeitrags Bildung", der vergleichbar dem Solidarpakt Ost, eine ergiebige Einnahmequelle darstellen könnte. Dieser „Bildungssoli" wird nicht nur in der erwähnten wirtschaftsnahen Studie der Robert Bosch Stiftung propagiert, die dafür ein jährliches Volumen von 13,5 Mrd. Euro erwartet, sondern auch von den Grünen und der SPD favorisiert. Dagegen haben die FDP und die Unionsparteien diesen Vorstellungen aus ordnungspolitischen Gründen eine entschiedene Absage erteilt. Eine parteiübergreifende Zustimmung ist dagegen eher beim Thema Demographiereserve gegeben. Hier vertritt vor allem die Kultusministerkonferenz seit Jahren die Forderung, die durch den Schülerrückgang eingesparten Ausgaben im Bildungswesen zu belassen, um diese gezielt für qualitative Verbesserungen einzusetzen. Auf der anderen Seite gibt es jedoch wiederum über den Umfang und die Progression dieser Rendite sehr unterschiedliche Auffassungen. Während die KMK von 2009 bis 2015 den Umfang der demographischen Rendite mit 25 Mrd. Euro veranschlagt, erwartet die Studie der Robert Bosch Stiftung bis 2020 sogar ein durchschnittliches jährliches Einsparungsvolumen von 11,5 Mrd. Euro. Allerdings gibt es auch skeptische Stimmen. Sie verweisen auf die Kosten der gesamtgesellschaftlichen Alterung, die wachsenden Pensionslasten und den Beamtenstatus der meisten Lehrer sowie auf die Tatsache, dass demographische Kontraktionen sich mit Blick auf die Erfordernisse der Chancengleichheit und der regionalen Angebotsqualität nicht linear in Schulschließungen umsetzen lassen.[16] Schließlich kollidieren die Forderungen, die Demographierendite durchgängig im Bildungswesen zu belassen, auch mit den Programmwünschen anderer Ressorts sowie mit dem Einsparungswillen der zuständigen Finanzminister.

---

[16] So werden durch den Rückgang der Schülerzahlen nach den Berechnungen des Bildungsökonomen Dieter Dohnen weit weniger Mittel frei als bisher angenommen. Für das Jahr 2010 erwartet er eine Rendite zwischen 0,2 und 0,4 Mrd. Euro, danach einen Anstieg bis zum Jahr 2020 auf einen Betrag von 2,35 bis 5,3 Mrd. Euro (Vgl. hierzu den Beitrag von Nicolai Fichtner, „Exclusiv Bildungsgipfel kann Finanzzusage nicht einlösen" in der Financial Times Deutschland vom 17.10.2008).

Die Mobilisierung öffentlicher Finanzressourcen wird schließlich auch durch institutionelle Barrieren gebremst, die sich aus den föderalen Zuständigkeitsstrukturen ergeben. Strittig ist insbesondere die Frage, auf welcher Ebene des staatlichen Gesamtsystems die Verantwortung und die Finanzierung des Bildungssystems künftig angesiedelt werden sollte. Wie notwendig die Klärung dieser Frage ist, bewies nicht zuletzt der bereits erwähnte Bildungsgipfel. Bei den dort getroffenen Absprachen blieb völlig ungeklärt, wie und in welcher Höhe die anfallenden Kosten anteilig zwischen Bund und Ländern konkret aufgeteilt werden sollten. Angesichts dieser föderalen Blockaden mehren sich die Stimmen, die einer Lösung über eine neuerliche Verfassungsreform das Wort reden. Neben verschiedenen Vorschlägen, die Finanzausstattung der Länder auf Kosten des Bundes strukturell zu verbessern, gibt es auch den Vorschlag, Programme der Bildungsfinanzierung als neue Gemeinschaftsaufgabe wieder in das Grundgesetz zu übernehmen. Nachdem im Zuge der ersten Föderalismusreform eine weitgehende Trennung der Bildungsfinanzen von Bund und Ländern beschlossen worden war, käme dies einer radikalen Kehrtwende gleich. Ziel wäre es, auf diesem Wege zu einem nationalen Bildungspakt von Bund und Ländern zu gelangen, in dem diese verpflichtet werden, die öffentlichen Bildungsaufgaben dauerhaft an einem Anteil des BIP zu indexieren und Deutschland so an den Durchschnitt der Industriestaaten heranzuführen (Himpele 2007: 8ff).

6   Multipluralität der nichtstaatlichen Akteure

Wie bereits mehrfach verdeutlicht, verfügen im Gesamtkontext der Bildungspolitik die *staatlichen Akteure* über eine in vielfacher Hinsicht dominante Stellung. Daran hat sich auch im Zuge der aktuellen Entstaatlichungs-, Markt- und Privatisierungstendenzen nur wenig geändert. Sie beruht vor allem auf der Doppelfunktion des Staates als Anbieter und Träger, die im Schul- und Hochschulbereich, dem Kernbereich der Bildungspolitik, geradezu monopolartigen Charakter trägt, aber auch in der Berufsbildung, der Weiterbildung und im vorschulischen Bereich von großem Gewicht ist. Sie wird auch daran sichtbar, dass die öffentliche Hand drei Viertel der Ausgaben für das gesamte Bildungswesen in Deutschland finanziert, sei es direkt oder indirekt durch Subventionen, die dem nichtstaatlichen Bildungssektor zufließen. Zudem vermag er auch über steuerpolitische Anreize Initiativen im Bildungsbereich zu initiieren oder zu fördern. Vor allem verfügen die staatlichen Akteure aufgrund der verfassungsrechtlichen Vorgaben über zentrale Steuerungsinstrumente wie Gesetze, Verordnungen, Richtlinien oder Erlasse. Durch entsprechende Maßnahmen können sie richtungsweisend inhaltliche, prozessuale oder auch institutionelle Rahmenvorgaben setzen, Standards und Qualitätskriterien festlegen, durch welche die Handlungsspielräume der gesellschaftlichen und privaten Bildungsakteure verbindlich an staatliche Normen und Auflagen gebunden werden. Die Entscheidungsträger der staatlichen Willensbildung verteilen sich auf mehrere miteinander mehr oder minder eng kooperierende verflochtene Ebenen. Diese Gegebenheiten resultieren aus der föderalen Grundstruktur, die mit der vertikalen und horizontalen Aufgliederung der Entscheidungsebenen zugleich eine Vielfalt von miteinander konkurrierenden Machtzentren geschaffen hat, wobei die Machtressourcen unter den Akteuren vielschichtig aufgeteilt sind. Insgesamt bietet sich so ein höchst unübersichtlichem Feld von einerseits zersplitterten, andrerseits sich überschneidenden Kompetenzen, Zuständigkeiten und Verflechtungen, in dem Regierungen, Fachminister und staatliche Verwaltungen und Parlamente auf verschiedenen Entscheidungsebenen bildungspolitische Weichenstellungen zu treffen und umzusetzen haben. Sie werden bei ihren Entscheidungen jeweils von ihren eigenen Verwaltungseinheiten, Behörden, Beiräten, Instituten oder sonstigen Kommissionen oder Einrichtungen beratend oder implementierend unterstützt. Dieses komplexe Feld umfasst 16 Bundesländer, die von diesen gemeinsam getragene KMK, den Bund, verschiedene intermediäre Bund-Länder-Institutionen wie die

BLK oder die GWK, den Wissenschaftsrat, zunehmend aber auch supranationale Institutionen, vor allem im Rahmen der Europäische Union.

Wie die Steuerung der staatlichen Bildungspolitik in den einzelnen Bereichen des Bildungswesens erfolgt, in welcher Weise und mit welchem Gewicht die einzelnen Entscheidungsebenen und deren Institutionen daran beteiligt sind, wird weiter unten in Kapitel 2 ausführlicher erläutert. An dieser Stelle soll es darum gehen, in geraffter Darstellung einen Überblick über die wichtigsten *nichtstaatlichen Akteure* des Bildungswesens zu vermitteln. Wie auch in anderen Politikfeldern sind auch hier außerhalb des staatlichen Sektors gesellschaftliche Gruppierungen bemüht, den Prozess der Herstellung und Umsetzung von Politik im Interesse ihrer Mitglieder oder Klientel zu beeinflussen. Da gerade im Bildungswesen eine kaum überschaubare Vielfalt von Beteiligten oder Verantwortungsträgern an diesem in irgendeiner Form partizipiert, ist die Zahl der aktiv Mitwirkenden und Beteiligten hier besonders hoch. Die Palette variiert vom Elementar- bis zum Hochschulbereich erheblich nach Anbietern, Trägern, Entscheidern, Beschäftigten und nicht zuletzt auch nach Nutzern. Hinzu kommen die Akteure der Mediengesellschaft, die den bildungspolitischen Diskurs vor allem in reformbewegter Zeit mitbestimmen. Dies hat zur Konsequenz, dass das nichtstaatliche Akteursbild zugleich von einer hochgradigen Zersplitterung geprägt ist, in dem Einflusspotenziale zudem recht ungleich verteilt sind. Im nichtstaatlichen-gesellschaftlichen Sektor sind es vor allem Parteien, Wirtschaftsverbände, Kammern, Gewerkschaften, Kirchen, Berufs- und Fachverbände sowie Gruppen bestimmter Nutzer von Bildung, deren Stimme in der bildungspolitischen Arena Gewicht hat.

6.1 Politische Parteien

An erster Stelle sind hier die *politischen Parteien* zu nennen, die als Transmissionsriemen zwischen Gesellschaft und Staat eine herausragende Rolle spielen. Als Handlungseinheiten, die untereinander in einem politischen Wettbewerb stehen, greifen sie bildungspolitische Interessen und Präferenzen aus der Gesellschaft auf, bündeln und artikulieren diese und beeinflussen so die öffentliche Meinungsbildung. Zugleich bestimmen sie aufgrund ihrer Verzahnung mit dem staatlich-administrativen Institutionensystem auch unmittelbar den bildungspolitischen Willensbildungs- und Entscheidungsprozess auf der staatlichen Ebene. Dies geschieht auf parlamentarischem Wege über ihre Abgeordneten in den Landtagen und im Bundestag und die von ihnen gebildeten Fraktionen. Eine wichtige Rolle spielen hier die Fraktionsarbeitskreise für Bildung, welche die Willensbildung in den zuständigen Ausschüssen präformieren. Ihr personelles

Zentrum haben sie im bildungspolitischen Sprecher der Fraktion, der zugleich Ansprechpartner für die Regierung, die Administration aber auch für die Partei und die weitere Öffentlichkeit ist. Die Fraktionen können bei der Entscheidungsfindung zudem auf die konzeptionelle Vor- und Zuarbeit von parteiinternen Fachgremien zurückgreifen. So unterhalten, je nach Größe der Parteien, diese auf Landes- oder auch auf Bundesebene unter unterschiedlichen Bezeichnungen spezielle Fachausschüsse, Facharbeitskreise oder Arbeitsgemeinschaften, in denen sie ihre zentralen inhaltlichen Positionsbestimmungen erarbeiten. Auch ihre Stiftungen spielen in diesem Kontext eine wichtige konzeptionelle Rolle. Noch weitreichender ist jedoch der Einfluss, den die Parteien über das von ihnen gestellte Personal und die jeweiligen Amtsinhaber in den verschiedenen Exekutiven besitzen: Sie stellen in den Länderregierungen die Kultusminister sowie die politischen Spitzenbeamten in der Ministerialverwaltung, im Bund den Bildungsminister sowie die Regierungsvertreter im Bundesrat und in den die Bildungspolitik zwischen Bund und Ländern koordinierenden Gremien, Kommissionen oder bildungspolitischen Beratungsgremien.

Ihre bildungspolitischen Zielsetzungen dokumentieren die Parteien in unterschiedlichen Dokumenten: In Grundsatzprogrammen, in bildungspolitischen Positionspapieren, Leitsätzen oder Beschlüssen sowie in Wahlprogrammen. Was die Herausstellung von parteispezifischen Positionierungen anbetrifft, gilt es nach Bundes- und Landesebene zu differenzieren, da die föderalen Kompetenzabgrenzungen hier von Gewicht sind. In ihren Grundsatzprogrammen artikulieren die Bundesparteien vor allem elementare und grundsätzliche Leitvorstellungen. Sie beziehen sich z. B. auf grundrechtsrelevante Aussagen des Grundgesetzes wie etwa das Persönlichkeitsrecht, das Elternrecht, das Postulat der Chancengleichheit oder auf Fragen des Religionsunterrichts. Ferner enthalten sie inhaltliche Forderungen, die durch entsprechende Zuständigkeiten des Bundes im Rahmen der konkurrierenden Gesetzgebung und der Gemeinschaftsaufgaben abgedeckt sind. Darunter fallen in den neueren Programmen vor allem Aussagen zur frühkindlichen und vorschulischen Bildung und Erziehung, zur Weiterentwicklung der beruflichen Aus- und Weiterbildung, in Teilen auch zum Hochschulbereich, während die Schulpolitik nur am Rande thematisiert wird. Analoges gilt auch für die bildungspolitischen Aussagen in den Bundestagswahlprogrammen, die im Grundsätzlichen knapper ausfallen, dafür aber konkretere Einzelforderungen enthalten, die im Falle einer Regierungsbeteiligung im Bund die politische Agenda darstellen. Die Programme der Landesparteien weichen hiervon erheblich ab. Sie enthalten wesentlich umfangreichere und detailliertere Aussagekataloge zur Bildungspolitik, zumal diese den wichtigsten politischen Gestaltungsbereich der Landespolitik darstellt. Vor allem die Landtagswahlprogramme, die Ausdruck der unmittelbaren Konkurrenzsituation im Parteienwettbewerb sind, enthalten die Essenz der bildungspolitischen Profilthemen. Hinsichtlich der Bildungsbereiche manifestieren sich bei den Parteien ähnliche Prioritätssetzungen. Nach einer vergleichenden Untersuchung in den neunziger Jahren entfallen im Schnitt etwa die Hälfte aller bildungspolitischen Programmaussagen auf die Schulpolitik, etwa ein Drittel auf die Hochschulpolitik, jedoch nur 10% auf die berufliche Bildung und sogar nur etwa 7% auf die Weiterbildung (Stern 2000: 138).

Für alle Parteien lässt sich konstatieren, dass sie in jüngster Zeit der Bildungspolitik in den Wahlprogrammen einen deutlich höheren Stellenwert einräumen. Dies gilt, obwohl unter Politikern aller Parteien die Auffassung weitverbreitet ist, dass mit der Bildungspolitik Wahlen nicht gewonnen, sondern höchstens verloren werden können. Objektive Fortschritte oder besondere Leistungen im Bildungswesen werden in der Tat von den Wählern kaum honoriert, vermeintliche Fehlleistungen oder Fehlentwicklungen dagegen gnadenlos abgestraft. Dessen ungeachtet reflektieren die Parteien mit ihrer neuen Akzentuierung der Bildungspolitik den allgemeinen Bewusstseinswandel, den die Veröffentlichungen der PISA-Ergebnisse bewirkt haben. Das wachsende Gewicht der Bildungspolitik bestimmt so auch zunehmend Verlauf und Ergebnisse der Landtagswahlen, vor allem dort, wo knappe Mehrheitsverhältnisse gegeben sind. Eine entsprechende Trendwende war erstmals bei den Landtagswahlen zu Beginn des Jahres 2008 zu registrieren. Vor allem in Hessen wurden die hohen Stimmenverluste der regierenden CDU in erster Linie mit Fehlern in der Schulpolitik erklärt, wobei die Umsetzung der Gymnasialreform (G8) im Mittelpunkt der Kritik stand. Aber auch bei Wahlen in Niedersachsen und Hamburg, wo sich die Verluste der CDU in Grenzen hielten, erlangte die Schulpolitik auf der Liste der Sachthemen eine unangefochtene Spitzenstellung. Allerdings ging es bei allen drei Wahlentscheidungen nicht um einen inhaltlichen Richtungsstreit, als vielmehr um die Art und Weise der praktischen Implementation von schulpolitischen Reformen. Dies ist auch ein Indiz dafür, dass der ideologische Richtungsstreit, der in den siebziger Jahren des letzten Jahrhunderts mit geradezu konfessioneller Schärfe geführt wurde, viel von seiner Brisanz verloren hat. Die gesellschaftliche Modernisierung, regionale Besonderheiten und nicht zuletzt PISA haben nicht unerheblich zu einer Entideologisierung und Versachlichung der Debatten beigetragen. Über die Parteigrenzen hinweg finden sich so heute auf allen bildungspolitischen Feldern häufig ähnlich klingende Zielsetzungen. In der Schulpolitik etwa betonen alle Parteien mit teilweise austauschbaren Begründungen die strategische Bedeutung der frühkindlichen und vorschulischen Bildung, die hohe Dringlichkeit eines Abbaus der hohen sozialen Bildungsdisparitäten, das Ziel, die Zahl der Schulabbrecher zu halbieren, die Notwendigkeit von Sprachförderungsprogrammen für Migranten, die Sicherung schulischer Qualität durch nationale Bildungsstandards oder das Prinzip des lebenslangen Lernens. Trotz unterschiedlicher Akzentuierungen haben sich so in vielen Punkten die Parteilager in ihren inhaltlichen Positionierungen einander angenähert. Beispielsweise hat sich die CDU, die in der Vergangenheit der Ganztagsschule und der Forderung nach mehr „Schulautonomie" eher ablehnend gegenüberstand, in diesen Fragen weitgehend sozialdemokratischen Positionen angenähert. Auch in der Frauenförderung an Hochschulen sind heute praktisch keine Unterschiede mehr auszumachen. In der umgekehrten Richtung hat sich aber auch die SPD für einen entsprechenden „Ansteckungsprozess" offen gezeigt. Verweigerte sie früher in der KMK ihre Zustimmung zu vergleichenden Leistungstests in den Schulen, sowohl auf der internationalen wie auf der intranationalen Ebene, so hat sie diese Position längst revidiert. Analoges gilt auch im Hochschulbereich. Stand die SPD hier früher dem Elitegedanken weitgehend ablehnend gegenüber, so befürwortet sie heute ebenso selbstverständlich die Förderung von Eliteuniversitäten und die Exzellenzinitiative.

Allerdings gibt es zwischen den Parteilagern auch deutliche Trennlinien. Sie zeigen sich in einer Zeit, in der die abnehmende Leistungsfähigkeit des Sozialstaates zum zentralen politischen Streitthema geworden ist, vor allem in den Kontroversen zum Themenkomplex Bildung und soziale Gerechtigkeit. Der gegenwärtig vorherrschende Trend zu mehr Marktorientierung, Privatisierung und Wirtschaftsnähe im Bildungswesen wird vor allem von der CDU, noch nachdrücklicher jedoch von der FDP, unterstützt. Mit dem Hinweis auf die knapper gewordenen öffentlichen Ressourcen verteidigen beide Parteien so auch die in einer Reihe von Ländern vollzogene Einführung von Studiengebühren, die sie in Verbindung mit dem Ausbau eines soziale Härten abfedernden Stipendien- und Darlehenswesen für moderat und sozialverträglich halten. Dies fällt im linken Parteispektrum unter das Verdikt des Sozialstaatabbaus, obwohl SPD und Bündnis 90/Die Grünen staatliche Deregulierung und eine stärkere Wettbewerbsorientierung im Bildungswesen durchaus befürworten. Sie unterscheiden sich hier auch deutlich von der Linkspartei, die darin nur eine neoliberale Unterwerfung des Bildungswesens unter die privaten Verwertungsinteressen des Kapitals zu erkennen vermag. In allen drei Parteien herrscht jedoch die Überzeugung vor, dass der Staat jedem einzelnen, unabhängig von seiner sozialen Herkunft, ein ihm zustehendes Recht auf einen gebührenfreien Bildungsweg von der Kinderkrippe bis zur Hochschule zu gewährleisten hat. Sie bestehen daher uneingeschränkt auf dem Prinzip der individuellen Kostenfreiheit, worunter beispielweise auch der kostenlose Bezug schulischer Lehrmittel fällt. Entsprechend werden auch Studiengebühren für das Erststudium als Weg in die soziale Ausgrenzung abgelehnt und stattdessen der weitere Ausbau der staatlichen Ausbildungsförderung über BAföG favorisiert.

Das Problem Bildung und soziale Gerechtigkeit bestimmt auch die Debatten über die äußere Struktur des Schulwesens, die nach wie vor mit ungeminderter Schärfe geführt werden. Die CDU bevorzugt, hierin unterstützt von der FDP, die Beibehaltung eines nach Schulformen gegliederten Schulwesens, das nach der Grundschule ein Lernen in homogenen Klassen vorsieht, dabei aber horizontale Durchlässigkeit gewährleisten soll. Dahinter steht die Auffassung, dass durch äußere Differenzierung individuelle Begabungen wirksamer gefördert und auch deutlich bessere schulische Gesamtleistungen erzielt werden können als in einer „nivellierten Einheitsschule". Allerdings gibt es bei der CDU auch einen gegenläufigen Trend, der ein allmähliches Abrücken von der Dreigliedrigkeit erkennen lässt. So haben sich die Landesverbände im Saarland, in Hamburg, Bremen, Berlin und Schleswig-Holstein für die Abschaffung der Hauptschule als eigenständiger Schulform ausgesprochen. Sie nähern sich damit dem von der CDU zuvor schon in den neuen Bundesländern vertretenen Zwei-Säulenmodell an, das Haupt- und Realschulen vereint, die Gymnasien aber als hervorgehobene eigenständige Schulform beibehält. Man kann diesen Trend, der regionalen Besonderheiten oder Bedarfsstrukturen geschuldet ist, als einen bedeutsamen Kompromissschritt in Richtung des linken Parteilagers und der dort vertretenen integrativen Schulkonzepte deuten. In der Tradition der älteren Gesamtschuldiskussion sprechen sich hier SPD, Bündnis 90/Die Grünen sowie die Linkspartei gegen die nach ihrer Auffassung zu frühe Auslese und Verteilung der Schülerschaft auf unterschiedliche Schulformen aus. Stattdessen fordern diese Parteien durchweg eine gemeinsame Schule für alle bis zur neunten oder zehnten Klasse, in der individuelle Förderung Vorrang haben soll. Bei der SPD hat sich dafür in den meisten Ländern die Bezeichnung Gemeinschaftsschule eingebürgert. Unsicherheiten bestehen allerdings hinsichtlich des künftigen Stellenwerts und der strukturellen Organisationsform des Gymnasiums, das wegen der großen Beliebtheit, dass diese Schulform in der Elternschaft genießt, bislang noch eher zurückhaltend in Frage gestellt wird. Erklärtes gemeinsames Ziel im linken Spektrum bleibt in jedem Falle aber die Überwindung der hohen sozialen Selektivität des dreigliedrigen Bildungswesens, weil dieses Absteiger und Verlierer produziere. Dahinter steht eine dezidiert sozialstaatlich motivierte Auffassung von Bildung, die diese als zentrales gesellschaftspolitische Vehikel betrachtet, über das eine Umverteilung individueller Sozial- und Lebenschancen mit dem Ziel größtmöglicher Chancengleichheit angestrebt werden soll.

6.2 Nutzer von Bildungseinrichtungen

Der Kreis der Nutzer in den einzelnen Ebenen, Teilbereichen und Sektoren des Bildungswesens ist immens und unübersichtlich zugleich. Schließlich ist jeder einzelne schon durch die Schulpflicht oder durch die Nutzung weiterführender Angebote, die in der Form eines „lebenslangen Lernens" individuell abrufbar sind, direkt Betroffener. Aufgrund seiner hochgradigen Zergliederung und Zersplitterung stellt dieses ebenso unbegrenzte wie unübersichtliche Nutzerpublikum jedoch keine politische Größe dar, die sich auf dem Markt der Wählerstimmen als politische Lobby für die Bildungspolitik mobilisieren ließe. Lediglich der Gruppe der Eltern, Schüler und Studierenden kann unter bestimmten Bedingungen ein sektoraler und zugleich stark eingeschränkter bildungspolitischer Einfluss zugeschrieben werden. Sie sind nicht nur Nutzer des Bildungsangebots von Schulen bzw. Hochschulen als den wichtigsten Bildungseinrichtungen, sondern verfügen auch über grundrechtliche bzw. institutionalisierte Mitwirkungsrechte.

■   Die zahlenmäßig stärkste Gruppe unter diesen Nutzergruppen stellen als Hauptbetroffene die *Schüler*. Innerhalb des schulischen Erziehungs- und Bildungsauftrags verfügen sie über Mitwirkungsrechte bei der Gestaltung des Schullebens und des Schulwesens. Sie sind in der Vergangenheit kontinuierlich ausgebaut wurden und in den meisten Bundesländern zumeist auch gesetzlich geregelt. Wahrgenommen werden diese durch die Schülervertretungen auf der örtlichen und überörtlichen Ebene, wobei die Regelungen im Detail unter den Bundesländern erheblich voneinander abweichen. Auch auf der Landesebene gibt es, nachdem auch Bayern 2008 sein Schulgesetz entsprechend geändert hat, überall Landesschülervertretungen auf gesetzlicher Grundlage. In politischer Hinsicht können diese Schülervertretungen einen Beitrag zur politischen Bildungsarbeit leisten und auch ansonsten die politischen Belange der Schülerschaft fördern. Als Teil der Schule sind sie aber zur Neutralität in politischen Fragen verpflichtet, sodass sie kein allgemeines politisches, sondern unter Berücksichtigung des bildungspolitischen Gesamtzusammenhangs nur ein schulpolitisches Mandat in Anspruch nehmen können. Über ihre Landesschülervertretungen kann die Schülerschaft zu schulpolitischen Problemen öffentlich Position beziehen, Erklärungen abgeben oder Interessen artikulieren. Sie verfügen zudem über entsprechende Anhörungsrechte bei den Kultusministerien, die durch solche in den Landtagen ergänzt werden. Verschiedentlich sind Landesschülervertretungen auch Aktionsbündnissen von Elterninitiativen oder Lehrerverbänden beigetreten und haben sich so medienwirksam an der

Durchführung von Demonstrationen oder der Einleitung von Volksinitiativen beteiligt. Insgesamt sind die Möglichkeiten der organisierten Schülerschaft, als schulpolitische Lobby zu wirken, aus einer Reihe von Gründen jedoch als sehr gering einzustufen. Schüler verfügen nicht nur über kein Wahlrecht und keine finanziellen Ressourcen, es mangelt auch landesintern wie landesübergreifend an kontinuierlichen und effizienten Kommunikations- und Organisationsstrukturen. Auch fehlt es an dem notwendigen Expertenwissen, das es ihnen ermöglicht, mit den anderen bildungspolitischen Akteuren auf gleicher Augenhöhe zu verkehren. Hinzu kommt die ständige Gefahr einer Instrumentalisierung durch andere im Bereich der Schulpolitik wirkende Verbände oder Interessenorganisationen, welche die Landesschülervertretungen für ihre eigene Vorfeldarbeit zu nutzen suchen. Dazu gehören auch die Schülervertretungen der politischen Parteien, die als Sonder- oder Teilorganisationen innerhalb der Jugendorganisationen sich schwerpunktmäßig mit schulpolitischen Tagesfragen auf der Länderebene befassen.[17] Sie pflegen nicht nur die Kontakte zur schulischen Basis, sondern verstehen sich vor allem auch als Transmissionsriemen, um schülerbezogenen Interessen über die Jugendorganisationen in ihren jeweiligen Parteien Gehör zu verschaffen. Ihr Einfluss variiert allerdings stark ebenfalls nach Bundesland und Partei, da auch hier die Organisationsstrukturen nur recht lückenhaft ausgebildet sind und Landesverbände nur teilweise existieren. Vor allem in den beiden Volksparteien dürfte aber das schulpolitische Einflusspotenzial dieser Gruppierungen höher einzuschätzen sein als das der jeweiligen Landesschülervertretungen.

- Die Gruppe der *Studierenden* verfügt als Nutzer der Hochschuleinrichtungen ebenfalls über Mitwirkungsrechte, die in den Hochschulgesetzen der Länder geregelt sind. Darunter fallen zunächst die Vorgaben für die studentische Mitarbeit in den Selbstverwaltungsorganen der verfassten Gruppenhochschule. Politisch bedeutsamer ist jedoch die parallel existierende Institution der verfassten Studierendenschaft, die es außer in Bayern und Baden-Württemberg in allen Bundesländern gibt. Ihr gehören alle Studierenden einer Hochschule an, die im Regelfall ein Studentenparlament wählen, aus dem wiederum als ausführendes Organ der Allgemeine Studentenausschuss

---

[17] Größter und ältester Schülerverband ist die „Schülerunion", eine Sonderorganisation innerhalb der beiden Unionsparteien, die nach eigenen Angaben 10 000 Mitglieder (2008) zählt. Als einziger Schülerverband verfügt sie auch über einen Bundesverband und ein Bundesprogramm. Weniger straff durchorganisiert sind innerhalb der SPD bei den Jungsozialisten die Untergruppe der „Juso-SchülerInnengruppe", innerhalb der FDP bei den Jungen Liberalen die Untergruppe „Liberale Schüler". Keine eigenen Schülergruppen gibt es bislang bei Bündnis 90/Die Grünen sowie bei der Linkspartei. Die schulpolitischen Interessen der Schülerschaft werden hier stellvertretend von den Jugendorganisationen der Parteien, GRÜNE JUGEND und der Linksjugend ['solid] wahrgenommen.

(AStA) hervorgeht. Eine aktiv bestimmende Rolle spielen in diesem Kontext die parteinahen politischen Studentenverbände, die jedoch nicht überall mit Hochschulgruppen präsent sind. Ihnen kommt zudem die wichtige Aufgabe zu, studentischen Interessen in die Parteien hinein Gehör zu verschaffen.[18] Finanziert werden die Aktivitäten der studentischen Mandatsträger aus den Pflichtbeiträgen der gesamten Studentenschaft. Ihre Aufgabe ist es, neben den sozialen, kulturellen und wirtschaftlichen auch die hochschulpolitischen Interessen der Studierenden gegenüber der Hochschule und der Öffentlichkeit zu vertreten. Überregionale Zusammenschlüsse sind gesetzlich nicht geregelt, sie existieren jedoch auf freiwilliger Basis, um die Arbeit auf den höheren Ebenen zu koordinieren und dadurch politisch zu effektivieren. Eine wichtige Rolle spielen hier die Landes-Asten-konferenzen, während es auf Bundesebene den seit 1993 bestehenden Dachverband fzs (freier zusammenschluss von studentInnenschaften) gibt, dem jedoch nur ein Teil der deutschen Hochschulen angehören. Trotz dieser Aktivitäten ist jedoch das hochschulpolitische Einflusspotenzial der organisierten Studentenschaft insgesamt als recht gering einzuschätzen. Dies hat nicht zuletzt auch mit Legitimationsdefiziten zu tun. Kritisiert wird etwa die mit 10-20% durchweg schwache Wahlbeteiligung zu den Studentenvertretungen, die diese als Vertretungen engagierter Minderheiten erscheinen lassen. Hinzu kommt der häufig ausgeprägte Linkstrend der Mandatsträger, die vielerorts ein allgemeinpolitisches Mandat praktizieren, obwohl eine Reihe von Gerichtsurteilen dies aus verfassungsrechtlichen Gründen untersagt hat. Eine breitere politische Gefolgschaft lässt sich so nur dort mobilisieren, wo es, wie im Falle der Einführung von Studiengebühren, um vitale studentische Belange geht. Hier ist den Landes-Asten wie vor allem auch dem fzs in den letzten Jahren erfolgreich gelungen, den Studentenprotest in Form von Demonstrationen, Gebührenboykotten, Rektoratsbesetzungen oder Blockaden medienwirksam zu organisieren. Die Einführung der Studiengebühren in einer Reihe von Ländern hat die Protestbewegung dennoch nicht aufhalten können. Zudem spielte das Thema auch in den Landtagswahlkämpfen des Frühjahrs 2008, im Gegensatz zur Schulpolitik, keine wahlentscheidende Rolle. Auch dies

---

[18] Größter und ältester politischer Studentenverband ist der RCDS (Ring Christlich-Demokratischer Studenten), der den Unionsparteien nahe steht und nach eigenen Angaben 100 Hochschulgruppen zählt (2008). Auf etwa 80 Hochschulgruppen kommen der der FDP nahestehende LHG (Bundesverband Liberaler Hochschulgruppen) sowie die Juso-Hochschulgruppen der SPD. Campusgrün wurde erst 1999 gegründet und stellt eine lockere Bundesorganisation der von grünen und grün-nahen Hochschulgruppen dar, der 2007 in Bayern seinen ersten Landesverband gründete. Ebenfalls 2007 kam es zur Gründung des der Linkspartei nahestehenden sozialistischen Studierendenverbandes mit der Bezeichnung Die Linke. SDS, in der eine größere Anzahl linker Hochschulgruppen sich netzwerkartig zusammengeschlossen haben.

ein Indiz dafür, dass das eher klientelgeprägte Hochschulwesen nicht gerade im Zentrum des öffentlichen Bewusstsein steht.

- Über den vergleichsweise größten bildungspolitischen Einfluss verfügen zweifelsohne die *Eltern*. Ihnen steht nach Art. 6 Abs. 2 GG die Erziehung ihrer Kinder als ein natürliches Recht zu, weshalb die staatliche Schulaufsicht den Gesamtplan der elterlichen Erziehung auch in der Schule zu beachten hat. Hieraus resultierende Konflikte haben in der Vergangenheit immer wieder zu Elternklagen vor den Gerichten geführt, wobei Eltern in nicht wenigen Fällen in der Auseinandersetzung mit der Schulverwaltung auf juristischen Weg mitunter schulpolitische Korrekturen erzwingen konnten. Stellvertretend sei hier nur auf das Kruzifixurteil des Bundesverfassungsgerichts von 1995 verwiesen, das jahrelang bundesweit für Aufsehen sorgte. So entschied das höchste deutsche Gericht auf Antrag einer bayerischen Familie, dass die Anbringung eines Kreuzes oder Kruzifixes in den Unterrichtsräumen einer staatlichen Pflichtschule einen Verstoß gegen das Grundrecht der Glaubens- und Gewissensfreiheit nach Art. 4 Abs. 1 GG darstelle und die bayerische Schulordnung entsprechend zu ändern sei. Über das Elternrecht verfügen die Eltern jedoch auch über einen gesetzlichen Anspruch auf Vertretung ihrer Interessen in Form von Elternvertretungen. Das Zusammenwirken von Eltern und deren Mitwirkungsrechte über die Elternvertretungen auf den einzelnen Ebenen werden in den Schulgesetzen der Länder einheitlich geregelt. Von Belang für die Schulpolitik sind die jeweiligen Landeselternvertretungen, die auf dem Delegationsprinzip basieren (ausgenommen Bayern und Nordrhein-Westfalen) und bei zentralen Fragen, insbesondere bei der Ausgestaltung der Bildungs- und Lehrpläne, gegenüber der Kultusbürokratie ein Mitwirkungsrecht haben. Allerdings handelt es sich hierbei um reine Informations-, Anhörungs- und Beratungsrechte, deren politische Reichweite somit sehr begrenzt bleibt. Lediglich in Hessen räumt die Landesverfassung (Art. 56 Abs. 6) dem Landeselternbeirat ein beschränktes Mitbestimmungsrecht ein. Ansonsten bleibt den Eltern nur die Möglichkeit, über private Initiativen, Vereins- oder Verbandsgründungen, ihren schulpolitischen Anliegen öffentliches Gehör zu verschaffen. Der Bundeselternrat als eine Arbeitsgemeinschaft der öffentlich-rechtlich wie privat rechtlich organisierten Elternvertretungen auf der Bundesebene ist hier ebenso zu erwähnen wie konfessionelle oder nicht konfessionsgebundene Elternverbände. Eine nennenswerte politische Mobilisierung der Elternschaft gelingt in der Regel aber nur dort, wo der Schulfriede in Frage gestellt ist und schulpolitische Konflikte für mediale Schlagzeilen und landesweite Aufmerksamkeit sorgen. Vor allem im Vorfeld von Landtagswahlen können so schulpolitische Anliegen ins öffentliche Rampenlicht rücken und unter Umständen sogar wahlentscheidende Bedeutung erlangen. Zwischen den Wahlen dient vor allem die Einleitung von Volksinitiativen, die in ein Volksbegehren münden können, einer schulpolitisch motivierten Elternschaft als Mittel, um ihre Anliegen auch außerparlamentarisch durchzusetzen. Aussicht auf Erfolg haben solche direktdemokratischen Verfahren jedoch nur, wo sie sich mit Lehrerverbänden und anderen gesellschaftlichen Gruppierungen oder Verbänden zu breiteren Aktionsbündnissen zusammenfinden und zusätzlich auch die Unterstützung der oppositionellen Parteien finden. Vor allem in den letzten Jahren hat die Zahl entsprechender Volksinitiativen, die von der Elternschaft initiiert wurden, sprunghaft zugenommen.[19] Im Zeitraum von 2003 bis 2008 konnten bundesweit immerhin sieben Volksinitiativen die erste Hürde überwinden und somit zumindest eine parlamentarische Bearbeitung ihres Anliegens durchsetzen, die auch für mediale Öffentlichkeit sorgte. Wird von den Antragsstellern darüber hinaus aber die Einleitung eines Volksbegehrens mit anschließender Volksabstimmung angestrebt, stellt das – nach Ländern variierende – höhere Beteiligungsquorum in der zweiten Verfahrensstufe allerdings eine äußerst schwer überwindbare Barriere dar. Das einzig bislang erfolgreiche Volksbegehren kam 1978 in Nordrhein-Westfalen zustande als die SPD-geführte Regierung versuchte, die Kooperative Schule einzuführen. Sie sah eine vorgeschaltete einheitliche Orientierungsstufe vor und war als erster Schritt zur Einführung der integrierten Gesamtschule konzipiert. Die Landeselternschaft der Gymnasien organisierte daraufhin in Kooperation mit dem Philologenverband die „Bürgeraktion Volksbegehren gegen die Kooperative Schule", die insbesondere auch von der oppositionellen CDU wirkungsvoll unterstützt wurde. Das Beteiligungsquorum des Volksbegehrens übertraf mit fast 30% der Wahlberechtigten bei weitem die von der Verfassung vorgeschriebenen 20%, so dass der Landtag das Gesetz von sich aus aufhob und der Volksentscheid somit nicht mehr erforderlich war.

6.3 Körperschaften des öffentlichen Rechts

Körperschaften des öffentlichen Rechts sind rechtsfähige Organisationen, die unabhängig vom Wechsel ihrer Mitglieder bestehen und Ordnungsfunktionen der

---

[19] 2003 in Sachsen („Zukunft braucht Schule"); 2005 in Bayern („Volksbegehren G 9"), in Niedersachsen („Volksinitiative für Lernmittelfreiheit und freie Schülerbeförderung") und im Saarland („Volksbegehren gegen Grundschulschließungen"); 2007 in Hamburg („Eine Schule für Alle") und Berlin (Volksbegehren Pro Reli"); 2008 in Brandenburg (Volksinitiative „Kostenfreie Schülerbeförderung ist machbar").

Selbstregulierung erfüllen. Sie dienen öffentlichen Zwecken, indem sie hoheitliche Aufgaben erfüllen, die der Staat auf gesetzlicher Grundlage vorgibt. Sie dienen aber auch der Gewährleistung der eigenen Selbstverwaltungsaufgaben und vertreten gegenüber Staat und Öffentlichkeit die je eigenen Interessen. Im Falle der Gemeinden und Landkreise, der berufs- und wirtschaftsbezogenen Kammern sowie der Hochschulen fällt darunter auch das Bemühen um bildungspolitische Einflussnahme. Eine Sonderstellung in diesem Kontext nehmen in mehrfacher Hinsicht die Kirchen und Religionsgemeinschaften ein.

- Die Rechtstellung der *Kirchen* basiert auf den Bestimmungen des Art. 140 GG und dem dort eingeflossenen sogenannten Weimarer Kirchenkompromiss. Dieser enthält nicht nur die 1919 festgeschriebene Trennung von Staat und Kirche, sondern auch die Anerkennung der Religionsausübung als einer öffentlichen Angelegenheit, die aber dem weltanschaulich neutralen Staat entzogen bleibt. Die Kirchen und Religionsgemeinschaften verfügen entsprechend über den Status öffentlich-rechtlicher Körperschaften und genießen besonderen staatlichen Schutz sowie zahlreiche partnerschaftliche Privilegien, die auch das Bildungswesen betreffen. Nutznießer derselben sind vor allem die beiden christlichen Volkskirchen, die beide zusammen etwa 90% aller eingetragenen Kirchenmitglieder in Deutschland vereinen. Von besonderer Bedeutung ist hier zunächst Art. 7 Abs. 3 GG, der den Religionsunterricht als ordentliches Pflichtfach an den öffentlichen Schulen sogar verfassungsrechtlich verankert.[20] Er unterliegt zwar in organisatorischer und finanzieller Hinsicht der staatlichen Schulaufsicht, doch obliegen inhaltliche Ausgestaltung, Entwicklung der Lehrpläne und Zulassung der Schulbücher den Religionsgemeinschaften. Diese tragen auch eine Mitverantwortung bei der Ausbildung der Religionslehrer an den Universitäten und Hochschulen, die bei ihrer Einstellung in Staatsdienst zudem einer speziellen kirchlichen Beauftragung bedürfen. Eingeschränkt werden diese rechtlichen Bestimmungen lediglich unter zwei Aspekten. Der kirchliche Charakter des schulischen Religionsunterrichts bedingt das Prinzip der freiwilligen Teilnahme. Eltern können ihr Kind vom Religionsunterricht abmelden, Schüler können dies ab dem 14. Lebensjahr selbst tun. Ferner gilt in den Ländern

---

[20] Einen Antrag auf Berechtigung zur Erteilung von Religionsunterricht als schulischem Pflichtfach können auch nichtchristliche Religionsgemeinschaften stellen. Angesichts eines Bevölkerungsanteils von 3,4 Millionen Muslimen in Deutschland gibt es vor allem Bemühungen, einen geordneten islamischen Religionsunterricht in deutscher Sprache und unter staatlicher Aufsicht an den öffentlichen Schulen einzuführen. Einige Bundesländer haben bereits entsprechende Modelle in den Schulen und der erforderlichen Lehrerausbildung an den Hochschulen auf den Weg gebracht. Probleme resultieren bislang vor allem aus dem Fehlen kompetenter Vertragspartner seitens der islamischen Religionsgemeinschaften.

Bremen und Berlin aus verfassungshistorischen Gründen die sogenannte Bremer Klausel nach Art. 141 GG. Sie sieht vor, dass in diesen Ländern die Kirchen und Religionsgemeinschaften den Religionsunterricht im Rahmen der Schule in eigener Verantwortung erteilen müssen. Auf diese Regelung hat sich als einziges Land unter den neuen Bundesländern auch das Land Brandenburg berufen, das 1996 anstelle des Religionsunterrichts das schulische Pflichtfach „Lebensgestaltung-Ethik-Religionskunde" (LER) einführte. Bis heute wird diese Maßnahme nicht nur von den Kirchen abgelehnt, sie gilt auch nach wie vor als verfassungsrechtlich strittig.

Als Paradebeispiel der „Res mixtae", der gemeinsamen Angelegenheiten von Staat und Kirche gelten auch die Theologischen Fakultäten sowie die theologischen Institute und Hochschuleinrichtungen an den staatlichen Universitäten. Sie dienen der wissenschaftlichen Ausbildung des Priesternachwuchses, der Religionslehrer und kirchlichen Mitarbeiter wie auch der Präsenz der Theologie im interdisziplinären Dialog der Wissenschaften. Ihr rechtlicher Doppelstatus beruht auf Konkordatsrecht seitens der katholischen, auf Staatkirchenrecht seitens der evangelischen Kirche. Daraus folgt, dass die Besetzung der Professorenstellen, die Inhalte von Forschung und Lehre, die Studien- und Prüfungsordnungen sowie die Verleihung der akademischen Grade weitgehend in die kirchliche Zuständigkeit fallen. Ergänzt wird diese starke Präsenz der Religionsgemeinschaften im Hochschulbereich durch die insgesamt 45 (2008) staatlich anerkannten Hochschulen in kirchlicher Trägerschaft, darunter auch 19 Fachhochschulen mit überwiegend religions- oder sozialpädagogischer Ausrichtung sowie 9 Kunst- und Musikhochschulen.

Die beiden großen Kirchen verfügen aber auch auf allen anderen Ebenen des Bildungswesens über erheblichen Einfluss, obwohl die Kirchenbindung aufgrund des Säkularisierungstrends deutlich rückläufig ist. Sie beteiligen sich nicht nur engagiert am öffentlichen bildungspolitischen Diskurs, sondern spielen auch eine zentrale Rolle als Träger zahlreicher Bildungseinrichtungen. Beide unterhalten zusammen bundesweit gegenwärtig etwa 18 000 Tageseinrichtungen für Kinder bzw. Kindergärten sowie über 2000 Schulen, wobei hier die ganze Palette unterschiedlicher Schulformen von der Grundschule bis hin zu berufsbezogenen Schulen, Abendschulen oder auch Internaten anzutreffen ist. Hinzu kommen ferner Erwachsenenbildungsstätten und Akademien, die den Kirchen Gelegenheit bieten, auch in diesen Bereichen eigene programmatische Akzente zu setzen.

▪ Die *Gemeinden* (Landgemeinden, kreisfreie Städte und Gemeindeverbände) und *Landkreise* sind Träger der grundgesetzlich gewährleisteten Selbstverwaltung und verfügen als solche auch im Bildungsbereich über einen eigenen Wirkungskreis. So unterhalten sie im Rahmen der freiwilligen Aufgaben etwa Volkshochschulen, Erwachsenenbildungsstätten oder Jugendmusikschulen. Gewichtiger sind jedoch die pflichtigen Selbstverwaltungsaufgaben, die sich aus der Trägerschaft für einen Teil der Kindertagestätten, Krippen sowie insbesondere für die öffentlichen Schulen als dem Regelfall ergeben. Im Schulbereich gilt hierbei nach wie vor die überkommene, wenn auch praxisfremde, Trennung in innere und äußere Schulangelegenheiten. Der Staat ist demnach für die Lehr- und Lernprozesse und somit für das Lehrpersonal, die schulischen Inhalte, Methoden und Strukturen zuständig. Die Kommunen dagegen für die Errichtung, Organisation, Unterhaltung und Verwaltung sowie die Betriebs- und Sachkosten der einzelnen Schule, häufig unter Einschluss von Lernmitteln und Schülerbeförderung. Allerdings unterliegen die Kommunen der staatlichen Schulaufsicht sowie der übergreifenden Planung der Landespolitik, so dass ihre Gestaltungsfreiräume in der Schulentwicklungsplanung begrenzt sind. Um ihre Belange und Interessen wirksam gegenüber den staatlichen Entscheidungsträgern in den Ländern, dem Bund und der EU zu vertreten, haben sie sich zu *kommunalen Spitzenverbänden* (Deutscher Städtetag, Deutscher Städte- und Gemeindebund, Deutscher Landkreistag) zusammengeschlossen. Sie stellen freiwillige Zusammenschlüsse auf privatrechtlicher Basis dar, die unter Wahrung parteipolitischer Neutralität bei der Vorbereitung und Durchführung von Gesetzen, Verordnungen oder Erlassen auf den einzelnen Ebenen beratend beteiligt sind. Bei der Bundesregierung und dem Bundestag, aber auch in einigen Bundesländern, steht ihnen ein privilegiertes Anhörungsrecht zu. Ihre bildungspolitischen Positionen erarbeiten die kommunalen Spitzenverbände in Dezernaten und Fachausschüssen, die sich speziell mit Fragen der vorschulischen und schulischen Bildung und Erziehung befassen. Angesichts wachsender Finanzierungsprobleme (Ausbau der Kleinkindbetreuung, Vernetzung von Elementarbereich und Grundschule, Ausbau der Ganztagseinrichtungen, Ausstattung mit neuen Medien, etc.) drängen die Kommunen in jüngster Zeit auf einen stärkeren Einfluss und mehr Mitwirkungsmöglichkeiten in der staatlich dominierten Bildungspolitik. Sie befürworten die Entwicklung ganzheitlicher und vernetzter lokaler Bildungslandschaften im Rahmen einer staatlich-kommunalen Verantwortungsgemeinschaft.

- Eine wichtige Rolle in der beruflichen Aus- und Weiterbildung kommt den *berufständischen Kammern* zu. In ihnen sind die freien Berufe, das Handwerk, die Landwirtschaft und die gewerbliche Wirtschaft in gesetzlich geregelter Pflichtmitgliedschaft organisiert. In ihrer Eigenschaft als öffentlichrechtliche Selbstverwaltungskörperschaften nehmen sie im Berufsbildungsbereich wichtige staatliche Hoheitsaufgaben wahr. Die mit Abstand größte und bildungspolitisch einflussreichste Einrichtung ist die *Industrie- und Handelskammer* (IHK), in der branchenübergreifend bundesweit ca. 4 Millionen gewerbliche Unternehmen zusammengeschlossen sind. Sie versteht sich als Interessengemeinschaft der regionalen Wirtschaft, koordiniert ihre Aktivitäten jedoch auch auf der Länderebene in Arbeitsgemeinschaften und im Deutschen Industrie- und Handelskammertag (DIHK) als Dachverband im Bund. Nach dem Berufsbildungsgesetz obliegt der IHK im staatlichen Auftrag die Betreuung der Lehrverhältnisse, die Anerkennung der Ausbildungsbetriebe, die Überprüfung der Eignung der Ausbilder, die Erstellung der Prüfungsordnungen und Prüfungsaufgaben sowie die Durchführung der Prüfungen und die Ausstellung der Prüfungszeugnisse. Darüber hinaus organisieren die IHKs, insbesondere in ihren eigenen Bildungszentren, umfassende Angebote in der betrieblichen und beruflichen Fort- und Weiterbildung mit den anerkannten IHK-Abschlüssen. Bildungspolitische Schwerpunktthemen der IHK sind die Ausbildungsreife der Schulabgänger, die Bewältigung des Fachkräftemangels, die ökonomische Bildung in der Schule sowie die Forderung nach verstärkter Kooperation von Schule und Wirtschaft. In der aktuellen bildungspolitischen Debatte äußern sich die IHKs vor allem auf Landesebene, aber auch im Bund, jedoch nicht nur zu Fragen der beruflichen Aus- und Weiterbildung, sondern ebenso auch zu spezifischen oder allgemeinen schul- und hochschulpolitischen Problemen und Entwicklungen.

▪ Die meisten Hochschulen und Universitäten sind öffentlich-rechtliche Personalkörperschaften, die der Rechtsaufsicht der Bundesländer unterliegen. Um ihre Interessen in Forschung und Lehre und in der Hochschulentwicklung gegenüber der Öffentlichkeit, Verbänden und den politischen Entscheidungsträgern wirksam zu vertreten, haben die Hochschulleitungen gemeinsame Konferenzgremien eingerichtet. Durch Stellungnahmen, Beschlüsse und Empfehlungen sind diese bemüht, auf allen Ebenen des kooperativen Föderalismus auf den hochschulpolitischen Willensbildungsprozess Einfluss zu gewinnen. In den Bundesländern nehmen unter variierenden Bezeichnungen die *Landesrektorenkonferenzen*, entweder hochschulübergreifend oder getrennt nach Hochschularten, diese Außenfunktion gegenüber Landtag und Landesregierung wahr. Auf der Bundesebene, wo auch nach der Föderalismusreform wichtige hochschulpolitische Entscheidungen fallen, sind die Hochschulen weiterhin durch mehrere Dachorganisationen präsent. So vertritt der 2000 gegründete *Allgemeine Fakultätentag* (AFT), ein Zusammenschluss aller Fakultätentage der deutschen Universitäten, die Interessen sämtlicher universitärer Fächerkulturen, während die seit 2003 bestehende *Konferenz der Fachbereichstage e.V.* (KFBT) dies entsprechend für die Gesamtheit der Fachhochschulen gewährleistet. Von herausragendem hochschulpolitischem Gewicht ist jedoch die *Hochschulrektorenkonferenz* (HRK), die aktuell (2008) 259 Hochschulen vertritt, in denen insgesamt 98% aller Studierenden immatrikuliert sind. Sie verfügt über eine ausdifferenzierte Organisationsstruktur mit einer Hauptgeschäftsstelle in Bonn und einer Außenstelle in Berlin. In der aktuellen Debatte hat sich die HRK unter anderem für die Einführung von Studiengebühren, für eine Qualitätsoffensive in der Lehre sowie die Weiterentwicklung der Exzellenzinitiative ausgesprochen. Finanz- und Rechtsträger der HRK ist eine eigene Stiftung, die für die Arbeit der HKR in ihrem Etat jährlich immerhin ca. 3,4 Millionen Euro bereitstellt. Dies eröffnet der HRK die Möglichkeit, neben der politischen Lobbyarbeit eigene Initiativen und Projekte zu verwirklichen. Sie unterhält so etwa das Bologna-Zentrum, das sich als zentrale Beratungs-, Koordinations- und Unterstützungsinstanz mit Nachdruck für die Umsetzung der damit verbundenen Studienreform und die Internationalisierung der deutschen Hochschullandschaft engagiert. Im Rahmen des Projekts Qualitätsmanagement hat sie gemeinsam mit der Bertelsmann-Stiftung das Centrum für Hochschulentwicklung (CHE) mit Sitz in Gütersloh gegründet.

6.4 Verbände der im Bildungswesen Beschäftigten

Besonders stark ausgeprägt ist der bildungspolitische Fokus naturgemäß bei den im Bildungswesen Beschäftigten. Sie sind auf den einzelnen Ebenen des Bildungssystems in zumeist berufsgruppen- und laufbahnspezifischen Verbänden organisiert, wobei es auch hier im Regelfall ein Nebeneinander von weitgehend autonomen Landesverbänden und relativ loser Dachorganisation auf Bundesebene gibt. Sie erbringen für ihre Mitglieder zum einen vielfältige Serviceleistungen in Form von Information, Beratung, Fortbildung, rechtlicher und tarifpolitischer Interessenvertretung. Zum andern treten sie in der Öffentlichkeit, gegenüber anderen Organisationen, der Verwaltung, den Parteien und den politischen Entscheidungsträgern, als einflussreiche bildungspolitische Pressure Group in Erscheinung. Vor allem die größeren Verbände organisieren auch aufwendige Bildungskongresse und Tagungen und verfügen zudem über mehr oder minder auflagenstarke eigene Zeitschriften oder Publikationsorgane.

- Aufgrund der besonderen Bedeutung des Schulwesens sind hier zuallererst die *Lehrerverbände* zu nennen. Neben kleineren regionalen oder konfessionellen Verbänden gibt es hier drei größere Gruppen, die überwiegend nach Schulformen und Bildungswegen getrennt voneinander tätig sind. Als fachgewerkschaftliche Organisationen sind diese zugleich die maßgeblichen Bildungsgewerkschaften innerhalb des Deutschen Gewerkschaftsbundes (DGB) oder des Deutschen Beamtenbundes (DBB). Vor allem die Lehrergewerkschaften innerhalb des DBB weisen eine hohe Fragmentierung auf, jedoch ist es in jüngster Zeit in einigen Bundesländern aber auch zu schulformübergreifenden Fusionen gekommen. Insgesamt ergibt sich aus dieser Gesamtkonstellation aber eine starke interessenpolitische Zersplitterung, die es den Lehrerverbänden erschwert, sich auf übergreifende Positionen oder auch auf bildungspolitische Aktionsbündnisse zu verständigen.

Mit fast 270 000 Mitgliedern (2008) ist die *Gewerkschaft Erziehung und Unterricht* (GEW), die dem DGB angehört, die größte Bildungsgewerkschaft, die auch mit Abstand die höchste Organisationsdichte aufweist. Sie umfasst nach dem eigenen Selbstverständnis zudem als einziger Verband das gesamte pädagogische und wissenschaftliche Lehrpersonal auf allen Ebenen des Bildungssystems, die Kindertagesstätten ebenso wie alle Schulformen sowie auch die Hochschul- und Weiterbildung. Als ihre tragenden bildungspolitischen Leitziele benennt die GEW Chancengleichheit, Mitbestimmung, Demokratisierung und soziale Sicherheit. Sie wendet sich gegen eine frühe schulische soziale Selektion, präferiert die integrierte Gesamtschule und lehnt eine weitere Privatisierung und Marktorientierung im Bildungswesen wie auch die Einführung von Studiengebühren grundsätzlich ab. Sie kritisiert den Bildungsföderalismus als einen Rückfall in die Kleinstaaterei und hält den Beamtenstatus der Lehrer auf längere Sicht für entbehrlich. Als einzige Lehrergewerkschaft verfügt die GEW zudem über eine eigene Stiftung, die nach ihrem Gründer benannte Max-Traeger-Stiftung, über die sie die wissenschaftliche Forschung im Bereich von Erziehung, Schule, Hochschule und Weiterbildung fördert.

Von der Mitgliederzahl die zweitgrößte Lehrerorganisation ist der *Deutsche Lehrerverband* (DL), eine Dachorganisation von insgesamt 160 000 Lehrern. In ihm haben sich vier schulformbezogene Bundesverbände zusammengeschlossen, die dem Deutschen Beamtenbund (DBB) angehören. Dazu gehören der *Deutsche Philologenverband e.V.* als Lehrerverband des Gymnasialbereichs, der *Verband Deutscher Realschullehrer* (VDR), der *Bundesverband der Lehrerinnen und Lehrer an Wirtschaftsschulen e. V.* (VLW) sowie der *Bundesverband der Lehrerinnen und Lehrer an beruflichen Schulen e.V.* (BLBS). Als gemeinsame schulformübergreifende Ziele fordern diese Verbände die Beibehaltung des gegliederten Schulwesens, der vierjährigen Grundschule sowie den Erhalt der Hauptschule und des neunjährigen Gymnasiums. Am Bildungsföderalismus wird ebenso festgehalten wie am Beamtenstatus der Lehrerschaft, den man auch künftig gesichert sehen möchte. Innerhalb des DBB gibt es jedoch noch weitere Lehrerverbände, die sich nicht dem DL angeschlossen haben. Zu erwähnen ist zunächst die *Katholische Erziehergemeinschaft* (KEG), die jedoch nur in Bayern, wo sie 10 000 Mitglieder zählt, über ein flächendeckendes Organisationsnetz verfügt. Mit Abstand größter Einzelverband innerhalb des DBB ist der *Verband Bildung und Erziehung* (VBE), dem bundesweit über 150 000 Mitglieder angehören. Der VBE organisiert schulformübergreifend insbesondere Lehrkräfte und sozialpädagogisch Beschäftigte an Grund-, Haupt-, Gesamt- und Sonderschulen, daneben aber auch Erzieherinnen und Erzieher. In der Schulstrukturdebatte nimmt der VBE eher eine flexible Position ein. Er hält das dreigliedrige Schulwesen für eine mögliche Schulorganisationsform, befürwortet bei regionalen Bedarf aber auch alternative Modelle, die ein längeres gemeinsames Lernen vorsehen. Soziale Durchlässigkeit und Bildungsgerechtigkeit sind dem VEB ein besonderes Anliegen. Das achtjährige Gymnasium hält für eine Fehlentwicklung, am Bildungsföderalismus schätzt er den Wettbewerbsgedanken. Zentrale Forderungen sind ferner die Gleichwertigkeit der Lehrämter, besonders in Fragen der Besoldung und der Beförderung sowie das Festhalten am Beamtenstatus als Regelbeschäftigungsart.

- Wesentlich leichter zu überschauen ist dagegen die Verbandslandschaft im Hochschulsektor. Einflussreichster und mit Abstand mitgliederstärkster Berufsverband ist hier der *Deutsche Hochschulverband* (DHB), die Interessenvertretung der Professoren, vornehmlich an den Universitäten. Mitglieder können aber auch Professoren an anderen wissenschaftlichen Hochschulen, an Musik- und Kunsthochschulen, ferner auch Habilitierte und Habilitanden werden. Dem DHV, dem fast 23 000 Mitglieder (2008) angehören, fühlt sich vor allem den Prinzipien der Freiheit und Unteilbarkeit von Forschung und Lehre verpflichtet. Seine zentrale Kritikpunkte bilden die chronische Unterfinanzierung der Universitäten, der Trend zur Verbetriebswirtschaftlichung, die Einführung hierarchischer Leitungsstrukturen sowie die von der Politik intendierte flächendeckende Einführung von Bachelor- und Masterstudiengängen. Der DHB fordert eine Aufwertung der universitären Lehre durch eine eigene Exzellenzinitiative, den drastischen Abbau staatlicher Regulierung sowie die Ablösung der Programmakkreditierung bei der Zertifizierung von Studiengängen durch eine Prozessakkreditierung. Eine Übertragung des Promotionsrechts an Fachhochschulen und auf außeruniversitäre Einrichtungen lehnt der DHB ab, während er die Einführung von Studiengebühren unter bestimmten Auflagen befürwortet. Das Pendant zum DHB im Fachhochschulbereich bildet der *Hochschullehrerbund* (hlb). Er vertritt die Interessen von ca. 4500 Professoren und hat sich vor allem die Stärkung der Fachhochschulen im innerhochschulischen Wettbewerb zum Ziel gesetzt. Er fordert unter anderem eine deutliche Anhebung der Vergütung, den Anspruch auf Forschungs- und Praxissemester, den Ausbau eigener Forschungskapazitäten, ein eigenes Promotionsrecht sowie die Berücksichtigung der anwendungsorientierten Forschung im Rahmen der Exzellenzinitiative von Bund und Ländern. Zu erwähnen ist schließlich noch der *Verband Hochschule und Wissenschaft* (vhw), der 1600 Mitglieder zählt. Er ist die Fachgewerkschaft des DBB für den Hochschulbereich und zugleich der einzige Hochschulverband, der alle Hochschularten umfasst und auch allen Hochschulbediensteten offen steht. Dennoch liegt sein Schwerpunkt primär im Fachhochschulbereich, was schon in seiner Forderung nach einem einheitlichen Professorenamt an Universitäten und Fachhochschulen zu Ausdruck kommt. Eine Initiative des vhw führte 2008 zur Gründung einer Hochschulallianz, zu der sich neben den genannten drei Hochschulverbänden auch verschiedene Organisationen und Verbände von Studierenden zusammengeschlossen haben.[21] Die Allianz setzt sich zum Ziel, die zersplitterten Kräfte von Lehrenden und Lernenden zu bündeln, um so gegenüber der staatlichen Politik die seit langem anhaltende chronische Unterfinanzierung der Hochschulen wirksam bekämpfen zu können.

6.5 Gewerkschaften und Verbände der Wirtschaft

Die Verbände des Arbeits- und Wirtschaftslebens stellen im System der Interessenverbände die gewichtigsten und politisch einflussreichsten Gruppierungen dar. Dies zeigt schon ein Blick auf die „Lobbyliste" des Deutschen Bundestages, wo Gewerkschaften und Arbeitgeberverbände mit Abstand dominieren. Bei der Ausgestaltung der Arbeits- und Beschäftigungsverhältnisse, die traditionell durch den Gegensatz von Kapital und Arbeit bestimmt wird, verfügen sie über eine Schlüsselposition. Da sich über die Erwerbsarbeit auch vielfältige Überschneidungen zwischen Beschäftigungssystem und Bildungssystem ergeben, gilt die Bildungspolitik sowohl auf der Arbeitnehmer- wie der Arbeitgeberseite als ein strategisch bedeutsames Politikfeld. Dies findet seinen Ausdruck nicht nur in den Geschäftsverteilungsplänen der jeweiligen Verbände, die auf der Bundesebene und häufig auch auf den unteren Organisationsebenen dafür eigene Fach-

---

[21] Der im April 2008 gegründeten Allianz gehören neben dem DHV, dem hlb und dem vhw folgende Verbände an: Der LHG, der RCDS, das Deutsche Studentenwerk (DSW), Thesis- Interdisziplinäre Netzwerk für Promovierende und Promovierte e.V., die Bundesvertretung Akademischer Mittelbau (BAM) sowie der Förderverein Juniorprofessur e.V.

abteilungen oder Fachbereiche eingerichtet haben. Es findet seinen Niederschlag vor allem auch in einer geradezu überbordenden Vielzahl und Vielfalt von Initiativen, Publikationen, Positionspapieren, Projekten und Veranstaltungen bis hin zur Formulierung von Eckpunkten und Forderungskatalogen im Vorfeld von Landtags- und Bundestagswahlen. Vor allem seit dem PISA-Schock und der dadurch angestoßenen Debatte über die Wettbewerbstauglichkeit des deutschen Bildungssystems haben sich die diesbezüglichen bildungspolitischen Aktivitäten von Gewerkschaften und Arbeitgebern in geradezu dramatischer Weise verstärkt, wobei allerdings ein markantes Übergewicht auf der Arbeitgeberseite zu konstatieren ist.

Unter den *Gewerkschaften* bildet der DGB mit acht Einzelgewerkschaften und 6,8 Millionen Mitgliedern die größte Dachorganisation, die alle Branchen und Wirtschaftsbereiche abdeckt. Größte Mitgliedergewerkschaft ist die *IG Metall* (IGM), dicht gefolgt von der *Dienstleistungsgewerkschaft ver.di*, die 2001 aus der Fusion fünf verschiedener Gewerkschaften entstand. In ver.di sind unter anderem auch die Beschäftigten aus den Dienstleistungsbereichen Bildung, Wissenschaft und Forschung organisiert, so dass der Schwerpunkt der Arbeit von ver.di im Hochschulbereich liegt. Soweit es um Fragen der Bildungspolitik geht, wird unter dem Dach des DGB in aller Regel eine mitgliederorientierte Arbeitsteilung praktiziert, nicht selten auch in Form einer kooperativen Konkurrenz (Kreft 2006: 161ff.). Fragen der beruflichen Bildung und der Weiterbildung sind so überwiegend eine Domäne des DGB selbst. Bei den Positionen zur Schulpolitik und im Elementarbereich dominiert in hohem Maße die GEW, während ver.di im Hochschulbereich eine führende Rolle spielt. Die DGB-Positionen selbst verteilen sich relativ gleichmäßig auf alle Bereichsebenen des Bildungssystems, sie stellen jedoch in vielen Fällen lediglich die Übernahme der Beschlussvorlagen der Einzelgewerkschaften dar. Allerdings gibt es innerhalb des DGB mitunter auch abweichende Positionen. So befürwortet die GEW eine Strukturreform des beruflichen Schulwesens in Form von vollzeitberuflichen Ausbildungsgängen, während der DGB am dualen System auch künftig festhalten möchte (ebda: 270ff.). Ansonsten vertreten die Mitgliedgewerkschaften auf der grundsätzlichen Ebene weitgehend gleichlautende bildungspolitische Leitziele, wie sie weiter oben bereits für die GEW als spezifische Bildungsgewerkschaft innerhalb des DGB skizziert wurden. Entsprechend bestehen so auch auf der Ebene der Konzepte und Reformmodelle für die einzelnen Bildungsbereiche innerhalb des DGB-Lagers Differenzen lediglich in Detailfragen. Deutlich weniger koordiniert sind dagegen die bildungspolitischen Positionen innerhalb des DBB, der mit 1,2 Millionen Mitgliedern nach dem DGB die zweitgrößte Einheitsgewerkschaft darstellt und 39 Fachgewerkschaften und Berufsverbände des Öffentlichen Dienstes und des privaten Dienstleistungssektors umfasst. Die bildungspolitische

Positionierung bleibt hier weitgehend eine interne Angelegenheit der bereits erwähnten sechs Lehrerverbände, von denen vier im DL ihre Positionen koordinieren, während für den Hochschulbereich der VHW verantwortlich zeichnet. Der DBB selbst hält sich dagegen mit eigenen Stellungnahmen deutlich zurück und überlässt das bildungspolitische Feld praktisch durchgängig den jeweiligen Bildungsgewerkschaften.

Im Bereich der Wirtschaft sind die *Verbände der Unternehmer* nach drei Aufgabenfeldern arbeitsteilig organisiert. Die Wirtschaftsverbände vertreten primär die wirtschaftspolitischen Interessen ihrer jeweiligen Branchen. So etwa der *Bundesverband der Deutschen Industrie* (BDI) oder der *Zentralverband des Deutschen Handwerks* (ZDH). Die sozialpolitischen Arbeitgeberverbände sind dagegen vor allem für gesellschaftspolitische und tarifpolitische Forderungen zuständig. Eine zentrale Bedeutung hat hier der *Bundesverband der Deutschen Arbeitgeberverbände* (BDA), dessen 56 Bundesfachverbände und 14 Landesvereinigungen – unter Ausschluss des Öffentlichen Dienstes als größtem Arbeitgeber – alle Branchen in Deutschland umfassen: Industrie, Dienstleistung, Banken, Handel, Verkehr, Handwerk und Landwirtschaft. Die dritte Säule bilden die öffentlich-rechtlichen Kammern, wobei auf der Bundesebene der bereits erwähnte *Deutsche Industrie- und Handelskammertag* (DIHK) besonders hervorzuheben ist, der als eingetragener Verein die kammerspezifischen Forderungen der regionalen Einheiten vertritt.

Trotz dieser arbeitsteiligen Organisation sind die ordnungspolitischen Grundkonzeptionen und das strategische Ziel der Förderung einer angebotsorientierten Wirtschaftspolitik jedoch bei allen Verbandsgruppen weitgehend identisch. Durchgängig wird auch die Bildungspolitik von allen Verbandsgruppen nicht nur als ein strategisch bedeutsames Politikfeld, sondern sogar als ein Kerngeschäft der Arbeitgeber gesehen. Vor allem der PISA-Schock und der wachsende Globalisierungsdruck haben in den letzten Jahren entsprechende Einschätzungen und ein daraus resultierendes bildungspolitisches Engagement der Wirtschaft fast schon erdrutschartig befördert, die sich in einer enormen Flut von Publikationen, Projekten und Positionspapieren widerspiegelt. Eine koordinierende Meinungsführerschaft innerhalb der Spitzenorganisationen der Wirtschaft kommt hier dem BDA zu, der für diesen Bereich in seiner Abteilung „Bildung/berufliche Bildung" immerhin sieben hauptamtliche Referenten beschäftigt. Über die Hälfte aller bildungspolitischen Aussagen und Stellungnahmen entfallen so auch auf den BDA, dagegen auf den BDI, den ZDH und die DIHK fast gleichgewichtig jeweils nur Anteile zwischen 13 und 14%. Auffallend ist zudem, dass bei den genannten Spitzenverbänden sich etwa drei Viertel aller Aussagen zur Bildungspolitik auf die Schul- und Hochschulpolitik beziehen, während Fragen der Berufsbildung und Weiterbildung, bei denen man ein originäres Schwerpunktinteresse der Wirtschaft vermuten könnte, fast durchweg eher randständig behandelt werden (Kreft 2006: 158ff.). Dies hat nicht nur damit zu tun, dass die Spitzenorganisationen der Wirtschaft sich mit dem *Kuratorium der Deutschen Wirtschaft für Berufsbildung* (KWB) eine eigene und somit separate Koordinierungseinrichtung für diesen Bereich geschaffen haben[22]. So ist es Aufgabe des KWB, Berufsbildungspositionen und -interessen der Wirtschaft zu bündeln und nach außen politisch zu vertreten. Entscheidender dürfte vielmehr die Einschätzung der Wirtschaft sein, dass die angestrebte Qualität der beruflichen Bildung und Ausbildung sowie die steigenden Qualifikationserfordernisse des Arbeitsmarktes deutlich bessere Vor- und Zuleistungen seitens des Schul- und Hochschulwesens bedingen. Entsprechend stehen somit vor allem bildungspolitische Reformvorschläge in diesem Bildungssektor im Fokus des Interesses der Unternehmerseite. So hat etwa der BDA unter anderem eigene Konzepte und Handreichungen zur frühkindlichen Bildung, zur Selbständigkeit der Schule, zur Studienfinanzierung, zur Lehrerbildung, zum Bologna-Prozess oder zur Weiterbildung in den Hochschulen entwickelt.

Der bildungspolitische Forderungskatalog der Wirtschaft basiert auf der Einschätzung, dass angesichts eines sich verschärfenden internationalen Wettbewerbs dem Bildungswesen künftig eine Schlüsselfunktion für den Unternehmenserfolg zukommt. Wirtschaftliche Leistung und Wachstum in Deutschland hängen aus dieser bildungsökonomischen Sicht primär von der Qualität und der Leistungsfähigkeit des Humankapitals ab. Die Arbeitgeber monieren unter Berufung auf die internationalen Vergleichsuntersuchungen ebenso zahlreiche wie gravierende Leistungsdefizite, die sich auf den Arbeitsmarkt und das Beschäftigungssystem dysfunktional auswirken. Kritikpunkte sind insbesondere eine unzureichende Ausbildungsreife bzw. Berufsfähigkeit von Schul- und Hochschulabsolventen, eine zu hohe Quote von Schul- und Studienabbrechern und damit verbunden eine defizitäre Akademikerquote. Beklagt werden ferner die geringe soziale Durchlässigkeit und damit eine mangelnde Ausschöpfung potenzieller Bildungsreserven. Entsprechend fordert die Wirtschaft in ihren inhaltlich weitgehend identischen Positionspapieren von der Politik eine Umschichtung teurer sozialpolitischer Reparaturmaßnahmen in Investitionen zugunsten von Bildungschancen sowie die Übernahme marktliberaler bzw. nachfrageorientierter Steuerungsmechanismen in das gesamte Bildungssystem.[23] Zu den Kernforderungen

---

[22] Dem KBW gehören außer dem BDA, dem BDI, dem ZDH und DIHK folgende weitere mit Fragen der Berufsbildung befasste Verbände an: Der Hauptverband des Deutschen Einzelhandels (HDE), der Bundesverband des Deutschen Groß- und Außenhandels (BGA), der Bundesverband der Freien Berufe (BFB) sowie der Deutsche Bauernverband (DBV).

[23] Gewisse Nuancen gibt es bei den Spitzenorganisationen der Wirtschaft allerdings in der schulischen Strukturfrage. Während der BDA unverrückbar am dreigliedrigen Schulsystem und damit an der Hauptschule festhält, zeigt sich der BDI auch für ein Nebeneinander von gegliederten und inte-

gehört eine konsequente Entbürokratisierung und Deregulierung des gesamten Schul- und Hochschulsystems, wobei die als weitgehend ineffizient eingestufte staatliche Bildungsaufsicht durch moderne Führungs- und Managementmethoden, wie sie in der Wirtschaft üblich sind, ersetzt werden soll. Entsprechend sollen Schulen und Hochschulen künftig nach unternehmerischen Prinzipien geführt werden, weitgehende Selbständigkeit und Autonomie erhalten, vor allem in der Personalrekrutierung, in Fragen des inhaltlichen Profils, der Organisation und in Budgetfragen. Wettbewerb soll zu einem dynamischen Faktor im Hochschulbereich werden, für die in der Standortfrage dringend benötigte Elitebildung sorgen und den Hochschulen die Möglichkeit eröffnen, sich durch privatrechtliche Strukturen auch neue Bildungsmärkte und Einnahmequellen zu erschließen. Dazu bedarf es nach Auffassung der Wirtschaft passender Steuerungsinstrumente. Dazu gehört die vollständige Auswahl der Studierenden, im finanziellen Bereich die Vergabe von Studiengutscheinen an die Studierenden sowie die Einführung von Studiengebühren. Ferner soll der Praxis- und Berufsfeldbezug dadurch gestärkt werden, dass Schulen und Hochschulen künftig weit mehr mit den Betrieben kooperieren und im Hochschulbereich alle Studiengänge im Sinne des Bologna-Prozesses auf die stärker anwendungsorientierten Bachelor- und Masterabschlüsse umgestellt werden.

Allerdings ist die Bildungspolitik kein Reservat der genannten Spitzenorganisationen. Im föderalen System sind die Unternehmensorganisationen auch auf der Länderebene, wenn auch mit sehr unterschiedlicher Intensität, um entsprechende Einflussnahme bemüht. So hat z. B. in Bayern die Landesvereinigung innerhalb des BDA, die *Vereinigung der Bayerischen Wirtschaft e.V.* (vbw), die Bildungspolitik sogar zu einem Schwerpunktthema erklärt. Stellvertretend für die zahlreichen Projekte und Initiativen dieses Landesverbandes sei hier auf dessen herausgehobene publizistischen Aktivitäten verwiesen, in die unter Betonung ihrer politischen Unabhängigkeit auch gezielt renommierte Wissenschaftler eingebunden werden. So gab der Verband 2004 in Zusammenarbeit mit der Prognos-AG eine vielbeachtete dreibändige Studie unter dem Titel „Bildung neu denken!" heraus, die unter Beteiligung namhafter Bildungsexperten Vorschläge für eine umfassende Reform des Bildungssystems von der Vorschule bis ins Erwachsenenalter präsentierte[24]. Um dieser Studie noch mehr Nachhaltigkeit zu

---

grierte Schulformen offen. Ein völlig abweichende Position nimmt hier der Baden-Württembergische Handwerkstag (BWHT) ein, der entschieden für eine Abkehr vom dreigliedrigen Schulsystem eintritt (Kreft 2006: 208ff.) Begründet wird dies damit, dass das Handwerk die meisten Hauptschulabgänger sowie einen hohen Anteil ausländischer Jugendlicher ausbildet und so bei der Suche nach qualifiziertem Nachwuchs benachteiligt wird.

[24] Die Bände sind im VS-Verlag erschienen: Band I: „Bildung neu denken! Das Zukunftsprojekt" (2003); Band II: „Bildung neu denken! Das Finanzkonzept" (2004); Band III: „Bildung neu denken! Das juristische Konzept" (2005).

verleihen und den dadurch auch bundesweit angestoßenen öffentlichen Diskussionsprozess zu intensivieren, gründete der vbw zusammen mit dem Verband der Bayerischen Metall- und Elektroindustrie e.V. (VBM), der als Finanzgeber fungiert, im Jahre 2005 den *Aktionsrat Bildung*. Hierbei handelt es sich um ein interdisziplinäres Expertengremium, dessen Vorsitz der Präsident der Freien Universität Berlin, der Erziehungswissenschaftler Dieter Lenzen, übernommen hat. Erklärtes Ziel des Aktionsrates ist es, durch die von ihm erstellten Expertisen, zu denen jeweils auch externe Experten gebeten werden, gezielten Handlungsdruck auf Politik und Bildungsverantwortliche auszuüben. Inzwischen hat der Aktionsrat zwei themenspezifische Jahresgutachten vorgelegt, für die wiederum der vbw als Herausgeber verantwortlich zeichnet. 2007 zum Thema Bildungsgerechtigkeit, 2008 zum Thema Bildungsrisiken und -chancen im Globalisierungsprozess, wobei beide Studien – wie die bereits erwähnte Studie „Bildung neu denken" – bezeichnenderweise jeweils mit einem Kapitel „Handlungsempfehlungen an die Politik" abschließen[25].

Um den als dringlich erachteten bildungspolitischen Reformdruck zu verstärken setzt die Unternehmerschaft auch auf den Einsatz und die Wirkung spezieller Lobbyorganisationen. Die Strategie einer meinungsprägenden Öffentlichkeitswirkung verfolgt hier vor allem die *Initiative Neue Soziale Marktwirtschaft* (INSM), die im Jahre 2000 vom Arbeitgeberverband Gesamtmetall gegründet wurde, einem Dachverband von 22 Arbeitgeberverbänden der Metall- und Elektroindustrie. Dieser finanziert auch den beachtlichen Jahresetat der INSM in Höhe von knapp 9 Millionen Euro. Die INSM als eine professionell geführte PR-Agentur, die vom arbeitgebernahen Institut der deutschen Wirtschaft in Köln (IW) wissenschaftlich beraten wird, versteht sich als eine branchen- und parteiübergreifende Plattform, die das Ziel verfolgt, die Bevölkerung von der Notwendigkeit einer wirtschaftsliberalen Reformpolitik zu überzeugen (Speth/Leif 2006: 302ff.). Mit dieser Zielsetzung ist es ihr in wenigen Jahren gelungen, prominente Persönlichkeiten des öffentlichen Lebens, Wissenschaftler und Politiker aus verschiedenen politischen Lagern an sich zu binden, die als Unterstützer, Kuratoren oder Botschafter aktiv für die marktliberalen Ideen der INSM Werbung betreiben. Entstanden ist so ein ebenso dichtes wie erfolgreiches meinungsbildendes mediales Netzwerk, das seine Wirksamkeit auf Tagungen, in Kampagnen, Projekten, durch Umfragen oder sonstige Initiativen entfaltet, das aber vor allem aber auch in den Printmedien und im Fernsehen präsent ist, ohne dass die INSM als Auftraggeber immer auch als solcher sichtbar wird. Thematisch geht es dabei durchweg um Fragen der Wirtschafts- und Sozialpolitik, wobei sich die INSM

---

[25] Die Jahresgutachten sind ebenfalls im VS-Verlag erschienen. Sie wurden von folgenden Mitgliedern des Aktionsrates erstellt: Hans-Peter Blossfeld, Wilfried Bos, Dieter Lenzen, Detlef Müller-Böling, Jürgen Oelkers (2007), Manfred Prenzel und Ludger Wößmann.

aber auch der Bildungspolitik als eines beide Politikfelder verknüpfenden Schwerpunktthemas angenommen hat. Durch vielfältige Initiativen versucht sie auch im Bildungsbereich meinungsbildend zu wirken und Reformprozesse zu initiieren. So über diverse Online-Angebote, in denen Dossiers, Studien oder auch Unterrichtsmaterial für die einzelnen Schularten im Rahmen eines Projektes „Schule und Wirtschaft" angeboten werden[26]. Ergänzt werden diese Angebote durch Schulwettbewerbe, Schulpatenschaften oder Angebote in der Lehrerfortbildung. Für die Studierenden gibt es seit 2007 unter der Bezeichnung Unicheck ein auf Studentenbefragungen basierendes Hochschulranking. Über ein Online-Portal werden hier unter dem Motto „Bewerte Deine Uni! Finde die besten Hochschulen!" insbesondere die Verwendung der Studiengebühren, die Leistungen des Lehrpersonals wie auch die infrastrukturellen Leistungen evaluiert. Schließlich ist in diesem Kontext insbesondere der seit 2004 jährliche erscheinende Bildungsmonitor zu erwähnen, der vom IW im Auftrag der INSM erarbeitet wird. Er setzt sich zum Ziel, die Leistungsfähigkeit des gesamten Bildungssystems der Länder zu bewerten, wobei der Monitor dem ökonomischen Leitbild folgt, „dass die Bildungssysteme in den Ländern maßgeblich die Standortqualität, Wachstum und Beschäftigung in einer Region" bestimmen (Plünnecke/Stettes 2006: 39). So hat z. B. der 2007 vorgelegte „Politik-Check Schule" die Entwicklung in der Schulpolitik in den Bundesländern seit dem PISA-Schock in insgesamt fünf Handlungsfeldern (Bildungsziele, Qualitätssicherung, Systemmanagement, Schulkultur, Lehren und Lernen) vergleichend untersucht und die Leistungsfortschritte durch die Vergabe von schulischen Kopfnoten bewertet (Plünnecke/Riesen/Stettes 2008). Nicht zuletzt die starke Resonanz in den Medien und in den jeweiligen Kultusministerien zeigt, dass der von der INSM initiierte Bildungsmonitor mit seinen jährlich variierenden thematischen Schwerpunktsetzungen in der bildungspolitischen Öffentlichkeit inzwischen zu einer vielbeachteten Größe geworden ist.

---

[26] Parallel hierzu gibt es die seit über 50 Jahren existierende, vom BDA und dem IW gemeinsam getragene Bundesarbeitsgemeinschaft *SCHULE*WIRTSCHAFT, die in den Bundesländern Landesarbeitsgemeinschaften und rund 450 regionale Arbeitkreise (davon etwa 100 in Bayern) unterhält. Zu den Aufgaben dieses Netzwerkes, das in allen Bundesländern auch mit den Kultusministerien eng in der Lehrplanentwicklung und vor allem in der Lehrerfortbildung zusammenarbeitet, gehören vor allem: Die Etablierung von Modellen zum schulischen Qualitätsmanagement, die Förderung unternehmerischen Denkens und Handelns, die Erarbeitung von Konzepten zur Verbesserung der Berufsorientierung und von Wirtschaftsplanspielen sowie Initiativem zur Verbesserung der ökonomischen Bildung und der Kooperation von Schule und Unternehmen.

7 Formen und Institutionen der Politikberatung

Wissenschaftliche Beratung in der Bildungspolitik hat in Deutschland eine Tradition, die bis ins frühe 19. Jahrhundert zurückreicht. Zunächst primär Teil und Funktion der Bildungsadministration hat sie sich im 20. Jahrhundert als unabhängige Wissenschaft vom Bildungsprozess allmählich verselbständigt und organisatorisch ausdifferenziert. Diese Entwicklung setzte sich jedoch nur allmählich durch und erfuhr erst durch den seit Anfang der 1960er Jahre verstärkt einsetzenden gesellschaftlichen Modernisierungsprozess, der wiederum eine Folge des rapiden technologischen und ökonomischen Wandel war, die entscheidenden Impulse. Der damit verbundene Strukturwandel stellte ebenso wie die sich seit den 1980er Jahren ausweitende Globalisierung das Bildungswesen vor neue und komplexe Herausforderungen, die seitens der Politik die Nachfrage nach wissenschaftlicher Beratung ständig erhöhten. Der Bedarf bezieht sich auf alle Funktionsbereiche des Bildungssystems, umfasst also Probleme der kulturellen Integration, des allgemeinen Leistungsniveaus, der sozialen Disparitäten wie auch der fachlichen Qualifikation für den Arbeitsmarkt. Standen zunächst der Schul- und Hochschulbereich im Zentrum, so sind mit der neuentdeckten Bedeutung der frühkindlichen Bildung sowie auch des lebenslangen Lernens neue Aufgabenfelder hinzugekommen. Die Politik benötigt hier den Rat der Wissenschaft in inhaltlich-konzeptioneller wie auch in institutionell-struktureller Hinsicht, um die Qualitätssicherung des Bildungssystems dauerhaft gewährleisten zu können. Dies gilt insbesondere für die Problemdefinition und entsprechende Lösungsentwürfe, aber auch bei der Implementation und der Evaluierung bildungspolitischer Vorhaben. Die Politik kann sich hierbei auf eine auch in Deutschland zunehmend interdisziplinär und empirisch ausgerichtete Bildungsforschung stützen, die als Grundlage einer evidenzbasierten Bildungspolitik künftig zunehmende Bedeutung erlangen wird.

7.1 Formenvielfalt und Charakteristika wissenschaftlicher Politikberatung

Bildungsberatung der Politik kann in vielfältigen Formen erfolgen. Ein hervorgehobener Stellenwert kommt den Gremien der institutionalisierten Politikberatung im kooperativen Föderalismus zu, in denen die Regierungen von Bund und Ländern mit Bildungsexperten besonders eng kooperieren. Eher unverbindlicher und distanzierter vollzieht sich das Zusammenwirken von Politik und Wissenschaft in den schon klassisch zu nennenden wissenschaftlichen Beiräten, deren Zahl sich in jüngster Zeit geradezu wildwuchsartig vermehrt hat. Hinzu kommen Projektbeiräte, Expertenkommissionen, Ausschüsse oder auch spezielle Formen wie Tagungen, Kongresse oder Runde Tische. All diese Formen werden zunehmend vor allem von der politischen Exekutive, also dem Verwaltungsbereich von Ministerien und Ämtern nachgefragt. Schließlich können einzelne Sachverständige, auch im Rahmen von parlamentarischen Hearings oder Enquetekommissionen, in die Politikberatung eingebunden werden. Die Arbeitsergebnisse dieser staatlich induzierten Beratungsaktivitäten werden zumeist in Form von Stellungnahmen, Gutachten oder Expertisen dokumentiert und als Empfehlungen an die politischen Entscheidungsträger herangetragen. Konkrete Auftraggeber können etwa der Ministerpräsident oder das Kultusressort eines Landes sein, während auf der überregionalen Ebene die KMK, das BMBF oder auch Bund und Länder gemeinsam entsprechende Initiativen entfalten. Variabel sind auch Zusammensetzung, Aufgabenstellung und Arbeitsweise dieser Gremien. Häufig sind die wissenschaftlichen Experten unter sich, doch werden in vielen Fällen auch Bildungsbeteiligte oder Vertreter gesellschaftlich relevanter Gruppen in die Beratungsgremien integriert. Der inhaltliche Auftrag kann umfassend sein und sich auf das Bildungssystem als Ganzes beziehen oder auch nur auf einen speziellen Teilbereich wie etwa die Lehrerbildung. Schließlich wäre unter dem Zeitaspekt zu differenzieren zwischen ad hoc Gremien oder solchen, deren Auftrag sich auf längere oder auch mehrjährige Zeiträume erstreckt.

Mit der Veröffentlichung der internationalen Vergleichsstudien wie TIMMS, IGLU oder PISA hat die wissenschaftliche Politikberatung in den letzten Jahren eine neuerliche Aufwertung erfahren. Der in diesen Studien angewandte Ansatz ist jedoch von anderer Art als jener, wie er im Rahmen des klassischen Formenspektrums praktiziert wird. Er basiert auf der empirisch abgesicherten Bestandsaufnahme der Leistungsfähigkeit des Bildungssystems, die neben dessen Stärken vor allem auch dessen Defizite vergleichend und präzise dokumentiert. Im Vordergrund stehen nicht mehr gutachterliche Stellungnahmen und konkrete Handlungsempfehlungen, sondern die daten- und indikatorengestützte Beschreibung von Effekten des Bildungssystems, etwa des individuellen Lernerfolgs, der sozialen Selektivität oder der fachlich-beruflichen Qualifizierung. Somit ist der empirischen Wende in der Bildungsforschung auch eine empirische Wende in der Politikberatung gefolgt, die ihren Niederschlag nicht zuletzt in der Ausbreitung und Etablierung eines internationalen wie nationalen Berichtswesens findet. Auf der internationalen Ebene ist hier neben den bereits erwähnten Vergleichsstudien noch die jährlich erscheinende, aus einer weitgehend bildungsökonomischen Perspektive konzipierte OECD-Studie „Bildung auf einen Blick" zu verweisen. Auch auf der nationalen Ebene hat das System des

Bildungsmonitorings, also die systematische Beobachtung des Bildungssystems, seiner Leistungen und Entwicklungen, wie auch die Benennung daraus resultierender Herausforderungen, inzwischen feste und hoch professionalisierte Formen angenommen. Seit 2006 wird im Zweijahresabstand unter Federführung des Deutschen Instituts für Internationale Pädagogische Forschung (*DIPF*) ein nationaler Bildungsbericht für Deutschland erarbeitet, in dem das gesamte Bildungssystem von einer Autorengruppe, die sich aus renommierten wissenschaftlichen Einrichtungen und Statistischen Ämtern rekrutiert, umfassend bilanziert wird. Darüber hinaus sind inzwischen auch die meisten Bundesländer, sowie auch einige Städte, dazu übergegangen, eigene regionale Bildungsberichte zu erstellen. Es ist bezeichnend für diese neue Stilform der Politikberatung, dass in diesen Dokumentationen, die sich durchweg auf ausgewählte Indikatoren sowie auf statistischen Kennziffern stützen, der politisch-kulturelle Kontext ausgeblendet bleibt. Somit stehen für die Interpretation der dokumentierten Effekte und entsprechende politische Handlungsstrategien unterschiedliche und konkurrierende Optionen offen. Der Politik verbleiben so weite Gestaltungsfreiräume, doch mindert die diesem Berichtswesen inhärente politische Neutralität keineswegs deren öffentliche Wirkung. Diese beruht zunächst auf der empirischen Beweiskraft der Datensätze und der Fokussierung der Ergebnisse auf Probleme der Leistungsfähigkeit. Noch bedeutsamer ist jedoch der Aspekt des Leistungsvergleichs, insbesondere jener auf der internationalen Ebene, der über die Medien einem breiten Publikum zugänglich gemacht wird. So wurden etwa die Ergebnisse der internationalen PISA-Studien in der Form von Ranglisten ausgedrückt, die Deutschland wie in einer Bundesligatabelle in die Abstiegszone platzierten (Neidhardt 2004: 15f). Das Gefühl, international nicht mithalten zu können, löste einen geradezu kollektiven patriotischer Schock aus. Politik kann solche emotionalen Befindlichkeiten und Stimmungslagen ihrer Bürger, mögen Rankings noch so problematisch sein, auf Dauer nicht ungestraft ignorieren. Die Art der Vermittlung bewirkte jedenfalls eine bislang unbekannte Mobilisierung der öffentlichen Meinung in Bildungsfragen. Den Beweis lieferten nicht von ungefähr die jüngsten Landtagswahlkämpfe, in denen das Thema Bildungspolitik zum Topthema avancierte.

Das Verhältnis von wissenschaftlicher Beratung und Politik gilt jedoch in mehrfacher Hinsicht als prekär (Kienel/Wunder 2004: 39ff). Dies ist nicht erstaunlich, da Wissenschaft und Politik unterschiedliche Funktionsbereiche darstellen, die je eigenen Rationalitäten und Logiken folgen. In der Wissenschaft geht es um die möglichst wahrheitsgeleitete und präzise beschreibbare Erkenntnis und Erklärung von Wirklichkeit, in der Politik um deren interessengeleitete Gestaltung und Veränderung auf der Grundlage von Machtkalkülen. Wo sich wissenschaftliche Erkenntnisansprüche und politische Durchsetzungs- und Gestaltungsansprüche direkt begegnen, sind deshalb Missverständnisse und Enttäuschungen nicht zu vermeiden. Seitens der Wissenschaft ist der Vorwurf zu hören, sie werde durch die Politik häufig zu Legitimationszwecken instrumentalisiert, wissenschaftliche Expertisen und ihre Empfehlungen fänden in der Politik selten Resonanz oder würden nur höchst unzureichend umgesetzt. Beiräte und Kommissionen dienten als Alibiveranstaltungen dazu, um von bestimmten Problemen abzulenken oder unliebsame Entscheidungen zu vertagen. Umgekehrt erhebt die Politik den Vorwurf der Praxisferne, attestiert der Wissenschaft enges Fachdenken, das das Mitbedenken potenzieller Handlungsrestriktionen seitens der Politik ignoriert. Dazu gehören etwa Koalitionsrücksichten, Zweifel an der Finanzier- oder Implementierbarkeit, Rücksichten auf politische Stimmungen in der Fraktion oder in den Medien sowie generell Befürchtungen, Wählerstimmen zu verlieren und damit einen möglichen Machtverlust zu riskieren.

Trotz dieser Reibungsverluste übt die Wissenschaft in der Vorbereitung und Implementation bildungspolitischer Entscheidungen, insbesondere im Steuerungsbereich der Exekutive, einen nicht zu unterschätzenden Einfluss aus. Die beiderseitige Kooperation ist vor allem dann erfolgreich, wenn eine gesunde Mischung von Nähe und Distanz beider Funktionsbereiche die Regel ist und die Unabhängigkeit wechselseitig respektiert wird (Tenorth 2004: 62). Politik muss sich deshalb auf das Risiko einlassen, dass wissenschaftliche Expertisen auch den eigenen Vorstellungen widersprechen oder Defizite offen legen. Umgekehrt müssen Empfehlungen der Wissenschaft in ihren politischen Aussagen möglichst neutral bleiben, da sie ansonsten die Gestaltungsfreiheit der Politik beschneiden. Zudem muss Wissenschaft anerkennen, dass ihre Analysen und Prognosen auch fehlerhaft und widersprüchlich sein können, wie die Regelmäßigkeit des Expertendissenses beweist. Im Übrigen sind auch wissenschaftliche Experten interessen- und wertegeleitete Individuen mit entsprechenden Präferenzen. Ihre fachliche Glaubwürdigkeit nimmt Schaden, wenn sie durch ihr Engagement für bestimmte Auftraggeber und deren Interessen eine advokatorische Rolle übernehmen. Das problematische Extrem ist hier die Praxis der Gefälligkeitsgutachten. Zudem hat sich in der pluralen Gesellschaft das im weiten Feld der Bildungspolitik agierende Beraterspektrum in jüngster Zeit zunehmend ausdifferenziert, weshalb es dessen Legitimation immer wieder kritisch zu überprüfen gilt.

7.2 Diversifizierung der Anbieterseite

Das Spektrum der Anbieterseite umfasst zunächst Institutionen und Einrichtungen, die überwiegend oder ganz aus öffentlichen Mitteln finanziert werden. Dazu gehört das Spektrum an hochschulinternen und hochschulexternen Forschungseinrichtungen, die außerhalb der politischen Körperschaften angesiedelt sind. Innerhalb derselben existieren auf der Verwaltungsebene Beiräte, Expertenkommissionen wie auch verwaltungsabhängige Forschungseinrichtungen. Hinzu kommen ferner die überregionalen Beratungsgremien, die im Rahmen der föderalen Strukturen eingerichtet wurden. In den letzten Jahren sind jedoch, bedingt auch durch die prekäre öffentliche Finanzlage, im privaten Bereich zahlreiche neue Beratungsakteure hinzugekommen. Von rasch wachsender Bedeutung sind hier professionell arbeitende privatwirtschaftliche Consulting-Firmen, die im Bildungsbereich eine neue Marktlücke erschlossen haben. Ferner finanzstarke Think Tanks, hinter denen einflussreiche wirtschaftsnahe Organisationen und Netzwerke stehen, die nach dem Prinzip des Public Private Partnership operieren und als Non-Profitorganisationen eine Mittlerstellung zwischen Staat und Markt einnehmen. Diese nicht nur komplexe sondern auch sehr unübersichtliche Konstellation der Anbieterseite gilt es daher im Folgenden in aller Knappheit zumindest exemplarisch etwas näher zu betrachten.

7.2.1 Institutionelle Bildungsforschung mit überwiegender Finanzierung durch die öffentliche Hand

Innerhalb der Kategorie der überwiegend oder ganz aus staatlichen Mitteln finanzierten Anbieter ist für die Politikberatung zunächst die innerhalb der *Hochschulen und Universitäten* stattfindende Bildungsforschung von Relevanz, vor allem jene im Rahmen von Sonderforschungsbereichen. Eine Sonderstellung nehmen hier einige überregional und gesamtstaatlich ausgerichtete Institute ein, die als eigenständige Institute ganz überwiegend entweder durch Bund und Länder gemeinsam, das jeweilige Sitzland sowie teilweise durch Drittmittel finanziert werden. Stellvertretend zu verweisen ist hier etwa auf das Institut für Schulentwicklungsforschung (IFS) an der Universität Dortmund, das Institut für die Pädagogik der Naturwissenschaften an der Universität Kiel (IPN) oder das HoF Wittenberg-Institut für Hochschulforschung Wittenberg e.V. an der Universität Halle-Wittenberg. Daneben kam es in den letzten Jahrzehnten zum systematischen Ausbau *außeruniversitärer Forschungseinrichtungen,* die ebenfalls aus öffentlichen Mitteln finanziert werden. Die älteste und bedeutsamste überregionale Institution auf überregionaler Ebene ist das bereits genannte Deutsche Institut für Internationale Pädagogische Forschung (*DIPF*) in Frankfurt, das von Bund und Ländern gemeinsam getragen wird. Es erbringt nicht nur umfassende Serviceleistungen im Bildungsbereich, sondern leistet auch anwendungsorientierte Forschungsarbeiten, die sich aus einer multidisziplinären, nationalen und internationalen Perspektive mit der Bildungsqualität auf der System-, Institutionen- und Personenebene befassen. Ebenfalls von Bund und Ländern gemeinsam gefördert wird das Max-Planck Institut für Bildungsforschung in Berlin, das sich der Grundlagenforschung zu Fragen der Entwicklung und Bildung im individuellen Lebensverlauf widmet. Es hat zwar keinen unmittelbaren Bratungsauftrag, doch hat es schon dadurch eine große Nähe zur Politikberatung, weil ihm die Federführung für die PISA-Studie und TIMSS in Deutschland obliegt. Ferner sind in diesem Kontext Einrichtungen zu nennen, die der Rubrik Ressortforschung der Ministerien zuzurechnen sind. Auf der Bundesebene etwa das aus Bundesmitteln finanzierte Bundesinstitut für Berufsbildung (BIBB), das unter der Rechtsaufsicht des BMBF steht und sich als Service- und Kompetenzzentrum umfassend mit allen Fragen der Forschung und Entwicklung im Bereich der beruflichen Bildung und Ausbildung befasst. Schließlich existieren auf regionaler Ebene, zumeist im Verwaltungsbereich der Kultusministerien, in allen Bundesländern unter sehr unterschiedlichen Namensbezeichnungen Staatsinstitute. Ihr inhaltlicher Aufgabenbereich ist sehr uneinheitlich, zumeist und überwiegend jedoch auf die Schule bezogen, für die praxisbezogene Unterstützungs- Service- oder teilweise auch Forschungsleistungen erbracht werden.[27]

7.2.2   Staatliche Beratungsgremien im föderalen System

Innerhalb der politischen Körperschaften angesiedelt sind die *überregionalen Beratungsgremien im föderalen System*, die durch Bund und Länder in den vergangenen Jahrzehnten geschaffen wurden. Den Ausgangspunkt bildete das gemeinsame Bemühen die Bildungssystementwicklung aufeinander abzustimmen und gegebenenfalls auch zu vereinheitlichen. Der politische Einfluss dieser Gremien variierte teilweise erheblich, vor allem in Abhängigkeit von strukturellen Gegebenheiten, politischen Konjunkturen sowie der Resonanz in der Öffentlichkeit.

   Den Anfang machte der von der KMK und dem Bundesministerium des Innern begründete *Deutsche Ausschuss für das Erziehungs- und Bildungswesen* (1953-1965), ein gemischtes Honoratiorengremium, das sich zur Hälfte aus Pädagogen, zur Hälfte aus Wissenschaftlern und Sachverständigen aus der Wirtschaft zusammensetzte. Der Ausschuss verabschiedete zwar eine Vielzahl von Gutachten und Empfehlungen zur Umgestaltung des Bildungswesens, ihre direkte politi-

---

[27] Eine übersichtliche Dokumentation über die in Deutschland existierenden Forschungseinrichtungen findet sich in dem Beitrag von Achatz, Markus/Hoh, Ruth: Dokumentation von Forschungseinrichtungen, in: Tippelt, Rudolf (Hrsg.): Handbuch Bildungsforschung: Wiesbaden: VS-Verlag, 2005, S. 793-833.

sche Wirkung blieb jedoch sehr gering.[28] Ursächlich hierfür war, dass es dieser Einrichtung sowohl an einem eigenen organisatorischen Unterbau als auch an einem institutionalisierten Dialogpartner auf Seiten der Politik und der Verwaltung in Bund und Ländern fehlte. Seine Denkanstöße erreichten so nur eine mehr oder minder diffuse Öffentlichkeit und nur wenige blieben langfristig wirksam.

Die fehlende Rückkoppelung an die Entscheidungsebene der Politik versuchte man bei den Nachfolgegremien zu korrigieren. So wurde der durch ein Abkommen von Bund und Ländern konstituierte *Deutsche Bildungsrat* (1965-1975) als ein Zweikammersystem organisiert. Der mit Wissenschaftlern und Persönlichkeiten des öffentlichen Lebens besetzten Bildungskommission wurde eine Regierungskommission zur Seite gestellt, der jedoch nur ein Anhörungs- aber kein Stimmrecht zustand. Ihr gehörten die Kultusminister, Vertreter der Bundesregierung sowie Vertreter der kommunalen Spitzenverbände an. Die Entscheider waren somit eingebunden, hatten aber de facto kein entscheidendes Gewicht. Die konzeptionelle Aufgabe oblag so der Bildungskommission, die ihre Vorschläge lediglich vorab mit der Regierungskommission zu beraten hatte, bevor sie als Empfehlungen Bund und Ländern als Vertragspartnern vorgelegt wurden. Um Reibungsverluste zu vermeiden wurden überdies über Unterausschüsse des Bildungsrates auch Vertreter der Ministerialverwaltungen in die Beratungen eingebunden, was für eine vorausschauende Umsetzungsorientierung der Beschlussvorlagen und die Beachtung möglicher politischer Restriktionen sehr hilfreich war (Rürup 2005: 6). Allerdings konnten die gemeinsam verabschiedeten Empfehlungen keine direkte Bindewirkung entfalten, vielmehr unterlagen sie stets dem Zustimmungsvorbehalt der in Kulturfragen autonomen Länder. In der ersten bis 1970 während Amtsperiode des Bildungsrates bestand jedoch ein länderübergreifender Grundkonsens in Fragen der Bildungssystementwicklung, so dass sich hieraus keine politischen Blockaden ergaben. In den Jahren nach 1970 zerbrach jedoch der Konsens als zwischen sozial-liberaler Mehrheit und christlich-demokratischer Opposition sowohl im Bund wie auf der Länderebene tiefe parteipolitische und ideologische Gräben aufbrachen. Die Polarisierung griff auch auf die Wissenschaft über, so dass die Arbeit des Bildungsrates in beiden Kommissionen zunehmend paralysiert wurde. Der Konflikt eskalierte als 1973 eine Empfehlung verabschiedet werden sollte, welche die Zielsetzung verfolgte, die Aufsichtsrechte der Schulverwaltung zugunsten einer erweiterten Selbständigkeit der einzelnen Schule einzuschränken und die Partizi-

---

[28] Zu erwähnen ist insbesondere der „Rahmenplan zur Umgestaltung und Vereinheitlichung des allgemeinbildenden und öffentlichen Schulwesens" aus dem Jahre 1959. Nachhaltiger war die Wirkung der 1964 verabschiedeten „Empfehlung zum Aufbau der Hauptschule". Ebenso wurden manche Anregungen in Teilreformen des Schulwesens, etwa zur Förderstufe und zur gymnasialen Oberstufe, in einigen Ländern oder auch bundesweit umgesetzt.

pationsrechte der Schulbeteiligten erheblich auszuweiten. Erstmals kam es zu Minderheitenvoten, der Bildungsrat war damit nicht mehr arbeitsfähig, so dass dessen Mandat 1975 von den Auftraggebern nicht mehr verlängert wurde.[29]

Das Zerbrechen des Grundkonsenses und die Erfahrung des Scheiterns des Bildungsrats beförderten vor allem in den Ländern große Vorbehalte. Bis heute stehen sie der Einrichtung einer vergleichbaren Nachfolgeorganisation ablehnend gegenüber.[30] Da die Empfehlungen einer solchen Institution mit einem hohen öffentlichen Erwartungsdruck auf konsequente Umsetzung verbunden sind, wird dies als Beschränkung eigener autonomer Handlungsspielräume gewertet. Die Initiative für ein neues nationales Beratungsgremium ging so auch vom Deutschen Bundestag aus, der im Dezember 1987 auf Antrag der Oppositionsfraktionen von SPD und GRÜNEN eine *Enquete-Kommission „Zukünftige Bildungspolitik-Bildung 2000"* einsetzte. Die Kommission, deren Arbeit von den Ländern boykottiert wurde, sollte Vorschläge erarbeiten, die dem Bund als Orientierung seiner künftigen Bildungspolitik dienen sollten. In einem Zwischenbericht und

---

[29] Die genannte Empfehlung, die zwar eine neue Kompetenzverteilung aber kein neues Steuerungsmodell wie in den Diskussionen der neunziger Jahre vorsah, stieß nicht nur in den unionsregierten Ländern, sondern praktisch in den Kultusverwaltungen aller Länder auf mehr oder minder schroffe Ablehnung. Davon abgesehen war die Produktion des Bildungsrates beträchtlich, er veröffentlichte eine immense Zahl von Berichten, Gutachten und Empfehlungen. Zahlreiche seiner Vorschläge spielten in den künftigen bildungspolitischen Debatten eine herausragende Rolle, vor allem der 1970 veröffentlichte „Strukturplan für das Bildungswesen", der – unter Ausschluss des Hochschulwesens – eine Gesamtperspektive für die langfristige Reform des Bildungssystems von der Vorschulerziehung bis zur Weiterbildung entwarf. In der umstrittenen Gesamtschulfrage nahm er eine vermittelnde Position ein, indem er sich für ein wissenschaftlich kontrolliertes Experimentalprogramm zur Erprobung der integrierten Gesamtschule aussprach.
[30] Die Länder suchten ihrerseits deshalb auch verstärkt nach Ersatzlösungen. So gingen manche von ihnen dazu über, eigene „Bildungsräte" einzurichten. Das herausragende Beispiel war die Kommission „Zukunft der Bildung -Schule der Zukunft", die 1992 beim Ministerpräsidenten des Landes Nordrhein-Westfalen eingerichtet wurde. Sie setzte sich aus Wissenschaftlern, Repräsentanten des öffentlichen Lebens und der Sozialpartner zusammen und legte 1995 eine Denkschrift gleichen Namens vor. Vor allem mit ihrem Konzept der „Schule als Lern- und Lebensraum" und der Forderung nach einer „teilautonomen Schule" erlangte sie bundesweite Aufmerksamkeit.
Überdies setzte seit den 1990er Jahren die KMK verstärkt befristete und thematisch fokussierte Expertenkommissionen ein, um über fachwissenschaftlich fundierte Expertisen das Risiko der politischen Polarisierung zu verringern. Zu nennen sind hier insbesondere die Baumert-Kommission (1995) zur Neugestaltung der gymnasialen Oberstufe; die Terhart-Kommission, die sich mit Perspektiven der Lehrerbildung befasste (1998); ferner das Konsortium „Bildungsbericht für Deutschland „ (2003), das einen ersten nationalen Bildungsbericht vorlegte und zugleich auch eine Konzeption für eine dauerhafte künftige Bildungsberichterstattung in Deutschland erstellte (Rürup 2005: 8). Das BMBF und damit der Bund reagierte seinerseits 2003 mit der Einrichtung der Klieme-Kommission zum Erarbeitung von Bildungsstandards (2003), bevor Bund und Länder sich 2004 darauf verständigten, gemeinsam einen wissenschaftlichen Beirat unter der Leitung Jürgen Baumerts einzurichten, der Länder und Bund bei der nun künftig gemeinsam zu verantwortenden Bildungsberichterstattung konzeptionell beraten sollte.

einem voluminösen Schlussbericht, der im Herbst 1990 vorlag, wurde fast die ganze Breite der damals bildungsrelevanten Themen abgehandelt. Auf Druck der CDU-Bundestagsfraktion war jedoch in dem Einsetzungsbeschluss eine thematische Beschränkung des Untersuchungsauftrags auf die im Grundgesetz verankerten Zuständigkeiten des Bundes vorgenommen worden. Ausgespart blieb somit der gesamte Bereich der allgemeinbildenden Schulen, damit zugleich der zentrale Aspekt einer überregionalen Bildungsplanung. Schon von daher blieb die Arbeit der Kommission politisch weitgehend folgenlos. Dies hatte neben politischen auch situative Gründe. So enthielt insbesondere der Schlussbericht eine große Anzahl unterschiedlicher Voten zwischen der Mehrheit aus Abgeordneten der CDU und der FDP und der Minderheit aus Abgeordneten der SPD und der GRÜNEN, jeweils unterstützt von den von ihnen benannten Sachverständigen. Hinzu kam, dass 14 Tage nach Abschluss der Kommissionsarbeit die deutsche Wiedervereinigung rechtskräftig wurde, deren Probleme der Bericht nicht mehr hatte einbeziehen können, so dass er zum Zeitpunkt der Veröffentlichung praktisch schon überholt war.

Trotz der Zurückhaltung der Länder ein nationales Beratungsgremium einzuberufen, kam es schließlich auf Initiative des BMBF 1999 zur gemeinsamen Einsetzung des *Forum Bildung*, dessen Arbeit allerdings bis 2001 befristet wurde. Es sollte dazu beitragen, die Qualität und die Zukunftsfähigkeit des deutschen Bildungssystems sicherzustellen. Den Vorsitz in diesem Gremium, das als Runder Tisch konzipiert war, teilten sich die Bundesbildungsministerin und der bayerische Wissenschaftsminister. Der breit angelegte Teilnehmerkreis umfasste Bildungs- und Wissenschaftsminister des Bundes und der Länder, Vertreter der Sozialpartner, der Wissenschaft und der Kirchen sowie auch der Studierenden und der Auszubildenden. 2001 wurden die Arbeitsergebnisse in Form von 12 Empfehlungen zu fünf Themenschwerpunkten verabschiedet, die alle Bildungsbereiche umfassten, die Bund und Länder gemeinsam betrafen.[31] Die Arbeit erwies sich insgesamt als relativ erfolgreich. Die alten Grabenkämpfe galten als überwunden, die Akteure pflegten den Stil einer „neuen Kultur der Zusammenarbeit" und die Zusammenführung von Politik, Wissenschaft und Praxis diente der Versachlichung des Dialogs. Dennoch gerieten die Empfehlungen, obwohl sie zukunftsweisende Handlungsfelder und Herausforderungen benannten, ungewöhnlich rasch ins öffentliche Abseits. Ausschlaggebend war die Tatsache, dass sie Ende 2001

---

[31] Die fünf Themenbereiche lauteten: Bildungs- und Qualifikationsziele von morgen; Förderung von Chancengleichheit; Qualitätssicherung im internationalen Wettbewerb; Lernen – ein Leben lang; neue Lern- und Lehrkultur. Gewissermaßen im Vorgriff auf die Ergebnisse der PISA-Studie wurde innerhalb der Empfehlungen insbesondere auch die Themen Frühförderung, individuelle Förderung, die Probleme der Migranten oder die Notwendigkeit, die Zahl junger Menschen ohne Schul- oder Berufsabschluss deutlich zu senken, erörtert.

kurz vor und damit fast zeitgleich mit der Veröffentlichung der PISA-Studien vorgelegt und dadurch völlig in den Hintergrund gerückt wurden.

Speziell für die Koordination der Hochschul- und Wissenschaftspolitik wurde bereits 1957 durch ein Verwaltungsabkommen von Bund und Ländern der *Wissenschaftsrat* eingerichtet (Bartz 2007). Inzwischen erfolgten 13 Verlängerungen, so dass der Wissenschaftsrat heute das älteste wissenschaftspolitische Beratungsgremium in Europa darstellt. Es verkörpert damit ein einzigartiges Erfolgsmodell innerhalb des oft durch seine Blockadewirkungen kritisierten kooperativen Föderalismus. Er hat die Aufgabe, Empfehlungen zur inhaltlichen und strukturellen Entwicklung der Hochschulen, der Wissenschaft und der Forschung zu erarbeiten und Bund und Länder in diesen Fragen zu beraten. Diese sollen mit Überlegungen zu den quantitativen und finanziellen Auswirkungen und ihrer Verwirklichung verbunden sein. Seine Empfehlungen und Stellungnahmen betreffen im Wesentlichen zwei Aufgabenfelder der Wissenschaftspolitik. Zum einen die wissenschaftlichen Institutionen (Universitäten, Fachhochschulen und außeruniversitären Forschungseinrichtungen), insbesondere Fragen ihrer Struktur und Leistungsfähigkeit, Entwicklung und Finanzierung. Zum andern übergreifende Fragen des Wissenschaftssystems, insbesondere ausgewählte Strukturaspekte von Forschung und Lehre sowie die Planung, Bewertung und Steuerung einzelner Bereiche und Fachgebiete.

Daraus wird deutlich, dass der Wissenschaftsrat, der zudem auch über eine gut ausgestattete eigene Geschäftsstelle in Köln verfügt, nicht nur eine Beratungs- und Koordinations-, sondern darüber hinaus auch eine Steuerungsfunktion ausübt. Er ist zugleich eine intermediäre Institution, in der die drei Akteursgruppen Bund, Länder und Wissenschaft ihre unterschiedlichen Interessen in der Hochschul- und Wissenschaftspolitik miteinander abgleichen. Dass ihm dies mit einer bemerkenswerten Effizienz über mehr als 50 Jahre hinweg gelingt, liegt vor allem auch an der speziellen Organisationsstruktur, die eine Mischung aus einem Einkammer- und einem Zweikammersystem darstellt. Er besteht nämlich aus zwei Kommissionen, der Wissenschaftlichen Kommission (darunter 24 Wissenschaftler sowie 8 Repräsentanten des öffentlichen Lebens) sowie der Verwaltungskommission (bestehend aus 22 Mitgliedern von Bund und Ländern), welche die Beschlüsse für die gemeinsame Vollversammlung, in der die Stellungnahmen und Empfehlungen verabschiedet werden, vorbereiten.[32] Die Effizienz der praktischen Arbeit basiert auf mehreren Besonderheiten. Zum einen steht der

---

[32] Die Mitglieder der Wissenschaftlichen Kommission werden vom Bundespräsidenten berufen, wobei die Wissenschaftler gemeinsam von den wichtigsten Wissenschaftsorganisationen, die Persönlichkeiten des öffentlichen Lebens gemeinsam von der Bundesregierung und den Landesregierungen vorgeschlagen werden. In der Verwaltungskommission führen die 16 Länder jeweils eine Stimme, die 6 Vertreter des Bundes insgesamt ebenfalls 16 Stimmen.

Wissenschaftsrat für den seltenen Typus eines gemischten Beratergremiums, in dem die Adressaten der Beratung, also die Entscheider in den Ländern und im Bund, selbst in alle Stufen des Beratungsprozesses eingebunden sind und hier durchweg auch auf gleicher Augenhöhe agieren. Zum andern findet über gemeinsam beschickte Ausschüsse und Arbeitsgruppen schon in einer frühen Planungsphase eine enge Verzahnung der Akteure statt, was der Umsetzungsorientierung dienlich ist. Hinzu kommt ferner, dass in allen drei Gremien für die Beschlüsse jeweils eine Zweidrittelmehrheit erforderlich ist, wodurch vorab ein hoher Konsensdruck entsteht, da keiner den jeweils anderen überstimmen kann. Im Ergebnis bewirkt diese konsensual austarierte Verfahrenstechnik, dass die Entscheider aus der Exekutive zwar nicht de jure aber de facto eine gewisse Selbstbindung eingehen, die eine weitgehende Umsetzung der Empfehlungen wahrscheinlich lassen (Stucke 2006: 263). Allerdings bewirkt der hohe Konsensdruck auch eine inhaltliche Vorabselektion, da etwa parteipolitisch oder im Bund-Länder Verhältnis stark umstrittene Themen wegen unzureichender Durchsetzungsfähigkeit keine Erfolgschancen hätten. Umgekehrt ist die Stärke des Wissenschaftsrates, der Einigungsdruck, zugleich auch seine Schwäche. Perspektivische Gesamtentwürfe und langfristige Neuorientierungen des gesamten Hochschul- und Wissenschaftssystems, die den Zeithorizont der Koalitionsvereinbarungen in den Ländern oder den von Legislaturperioden überschreiten, haben kaum Realisierungschancen (Schulze 2004: 49). Dennoch hat der Wissenschaftsrat in seiner pragmatisch ausgerichteten Arbeit beachtliche Erfolgsgeschichte geschrieben und auch so manche Großaufgabe gemeistert. Stellvertretend sei hier auf seine Rolle im Prozess der deutschen Einigung verwiesen, als er durch die Evaluation der außeruniversitären Forschungseinrichtungen in der ehemaligen DDR und seine umfangreichen Empfehlungen die Basis für den Aufbau einer leistungsfähigen Hochschullandschaft in den neuen Bundesländern legte. Seitdem hat der Wissenschaftsrat neben seiner traditionellen Aufgabe der Gesamtplanung des Wissenschaftssystems zusätzliche Aufgaben im Bereich der umfassenden Systemanalyse, der empirischen Systemevaluation und der Weiterentwicklung des Wissenschaftssystems übernommen. Während diese Aktivitäten eher im Windschatten des öffentlichen Interesses bleiben, findet dagegen die Gutachterrolle, die der Wissenschaftsrat gemeinsam mit der DFG im Rahmen der Exzellenzinitiative zur Förderung der universitären Spitzenforschung übernommen hat, deutlich mehr Resonanz. Gleiches gilt für die neuerlich verstärkten Aktivitäten zugunsten der Lehre in Form der 2008 verabschiedeten „Empfehlungen zur Qualitätsverbesserung von Lehre und Studium", in denen der Wissenschaftsrat seine geradezu schonungslose Kritik an der desolaten Lage der Hochschulen öffentlich gemacht hat.

7.2.3   Privatwirtschaftliche Unternehmensberatung

Seit Beginn der neunziger Jahre ist ein Bedeutungszuwachs von privaten Firmen auf kommerzieller Basis zu verzeichnen, die aus einer betriebsökonomischen Perspektive die Politik bei der Umsetzung von Reformen im Bildungsbereich beraten. Heute befindet sich dieser Markt in einer ausgesprochenen Phase der Expansion, wobei an dieser Stelle nur auf die wichtigsten Trendsetter verwiesen werden kann. Den Einstieg machte 1991 die *Kienbaum* Unternehmensberatung GmbH, die im Auftrag der Regierung und des Kultusministeriums in Nordrhein-Westfalen eine umfangreiche Studie „Organisationsuntersuchung im Schulbereich" erstellte. Hintergrund war die desolate Finanzsituation des Landes, in der die Studie einschneidende Sparmaßnahmen zur Optimierung des Ressourceneinsatzes im Schulbereich vorschlug, was vor allem bei Pädagogen heftige Kritik auslöste.[33] In der Folgezeit führte die Firma Kienbaum mit dem Ziel der Kostenoptimierung und Einsparung auch im Auftrag anderer Landesregierungen zahlreiche weitere Untersuchungen durch. Die entsprechenden Gutachten betrafen etwa in Baden-Württemberg 1995 den Umbau der Schulverwaltung, in Bremen 1998 die Effizienz des Lehrereinsatzes oder zuletzt 2007 in Thüringen die Bestandsaufnahme der Schülerkosten im privaten und öffentlichen Sektor. Während Kienbaum sich auf den Bereich von Schule und Schulverwaltung spezialisiert hat, hat sich die deutsch-schweizerische Beratungsfirma *mundi consulting* seit Mitte der neunziger Jahre vor allem im Nischenmarkt der Wissenschafts- und Hochschulberatung etabliert.[34] Sie berät unter anderem in diversen Fragen des Bildungs- und Wissenschaftsmanagements, des Kampagnenmanagements, bei der Umsetzung verschiedener outputorientierter Steuerungsmodelle, von Organisations- und Personalentwicklungskonzepten sowie bei der Durchführung von Projekt- und Programmevaluationen. Die Einführung dieser strategischen Konzepte soll dazu dienen, die Bildungseinrichtungen auf der Basis unternehmerischer Prinzipen für den nationalen wie internationalen Bildungsmarkt fit und wettbewerbsfähig zu machen. 1997 hat die mundi consulting beispielsweise im Auftrag des nordrhein-westfälischen Wissenschaftsministeriums an den dort bestehenden vier Hochschuldidaktischen Zentren eine Evaluation und Organisa-

---

[33] Vgl. den Artikel „Üble Mogelei. Erstmals hat eine private Unternehmensberatung das Schulsystem untersucht und beurteilt- die Zensuren: schlecht, konfus und teuer", in: DER SPIEGEL (37) vom 09.09.1991, S. 66 und 69. Die Pädagogen wiederum kritisierten die rund 800 Seiten starke Dokumentation als Gefälligkeitsgutachten, mit der eine Billigpädagogik befördert werden sollte. Das Gutachten forderte unter anderem eine Erhöhung des Klassenteilers, der Lehrerarbeitszeit, eine Straffung der Lehrerfortbildung, eine Reduzierung der Altersermäßigungen sowie Einsparungen bei Schulversuchen und den Gesamtschulen. Weitere Angaben zum Unternehmen Kienbaum finden sich unter http://www.kienbaum.de
[34] http://www.mundiconsulting.com

tionsanalyse durchgeführt, die in die Einführung eines nachfrageorientierten Steuerungsmodells bei der Studiennachfrage und die Schließung eines Zentrums einmündete (Studer 2004: 113ff). Vor allem im Bereich der frühkindlichen Bildung wiederum hat sich die Unternehmensberatung *McKinsey* engagiert, wobei jedoch in diesem speziellen Falle die Managementberatung ganz in den Hintergrund tritt. So hatte die Firma 2001 eine vielbeachtete Initiative mit dem Titel „McKinsey bildet" gestartet, in der sie in Form von Werkstattgesprächen und Bildungskongressen mit renommierten Wissenschaftlern kooperiert und ihre Erkenntnisse und Forderungen in Buchpublikationen auch der Öffentlichkeit präsentiert.[35] Ging es in der Initiative zunächst darum, zunächst konkrete Vorschläge für eine umfassende Reform aller Bereiche des Bildungswesens zu entwickeln, so konzentriert sich diese in einer zweiten Runde seit 2005 ausschließlich auf die Förderung der frühkindlichen Bildung, in der die Unternehmensberatung auch selbst Projekte finanziert. Sie fasste ihre Forderungen Ende 2005 in einem Vier-Punkte-Plan zusammen, der Milliardeninvestitionen in diesem Bereich zugunsten massiver Qualitätsverbesserungen, darunter vor allem auch zugunsten sozial benachteiligter bildungsferner ausländischer Familien erhob. Schließlich sei noch auf das Engagement von privaten Beratungsfirmen im Bereich der Bildungsberichterstattung hingewiesen. So hat beispielsweise die *PROSOZ Herten GmbH*, die vor allem im Bereich der Softwareentwicklung und Management tätig ist, das Modell eines kommunalen Bildungsberichts entwickelt.[36] In ihm werden auf der Basis kommunaler Indikatoren und von Zufriedenheitsbefragungen aller Schulbeteiligten Stärken und Schwächen des kommunalen Bildungswesens ermittelt und so den Kommunen ein Analyse- und Handlungsinstrument zur strategischen Steuerung des lokalen Bildungswesens zur Verfügung gestellt.

7.2.4 Beratung durch unternehmensnahe Think Tanks mit operativer Ausrichtung

Die Beratung der Politik durch unternehmensnahe Think Tanks, die als Denkfabriken oder Ideenagenturen im sogenannten Dritten Sektor agieren, hat ganz allgemein in den letzten Jahren an Bedeutung zugenommen (Braml 2006: 255ff). Unter ihnen sind vor allem Organisationen und Einrichtungen mit operativer Ausrichtung, die sich auf das gesellschaftliche und politische Beratungsgeschäft spezialisiert haben, von besonderer Relevanz. Nach dem Prinzip des Public-Private-Partnership kooperieren sie unter dem Einsatz von Privatkapital und

---

[35] Nähere Informationen finden sich unter http://www.mckinsey-bildet.de
[36] http://www.prosoz.de

anwendungsorientiertem Fachwissen mit den staatlichen Entscheidungsträgern und Verwaltungen bei der öffentlichen Aufgabenerfüllung. Im Bildungsbereich sind es insbesondere die Bertelsmann-Stiftung und der Stifterverband für die Deutsche Wissenschaft, die hier eine herausragende Stellung einnehmen. Diese gemeinnützigen, staatlich unabhängigen Akteure, verfügen aufgrund ihrer Unternehmensnähe über ein enormes Finanzvolumen und verfolgen auf dieser Grundlage das Ziel, „forschend, kommunizierend und netzwerkend Einfluss auf den Prozess der Policyentwicklung zu nehmen" (Welzel 2005: 276). Im Gegensatz zu den klassischen Förderstiftungen öffentlichen oder bürgerlichen Rechts ist bei ihnen folglich auch eine Antragstellung von außen ausgeschlossen. Ihrem Leitbild entsprechend verstehen sich diese Einrichtungen prinzipiell als Reformmotoren der Gesellschaft, die auf der Basis eigener Initiativen bemüht sind, Veränderungen und Innovationen anzustoßen. Sie entwickeln zu bildungspolitischen Problemstellungen eigene inhaltliche Konzepte und pragmatisch orientierte Lösungsmodelle, die sie in Form von Modellprojekten auch gestalterisch umsetzen und evaluieren, um sie nach Möglichkeit flächendeckend zu implementieren. Durch Analyse, Wissensgenerierung, Erprobung und Strukturfinanzierung nehmen sie so erheblichen Einfluss auf die agenda setting in den Massenmedien und der Politik und werden so faktisch selbst zum politischen Akteur. Dieser Tatbestand liefert wegen der dahinter stehenden Machtbasis durch finanzstarke Interessen unter partizipatorischen und legitimatorischen Aspekten deshalb immer wieder auch Anlass zu kritischen Bewertungen.

Ausschließlich im Hochschul- und Wissenschaftsbereich operiert der bereits 1920 gegründete *Stifterverband für die Deutsche Wissenschaft*.[37] Der Verband, für den traditionell der Bundespräsident die Schirmherrschaft übernimmt, ist eine Gemeinschaftsinitiative der deutschen Wirtschaft, die von 3000 Mitgliedern, ganz überwiegend Unternehmen, finanziert wird. Für seine vielfältigen und zahlreichen Programme hat der Verband 2007 insgesamt die beachtliche Summe von 18,9 Millionen Euro aufgewendet. Er fördert seit jeher die großen Wissenschaftsorganisationen und organisiert den Dialog zwischen Wissenschaft und Gesellschaft, der etwa in Form der traditionellen Villa-Hügel-Gespräche die Top-Entscheider aus Wirtschaft, Wissenschaft und Politik zusammenführt.[38] Diesem Dialog dient auch das Wissenschaftszentrum in Bonn, mit dem der Verband ein eigenes Forum

---

[37] http://www.stifterverband.org/

[38] Der Stifterverband kooperiert traditionell mit folgenden von ihm besonders geförderten Wissenschaftsorganisationen: Deutsche Forschungsgemeinschaft, Max-Planck-Gesellschaft, Deutscher Akademischer Austauschdienst, Alexander von Humboldt-Stiftung, Studienstiftung des Deutschen Volkes. Ferner betreut er mit seiner Tochtergesellschaft, dem Deutschen Stiftungszentrum inzwischen über 400 Stiftungen mit einem Stiftungskapital von 1, 8 Milliarden Euro. Schließlich unterhält er mit seiner Wissenschaftsstatistik GmbH eine eigene Dienstleistungsorganisation, die regelmäßige Erhebungen über die Aufwendungen der Wirtschaft für Forschung und Entwicklung durchführt.

für die Wissenschaftsszene in Deutschland unterhält. Zunehmend fördert der Stifterverband in größerem Umfang aber auch eigene Themenschwerpunkte im Bereich der Strukturreformen der Hochschulen, deren Zielrichtung den Leitvorstellungen der Wirtschaft folgt. Diesem Zweck dienen etwa Innovationsprogramme, die ein betriebswirtschaftlich ausgerichtetes Hochschulmanagement, die Deregulierung und Wettbewerbsorientierung der Hochschulen, die Kooperation von Unternehmen und Hochschulen, die Entwicklung von Public Private Partnerships, neue Finanzierungsmodelle oder die Implementierung des Bologna-Prozesses zum Ziel haben. Die Ergebnisse dieser in Projekten, Erprobungen oder Studien angelegten Förderprogramme, die in Form von praxisorientierten Expertisen oder Empfehlungen gebündelt werden, sind Ausdruck des operativen Bemühens der Wirtschaft, als Policy Maker beratend und gestaltend auf die Hochschul- und Wissenschaftspolitik Einfluss zu nehmen (Winter 2004: 125). Sie geschieht im Gegensatz zur privaten Unternehmensberatung eher subkutan und ungefragt, dürfte aber hochschulpolitisch nicht weniger effizient sein als die vom Stifterverband ebenfalls gewährte Förderung der Einrichtung von Stiftungsprofessuren (2007: 7,2 Millionen Euro), die geeignet sind, innerhalb der Fakultäten bleibende strukturelle und inhaltliche Ausrichtungen zu bewirken.

Eine ausschließlich operative Beratungstätigkeit praktiziert seit ihren Anfängen die 1977 von Reinhard Mohn gegründete und bis heute von der Gründerfamilie geleitete *Bertelsmann-Stiftung*.[39] Sie operiert praktisch auf allen gesellschaftlichen Handlungsfeldern, hat aber einen ihrer Schwerpunkte im Bildungssektor. Sie ist zugleich mit einem Anteil von 76% Mehrheitseigentümerin des Kapitals der Bertelsmann AG, des weltweit fünftgrößten Medienkonzerns. Daraus resultiert eine geradezu einzigartige strategische Symbiose zwischen einem personen- bzw. familienbezogenem Unternehmen und einer gemeinnützigen Non-Profitorganisation. Kritisiert wird dieser Sachverhalt vor allem mit Blick auf die USA, wo steuerbegünstigte Stiftungen nicht mehr als 20% eines Unternehmens halten dürfen, um möglichen Interessenkonflikten vorzubeugen. Die aus Steuererlassen und Gewinnen finanzierte Stiftung verfügt immerhin über einen Jahresetat zwischen 60 bis 70 Millionen Euro und ist so heute die bei weitem finanzstärkste Einrichtung in der deutschen Stiftungslandschaft. Gemäß ihrem Leitbild von 2004 zielt ihre Strategie darauf ab, als Reformmotor in den Debatten über ein zukunftsfähiges Gesellschafts- und Wirtschaftsmodell einen Perspektivenwechsel zugunsten innovativer Lösungsmodelle zu initiieren und diesem zur gesellschaftlichen und politischen Durchsetzung zu verhelfen. Hierzu hat sie sich in den letzten Jahren ein feinmaschiges und weitgespanntes Koopera-

---

[39] http://www.bertelsmann-stiftung.de/cps/rde/xchg/bst. Zum Selbstverständnis des Firmengründers vgl. sein letztes Buch: Mohn, Reinhard: Von der Welt lernen: Erfolg durch Menschlichkeit und Freiheit. Gütersloh: Bertelsmann, 2008.

tionsnetzwerk aufgebaut, das parteiübergreifend große Teile der gesellschaftlichen, wirtschaftlichen und politischen Eliten umfasst und zudem in seiner öffentlichen Wirkung auch durch die starke verlegerische Präsenz des Konzerns in den Print- und elektronischen Medien verstärkt wird. Die Stiftung kooperiert in bildungspolitischen Fragen entsprechend nicht nur mit dem BMBF, der KMK, zahlreichen Länderministerien und Schulverwaltungen, sondern auch mit anderen Stiftungen, der gewerkschaftsnahen Hans Böckler Stiftung oder der den Grünen nahestehenden Heinrich Böll Stiftung. Von Kritikern wird der Stiftung wegen dieser ebenso dichten wie effektiven Netzwerke deshalb bisweilen auch die Rolle einer Quasi-Nebenregierung im Bildungsbereich zugeschrieben.[40] Im Schulbereich beispielsweise hat sie in mehreren Ländern in Kooperation mit den dortigen Schulverwaltungen Modellprojekte initiiert, um neue Steuerungsinstrumente, Qualitätsmanagementsystemen aus der Wirtschaft vergleichbar, in diesen flächendeckend zu implementieren. Diesem Ziel dient etwa das in Nordrhein-Westfalen von 2002-2008 durchgeführte „Projekt „Selbständige Schule" oder das in Niedersachsen 2005 gestartete Schulentwicklungsprojekt „Eigenverantwortliche Schule und Qualitätsvergleiche in Bildungsregionen". Letzteres bietet den Schulen ein preisgünstiges, von der Stiftung entwickeltes, Softwareprogramm unter dem Titel „SEIS macht Schule" an, das diese zur Selbstevaluation befähigen soll, um auf dieser Basis qualitätssichernde Schulentwicklungsprozesse planen zu können.[41] Bereits ein Jahr nach dessen Einführung nutzten bereits in allen 16 Bundesländern 1225 Schulen dieses Verfahren. Für die Politik sind solche Modelle aus verschiedenen Gründen attraktiv: Sie entlasten die öffentliche Verwaltung in ihren Dienstleistungs- und Steuerungsfunktionen, versprechen angesichts leerer Kassen Kosteneinsparungen und liefern zudem auch die von einer zunehmend kritischen Öffentlichkeit eingeforderten quantifizierenden Qualitätsnachweise.

Besonders engagiert hat sich die Bertelmann Stiftung vor allem in der Hochschulpolitik, für Reinhard Mohn der „Schlüssel zur Gesellschaftsreform". 1994

---

[40] Inzwischen gibt es eine Flut von Publikationen, vor allem aus dem linken Meinungsspektrum, die sich mit der Rolle der Stiftung kritisch auseinandersetzen. Stellvertretend hierfür sei genannt: Wernicke, Jens/Bultmann, Thorsten (Hrsg.): Netzwerk der Macht-Bertelsmann. Der medial-politische Komplex aus Gütersloh. Marburg: BdWi-Verlag, 2007. Stellvertretend für die eher konservativen Kritiker sei hier auf einen Artikel verwiesen, den Jürgen Kaube unter dem Titel „Prost Gemeinwohl! Bertelsmann trennt sich von Werner Weidenfeld" am 31.10. 2007 im Feuilleton der FAZ veröffentlichte. Hier heißt unter anderem: „Auf gewisse Weise verkörpert Werner Weidenfeld insofern die Bertelsmann Stiftung, ihre Rastlosigkeit, ihre Allgegenwart, ihren ständigen Seitenwechsel an den Grenzen von privatwirtschaftlich, gemeinnützig, staatsnah und halbwissenschaftlich, prominenzorientiert und kommunal. Eine echte Nichtregierungsorganisation mit Kontakten in alle Regierungen hinein. Das festliche Wort hierfür ist zivilgesellschaftliches Engagement, weniger güldene Umschreibungen lauten auf Lobbyismus".
[41] http://www.seis-deutschland.de/

gründete er gemeinsam mit der Hochschulrektorenkonferenz das gemeinnützige *CHE Centrum für Hochschulentwicklung.*[42] Durch die gemeinsame Trägerschaft mit der HRK erlangte die Stiftung eine quasi öffentlich-rechtliche Legitimationsbasis für ihr operatives Beratungsgeschäft und somit einen privilegierten Zugang zu den Hochschulleitungen in Deutschland. Das CHE, dessen Etat zu 75% von der Bertelsmann Stiftung getragen wird, versteht sich als „Reformwerkstatt" für das deutsche Hochschulwesen, das Konzepte zur Hochschulreform entwickelt, als Projektpartner für Hochschulen und Ministerien und als Anbieter von Fortbildungsveranstaltungen tätig ist. Als Leitbild dient die Idee der „entfesselten Hochschule", die „autonom, wissenschaftlich, profiliert und wettbewerbsfähig, wirtschaftlich, international und neuen Medien gegenüber aufgeschlossen" sein soll. Konkret gehören dazu die Kernforderungen des CHE nach staatlicher Deregulierung, effizienten Führungsstrukturen, gestuften Studiengängen, Wettbewerbssteuerung, Selbstauswahl der Studierenden und einer die staatlichen Zuschüsse ergänzenden privaten Bildungsfinanzierung. Diesem vor allem von unternehmerischen Prinzipien bestimmten Leitbild folgen im Wesentlichen auch die in den letzten Jahren eingeleiteten hochschulpolitischen Kurskorrekturen wie sie in den jüngsten Novellierungen der Hochschulgesetze der Länder ihren Niederschlag gefunden haben. Das umsetzungsorientierte CHE hat diesen Paradigmenwechsel mit zahlreichen Symposien, Foren, Pilotprojekten, Rankings, Expertisen und Arbeitspapieren nicht nur propagiert, sondern seine Implementierung durch die politischen Entscheidungsträger in Bund und Ländern auch maßgeblich mitgestaltet. Zwar betont das CHE auf seiner Homepage, dass die Gesellschaft über ihre Themen und Projekte „weisungsfrei und unabhängig" entscheide, doch monieren Kritiker des CHE, es verfolge im Sinne eines unternehmensnahen Lobbyismus eine entschieden neoliberale Reformpolitik. Kritische Vorbehalte gelten auch dem Hochschulranking, welches das CHE jährlich für inzwischen 35 Fächer als umfassendsten Qualitätsvergleich an Universitäten und Fachhochschulen in Deutschland sowie in ca. 30 ausländischen Hochschulen durchführt.[43] Umstritten sind vor allem Methodik, Messverfahren sowie die Objektivität der Vergleichskriterien. Aus diesen Gründen haben etwa die Schweiz (2006) und Österreich (2007) beschlossen, die vor einigen Jahren begonnene Beteiligung ihrer Hochschulen an den Rankings des CHE wieder zu beenden.

---

[42] http://www.che.de/
[43] http://ranking.zeit.de/che9/CHE

8 Föderale Grundstruktur und Entscheidungsebenen

8.1 Die Kompetenzverteilung nach dem Grundgesetz: Trends und Entwicklungen bis zur Verfassungsreform von 1969

Politische Entscheidungen werden in Deutschland ganz allgemein durch den föderalen Staatsaufbau und die hiermit verbundene Aufgaben- und Kompetenzverteilung zwischen den Gebietskörperschaften bestimmt. So ist nach Art. 30 GG die Ausübung der staatlichen Befugnisse und die Erfüllung der staatlichen Aufgaben Sache der Länder, soweit das Grundgesetz keine andere Regelung trifft. Im Gegenzug enthalten die Artikel 70 bis 75 GG, welche die Gesetzgebungskompetenzen von Bund und Ländern nach Bereichen abgrenzen, allerdings auch eine Vielzahl von Aufgaben, deren gesetzliche Regelung dem Bund vorbehalten bleibt. In diesem Kontext hat das Grundgesetz dem Bund im Bildungsbereich allerdings nur sehr wenige Kompetenzen eingeräumt. Die in Art. 30 GG festgeschriebene Länderzuständigkeitsvermutung begründet so die *Kulturhoheit der Länder* als eine klassische Länderdomäne, auch wenn im Text selbst der Kulturföderalismus nicht erwähnt wird. Entsprechend verfügen somit die Länder in Angelegenheiten der Bildung, Wissenschaft, Kunst und Kultur über die Kompetenz in der Gesetzgebung, der Verwaltung und der Finanzierung (Röbke/ Wagner 2002). Diesen Grundsatz hat auch das Bundesverfassungsgericht in seinen Urteilen immer wieder neu bestätigt. Bereits 1957 hatte es unmissverständlich für Klarheit bei der Aufteilung der bundesstaatlichen Kompetenzen gesorgt, indem es die Kulturhoheit als „das Kernstück der Eigenständigkeit der Länder" bezeichnet hatte (vgl. BVerfG, E 37, 314, 322).

Im Gegensatz zu der unitarisch angelegten Weimarer Reichsverfassung verzichtete so das Grundgesetz damit weitgehend auch auf die Möglichkeit inhaltlicher und struktureller Vorgaben zur Vereinheitlichung der Länderbildungspolitik (Reuter 1998: 36). Es beschränkt sich auf die Festlegung bundeseinheitlicher allgemeiner Grundsätze wie etwa die Freiheit von Kunst und Wissenschaft, Forschung und Lehre (Art. 5 GG). Auch der einzige spezielle Schulartikel des Grundgesetzes, Art. 7, enthält keine sehr weitgehende Regelung des Schulwesens. Er normiert lediglich einige wesentliche bundeseinheitliche Vorgaben wie die Gewährleistung der staatlichen Schulaufsicht, die rechtliche Absicherung des Religionsunterrichts und der Privatschulen. Diese die Kulturhoheit der Länder bewusst schonende Vorgehensweise des Verfassungsgebers entsprach dem viel zitierten bildungspolitischen Prinzip von der „Einheit in der Vielfalt". Hinter diesem Prinzip steht die Intention, die gesamtstaatlich erforderliche Balance von notwendiger Einheit in den Grundstrukturen einerseits und von weittestgehender Flexibilität bei der Ausgestaltung dieser Prinzipien andererseits, herzustellen (Avenarius 1994: 30). Die damit gegebene ordnungspolitische Weichenstellung zugunsten der Länder hatte nicht zuletzt historische Gründe. Sie resultierte zum einen aus den bedrückenden Erfahrungen mit der zentralistischen Nationalkultur in der Zeit des Nationalsozialismus. Zum anderen waren die Länderverfassungen vor dem Grundgesetz entstanden und hatten in selbstbewusster Anknüpfung an eigene ältere Traditionen dort ihre bildungspolitischen Privilegien bereits festgeschrieben.

Die Kulturhoheit der Länder spiegelt sich nicht zuletzt auch in den finanziellen Aufwendungen wider, welche die staatlichen Haushalte für den Bildungsbereich bereitstellen. Im Jahre 2003 entfielen auf die Länder drei Viertel (74,7%) aller Bildungsausgaben im engeren Sinne (ohne Forschung und Entwicklung), 20, 7% finanzierten die Kommunen, während es der Bund lediglich auf 4, 6% brachte.[44] Dennoch ist auch der *Bund* ein wichtiger bildungspolitischer Akteur, auch wenn sich dies bei der Gründung der Bundesrepublik so noch nicht abzeichnete. Erst im Verlauf der bundesrepublikanischen Geschichte ist es ihm gelungen, seinen bildungspolitischen Einfluss über die Ländergrenzen hinweg schrittweise auszudehnen. 1949 besaß der Bund jedenfalls nur wenige Bildungskompetenzen, die sich zudem auf verschiedene Politikfelder aufteilten. Sie sind auch nach der 2006 in Kraft getretenen Föderalismusreform beim Bund verblieben:

- Die ausschließliche Gesetzgebungskompetenz im Falle des Rechts der *deutschen Auslandsschulen*, da diese unter die auswärtigen Angelegenheiten nach Art. 73 GG fallen, für die der Bund die Verantwortung trägt.
- Nach Art. 74 GG, Abs. 1, Nr. 11 und 12 die Zuständigkeit für die *außerschulische Berufsbildung*, die sich aus der Bundeskompetenz für das Recht der Wirtschaft und für das Arbeitsrecht ableitet. Auf diesen Zuständigkeiten beruhen die entsprechenden ausbildungs- und weiterbildungsbezogenen Bestimmungen des BBIG, des SGB III, des ABFG sowie des FernUSG.[45]
- Nach Art. 74 GG, Abs. 1, Nr. 7 die Zuständigkeit für die *öffentliche Fürsorge*. Sie beinhaltet auch das Recht zu einer bundeseinheitlichen Rahmensetzung für den Bereich des *Kinder- und Jugendhilferechts*. Die entsprechenden Regelungen, die bildungspolitisch relevant sind, enthält das SGB

---

[44] Darunter fallen folgende Bereiche: Jugendarbeit, Tageseinrichtungen für Kinder, Schulen, Hochschulen, Weiterbildung sowie Fördermaßnahmen wie z. B. die Ausbildungsförderung für Schüler und Studierende (Kultusministerkonferenz 2006: 75).
[45] Zu den inhaltlichen Regelungen siehe die Fußnoten 4 und 6.

VIII. Hierunter fallen unter anderem der Rechtsanspruch auf einen Kindergartenplatz, das TAG sowie das KICK.

Am Prinzip der Kulturhoheit der Länder und der Kompetenzarmut des Bundes in der Bildungspolitik meldeten sich jedoch schon recht früh ebenso populäre wie politische Zweifel. Sie unterstellten dem Föderalismus, er begünstige eine verhängnisvolle Zersplitterung des Bildungswesens, die man gemeinhin auch als Rückfall in die Kleinstaaterei kritisierte. In der Öffentlichkeit, aber auch in der Politik, wurde so unter sozialstaatlichen Prämissen der Ruf nach Gleichwertigkeit und Einheitlichkeit der Lebensverhältnisse gerade auch mit Blick auf das Bildungswesen immer lauter. Entsprechend ging auf das für die Mobilität der Bürger so wichtige Bildungswesen ein zunehmend starker gesellschaftlicher Homogenisierungsdruck aus. Um ein mögliches Auseinanderdriften der Bildungslandschaft zu verhindern, entwickelten Bund und Länder deshalb schon in der Frühphase der Bundesrepublik institutionelle Strukturen und Verfahren, um eine bundesweite Vereinheitlichung bei Regelungen und Vorgehensweisen zu erreichen. Im Sinne des kooperativen Föderalismus sollte die Zusammenarbeit von Bund und Ländern sowie der Länder untereinander intensiviert und somit eine Verzahnung der bildungspolitischen Entscheidungsebenen in horizontaler wie vertikaler Hinsicht ermöglicht werden:

- Die Länder gründeten bereits 1948 in Form einer Arbeitsgemeinschaft die *Ständige Konferenz der Kultusminister (KMK)* als eine überregionale Planungs- und Koordinationsinstanz. Sie sollte als hervorgehobene Fachministerkonferenz, allerdings ohne verfassungsrechtliche Qualität, über eine Selbstkoordination der Länder eine bundesweite Harmonisierung in der Bildungspolitik zu gewährleisten suchen. Dies auch in der Absicht, dem Bund keinen Vorwand für eigene zentralstaatliche Kompetenzansprüche zu liefern. Bis heute ist die KMK das politisch wichtigste Gremium der Koordination der Kulturpolitik zwischen den einzelnen Bundesländern geblieben, das seine Themen- und Aufgabenbereiche stetig ausgeweitet hat.
- Daneben entstanden sehr bald mehrere Bund-Länder-Gremien, allerdings als reine Beratungs- bzw. Planungseinrichtungen. Zunächst der *Deutsche Ausschuss für das Erziehungs- und Bildungswesen* (1952-1965), dem nach seiner Auflösung der *Deutsche Bildungsrat* (1965-1975) folgte. Beide Gremien konzipierten Bedarfs- und Entwicklungspläne, durch die bundesweit eine strukturelle Reform und eine möglichst weitgehende Angleichung des Bildungswesens auf den einzelnen Bildungsstufen angestrebt werden sollte. Aufgrund struktureller Defizite und teilweise auch aufgrund innerer partei-

politischer Differenzen blieb die Wirkung dieser Gremien insgesamt jedoch recht gering.

▪ Schließlich gründeten Bund und Länder bereits 1957 durch ein Verwaltungsabkommen gemeinsam den *Wissenschaftsrat,* um einen Gesamtplan für die Förderung der Wissenschaft zu erarbeiten und hierbei die Pläne des Bundes und der Länder aufeinander abzustimmen. In bislang insgesamt 13 Verlängerungsaufträgen kamen später kontinuierlich neue Aufgabenbereiche hinzu. Der Wissenschaftsrat, in dem Wissenschaftler und Repräsentanten des öffentlichen Lebens gleichberechtigt mit Regierungsvertretern von Bund und Ländern zusammenwirken, beeinflusst bis heute maßgeblich durch zahlreiche Empfehlungen, Stellungnahmen, Gutachten und Evaluationen über Ländergrenzen hinweg die inhaltliche und strukturelle Entwicklung der deutschen Hochschul- und Forschungspolitik.

Vor allem im Laufe der sechziger Jahre entwickelte der Trend zu weiterer Zentralisierung und Unitarisierung in der Bundesrepublik eine geradezu unaufhaltsam erscheinende Dynamik, die insbesondere auch das Bildungswesen erfasste. Begründet wurde dies mit der Forderung nach Einheitlichkeit der Lebensverhältnisse und dem Postulat einer gleichberechtigten Verteilung von Bildungschancen, ebenso aber auch mit den begrenzten finanziellen Ressourcen der leistungsschwächeren kleinen Länder. Auch verwaltungspraktisch hatten sich auf dem Feld der Bildungspolitik mit den Jahren zahlreiche enge Kooperationsfelder zwischen Bund und Ländern etabliert. Auf der seinerzeitigen Grundlage günstiger politischer Mehrheitsverhältnisse einigte sich dann 1969 die damals regierende Große Koalition schließlich auf eine grundlegende Reform des Grundgesetzes, mit der sie die zentripetale Wende nun auch auf der verfassungsrechtlichen Ebene herbeiführte. Sie löste nicht nur in der Finanzpolitik, sondern auch in der Bildungspolitik das bisher, zumindest formal betrachtet, weitgehend bestehende Trennsystem von Bund und Ländern ab. An seine Stelle trat nun eine dezidiert weiter wachsende Verflechtung in politischer, administrativer und finanzieller Hinsicht, die in der Folgezeit zu einer schleichenden Machtverschiebung zugunsten des Bundes führte. Sie war Ausdruck der dem damaligen Zeitgeist entsprechenden Präferenz für eine gesamtstaatliche Systempolitik, die auf dem als standortpolitisch besonders bedeutsam eingestuften Politikfeld der Bildungspolitik künftig die Kohärenz aller staatlichen Maßnahmen sichern sollte. Eingebettet in ein föderalismusfeindliches gesellschaftliches Umfeld waren nunmehr die Landesregierungen, die Landesverwaltungen und die Landesparlamente bereit, Vorgaben des Bundes hinzunehmen und Selbstverpflichtungen der Länder untereinander einzugehen. Eine profunde Kennerin und Kritikerin dieser Zusammenhänge hat in diesem Umgang der deutschen Länder mit ihrem klassischen Hausgut, nämlich der Schul- und Hochschulpolitik, „den Tatbestand der Vernachlässigung eines Schutzbefohlenen" konstatiert (Münch 2008: 215) Die dadurch bewirkte erhebliche Aufwertung der Bundeskompetenzen kam vor allem in folgenden *Grundgesetzänderungen* zum Ausdruck:

- Besonders bedeutsam war die Einfügung bildungsbezogener *Gemein-schaftsaufgaben* von Bund und Ländern in das Grundgesetz. Durch diese erhielt der Bund nun ein Mitwirkungsrecht bei der Erfüllung bestimmter bildungspolitischer Aufgaben der Länder, soweit diese für die Gesamtheit bedeutsam sind und dies für die gesamtstaatliche Verbesserung der Lebensverhältnisse erforderlich ist. Konkret beinhaltete dies eine Mitplanungs- und Mitfinanzierungskompetenz bei Länderaufgaben im Bildungswesen, für die diese bislang alleinzuständig waren.
  - Aufgrund von Art. 91a GG war der Bund nun berechtigt, verbindlich im Bereich des *Aus- und Neubaus von Hochschulen einschließlich der Hochschulkliniken* mitzuwirken. Auf dieser Grundlage erfolgte bereits 1969 die Verabschiedung des ersten Hochschulbauförderungsgesetzes durch den Bund, mit dem die Weichen für die künftige gemeinsame Planung und Finanzierung im Hochschulbau gestellt wurden.
  - Art. 91b GG beinhaltete die Möglichkeit für Bund und Länder auf der Grundlage von Vereinbarungen in der gesamtstaatlichen *Bildungsplanung und bei der Förderung von Einrichtungen und Vorhaben der wissenschaftlichen Forschung,* soweit diese von überregionaler Bedeutung sind, zu kooperieren. Institutionalisiert wurde diese Kooperation 1970 durch die Einrichtung einer gemeinsamen Bund-Länder-Kommission für Bildungsplanung (*BLK*). Sie wurde 1971 durch eine zweite Rahmenvereinbarung zur koordinierten Vorbereitung, Durchführung und wissenschaftlichen Begleitung von Modellversuchen im Bildungswesen ergänzt. Ihr Aufgabenbereich wurde schließlich 1975 durch eine weitere Rahmenvereinbarung um den zweiten Teilaspekt, die gemeinsame Forschungsförderung, erweitert und seit 1976 trug die BLK die Bezeichnung *Bund-Länder-Kommission für Bildungsplanung und Forschungsförderung.* Sie sollte als ständiges Gesprächsforum für alle Bund und Länder gemeinsam berührenden Fragen des gesamten Bildungswesens und der Forschungsförderung fungieren und den Regierungschefs des Bundes und der Länder Empfehlungen zu einer gesamtstaatlichen Bildungsplanung und Forschungsförderung unterbreiten.
- Um die als notwendig erachtete Rechtseinheit auch in anderen Teilbereichen des Bildungswesens zu gewährleisten wurden dem Bund neben den

neuen Gemeinschaftsaufgaben zusätzlich weitere Gesetzgebungskompetenzen zugestanden:

- Für die Bestimmung der *allgemeinen Grundsätze des Hochschulwesens* erhielt der Bund in Art. 75 Abs. 1a eine Rahmengesetzgebungskompetenz und damit die Befugnis, den Landesgesetzgebern in der Hochschulpolitik allgemein gehaltene Rahmenvorgaben zu machen. Von dieser Kompetenz machte er 1976 mit der Verabschiedung des Hochschulrahmengesetzes (HRG) gebrauch, das in der Folgezeit mehrfach novelliert wurde.
- Hinzu kam im Rahmen der konkurrierenden Gesetzgebung durch eine Ergänzung von Art. 74 Nr. 13 die Gesetzgebungskompetenz für *die Regelung der Ausbildungsbeihilfen*, auf deren Grundlage 1971 die Verabschiedung des Bundesausbildungsförderungsgesetzes (BAföG) erfolgte, das die Grundlage bildete für die heutige Ausbildungsförderung von Studierenden und Schülern.
- Schließlich wurde 1971 durch eine Grundgesetzänderung die konkurrierende Gesetzgebungszuständigkeit des Bundes für die *Besoldung und Versorgung der Landesbeamten* beschlossen. Durch den neu eingefügten Art. 74a Abs. 1 GG ging damit die inhaltliche, organisatorische und finanzielle Ausgestaltung der *Dienstverhältnisse der Lehrer und Hochschullehrer* von den Ländern an den Bund über. Konkretisiert wurde diese Neuordnung durch das neue Bundesbesoldungsgesetz (1975) sowie das Beamtenversorgungsgesetz (1976).

Mit diesen umfassenden Grundgesetzänderungen, insbesondere den neuen Gemeinschaftsaufgaben, erwuchsen dem Bund neue bildungspolitische Zuständigkeiten und Gestaltungsmöglichkeiten. Sie bedeuteten zugleich auch einen Zuwachs an Grundsatz-, Koordinierungs- und Gesetzgebungsaufgaben. Nutznießer dieser neuen Konstellation war vor allem das bisherige Bundesministerium für Wissenschaftliche Forschung, das 1969 in Bundesministerium für Bildung und Wissenschaft umbenannt wurde und seinen bildungsspezifischen Bedeutungszuwachs schon in der Namensgebung erkennbar machte. Nachdem das Ministerium 1994 durch die Vereinigung mit dem Bundesministerium für Forschung und Technologie eine nochmalige Erweiterung erfahren hatte, trägt es heute die Bezeichnung *Bundesministerium für Bildung und Forschung (BMBF)*. Das Schwergewicht seiner Aktivitäten liegt zwar nach wie vor ganz überwiegend im Forschungsbereich, doch verfügt es – trotz der Kulturhoheit der Länder – auch in der Bildungspolitik über nicht unerhebliche Möglichkeiten der Einflussnahme, die allerdings, je nach Stufe oder Ebene des Bildungswesens, in erheblichem Umfang differieren.

8.2 Die Auswirkungen der Föderalismusreform von 2006

Die 1969 erfolgte Neujustierung im System des kooperativen Föderalismus war jedoch in den folgenden Jahrzehnten wachsender Kritik ausgesetzt. Negative Begleit- und Folgeerscheinungen wurden nicht zuletzt auch an Beispielen aus der Bildungspolitik festgemacht. Beklagt wurde unter anderem der aufwändige und langwierige Abstimmungs- und Koordinationsaufwand, der in den verflochtenen Politikfeldern häufig zu einer inhaltlich unbefriedigenden Konsensbildung auf dem kleinsten gemeinsamen Nenner führte. Die intransparenten Mechanismen der Politikverflechtung und Mischfinanzierung sowie der fehlende Wettbewerb im Verhältnis der Länder untereinander waren weitere Kritikpunkte. Die Länder insistierten durchweg auf einer Stärkung der eigenen Gestaltungsautonomie, wobei vor allem die leistungsstärkeren unter ihnen diese Forderung mit der nach mehr Wettbewerb zwischen den einzelnen Bundesländern verknüpften. Nach der deutschen Wiedervereinigung, vor allem seit der vereinigungsbedingten Verfassungsreform von 1994, erfuhr der Gegentrend in Richtung Reföderalisierung zusätzlichen Auftrieb. Wiederum bot eine große Koalition die erforderlichen Mehrheitsverhältnisse. Im September 2006 konnte so nach einem langen Ringen zwischen Bund und Ländern, zwischen Föderalisten und Zentralisten, die Föderalismusreform in Kraft treten. Als Jahrhundertreform apostrophiert stellt sie die größte Verfassungsreform seit 1949 dar, die nun eine Entflechtung und Restrukturierung des zunehmend im Konsens- und Koordinationszwang erstarrten Bund-Länder-Verhältnisses bewirken sollte. Den Protagonisten der Reform ging es vor allem darum, die Verantwortlichkeiten zwischen Bund und Ländern wieder stärker zu trennen, die Transparenz der politischen Entscheidungsprozesse zu erhöhen und so insgesamt die staatliche Handlungsfähigkeit beider Ebenen zu stärken. Gleichzeitig bekundeten sie ihre Entschlossenheit, die verloren gegangene Balance von Einheit und Vielfalt, von Solidarität und Wettbewerb, in einem zukunftstauglichen Föderalismusmodell neu auszutarieren. Erwartungsgemäß konzentrierten sich diese Reformbemühungen zu einem erheblichen Teil auf das Bildungswesen, da hier die institutionellen Verflechtungen mit dem Bund besonders ausgeprägt waren und die Länder im Kulturbereich mit Vehemenz auf einer Rückverlagerung verlorengegangener Hoheitsrechte beharrten. Die Verfassungsänderungen, die sich durch die Föderalismusreform im Bildungsbereich ergaben, betrafen zum einen die Gesetzgebungskompetenzen des Bundes, zum andern die Gemeinschaftsaufgaben. Sie lassen sich im Wesentlichen wie folgt zusammenfassen:

- Bei den *Gesetzgebungskompetenzen* musste der Bund in drei Bereichen, im Hochschulwesen, im Bereich des öffentlichen Dienstes und bei den Finanzhilfen, bisher ihm zustehende Verantwortungsbereiche an die Länder abtreten:
  - Es entfiel die Rahmenkompetenz des Bundes für die allgemeinen Grundsätze des Hochschulwesens, die es diesem bisher ermöglichte, den Rahmen für das ganze Hochschulwesen in Deutschland vorzugeben. Faktisch wurde somit das gesamte *Hochschulrecht* wieder in die Gestaltungsverantwortung der Länder überstellt. Lediglich für zwei Bereiche, die Hochschulzulassung und die Hochschulabschlüsse, verblieben dem Bund Regelungskompetenzen über die konkurrierende Gesetzgebung nach Art. 74. Allerdings verfügen hier die Länder künftig nach Art. 125a Abs. 1 über ein Abweichungsrecht, wobei der Bund jedoch die Möglichkeit hat, diese Abweichung wiederum mit einem Gesetzgebungsverfahren zu überwinden. Die neue Regelung führt jedoch insgesamt betrachtet eher zu einer Stärkung des Bundes, denn die Hochschulzulassung und die Hochschulabschlüsse können als die zentralen Stellschrauben der Hochschulpolitik gelten. Sie eröffnen dem Bund nicht nur die Möglichkeit die Fragen eines länderübergreifenden Numerus Clausus sowie vergleichbarer Abschlussniveaus und Regelstudienzeiten zu regeln. Sie haben auch erhebliche Rückwirkungen auf die Struktur und die Inhalte der Studiengänge sowie das gesamte Prüfungswesen. Von Gewicht ist ferner, dass aufgrund der Zuweisung zur konkurrierenden Gesetzgebung der Bund in diesen Bereichen künftig nicht mehr an die „Erforderlichkeitsklausel" des Art. 72 Abs. 2 GG gebunden ist, an der in der Vergangenheit mehrere Versuche des Bundes, das Hochschulrahmenrecht zu ändern, gescheitert waren.
  - Durch Aufhebung des Art. 74a GG wurde die *Besoldung und Versorgung der Landesbeamten* und damit des Lehrpersonals in den Ländern wieder in die ausschließliche Länderzuständigkeit zurückverlagert. Lediglich für die Statusrechte und Statuspflichten der Beamten erhält der Bund die konkurrierende Gesetzgebungskompetenz, die entsprechende Regelungen aber an die Zustimmung des Bundesrates bindet. Durch die neuen Bestimmungen fallen Laufbahnen, Besoldung und Versorgung sowie die Ausgestaltung des Dienstrechts des Lehrpersonals in Schulen und Hochschulen in die alleinige Kompetenz der Länder, die somit hier landesspezifische Akzente setzen und untereinander diesbezüglich in einen Wettbewerb treten können.

- Nach wie vor kann der Bund den Ländern nach Art. 104b Abs. 1 GG den Ländern für besonders bedeutsame Investitionen der Länder und Gemeinden (Gemeindeverbände) Finanzhilfen für bestimmte Vorhaben gewähren, doch wurden die entsprechenden Voraussetzungen verschärft. Künftig gilt hier ein Verbot von Finanzhilfen des Bundes in Bereichen, die in die ausschließliche Zuständigkeit der Länder fallen, d. h. ein Verbot des sog. Goldenen Zügels, wurde nun ausdrücklich zur Norm erhoben. Damit ist eine Neuauflage des umstrittenen Ganztagsschulprogramms des Bundes aus dem Jahre 2003 wegen der ausschließlichen Zuständigkeit der Länder im Schulwesen künftig untersagt. Für die Materien außerschulische berufliche Bildung und Weiterbildung sowie die Hochschulzulassung und die Hochschulabschlüsse bestehen jedoch Bundeskompetenzen weiter fort. Auf dieser Basis bleibt auch künftig z. B. ein Hochschulpakt zwischen Bund und Ländern, der in Form investiver Finanzhilfen den Ländern entsprechende Bundeszuschüsse gewährt, weiterhin rechtlich möglich.
- Besonders einschneidende Veränderungen haben sich im Bildungsbereich bei den *Gemeinschaftsaufgaben* ergeben.
  - Die alte Gemeinschaftsaufgabe nach Art. 91b, die eine fakultative gemeinsame Bildungsplanung von Bund und Ländern vorsah, wurde ersatzlos gestrichen. Damit entfiel auch deren zweite Komponente, die Durchführung gemeinsamer schulischer Modellprojekte im Rahmen der Bund-Länder-Kommission (BLK). Allerdings erhielt der Bund stattdessen neue Mitwirkungsmöglichkeiten in Bereichen, die unter dem Aspekt der Modernisierung des Bildungswesens von erheblicher zukunftsstrategischer Bedeutung sind. So eröffnet nun die neugeschaffene Gemeinschaftsaufgabe *Feststellung der Leistungsfähigkeit des Bildungswesens im internationalen Vergleich* nach Art. 91b Abs. 2 die Möglichkeit, dass Bund und Länder aufgrund eines Verwaltungsabkommens *bei diesbezüglichen Berichten und Empfehlungen zusammenwirken* können. Dadurch ergeben sich Kooperationsmöglichkeiten vor allem in folgenden Aufgabenfeldern: Bei der gemeinsamen Bildungsevaluation etwa in Form der internationalen Vergleichsuntersuchungen wie PISA oder IGLU; beim Bildungsmonitoring und der nationalen Bildungsberichterstattung, die 2006 mit einem ersten Gesamtbericht über das gesamte Bildungswesen ihren Anfang nahm; bei einer gemeinsam getragenen Bildungsforschung, die in Form von konkreten bildungspolitischen Handlungsempfehlungen die Reformbemühungen in den Ländern unterstützen soll.

- Eine wesentliche Neuerung betraf die ehemalige Gemeinschaftsaufgabe *Aus- und Neubaus von Hochschulen einschließlich der Hochschulkliniken* nach Art. 91a GG. Diese Regelung wurde ersatzlos gestrichen, so dass der Hochschulbau künftig von den Ländern allein finanziert werden muss. Nach dem Rückzug des Bundes aus der Finanzierung des allgemeinen Hochschulbaus einigte man sich im Interesse der leistungsschwächeren Länder jedoch auf eine Planungssicherheit gewährende Übergangslösung. Der Wegfall der Bundesfinanzierung wurde durch feststehende Kompensationszahlungen des Bundes bis 2013 abgefedert und im Rahmen von Art. 143c Abs. 3 wurden für den anschließenden Zeitraum bis 2019 weitere Bundeshilfen für den Hochschulbau in Aussicht gestellt.
- Die bisherige Gemeinschaftsaufgabe *Forschungsförderung* blieb erhalten, sie wurde jedoch in Art. 91b Abs. 1 präzisiert und durch überregionale Bestandteile der bisherigen Gemeinschaftsaufgabe Hochschulbau ergänzt. Sie gliedert sich in drei Unterpunkte:
  - Nr. 1 bezieht sich auf *Einrichtungen und Vorhaben der wissenschaftlichen Forschung außerhalb von Hochschulen*. Darunter fällt im Wesentlichen die gemeinsame Finanzierung einer größeren Anzahl von Forschungs- und Serviceeinrichtungen, Forschungsförderungsorganisationen und Forschungsvorhaben. Die einzelnen Bestimmungen sind in der weiterhin gültigen Rahmenvereinbarung zwischen Bund und Ländern über die gemeinsame Förderung der Forschung (RV-Fo) aus dem Jahre 1975 geregelt.
  - Nr. 2 sieht vor, dass Bund und Länder bei *Vorhaben der Wissenschaft und Forschung an Hochschulen* zusammenwirken können. Die neue Formulierung „Vorhaben der Wissenschaft" ersetzt die alte Gemeinschaftsaufgabe der Bildungsplanung im Hochschulbereich. Diese hatte bislang als Rechtsgrundlage für die Bereitstellung von Bundeshilfen gedient, um überregional die Gewährleistung von Lehre und Forschung abzusichern. Die neu etablierte Gemeinschaftsaufgabe schuf analog die rechtliche Grundlage für den 2007 zwischen Bund und Ländern vereinbarten „Hochschulpakt 2020", durch den der angestrebte weitere kapazitäre Ausbau an Studienplätzen gesichert werden soll. Der zweite Aspekt, „Forschung an Hochschulen", beinhaltet die Möglichkeit zur gemeinsamen Förderung von Forschungsvorhaben, sofern diese von überregionaler Bedeutung sind. Nähere Einzelheiten sind in der bereits genannten RV-Fo geregelt. Ein Großteil dieser Forschungsvorhaben wird über die Deutsche Forschungsgemeinschaft (DFG) ge-

fördert. Ein Beispiel für die Förderung der Forschung an Hochschulen ist die von den Regierungschefs von Bund und Ländern im Jahre 2005 beschlossene Vereinbarung über die Exzellenzinitiative, wonach die Hochschulen in den Jahren 2006 bis 2011 insgesamt 1,9 Mrd. EUR zur Förderung der universitären Spitzenforschung zur Verfügung gestellt bekommen.

▪ Nr. 3 beinhaltet nach der Streichung der alten Gemeinschaftsaufgabe Hochschulbau die neue geschaffene Möglichkeit, dass bei *Forschungsbauten an Hochschulen einschließlich Großgeräten* Bund und Länder auch künftig zusammenwirken können. Die näheren Einzelheiten wurden in der Ausführungsvereinbarung von Bund und Ländern über die gemeinsame Förderung von Forschungsbauten an Hochschulen einschließlich Großgeräten (AV-FuG) geregelt, die Anfang 2007 in Kraft getreten ist. Durch diese größeren Investitionsvorhaben sollen die Infrastrukturen von Hochschulen gefördert werden, die sich durch herausragende Qualität und nationale Bedeutung auszeichnen.

Mit der Neuformulierung der Gemeinschaftsaufgabe nach Art. 91b Abs. 1 GG, die nunmehr drei Kooperationsbereiche enthält, entfiel auch die bisherige verfassungsrechtliche Grundlage für der Bund-Länder-Kommission, in der Bund und Länder über 36 Jahre im Bereich der Bildungsplanung und Forschungsförderung ihre Aufgaben aufeinander abgestimmt hatten. Somit war über eine Kooperationsvereinbarung eine Nachfolgeinstitution auf den Weg zu bringen, die alle aus der neuen Gemeinschaftsaufgabe resultierenden Aufgaben bündeln sollte. Entsprechend beschlossen Bund und Länder am 14. Juni 2007 ein Verwaltungsabkommen über die Errichtung einer *Gemeinsamen Wissenschaftskonferenz* (GWK). Der GWK obliegt es, alle Bund und Länder gemeinsam berührenden Fragen der Forschungsförderung, der wissenschafts- und forschungspolitischen Strategien und des Wissenschaftssystems zu behandeln. Die GWK soll tätig werden in Fällen von überregionaler Bedeutung bei der Förderung von Einrichtungen und Vorhaben der wissenschaftlichen Forschung außerhalb von Hochschulen, von Vorhaben der Wissenschaft und Forschung an Hochschulen und von Forschungsbauten an Hochschulen einschließlich entsprechender Großgeräte.

8.3 Ein kurzes Fazit: Das föderale System als bildungspolitischer Handlungsrahmen

Die föderale Grundstruktur mit ihrer Kompetenzverteilung auf die beiden Entscheidungsebenen von Bund und Ländern geben den Handlungsrahmen für die bildungspolitischen Akteure vor. Nur innerhalb dieser komplexen institutionellen Rahmenordnung und der sie ergänzenden Gremienstrukturen können sie ihre programmatischen Ziele und Präferenzen in konkretes Handeln umsetzen. Wie im vorangegangenen Kapitel dargelegt wurde, war das Grundgesetz in seiner ursprünglichen Verfassung von einem Trennsystem ausgegangen, doch hatte sich seit den sechziger Jahren ein starker Unitarisierungs- und Verflechtungstrend entwickelt. Die Verfassungsänderung von 1969 zementierte auch mit Zustimmung der Länder die seinerzeit erfolgte Machtverschiebung zugunsten des Bundes und kreierte so den im internationalen Vergleich einzigartigen Handlungskontext des deutschen Verbundsföderalismus. Dieser konzediert, anders als in zentralistisch organisierten Staaten wie etwa Frankreich, Großbritannien oder Schweden, dem Bund keinen direkten Durchgriff auf das Bildungssystem, sondern beschränkt ihn auf indirekte Steuerungsmedien. Zu seinem hervorstechendem Charakteristikum gehört eine ebenso unübersichtliche wie komplizierte Zersplitterung von Kompetenzen in vertikaler wie in horizontaler Hinsicht. Diese wiederum impliziert aufwändige Abstimmungs-, Koordinations- und Kooperationsprozesse zwischen Bund und Ländern sowie der Länder untereinander, um unterschiedliche Interessenlagen wechselseitig abgleichen zu können. Eine solche Gemengelage musste schon von ihrer inneren Logik her den bildungspolitischen Entscheidungsprozess lähmen, zumal diesen auch häufig Effekte des Parteienwettbewerbs überlagerten. Vor allem bei gegenläufigen Mehrheiten in Bundestag und Bundesrat konnten so programmatisch-ideologische Differenzen zusätzliche Bremswirkungen entfalten. Weitere Komplizierungen ergaben sich auch durch die voranschreitende europäische und internationale Verflechtung, da bei Verhandlungen auf der internationalen Bühne der innerdeutsche Abstimmungsprozess einer raschen Entscheidungsfindung oft hinderlich war. Angesichts dieser zahlreichen Blockadeelemente ist daher erstaunlich, dass in diesem Kontext dennoch immer wieder auch wegweisende und zukunftsorientierte Entscheidungen im Bildungswesen möglich waren. Den institutionellen Rahmen hierfür bildeten die verschiedenen Koordinations- und Kooperationsgremien, in denen die Länder untereinander wie auch die Länder im Zusammenwirken mit dem Bund jeweils eine konsensuale oder kompromissorientierte Abstimmung der jeweiligen Interessen und Präferenzen zu erreichen suchten. Aufs Ganze betrachtet hat das System des kooperativen Föderalismus jedoch auch viele Problemlagen erzeugt, die Kritiker summarisch mit dem Stichwort der „Politikverflechtungsfalle" umschrieben haben. Beklagt wurden vor allem Blockaden, die dazu führten, fällige Reformentscheidungen auf die lange Bank zu schieben oder auf der Basis des kleinsten gemeinsamen Nenners zu verwässern. Auch die Verwischung der Verantwortlichkeiten sowie die Intransparenz und Nichtzurechenbarkeit der Entscheidungsprozesse verstärkten das Unbehagen am Verbundsföderalismus. Dass seit Mitte der neunziger Jahre der Trend zur Reföderalisierung, wieder im Aufwind war, war aber auch der zeitgeistbedingten Renaissance des Wettbewerbsgedankens geschuldet. Mit dem Inkrafttreten der Föderalismusreform I im Herbst 2006, die den Bund bildungspolitisch wieder entmachtete, kam dieser Prozess zum Abschluss. Dennoch war die Reform aber nicht gleichbedeutend mit einer Rückkehr zum ursprünglichen Trennsystem. Der kooperative Föderalismus wurde zwar an mehreren Stellen entflochten, der Verbundscharakter selbst blieb jedoch in abgeschwächter Form in seinen Grundstrukturen erhalten, nicht zuletzt, weil auch neue Gemeinschaftsaufgaben an die Stelle der alten traten.

In den folgenden Kapiteln sollen die damit zusammenhängenden bildungspolitischen Entwicklungen und Problemlagen im Einzelnen näher beleuchtet werden. Hierbei erfolgt eine thematische Beschränkung auf die beiden Politikfelder der Schulpolitik und die Hochschulpolitik. Beiden Handlungsfeldern kommt nicht nur in der öffentlichen Wahrnehmung ein herausgehobener Stellenwert zu, vielmehr stehen beide auch schwerpunktmäßig im Fokus der Diskussionen um den Bildungsföderalismus. Von Interesse sind hier vor allem die Fragen nach den institutionellen Voraussetzungen im föderalen System, den inhaltlichen Zielsetzungen von Bund und Ländern sowie nach den Strategien, derer sich die Akteure bedienten, um auf die Gestaltung der Bildungspolitik Einfluss zu nehmen. Mit in die Analyse einbezogen werden zudem die zentralen Koordinations- und Kooperationsgremien, die sowohl Bund und Länder wie die Länder untereinander zu verknüpfen suchen. Dabei gilt es ihre Struktur, ihre Arbeits- und Verfahrensweise sowie ihre bildungspolitische Rolle herauszuarbeiten. Schließlich soll auch die Entwicklung und Bedeutung des europäischen Integrationsprozess, insofern er zunehmend prägend auf die innerdeutsche Bildungspolitik zurückwirkt, zumindest ansatzweise in die Betrachtung miteinbezogen werden.

9 Bildungspolitik auf der Bundesebene

9.1 Der Bund als bildungspolitischer Player – Phasen und Entwicklungstrends

Die Möglichkeiten des Bundes, d. h. des Deutschen Bundestags als Bundesgesetzgeber und der Bundesregierung als Regierung des Gesamtstaates, auf die Ausrichtung der Bildungspolitik Einfluss zu nehmen, bewegen sich in eng bemessenen Grenzen. Sie werden vor allem durch die geltende Kompetenzordnung konditioniert, die bewirkte, dass das Bildungswesen trotz seiner gesamtgesellschaftlichen Relevanz in der Bundesrepublik auf der bundespolitischen Ebene zumeist ein Schattendasein geführt hat. Entsprechend beschränkte sich so über längere Phasen die Befassung mit bildungspolitischen Themen in den bundesstaatlichen Institutionen im Regelfall auf jene inhaltlich eng bemessenen Handlungsbereiche, in denen dem Bund grundgesetzlich verbürgte Kompetenzen oder explizite Mitgestaltungsrechte zustehen. Aufs Ganze betrachtet hat so beispielsweise auch in den Wahlprogrammen der Bundesparteien die Bildungspolitik in Umfang und Stellenwert zumeist deutlich hinter anderen Politikfeldern rangiert. Zudem blieben auch die diesbezüglichen Inhalte oft vage und konturlos oder beschränkten sich auf eng umgrenzte Teilfragen. Erst seitdem die PISA-Ergebnisse die Öffentlichkeit aufrüttelten, ist hier ein Wandel eingetreten. Die Bildungspolitik gelangte nun auch ins Rampenlicht der Bundespolitik. Offenkundig wurde dies in den Bundestagswahlkämpfen seit 2002, in denen die Bundesparteien verstärkt mit bildungspolitischen Vorschlägen und Initiativen um die Wählergunst warben. Nach der Schwächung des Bundes durch die Föderalismusreform war das neue „Megathema" im Bundestagswahlkampf 2009 deutlich weniger präsent, obwohl die Parteiführungen zuvor wortreich das Gegenteil angekündigt hatten.[46] So war es bezeichnend, dass die Bildungspolitik in dem der Wahl vorausgehenden Fernsehduell der Kanzlerin mit ihrem Herausforderer mit keiner einzigen Silbe erwähnt wurde, obwohl Merkel zuvor die Bildungsrepublik ausgerufen und Steinmeier einen nachhaltigen Bildungsaufbruch beschworen hatte. Ein ähnliches Bild ergibt sich über die Jahrzehnte mit Blick auf die Koalitions-

---

[46] Vgl. für die Bundestagswahl 2009 die von der Friedrich Naumann Stiftung erstellte Synopse der Wahlprogramme der Parteien für den Themenbereich der Bildungspolitik. http://mitmachen.fdp.de/files/1410/Synopse_BTW_09_final.pdf , S. 30-40. Ferner die von der Online-Redaktion des Deutschen Bildungsservers durchgeführte Befragung der fünf Bundestagsparteien zu deren bildungspolitischen Präferenzen. http://www.bildungsserver.de/innovationsportal/bildungplus.html?artid= 454&.

vereinbarungen und die Regierungserklärungen. Auch hier blieb die Bedeutung der Bildungspolitik fast durchweg marginal, mitunter wurde sie kaum oder auch gar nicht erwähnt. Seit 2002 ist auch hier ein gegenläufiger Trend zu beobachten, wenngleich auch hier bestimmend bleibt, dass die bundespolitischen Akteure sich eher in unverbindlichen Allgemeinheiten äußern und konkret-inhaltlich vor allem in jenen Bereichen Zurückhaltung üben, in denen Länderzuständigkeiten betroffen sind.

9.1.1 Von den 1950er Jahren bis zur Verfassungsreform von 1969

Allerdings gab es schon früher Phasen, in denen der Bund unter Hinweis auf seine gesamtstaatliche Verantwortung bemüht war, einen aktiveren bildungspolitischen Part zu übernehmen. In der frühen Bundesrepublik, in den 1950er und 1960er Jahren, hielt er sich jedoch noch weitgehend mit eigenen Initiativen zurück. Anlass hierzu hätte ihm die schon damals laut geäußerte öffentliche Kritik an den länderspezifischen Sonderentwicklungen bieten können. Vor allem unterschiedliche Regelungen zu Schultypen, Lehrplänen, Lehrmittelfreiheit oder Schulabschlüssen wurden als „Schulchaos" wahrgenommen. Der Bund beschränkte sich jedoch seinerzeit darauf, durch das Organisieren von Beratung den öffentlichen Bildungsdiskurs anzustoßen und mitzugestalten. So ergriff 1953 der Bundesinnenminister, hierin auch vom Bundestag gedrängt, die Initiative zur Berufung des Deutschen Ausschusses für das Erziehungs- und Bildungswesen, der als gemeinsames Beratungsgremium von Bund und Ländern auf der Bundesebene installiert wurde. Der Schwerpunkt der Arbeit dieses nationalen Beratungsgremiums galt dem Schulwesen, wobei insbesondere sein 1959 veröffentlichte „Rahmenplan zur Umgestaltung und Vereinheitlichung des allgemeinbildenden öffentlichen Schulwesens" wichtige Impulse für spätere Teilreformen im Bildungswesen vermitteln konnte. 1957 wurde dann mit dem Wissenschaftsrat ein gemeinsames Beratungsgremium für die Koordination von Wissenschaft und Forschung eingerichtet, wobei diesmal die Initiative von der Länderseite ausging, die beim Ausbau und Neubau der Hochschulen auf eine verstärkte finanzielle Förderung durch Bundeszuschüsse angewiesen war.

Ein weiterreichender Impuls für ein verstärktes Engagement des Bundes kam jedoch zunächst von außen, nämlich durch eine von der OECD im Oktober 1961 vorgelegte internationale Vergleichsstudie. Sie hatte dem deutschen Bildungswesen einen Leistungs- und Modernitätsrückstand bescheinigt und daraus eine ungünstige Prognose für die künftige Konkurrenzfähigkeit der Wirtschaft abgeleitet (Führ 1998: 15). 1963 betonte vor diesem Hintergrund der neugewählte Bundeskanzler Erhard in seiner Regierungserklärung, es müsse dem deutschen

Volk bewusst werden, dass die Aufgaben der Bildung und Forschung für unsere Zeit den gleichen Rang besäßen wie die soziale Frage im 19. Jahrhundert. Weiteren Auftrieb erfuhr die öffentliche Bildungsdebatte dann kurz danach durch zwei vielbeachtete Publikationen. Im Frühjahr 1964 veröffentlichte Georg Picht in der Wochenzeitung „Christ und Welt" die Artikelserie „Die deutsche Bildungskatastrophe". Er argumentierte primär ökonomisch und standortpolitisch und forderte zur Behebung des Akademikermangels innerhalb eines Jahrzehnts eine Verdoppelung der Abiturientenzahlen. Der Soziologe Ralf Dahrendorf wiederum beklagte 1965 in seinem Buch „Bildung ist Bürgerrecht" aus einer bürgerrechtlichen Perspektive die ausgeprägt ungleiche Verteilung von Bildungschancen in der Gesellschaft. Im Zusammenwirken dieser verschiedenen Argumentationslinien bildete sich in der zweiten Hälfte der sechziger Jahre quer durch alle politischen Parteien ein breiter Konsens über das Ziel heraus, das Bildungswesen insgesamt umfassend zu reformieren und dafür auch entsprechende Planungskapazitäten und finanzielle Mittel bereitzustellen. Auch die Länderregierungen stimmten angesichts dieser quantitativen wie qualitativen Herausforderungen der Auffassung zu, dass zur Bewältigung dieser Herausforderungen nun der Bund künftig stärker in seiner gesamtstaatlichen Verantwortung gefordert sei. Ein erster Schritt in diese Richtung erfolgte zunächst wieder in konzeptioneller Hinsicht auf der Beratungsebene. 1965 beriefen die Bundesregierung und die Länderregierungen gemeinsam den „Deutschen Bildungsrat" als Nachfolgegremium des „Deutschen Ausschusses". Er legte 1970 einen umfassenden „Strukturplan für das Bildungswesen" vor, der für viele Jahre die bildungspolitischen Debatten in Deutschland prägte. Er enthielt weitreichende Vorschläge für Reformen von der Vorschulerziehung bis zur Weiterbildung und bezog auch die Lehrerbildung, die Bildungsverwaltung und die Bildungsfinanzierung in seine Planungsüberlegungen mit ein. Einen über das bloße Beratungswesen hinausgehenden Durchbruch zur Stärkung der bildungspolitischen Rolle des Bundes brachten jedoch erst die im Zuge der Großen Finanzreform erfolgten Verfassungsreformen. Sie wurden von der damaligen Großen Koalition im Mai 1969 in weitgehendem Einvernehmen in Kraft gesetzt. Sie waren zugleich Ausdruck eines seinerzeit noch bestehenden partei- und länderübergreifenden Konsenses in bildungspolitischen Fragen, der schon wenige Monate später mit dem Regierungswechsel zu einer sozial-liberalen Koalition zu zerbröckeln begann. Durch die Grundgesetzänderung erhielt der Bund nun ein Mitgestaltungsrecht bei den Aufgaben der gesamtstaatlichen Bildungsplanung und des Hochschulbaus, die Zuständigkeit für die Rahmengesetzgebung im Hochschulbereich sowie die konkurrierende Gesetzgebungszuständigkeit für die Regelung der Ausbildungshilfen und die Ausgestaltung der Dienstverhältnisse des Lehrpersonals.

9.1.2   Von den 1970er Jahren bis zum PISA-Schock

Auf dieser Grundlage unternahm nach der Bundestagswahl vom September 1969 die neugewählte Bundesregierung den Versuch, den Bund als gesamtstaatlichen Akteur in der Bildungspolitik verstärkt zu positionieren. Bundeskanzler Willy Brandt bekundete im Oktober 1969 in seiner von euphorischer Aufbruchsstimmung geprägten Regierungserklärung seine Entschlossenheit, Bildung und Ausbildung, Wissenschaft und Forschung an die erste Stelle der von ihm geplanten Reformmaßnahmen zu setzen. Unter anderem betonte er, dass die Bundesregierung nunmehr eine klare verfassungsrechtliche Aufgabe für eine gemeinsame Bildungsplanung mit den Ländern habe und sie deshalb in den Grenzen ihrer Möglichkeiten zu einem Gesamtbildungsplan beitragen werde, um die verschiedenen Bildungsbereiche miteinander zu koordinieren. Bereits im Juni 1970 folgte dann die Vorlage des „Bildungsberichts '70", der in zwölf Punkten erstmals ein von einer Bundesregierung konzipiertes Reformprogramm zum Umbau der Struktur des gesamten Bildungswesen enthielt (Hüfner 1986: 56ff). Es reichte vom Elementarbereich über das Schulwesen bis zur Hochschul- und Erwachsenenbildung und griff damit tief in originäre Bereiche der Länderzuständigkeiten ein. Ein solch umfassendes und weitreichendes Programm wäre allerdings nur im Rahmen eines länder- und parteiübergreifenden Konsenses umzusetzen gewesen. Die von der Bundesregierung und den sozialdemokratisch geführten Landesregierungen initiierten Strukturreformen gerieten jedoch rasch in den Sog einer wachsenden parteipolitischen Polarisierung. Sie waren vor allem auch deshalb umstritten, weil über sie gleichzeitig auch Gesellschaftsreformen durchgesetzt werden sollten. Der Konsens und die Bereitschaft zur Kooperation in Bildungsfragen, die in den sechziger Jahren noch alle Parteien, auch über die Ländergrenzen hinweg, verbunden hatte, wichen nun einer lähmenden Phase ideologischer Konfrontationen, die bis etwa Mitte der siebziger Jahre andauerten.

Seitens der Bundesregierung wurden das Scheitern eines Bildungsgesamtplans und die nun eingetretene Stagnation in der Reformpolitik jedoch vor allem aber den Konsenszwängen und der Zersplitterung von Zuständigkeiten im Bildungsföderalismus angelastet. Mit dieser Begründung unternahm nach dem 1974 erfolgten Rücktritt von Bundeskanzler Brandt die Bundesregierung unter Helmut Schmidt einen erneuten Anlauf zum weiteren Ausbau zentralstaatlicher Kompetenzen. Im Februar 1978 legte sie dem Deutschen Bundestag einen Mängelbericht über die strukturellen Probleme des föderativen Bildungssystems vor, der im Interesse einheitlicher Lebensverhältnisse empfahl, dem Bund folgende Entscheidungen zu übertragen: Die Regelung der Schul- und Bildungspflicht, die Regelung der Übergänge und Abschlüsse der einzelnen Stufen des Bildungssystems, die inhaltliche Ordnung des beruflichen Schulwesens sowie die Grundzüge der Lehrerausbildung (Burckhardt 1980: 43). Die damit intendierte Reform zielte vor allem auf das Schulwesen und hätte dem Bund, der seit 1969 bereits in der Hochschulpolitik über gewisse Mitgestaltungskompetenzen verfügte, die Möglichkeit verschafft, künftig auch auf die Schulpolitik der Länder verstärkt Einfluss zu nehmen. Allerdings ist dieser Plan, der ohne eine Verfassungsreform nicht zu verwirklichen war, politisch nicht weiter verfolgt worden, da sowohl die KMK wie vor allem auch die Ministerpräsidenten der unionsregierten Bundesländer einer solchen Beschneidung ihrer Kulturhoheit mit entschiedener Ablehnung begegneten.

Nach diesem Misserfolg hat der Bund in den nächsten beiden Jahrzehnten keine weiteren Vorstöße unternommen, das kompetenzrechtliche Machtgefüge zu seinen Gunsten zu verschieben. Aber auch jenseits formeller Zuständigkeiten boten sich dem Bund bis Ende des Jahrhunderts kaum Möglichkeiten oder Anlässe für nennenswerte bildungspolitische Initiativen. Der öffentliche Bildungsdiskurs war seit Mitte der siebziger Jahre weitgehend zum Erliegen gekommen, zumal auch aus der Bildungslandschaft selbst so gut wie keine neuen Reformimpulse kamen. Vielmehr drängten die alten Strukturdebatten mit ihren Reizthemen der äußeren Schulform die inhaltlichen und pädagogischen Probleme in den Hintergrund. Da zudem auch wachsende Finanzierungsengpässe den zuvor expansiv betriebenen Ausbau der Bildungseinrichtungen lähmten, wich die Bildungseuphorie der frühen siebziger Jahre einer längeren Flaute. Bildung war in dieser Zeit kein herausragendes öffentliches Thema, so dass auch der Bund keinerlei Profilanstrengungen entwickelte. Auch in der Phase nach der Wiedervereinigung änderte sich an der Zurückhaltung des Bundes nichts, zumal der Zeitgeist sich wieder in Richtung einer Reföderalisierung gedreht hatte. Die sperrige und unter Zeitdruck erfolgende Bewältigung des Umbaus des Bildungssystems in den neuen Bundesländern absorbierte zudem alle Energien und ließ so kaum Spielraum für programmatische Reformdebatten. Von daher war es auch nicht erstaunlich, dass selbst auf der Beratungsebene der Bund von Mitte der siebziger bis Ende der neunziger Jahre auf dem großen Feld der vorschulischen und schulischen Bildung so gut wie nicht präsent war. So war nicht nur die 1987 vom Deutschen Bundestag eingesetzte Enquete-Kommission eng auf die grundgesetzlich verankerten Zuständigkeiten des Bundes beschränkt geblieben, vielmehr waren manche Länder in den frühen neunziger Jahren dazu übergegangen, für den Bereich der schulischen Bildung eigene Beratungsgremien einzurichten. Erst als mit den TIMS-Studien 1997 über internationale Vergleichsstudien wieder massive öffentliche Kritik am Leistungsvermögen deutscher Schüler in Mathematik und den Naturwissenschaften laut wurde, legte der Bund seine bisherige Zurückhaltung ab. Er ergriff 1999 die Initiative zur Einrichtung des von Bund und Ländern gemeinsam getragenen „Forum Bildung", das als Beratungsgremium auf der zentralstaatlichen Ebene nicht nur einem Einzelthema, sondern dem Bildungssystem insgesamt gewidmet war.

9.1.3   Die Phase nach 2001

Doch erst die 2001 erfolgte Veröffentlichung der PISA-Ergebnisse und der dadurch ausgelöste nationale Schock rückten die Bildungsthematik vollends auch ins Rampenlicht der bundespolitischen Debatte. Wieder war es eine sozialdemokratisch geführte Bundesregierung, diesmal Rot-Grün, welche die Gunst der Stunde für eine Erweiterung des politischen Gestaltungsraums des Bundes zu nutzen versuchte. Erstmals in der Geschichte der Bundesrepublik gelangte so 2002 im Bundestagswahlkampf auch die Bildungspolitik auf die bundespolitische Themenagenda. Bildungspolitiker der SPD und der Grünen forderten ein Bundeskultusministerium, während die Bundesbildungsministerin eine führende Rolle des Bundes bei der Festlegung von nationalen Bildungsstandards und Bildungstests beanspruchte. Auch Bundeskanzler Schröder ging im Juni 2002 eigens mit einer Regierungserklärung zum Thema „Bildung und Innovation" in die Offensive. Er bezeichnete Bildung als „eines der zentralen Themen moderner Gesellschaftspolitik" und stellte den Zugang aller zu den Bildungschancen sowie die Qualität der Bildungsangebote als Zukunftsaufgabe in den Mittelpunkt seiner Ausführungen. Kurz danach rechnete er in einem Artikel in „DIE ZEIT" mit dem Bildungsföderalismus ab. Dieser habe sich selbst zu Grabe getragen, die Gesamtleistungen der KMK seien schlecht. Was als föderaler Wettbewerb gepriesen werde, erweise sich „im Licht der innerdeutschen PISA-Ergebnisse als Länderegoismus auf dem Rücken der deutschen Schüler" (Schröder 2002: 33). Im gesamtstaatlichen Interesse, so der Kanzler, sei es deshalb unumgänglich, dem Bund die Kompetenz für ein Schulrahmengesetz zu gewähren, um so ein nationales Kerncurriculum sowie einheitliche Bildungsstandards in allen Schulen Deutschlands verbindlich zu machen.

Aber auch dieser Angriff auf das föderale Kompetenzgefüge verpuffte mehr oder minder wirkungslos, zumal diesmal auch die SPD-geführten Landesregierungen energisch widersprachen (Schipanski 2002). In der Legislaturperiode bis 2005 hat die Bundesregierung die Forderung nach einem Schulrahmengesetz und vermehrten Bundeskompetenzen daher auch nicht weiter verfolgt. Beflügelt von ihrem Wahlsieg versuchte sie jedoch weitere gesamtstaatliche Akzente in der Bildungspolitik zu setzen. Eine schulpolitische Initiative startete sie mit einem Ganztagsschulprogramm, das den Ländern erhebliche Investitionshilfen in Aussicht stellte. Ziel war es, dem Bund so auf indirektem Wege neue Möglichkeiten eines steuernden Zugriffs in einem zukunftsträchtigen Aufgabenfeld zu ermöglichen. Während nach einem zähen Ringen zwischen Bund und Ländern hier schließlich eine Einigung gefunden werden konnte, kam es in der Hochschulpolitik zu heftigen Kontroversen. Hier versuchte die Bundesbildungsministerin an zwei politisch sensiblen Punkten das Hochschulrahmengesetz unter Umgehung der Zustimmung des Bundesrates zu novellieren. Im ersten Fall ging es um die Einführung einer Juniorprofessur, mit der die Abschaffung der Habilitation verbunden war, im anderen Fall um ein bundesweites Verbot von Studiengebühren. Gegen beide Gesetze strengten jedoch mehrere unionsregierte Länder ein Normenkontrollverfahren vor dem Bundesverfassungsgericht an, das den föderalen Machtkampf um Kompetenzen zugunsten der Länder entschied. Auch die Initiative des BMBF, über eine Bundesfinanzierung einiger weniger von ihm im Wettbewerb ermittelter Eliteuniversitäten sich ein prestigeträchtiges Zugriffsrecht auf die Wissenschaftspolitik der Länder zu sichern, wurde von diesen zunächst abgeblockt. Erst die umfassende Transformation der ursprünglichen Idee in die spätere Exzellenzinitiative hat dann im Sommer 2005 schließlich doch noch den Weg zu einem pragmatischen Bund-Länder-Kompromiss geebnet.

Die Versuche der rot-grünen Koalition, an den föderalen Stellschrauben zugunsten des Bundes zu drehen, erwiesen sich so weitgehend als gravierender Fehlschlag. Sie haben nicht nur das Klima in der Bundesstaatskommission belastet, sondern auch als Bumerang gewirkt, da der Bund mit der im September 2006 in Kraft getretenen Föderalismusreform wieder zahlreiche Zuständigkeiten an die Länder zurückgeben musste. Nach diesem Triumph der Bildungsföderalisten und dem Regierungswechsel im September 2005, der zu einer Neuauflage der Großen Koalition unter Führung der Unionsparteien führte, sprach daher vieles für eine künftig stärkere Zurückhaltung des Bundes im Bildungsbereich. Wider Erwarten kam es jedoch anders. Im Sommer 2007 überraschte Bundesbildungsministerin Schavan, ehemals Kultusministerin in Baden-Württemberg, nicht zuletzt auch ihre Unionskollegen mit der Feststellung, die mangelnde nationale Vergleichbarkeit und das Nord-Süd Leistungsgefälle im Schulwesen sowie die anhaltende Kompetenzstreitereien innerhalb der KMK diskreditierten in den Augen der Bürger den Föderalismus. Die Ministerin, die nicht versäumte, sich selbst als überzeugte Föderalistin zu bezeichnen, stellte zwar nicht die neue Kompetenzverteilung in Frage, sie machte aber kein Hehl daraus, dass der Bund aus gesamtstaatlicher Verantwortung künftig verstärkt wieder als Impulsgeber und Antreiber gefordert sei. Unter anderem forderte sie von der KMK nicht nur eine entschiedenere Umsetzung bundesweit einheitlicher Bildungsstandards sondern vor allem auch mehr Vereinheitlichung bei den Schulbüchern, der Lehrerausbildung sowie die Einführung eines bundesweiten Zentralabiturs.[47] Für

---

[47] Vgl. hierzu den Beitrag von Heike Schmoll „Kultusminister verteidigen ihre Schulbücher" in der Frankfurter Allgemeinen Zeitung vom 31.7.2007 sowie von Jochen Leffers und Markus Flohr „Kul-

zunehmende Alarmstimmung auch in der Bundespartei sorgten dann erhebliche Stimmenverluste der CDU/CSU bei mehreren Landtagswahlen des Jahres 2008, die von den Wahlstrategen vor allem auch mit der Unzufriedenheit der Wähler in der Schul- und Bildungspolitik erklärt wurden. Mit Blick auf die 2009 anstehenden Bundestagswahlen versuchte deshalb auch Bundeskanzlerin Merkel dem Unbehagen an der „Bildungsmisere", das in der öffentlichen Debatte immer wieder mit dem „föderalen Wirrwarr von Länderkompetenzen und Kultusministerkonferenzen" in Verbindung gebracht wurde, entgegenzuwirken.[48] Um das Thema unter Kontrolle zu bringen erklärte sie die Bildungspolitik demonstrativ zur Chefsache des Bundes, zumal das zuständige Fachressort nur noch in wenigen Bundesländern bei der SPD verblieben war, was zumindest parteipolitisch gesehen ein Durchregieren in der Bildungspolitik zu erleichtern schien. Konkreten Anlass zum Handeln bot eine Ende 2007 von Bund und Ländern gemeinsam vereinbarte „Qualifizierungsinitiative für eine höhere Bildungsbeteiligung und sozialen Aufstieg durch Bildung", die sie zum Erstaunen auch der CDU-Ministerpräsidenten kurzfristig in einen „Bildungsgipfel der Bundesregierung" umfunktionierte. Im Vorfeld dieses bundespolitischen Novums startete sie sodann eine Reihe öffentlichkeitswirksamer Aktionen. Sie prägte das Wort von der Bildungsrepublik Deutschland, unternahm eine Sommertour durch zehn Bundesländer, wo sie verschiedene Bildungseinrichtungen besuchte und lud zur Vorbereitung des Gipfels Verbands- und Medienvertreter, Politiker und Bildungsfachleute zu einem Gespräch am runden Tisch ins Kanzleramt ein. Der mit vielen ehrgeizigen Plänen und Erwartungen befrachtete Gipfel vom 22. Oktober 2008 in Dresden, der einen nationalen Aufbruch zur Qualitätsverbesserung des Bildungswesens auf allen Ebenen initiieren sollte, brachte aber in der Substanz nur wenige konkrete Ergebnisse. Enttäuschung gab es nicht nur über die unzureichende Höhe der beschlossenen Bildungsinvestitionen, sondern auch darüber, dass Bund und Länder sich wieder einmal in zahlreichen Einzelfragen nicht über die konkrete Umsetzung einigen konnten. Ungeklärt blieb so vor allem, wer zu welchen Anteilen für die Finanzierung aufkommen sollte. Entsprechend wurde in weiten Teilen der Öffentlichkeit das Ereignis als Showgipfel oder gar als bildungspolitische Nullnummer kritisiert. Das in der rot-grünen Ära stark rampo-

---

tusminister verhindern Zentralabitur" vom 18.10.2007. http://www.spiegel.de/schulspiegel/wissen/ 0,1518,511972,00.html.

[48] Eine FORSA-Umfrage unter Eltern, die im Mai 2009 erhoben wurde, stellte dem Bildungsföderalismus ein niederschmetterndes Zeugnis aus. Danach wünscht eine erdrückende Mehrheit von 91% der Eltern, dass der Bildungsföderalismus in Deutschland abgeschafft und das Schulsystem bundesweit vereinheitlicht wird. Zugleich forderten 81% der Befragten, dass eine Verbesserung des Schul- und Bildungssystems von der Politik mit Vorrang behandelt werden müsse. Vgl. hierzu den Beitrag von Alex Wolf „Eltern wünschen sich ein einheitliches Bildungssystem" vom 10. 8. 2009. http:// www.spiegel.de/politik/deutschland/0,1518,641532,00.html.

nierte Verhältnis zwischen Bund und Ländern, das zwischenzeitlich als befriedet gelten konnte, war so erneut in eine Belastungskrise geraten, zumal auch die CDU-Ministerpräsidenten fast durchweg sich gegen die neuerlichen Einmischungsversuche des Bundes in ihre Länderdomäne verwahrten. Einmütig forderten sie den Bund dazu auf, sich stärker in seinen ureigenen Bereichen, zumal hier dringlicher Handlungsbedarf vorliege, zu engagieren. Ausdrücklich nannten sie die frühkindliche Bildung, die Weiterbildung wie auch den sozialpolitischen Bereich, in dem die Förderung der schulischen Sozialarbeit oder der Übernahme der Kosten für das Mittagessen bedürftiger Kinder im Rahmen der Ganztagsbetreuung angezeigt sei.

9.2 Die Rolle des Bundesministeriums für Bildung und Forschung

Innerhalb der Bundesregierung liegt die Federführung für die Wahrnehmung der bildungspolitischen Grundsatz-, Koordinierungs- und Gesetzgebungsaufgaben beim *Bundesministerium für Bildung und Forschung (BMBF)*. Es ist damit zugleich maßgeblicher Impulsgeber sowie führender Repräsentant und Akteur des Bundes in der Zusammenarbeit auf der europäischen und der internationalen Ebene. Gleichzeitig ist es im Verhältnis zu den Bundesländern und zur KMK, daneben aber auch für alle sonstigen Gremien im kooperativen Föderalismus, der wichtigste Ansprechpartner und Kooperator in allen bildungspolitischen Angelegenheiten, in denen ein Zusammenwirken von Bund und Ländern angezeigt ist. Sein zentraler Sitz befindet sich nach wie vor in der „Bildungshauptstadt Bonn" im dort neu entstehenden Wissenschaftszentrum, jedoch wurde nach der Wiedervereinigung ein zweiter Sitz in Berlin eingerichtet. In der über fünfzigjährigen Geschichte des Ministeriums wurde unter wechselnden Bezeichnungen sein Zuschnitt und sein Zuständigkeitsbereich mehrfach geändert. Es gab Phasen, in denen die Bildungs- und Wissenschaftspolitik von der Forschungs- und Technologiepolitik institutionell getrennt oder auch unter einem ministeriellen Dach vereinigt waren. So ist auch das heute bestehende BMBF erst 1994 aus der Zusammenlegung von BMBW (Bundesministerium für Bildung und Wissenschaft) und BMFT (Bundesministerium für Forschung und Technologie) hervorgegangen. Seine heute geltende Namensbezeichnung erhielt es erst 1998. Das BMBW bestand seit dem Herbst 1969, nachdem es seinerzeit aus dem seit 1962 bestehenden „Bundesministerium für wissenschaftliche Forschung" hervorgegangen war. Die damals erfolgte Verselbständigung und die Umbenennung war zugleich auch Programm. Die sozialliberale Koalition wollte damit deutlich machen, dass sie gewillt war, die mit den Verfassungsänderungen im Mai desselben Jahres zugeteilten bildungspolitischen Kompetenzen voll zu nutzen. Erstmals seit der

Gründung der Bundesrepublik stand damit ein eigenes Bundesministerium als kompetenter Partner auf dem Gebiet von Erziehung und Bildung den Landesministerien gegenüber. Es erhielt nun auch die bisher primär beim Innenministerium angesiedelten bildungspolitischen Kompetenzen. Als 1972 dann das Forschungsministerium wieder (bis 1994) verselbständigt wurde, erhielt das BMBW als Kompensation zusätzlich die Grundsatz- und Koordinationszuständigkeiten für die berufliche Bildung und die Weiterbildung, die zuvor auf die für Arbeit, Wirtschaft und Jugend zuständigen Ministerien zerstreut gewesen waren. Die 1994 erfolgte neuerliche Zusammenlegung beider Ministerien wiederum kann auch als institutioneller Reflex darauf gesehen werden, dass die Bildungspolitik in der seit Anfang der 1990er Jahre sich verstärkenden Reföderalisierung zunehmend an bundespolitischem Stellenwert verloren hatte.

In der langen Geschichte des Ministeriums gehört auch das heutige BMBF schon aufgrund seiner Personalausstattung – es verfügt gegenwärtig (2009) über insgesamt 8 Abteilungen, je zwei beamtete und parlamentarische Staatssekretäre sowie rund 900 Mitarbeiter – eher zu den kleineren Ministerien. Andrerseits vermochte es das Bundesbildungsministerium, sich auf dieser infrastrukturellen Grundlage eine gesamtstaatliche Analysekapazität in Bildungsfragen aufzubauen, die derjenigen der Länder bei der Erkennung und Propagierung neuerer Trends in der Regel zumindest ebenbürtig war und dem Bund im Dialog mit den Ländern bis heute eine starke Verhandlungsposition sicherte (Friedrich 2006: 482). Bundespolitisch betrachtet zählt es jedoch, wie schon seine Vorgänger, in der Kabinettsrunde eher zu den Leichtgewichten, dessen Stimme im Vergleich zu den klassischen Ministerien deutlich weniger einflussreich ist (Weingart/ Taubert 2006: 14). Dies mag auch erklären, weshalb nur wenige Ministerien einen häufigeren Wechsel des Chefs zu verzeichnen hatten, was wiederum als Indiz für die vergleichsweise geringe Attraktivität dieses Betätigungsfeldes für eine Politikerkarriere gelten kann. Mit Abstand am längsten amtierte bisher mit sieben Jahren (1998-2005) die rot-grüne Bundesbildungsministerin Edelgard Bulmahn. Die bisherigen Amtsinhaber haben dabei nicht nur unterschiedliche parteipolitische Akzente, sondern mitunter auch schwerpunktmäßig Prioritäten im Bereich der beruflichen Bildung oder der Hochschul- bzw. Forschungspolitik gesetzt. Innerhalb des gemeinsamen Hauses kommt der Bildungspolitik traditionell ein geringeres Gewicht zu als der Forschungspolitik. Der Etat des Ministeriums belief sich 2008 auf ein Gesamtvolumen von etwas über 10 Mrd. Euro, wovon 70% auf den Forschungs-, aber nur 30% auf den Bildungsbereich entfielen. Andrerseits gibt es entsprechend dem Grundsatz der Einheit von Forschung und Lehre auch viele Schnittmengen zwischen beiden Bereichen, die dem Bund weitere bildungsspezifische Einflussschneisen eröffnen. Für den politischen Stellenwert des Ministeriums ist die Verbindung beider Bereiche jedoch auch von strategischem Gewicht. Davon profitiert auch die Bildungspolitik, da sich das BMBF gerade auch in diesem Politikfeld in einer Konkurrenzsituation mit anderen Ministerien befindet. So kommt es gerade im Bildungsbereich zu vielfältigen Überschneidungen. Dies erfordert seitens des BMBF in zahlreichen Fällen eine ressortübergreifende Abstimmung und Koordination entsprechender Bildungsvorhaben. So fallen etwa die zunehmend wichtiger werdende frühkindliche Bildung sowie die Jugendhilfe in den Aufgabenbereich des Bundesfamilienministeriums, während das Wirtschaftsministerium und das Sozialministerium über erhebliche Mitspracherechte insbesondere im Bereich der beruflichen Ausbildung und der Weiterbildung verfügen. Ferner ist das Auswärtige Amt für die auswärtige Kulturpolitik und die Auslandsschulen zuständig, das Bundesministerium für wirtschaftliche Zusammenarbeit und Entwicklung trägt dagegen für Fragen des Bildungswesens in der Dritten Welt die Verantwortung. Schließlich besaß vor der Föderalismusreform das Bundesministerium des Innern die Gesetzgebungszuständigkeit für die Besoldung und Versorgung der Lehrer und Hochschullehrer im öffentlichen Dienst. Seitdem ist es nur noch für deren Statusrechte und Statuspflichten zuständig. Ebenso fällt auch die Bundeszentrale für politische Bildung in den Verantwortungsbereich des Innenministeriums.

Versucht man den bildungspolitischen Einfluss des BMBF und seiner Vorgänger über die Jahrzehnte zu bilanzieren, so ergibt sich insgesamt ein eher zwiespältiges Bild. Dies lag zum einen an den eng bemessenen Kompetenzen des Bundes, zum andern an der Überlagerung länderspezifischer und parteienstaatlicher Interessengegensätze, welche die Aktivitäten des Bundes mitunter lähmten oder ins Leere laufen ließen. Trotz dieser Einschränkungen ist es dem zuständigen Bundesministerium immer wieder gelungen, Akzente zu setzen oder auch Weichenstellungen zu initiieren. Ein günstiges Gelegenheitsfenster für Bundesaktivitäten bot sich immer dann, wenn Bildung zu einem öffentlichen Thema wurde, angestauter Reformbedarf politischen Handlungsdruck erzeugte, sich die Finanznot der Länder zuspitzte oder Unmut über die föderale Zersplitterung sich breit machte. Fasst man die bisherigen Entwicklungen zusammen, so kristallisieren sich im Wesentlichen drei Instrumente politischer Steuerung heraus, auf deren Einsatz die Bundespolitik in der jeweiligen Situation mit wechselndem Erfolg rekurrieren konnte:

- Erstens auf die verfassungsrechtlich-konstitutionell gegebenen Gesetzgebungs- und Rechtsetzungskompetenzen. Darunter fallen die Gestaltungs- oder Mitgestaltungskompetenzen im Bereich der Rahmengesetzgebung, der konkurrierenden Gesetzgebung und der Gemeinschaftsaufgaben. Ferner obliegt es der Verantwortung des BMBF, wenn auch unter abgestufter Mitwirkung der Länder, im Rahmen der Europäischen Union die gesamtstaatliche Verantwortung des Bundes bei internationalen Rechtsetzungsakten zu wahren. Hierbei hat es das BMBF seit 1996 mit großem Erfolg vermocht-unabhängig von der politischen Couleur der jeweiligen Bundesregierung-die Internationalisierung der deutschen Bildungspolitik zu einem besonders einflussreichen Schwerpunkt seiner Aktivitäten auszubauen. Innerstaatlich führten insbesondere die beiden Verfassungsreformen von 1969 und 2006 zu erheblichen Gewichtsverlagerungen in die jeweils eine oder andere Richtung. Bei der Wahrnehmung dieser Kompetenzen ist der Bund durchweg auf die Kooperationsbereitschaft der Länder angewiesen, sei es im Bundesrat, sei es innerhalb der durch Verwaltungsvereinbarungen institutionalisierten gemeinsamen Beratungs- und Planungsgremien. Vor allem bei ideologisch- programmatisch kontroversen Themen oder bei stark differierenden Interessenlagen von Bund und Ländern, kann sich im Bund Länder-Verhältnis ein hohes Blockadepotenzial aufbauen. Letzteres kann vor allem bei gegenläufigen Mehrheiten im Bundestag und im Bundesrat virulent werden, zumal wenn die Opposition dazu neigt, den Parteienwettbewerb zugunsten der eigenen Optionen zu aktivieren. Bei bildungspolitischen Reizthemen sind daher dem Gestaltungswillen der Bundesregierung sehr enge Grenzen gezogen. Ein Durchsteuern von oben mit der Brechstange ist bislang immer an der Vetomacht der Länderregierungen gescheitert, verschiedentlich zudem auch am Einspruch des Bundesverfassungsgerichts, das in einer Reihe solcher Streitfälle gegen den Bund zugunsten der Länder entschieden hat.

- Zweitens haben der Bund bzw. das BMBF die Möglichkeit, über die Mitgestaltung des öffentlichen Bildungsdiskurses Einfluss auf die bildungspolitische Themenagenda und deren politische Bearbeitung zu nehmen. Die Anlässe und Modalitäten hierzu sind vielfältig. Sie reichen über öffentliche Wortmeldungen aus aktuellem Anlass, das Organisieren von Bildungsberatung, die Abfassung von Positions- und Strategiepapieren bis hin zur Publikation von Tagungs- und Forschungsergebnissen. Eine besonders günstige Gelegenheitsstruktur liegt jedoch immer dann vor, wenn die öffentlich-mediale Wahrnehmung durch ein allgemeines Krisenbewusstsein geprägt wird und sprachliche Metaphern wie „Bildungskatastrophe" oder „Bildungsmisere" Konjunktur haben. Im Fokus der öffentlichen Kritik stehen dann – zumeist alternierend – bestimmte Leistungs- und Qualitätsdefizite des Bildungssystems, die sich zumeist entweder an der Demokratiefrage, der Gerechtigkeitsproblematik oder der ökonomischen Effizienz festmachen. Dem Bildungssystem wird dann etwa vorgehalten, es bewirke eine Einschränkung von Bürgerrechten, führe zu einer ungleichen Verteilung von Bildungschancen oder gefährde den Wirtschaftsstandort durch Qualitätsmängel bei der Ausbildung. In einer solchen Konstellation, bietet sich dem BMBF

die Chance, sich aus gesamtstaatlicher Verantwortung ressort- und länderübergreifend als Impulsgeber, Moderator oder auch Akteur ins Spiel zu
bringen. Diese Möglichkeit ist vor allem auch dann gegeben, wenn internationale Vergleichsstudien durch Negativbilanzen die Unausweichlichkeit
politischen Handelns sinnfällig machen und so den Druck von außen verstärken. Gestaltungschancen bieten sich dann möglicherweise sogar in der
Schulpolitik, allerdings nur, wenn eine Konfrontation mit den Ländern ver-
mieden wird, da eine mit diesen nicht abgestimmte Bundesinitiative ansonsten in ihrer Wirkung als reine Symbolpolitik zu verpuffen droht.

- Eine dritte Möglichkeit der politischen Steuerung oder Einflussnahme besteht über die Modalitäten der (Ko)Finanzierung von Bildungseinrichtungen
  und Bildungsmaßnahmen. Angesichts der chronischen Finanznot der Länder kann der Bund hier eine punktuelle Strategie des Sich-Einkaufens in eine Länderdomäne praktizieren, um sich so möglicherweise auch inhaltliche
  Mitspracherechte zu sichern. Die erforderlichen Abstimmungen erfolgen in
  den beiden Kammern auf der Parlamentsebene sowie im Rahmen der institutionalisierten Kooperation in den Bund-Länder Gremien, in denen insbesondere die alten oder neuen Gemeinschaftsaufgaben verhandelt werden.
  Entsprechend kann der Bund hier jeweils sein finanzpolitisches Gewicht im
  Sinne eigener Prioritätensetzung und einer Politik des goldenen Zügels ein-
  bringen. Darüber hinaus verfügt das BMBF zusätzlich, d. h. jenseits der institutionellen Mitträgerschaft, über ein variables strategisches Instrumentarium, das ihm erlaubt, über ein eigenes finanzielles Engagement Innovationen und Reformen anzustoßen oder zu befördern. Entsprechende Strategien
  zielen primär auf jene Bereiche, in denen der Bund von der Rechtslage her
  Kompetenzen hat, doch gibt es etwa über die Komponenten „Abschlüsse,
  Übergänge und Anschlüsse" auch zahlreiche Schnittstellen zur Länderdomäne der Schulpolitik. Das BMBF kann hier zahlreiche Initiativen starten
  und finanzieren, darunter Einzelprojekte, Modellvorhaben, Förderprogramme oder Veröffentlichungen im Rahmen der empirischen Bildungsforschung und des Berichtswesens. Dies schließt jedoch nicht aus, dass viele
  dieser Maßnahmen ebenfalls in Absprache oder auch in Kofinanzierung
  gemeinsam mit den Ländern durchgeführt werden. Schließlich gab es bis
  2006 noch die – umstrittene – Möglichkeit für den Bund über Art. 104 b
  Abs. 1 GG den Ländern investive Finanzhilfen auch für den Schulbereich
  zur Verfügung zu stellen, doch ist diese Variante des Goldenen Zügels im
  Zuge der Föderalismusreform auf entschiedenes Drängen der Länder aus
  der Verfassung gestrichen worden.

Im Folgenden sollen nun einzelne Bereiche der Bildungspolitik, in denen der Bund als politischer Player in Erscheinung trat, im historischen Überblick in einer knappen Übersicht näher skizziert werden. Als analytische Leitkriterien dienen in einer systematischen Perspektive vorrangig die vorstehend genannten Steuerungsinstrumente. Hierbei erfolgt eine exemplarische Beschränkung auf die beiden Schwerpunkte der Schulpolitik und der Hochschulpolitik. Beide stehen nicht nur im Fokus der öffentlichen Wahrnehmung und kontroverser Debatten, sie machen auch den Kern des Bildungsföderalismus aus, der in dieser Darstellung im Vordergrund steht. Eine weitere inhaltliche Beschränkung erfolgt bei der Hochschulpolitik, insofern hier im Sinne eines engeren Bildungsbegriffes die studien- und lehrbezogenen Fragestellungen im Mittelpunkt der Analyse stehen. Der Bereich der Forschung und Entwicklung wird somit weitgehend ausgeblendet und nur insoweit berücksichtigt, als dies unter dem Blickwinkel der Bildungsproblematik geboten erscheint.

9.3 Der Bund und die Schulpolitik

Die Schulpolitik ist praktisch eine reine Länderdomäne, denn das gesamte Schulrecht fällt in die ausschließliche Gesetzgebungskompetenz der Länder. Dennoch wurden in der Vergangenheit immer wieder Vorschläge laut oder politische Initiativen angestoßen, um dem Bund hier ein größeres Mitspracherecht etwa in Form eines Bundesrahmengesetzes einzuräumen. Diese Bemühungen sind jedoch trotz aller öffentlichen Kritik am Kompetenzwirrwarr des Bildungsföderalismus bisher alle wirkungslos verpufft. Durchweg haben sich die Länder im Bereich des Schulwesens mit kompromissloser Konsequenz einer Beschneidung ihrer Kulturhoheit widersetzt. Diese wäre zudem auch nur in Form einer freiwilligen Selbstentmachtung mittels der dazu erforderlichen Verfassungsreform möglich gewesen. Auch künftig ist daher davon auszugehen, dass eventuelle weitere Vorstößen der Bundesseite in diese Richtung chancenlos bleiben werden. Nach wie vor verfügt daher der Bund in diesem zentralen Bildungsbereich nur über minimale rechtliche Mitgestaltungsmöglichkeiten, die sich seit 1969 primär aus den Gemeinschaftsaufgaben ergeben. Von 1969 bis 2006 galt dies für den Bereich der Bildungsplanung, seit 2006 für die Aufgabe der Feststellung der Leistungsfähigkeit des Bildungswesens im internationalen Vergleich. Zu erwähnen ist ferner, dass von 1969 bis 2006 der Bund im Rahmen der konkurrierenden Gesetzgebung dafür zuständig war, entsprechende Rahmenvorschriften für die Besoldung und Versorgung der im öffentlichen Dienst stehenden Lehrerinnen und Lehrer zu erlassen.

Die marginalen Kompetenzen des Bundes in der Schulpolitik spiegeln sich auch in den Bildungsausgaben wider. So stammten von den öffentlichen Ausgaben in einer Höhe von insgesamt 50,2 Mrd. Euro, die im Jahre 2005 für den Bereich der allgemeinbildenden und beruflichen Schulen verausgabt wurden, nur 0,6 Mrd. Euro, d. h. 1,3% des Gesamtaufwandes, aus dem Bundesetat (Statistisches Bundesamt 2008: 35). Auch aufgrund dieses minimalen finanziellen Engagements könnte man geneigt sein, das politische Gewicht des Bundes im Schulwesen als äußerst gering zu veranschlagen. Dies liefe jedoch auf eine Fehlinterpretation hinaus, denn der Bund hat immer wieder Gelegenheiten gefunden und auch genutzt, um auf die Schulpolitik zumindest indirekt Einfluss zu nehmen. Andrerseits ist jedoch festzuhalten, dass diese Wirkungen im Einzelfall letztendlich nicht messbar oder eindeutig zurechenbar sind. Einflüsse sind insbesondere hinsichtlich der Mitgestaltung des öffentlichen Bildungsdiskurses und der schulpolitischen Themenagenda zu konstatieren, in abgeschwächter Form aber auch für inhaltliche und strukturelle Impulse und Anstöße, die der Bund zumindest unterstützend mitbefördert hat. Dies soll im Folgenden in vier Schritten näher verdeutlicht werden. Dargestellt werden die Rolle des Bundes als Mitorganisator von Bildungsberatung, seine Einflussmöglichkeiten im Rahmen der Gemeinschaftsaufgaben sowie spezielle Formen der (Ko)Finanzierung von schulbezogenen Projekten, Programmen oder Aufgaben.

9.3.1 Mitgestaltung über das Beratungswesen

Das Schulwesen ist aufgrund seiner herausragenden gesamtgesellschaftlichen Bedeutung immer wieder Gegenstand entsprechender Bildungs- und Reformdebatten. In diesem Kontext hat auch der Bund stets nach Gelegenheiten gesucht, um den öffentlichen Bildungskurs aus einer gesamtstaatlichen Perspektive mitzugestalten, um auf diese Weise zumindest indirekt auf die Politik in den Ländern Einfluss zu nehmen. In der Zeit vor der PISA-Ära hat er diese Funktion insbesondere über das von ihm und den Ländern gemeinsam getragene Beratungswesen zu erfüllen gesucht. Die hierzu jeweils eingerichteten Beratungsgremien unterschieden sich zwar nach ihrer internen Zusammensetzung und ihrer organisatorischen Struktur, gemeinsam war ihnen jedoch, dass sie unter Überschreitung grundgesetzlicher Kompetenzgrenzen sich durchweg auf die Gesamtheit der Bildungseinrichtungen richten konnten (Klemm 2006: 396). Auch das Schulwesen stand so immer wieder im Fokus der vom Bund mitverantworteten staatlichen Politikberatung. Die überaus zahlreichen Gutachten, Stellungnahmen oder Empfehlungen der entsprechenden Gremien wurden zwar in den wenigsten

Fällen umgesetzt, sie haben dennoch auch Impulse für wichtige spätere Teilreformen geliefert.

So hatte etwa der *Deutsche Ausschuss für das Erziehungs- und Bildungswesen* mit seinen 1959 und 1964 vorgelegten Empfehlungen die Konzeption der Hauptschule maßgeblich bestimmt, die im Oktober 1964 durch das Hamburger Abkommen der KMK bundeseinheitlich als Schulart eingeführt wurde. Auch die Reform der gymnasialen Oberstufe aus dem Jahre 1960, die mit der Saarbrücker Vereinbarung der KMK umgesetzt wurde und die Zahl der Pflichtfächer mit der Zielsetzung einer Vertiefung des Unterrichts reduzierte, geht auf seine Empfehlung zurück. 1959 schlug er in seinem Rahmenplan vor, an die vierjährige Grundschule eine zweijährige „Förderstufe" anzugliedern, um so die Selektion für das dreigliedrige Schulsystem um zwei Jahre nach hinten zu verschieben. Die Förderstufe wurde zwar später in mehreren Ländern auch eingeführt, jedoch danach in regional stark abgewandelter Form als Orientierungsstufe bundesweit weiterentwickelt.

Eine wesentlich nachhaltigere Wirkung erzielte die Beratungstätigkeit des *Deutschen Bildungsrates*, auch wenn dessen zum Teil visionären Empfehlungen nur sehr fragmentarisch oder zeitverzögert umgesetzt wurden (Füssel/Leschinsky 2008: 115ff). Zahlreiche der von diesem Gremium angesprochenen Themen und die daran geknüpften Reformvorschläge sind jedoch bis heute auf der schulpolitischen Agenda präsent geblieben. Über die Modalitäten der Berufung der Mitglieder der Bildungs- und Regierungskommission und die von Bund und Ländern gemeinsam finanzierte Geschäftsstelle vermochte der Bund hierbei einen gewichtigen Einfluss auf die Arbeit des Bildungsrates auszuüben (Klemm 2006: 393). Das wichtigste von ihm verabschiedete Dokument war der 1970 von ihm vorgelegte „Strukturplan für das Bildungswesen", der weitreichende Veränderungsvorschläge auch für das Schulwesen enthielt und ohne Minderheitenvoten im Konsens verabschiedet wurde. Für den Elementarbereich empfahl er die Einrichtung von Vorschulklassen, um damit einen gleitenden Übergang in die Grundschule zu ermöglichen, verbunden mit der Hoffnung, damit auch sozial ungleich verteilte Bildungschancen nach Möglichkeit frühzeitig zu kompensieren. In der Grundschule selbst plädierte er dafür, elementare natur- und sozialwissenschaftliche Inhalte in den Unterricht zu integrieren und diesen durch Arbeitsformen des entdeckenden, selbständigen und kooperativen Lernens anzureichern. Für die Sekundarstufe I befürwortete er Schulversuche zur integrierten Gesamtschule, deren Einführung bereits damals heftige Kontroversen auslöste. Ferner plädierte er für eine verstärkte Kooperation verschiedener Schulformen in Schulzentren sowie die Einführung einer einheitlichen zehnjährigen Pflichtschulzeit. Richtungsweisend für den Sekundarbereich II wurde sein Vorschlag einer allmählichen Verzahnung berufs- und allgemeiner Bildungsgänge mit der

Möglichkeit, auch über einen beruflichen Abschluss die Hochschulreife zu erwerben. Für die gymnasiale Oberstufe schlug er ein System von Pflicht- und Wahlkursen vor, das die Vermittlung allgemeiner grundlegender Inhalte mit der Möglichkeit individueller Spezialisierung verbinden sollte. Dies ebnete den Weg für das Kurssystem der Reformierten Oberstufe, das 1972 durch eine Vereinbarung der KMK bundesweit eingeführt wurde. Aktuell geblieben sind darüber hinaus zwei weitere wichtige Empfehlungen des Bildungsrates: 1968 zur Einrichtung von Schulversuchen mit Ganztagschulen sowie 1973 zur Reform von Organisation und Verwaltung im Bildungswesen mit der Zielsetzung einer verstärkten Selbständigkeit der Schule und der Partizipation der Lehrer, Schüler und Eltern. Letztere Reform lehnten die Kultusverwaltungen der Länder geschlossen ab, da sie die Rolle der staatlichen Schulaufsicht gefährdet sahen. Das Thema „Schulautonomie" wurde erst seit Mitte der neunziger Jahre im Rahmen einer deutlich professionelleren Diskussion über ein neueres Steuerungsmodell und adäquate Evaluationsinstrumente neu aufgegriffen und ist seitdem kontinuierlich Gegenstand entsprechender Reformen in allen Bundesländern.

Nach einer Pause von 24 Jahren hat als letztes gesamtstaatliches Beratungsgremium das 1999 auf Initiative der Bundesbildungsministerin eingerichtete *Forum Bildung* sich zumindest ansatzweise mit schulpolitischen Fragestellungen beschäftigt. Allerdings sind die ausgesprochenen Empfehlungen sehr allgemein gehalten und beschränken sich auf bildungspolitisch ohnehin allseits konsensfähige Forderungen. Dazu gehören z.B. Qualitätsverbesserungen bei der vorschulischen Erziehung, die Betonung individueller Förderung, der Ausbau von Ganztagsschulen, die Förderung fachübergreifender Kompetenzen, die Konzeption von Schule als „Haus des Lernens" oder die Forderung nach mehr Eigenverantwortung in den Bildungseinrichtungen. Die in der parallel durchgeführten PISA-Studie bearbeiten Fragestellungen wie die ungewöhnlich großen sozialen Disparitäten, das große Kompetenzgefälle zwischen den Bundesländern und das Fehlen gemeinsamer Standards wurden dagegen „in den Empfehlungen des Forums Bildung lediglich ansatzweise thematisiert" (Cortina u.a. 2008: 115). Eine bildungspolitische Wirkung erzielte so eher die im Vorwort der Empfehlungen festgehaltene Anregung an Bund und Länder, eine regelmäßige Bildungsberichterstattung zu installieren (Klemm 2006: 396). Dies ist inzwischen mit dem 2006 erstmals gemeinsam vorgelegten nationalen Bildungsbericht geschehen, durch den die Öffentlichkeit über Entwicklungen und Probleme in allen Bereichen des Bildungssystems künftig regelmäßig informiert werden soll.

9.3.2   Einflussnahme über die alte Gemeinschaftsaufgabe Bildungsplanung

1969 war durch eine Grundgesetzänderung in Artikel 91 b GG die *alte Gemeinschaftsaufgabe Bildungsplanung* eingeführt worden, durch die der Bund bis 2006 über eine Mitgestaltungsmöglichkeit auch in der Schulpolitik verfügte. Zur Konkretisierung dieses Verfassungsauftrags hatten Bund und Länder 1970 die Bund-Länder-Kommission für Bildungsplanung (BLK) eingerichtet, die als ständiges Gesprächsforum für alle Bund und Länder gemeinsam berührende Bildungsfragen fungieren sollte. Das zugrunde liegende Verwaltungsabkommen stellte der BLK die Aufgabe, einen gemeinsamen langfristigen Rahmenplan für eine gesamtstaatlich abgestimmte Entwicklung das gesamten Bildungswesen zu erarbeiten, entsprechende Teilpläne zu entwerfen und ein gemeinsames Bildungsbudget zu erstellen. Die Arbeit dieser gemeinsamen Regierungskommission von Bund und Ländern gestaltete sich jedoch von Anfang schwierig, da die ideologischen Grabenkämpfe der frühen siebziger Jahre das Verhandlungsklima zunehmend belasteten. Nach äußerst zähen und konfliktreichen Vorarbeiten konnte dann schließlich 1973 doch noch ein gemeinsam erarbeiteter Bildungsgesamtplan vorgelegt werden, der Leitlinien für die Entwicklung des Bildungssystems bis 1985 beinhaltete. Kernpunkt dieses umfassenden Strukturplans war die Einführung einer Stufengliederung in sämtlichen Bildungsgängen, in die auch die Lehrerausbildung entsprechend einbezogen wurde. Im Endeffekt hätten diese Maßnahmen insgesamt zu einer stärkeren Horizontalisierung, Durchlässigkeit und Vereinheitlichung des traditionellen Schulsystems geführt. An diesem Punkt entzündete sich jedoch bei der Verabschiedung des Bildungsgesamtplans ein heftiger Streit zwischen der Minderheit aus CDU-regierten B-Ländern und der Mehrheit aus SPD-regierten A-Ländern, der seinen Niederschlag in drei Sondervoten der B-Länder fand (Gass-Bolm 2005: 284f). Letztere lehnten vor allem die von der SPD/FDP-Delegierten befürwortete Einführung der integrierten Gesamtschule ab, da dadurch die Abschaffung des dreigliedrigen Schulsystems intendiert werden sollte. Unüberbrückbaren Dissens gab es aber auch bei der Orientierungsstufe und bei der Lehrerbildung. Im Gegensatz zu den A-Ländern optierten die B-Länder statt für die schulformunabhängige für die schulformabhängige Orientierungsstufe und in der Lehrerbildung waren die B-Länder zwar bereit den Stufenlehrer zu akzeptieren, bestanden jedoch auf einer längeren Ausbildung der Lehrer für die Sekundarstufe II mit entsprechend höherer Bezahlung. Aufgrund dieser vor allem parteipolitisch und weniger länderspezifisch bedingten Konfrontation war in der Folgezeit das Scheitern der gemeinsamen Bildungsplanung praktisch vorprogrammiert. Der Versuch, den Bildungsgesamtplan bis 1995 in modifizierter Form fortzuschreiben, scheiterte nach jahrelangen erfolglosen Anläufen endgültig bereits 1982.

Begünstigt wurde die Abkehr von der gesamtstaatlichen Bildungsplanung aber auch durch die mit den Jahren gewachsene Skepsis gegenüber der Planungseuphorie, die in der Reformphase Ende der sechziger und frühen siebziger Jahre noch vorgeherrscht hatte. Auch der Beitritt der neuen Bundesländer im Zuge der Wiedervereinigung vermochte so der fast schon obsolet gewordenen gemeinsamen Bildungsplanung von Bund und Ländern keine neuen Impulse zu vermitteln. Vielmehr ist angesichts der unterschiedlichen schulpolitischen Entwicklungen in den alten und neuen Bundesländern und den immer wieder neu aufbrechenden parteipolitischen Gegensätzen zwischen Bundesregierung und Länderregierungen der politische Wille zum Konsens in einer gemeinsamen kooperativen Bildungsplanung weitgehend zum Erliegen gekommen. Vor allem die Länderseite zeigte keinerlei Interesse mehr und ging zunehmend auf Distanz. Im Vorfeld der Föderalismusreform von 2006 argumentierten die Ministerpräsidenten der Länder, die bisherige Zusammenarbeit mit dem Bund im Bereich der Bildungsplanung habe sich alles andere als effektiv erwiesen. Einmütig bekundeten sie daher ihre feste Absicht, aus der Gemeinschaftsaufgabe der gemeinsamen Bildungsplanung mit dem Bund auszusteigen (Kommission von Bundestag und Bundesrat/Kommissionsdrucksache 0045:4). Die Bundesregierung wiederum protestierte mit Vehemenz, hierin unterstützt durch einen gemeinsamen Antrag der Regierungsfraktionen und der FDP-Fraktion im Deutschen Bundestag. Dieser Antrag sprach sich für die Fortführung der gemeinsamen Bildungsplanung von Bund und Ländern und damit zugleich für die Beibehaltung der BLK aus (Füssel 2003: 376ff). Durchgesetzt hat sich in diesem Machtkampf zwischen Bund und Ländern wieder einmal mehr die Länderseite, weshalb im Herbst 2006 die BLK ihre Arbeit in der Bildungsplanung auch formal eingestellt hat.

9.3.3 Einflussnahme über die neue Gemeinschaftsaufgabe Feststellung der Leistungsfähigkeit des Bildungswesens im internationalen Vergleich

In den Verhandlungen der Bundesstaatkommission zur Föderalismusreform hatte es zunächst danach ausgesehen, dass nach dem Wegfall der Bildungsplanung dem Bund im Feld der Schulpolitik künftig keinerlei Mitgestaltungskompetenzen mehr verbleiben würden. Unter dem Eindruck der wenig schmeichelhaften Ergebnisse der internationalen Vergleichsstudien wurde jedoch die *neue Gemeinschaftsaufgabe Feststellung der Leistungsfähigkeit des Bildungswesens im internationalen Vergleich* in Art. 91b Abs. 2 des Grundgesetzes eingefügt. Durch diese neue Mitwirkungskompetenz hat der Bund vermutlich wesentlich gewichtigere Einflussmöglichkeiten auf die schulpolitische Entwicklung erhalten als er zuvor über die Bildungsplanung je besessen hat. Die Modalitäten der künftigen

Kooperation von Bund und Ländern in diesem neuen Aufgabenbereich wurden in einem Anfang 2007 in Kraft getretenen Verwaltungsabkommen geregelt.[49] Beide Seiten gehen hier die Verpflichtung ein, bei diesbezüglichen empiriegestützten Berichten und Empfehlungen mit dem Ziel zusammenzuwirken, die Qualität des deutschen Bildungswesens zu stärken. Zur effizient-operativen Umsetzung der neuen Gemeinschaftsaufgabe wurde eine kleine Steuerungsgruppe eingerichtet, die aus insgesamt acht stimmberechtigten Mitgliedern besteht. Sie werden je hälftig von Bund und Ländern auf der Staatssekretärs- oder Abteilungsleiterebene delegiert und sollen in ihrer Zusammensetzung eine möglichst weitgehende Vertretung aller Bildungsbereiche gewährleisten.[50] Die Steuerungsgruppe fasst ihre Beschlüsse mit einer Mehrheit von mindestens sieben Stimmen, wodurch zwangsläufig ein hoher Konsensdruck entsteht. Dem Gremium, in dem Bund und Länder sich im Vorsitz jährlich abwechseln, gehören als nicht stimmberechtigte Mitglieder zudem der Generalsekretär der KMK, der Direktor des Instituts für Qualitätssicherung im Bildungswesen, der Direktor des Instituts für Forschungsinformation und Qualitätssicherung der DFG sowie der Vorsitzende des wissenschaftlichen Beirates an. Letzterer, der bis zu acht in der empirischen Bildungsforschung als exzellent ausgewiesene Experten umfassen soll, hat die Aufgabe, die Steuerungsgruppe wissenschaftlich zu unterstützen. Im Gegensatz zur BLK wurde bei der Einrichtung dieses Kooperationsgremiums bewusst der bürokratische Aufwand niedrig gehalten und somit auf die Einrichtung einer eigenen Geschäftsstelle verzichtet. Vielmehr soll die geschäftsmäßige Unterstützung der Aufgabenwahrnehmung unmittelbar im Zusammenwirken des Sekretariats der KMK mit dem BMBF erfolgen. Die Steuerungsgruppe hat insbesondere vier Aufgaben zu erfüllen: Die Koordinierung der Teilnahme Deutschlands an den internationalen Vergleichsstudien, die Koordinierung und Begleitung der nationalen Bildungsberichterstattung, die Vorbereitung von Empfehlungen unter Berücksichtigung der Zuarbeiten des wissenschaftlichen Beirates sowie die Befassung mit Vorhaben der Bildungsforschung, die im gemeinsamen Interesse von Bund und Ländern durchgeführt werden.

- Die erstgenannte Zielsetzung, die Beteiligung an den *internationalen Vergleichsstudien*, steht zugleich für die Genese der neuen Gemeinschaftsaufgabe. Um die internationale Anschluss- und Wettbewerbsfähigkeit des deutschen Bildungssystems zu gewährleisten haben sich Bund und Länder darauf verpflichtet, im gemeinsamen Zusammenwirken künftig an drei zentra-

---

[49] Das Abkommen wurde am 21. Mai 2007 beschlossen und im Bundesanzeiger Nr. 106 vom 13. Juni, Seite 5861 veröffentlicht. Es trat rückwirkend zum 1. Januar 2007 in Kraft.
[50] 2009 gehörten der Steuerungsgruppe je ein Vertreter aus Bayern, Schleswig-Holstein, Sachsen und Sachsen-Anhalt an, drei Mitglieder vertraten das BMBF, ein Mitglied das BMFSFJ.

len Vergleichsuntersuchungen teilzunehmen, die im Zeitraum von 2009 bis 2015 anstehen. Hierbei handelt es sich um die PISA-Studie im Sekundarbereich I sowie die beiden Untersuchungen PIRLS/IGLU und TIMMS in der Primarstufe.[51] Die Wahrnehmung dieser Aufgabe ist zugleich mit der Auflage verbunden, aus den Ergebnissen dieser Vergleichsuntersuchungen bildungspolitische Folgerungen für entsprechende Reformmaßnahmen abzuleiten und diese in Form *gemeinsamer Empfehlungen von Bund und Ländern* zur Richtschnur künftigen bildungspolitischen Handelns zu machen. So haben die KMK und das BMBF im März 2008 aus den Ende 2007 veröffentlichten Ergebnissen von PIRLS/IGLU 2006-I und PISA 2006-I eine beide Studien integrierende gemeinsame Stellungnahme verabschiedet.[52] Sie enthält neben der Analyse der wichtigsten Erkenntnisse eine Darstellung der Schlussfolgerungen, in denen neue bildungspolitische Schwerpunktsetzungen formuliert werden, für die ein umfassendes Maßnahmenbündel vorgeschlagen wird. Sie zielen in besonderem Maße auf die Förderung von leistungsschwachen und sozial benachteiligten Schülerinnen und Schülern in der Sekundarstufe I, die aus bildungsfernen Familien stammen oder einen Migrationshintergrund aufweisen. In diesem Kontext sollen geeignete Maßnahmen dazu beitragen, die Durchlässigkeit zu verbessern, die Übergänge zu erleichtern und die Abschlüsse zu sichern. Ferner wird die Entschlossenheit bekundet, durch gemeinsame Vorhaben die kompetenzbasierte Unterrichtsentwicklung voranzubringen und der individuellen Förderung der Schülerschaft durch die Integration diagnostischer und methodisch-didaktischer Kompetenzen in die Lehrerausbildung künftig ein größeres Gewicht beizumessen. An weiteren konkreten Maßnahmen genannt werden das bis 2009 laufende Ganztagsschulprogramm des Bundes, verschiedene Förderprojekte des Bundes im Bereich der frühkindlichen Bildung, zur beruflichen Integrationsförderung sowie eine Vielzahl von Forschungsprojekten mit einem schulischen Bezug. Zugleich wird in diesem Zusammenhang jedoch auch strikt auf die Kompetenzabgrenzung von Bund

---

[51] Die PISA-Studie findet in einem dreijährigen Rhythmus statt, wobei der zweite Gesamterhebungszyklus von der OECD für die Jahre 2009, 2012 und 2015 festgelegt wurde. Untersucht werden wie bereits im ersten Zyklus (2000, 2003, 2006) in der Altersgruppe der 15-jährigen bzw. der 9. Jahrgangsstufe die Schülerkompetenzen in den Bereichen Lesen, Mathematik und Naturwissenschaften. In einem fünfjährigen Rhythmus erfolgt die Internationale Grundschul-Leseuntersuchung PIRLS/IGLU (Progress in International Reading Literacy Study), in der das Leseverständnis der 4. Jahrgangsstufe getestet wird. In einem vierjährigen Rhythmus durchgeführt wird die Untersuchung TIMMS, die das mathematisch und naturwissenschaftliche Grundverständnis am Ende der 4. Jahrgangsstufe untersucht, wobei wie im Falle von PIRLS/IGLU die nächste Untersuchung für das Jahr 2011 terminiert ist.
[52] http://www.bmbf.de/pub/gemeinsame_empfehlungen_iglu_und_pisa_06.pdf

und Ländern geachtet. So wird zwar in den Empfehlungen der Aspekt der
Gemeinsamkeit immer wieder ausdrücklich betont, dem Bund im Hand-
lungsfeld der Schulpolitik jedoch eine ausschließlich unterstützende Rolle
zugewiesen. Dennoch ist deren künftige Bedeutung für die Schulpolitik der
Länder alles andere als marginal einzuschätzen.

- Ein zweites Kooperationsfeld besteht bei der *nationalen Bildungsberichts-
erstattung,* die bereits 2004 als gemeinsames Vorhaben von der KMK und
dem BMBF verabredet wurde und nun Teil der Gemeinschaftsaufgabe ist.
Der von einer unabhängigen wissenschaftlichen Autorengruppe erstellte Bericht „Bildung in Deutschland" stellt ein wichtiges gemeinsames Element
im Rahmen des vereinbarten Bildungsmonitorings dar. Er informiert alle
zwei Jahre auf der Grundlage statistisch und sozialwissenschaftlich abgesi-
cherter Daten und international anschlussfähiger Indikatoren über Rahmenbedingungen, Ergebnisse und Erträge von Bildungsprozessen im Lebenslauf. Beobachtet wird hierbei das gesamte Bildungssystem vom Elementarbereich bis zur Weiterbildung, wobei jeder Bericht jeweils auch ein
Schwerpunktthema behandelt. Der 2006 vorgelegte erste Bericht enthielt
eine Analyse zum Thema „Migration und Bildung", der im Juni 2008 er-
schienene zweite Bericht, der insgesamt bereits problemorientierter angelegt
ist, eine Analyse zu den „Übergängen im Anschluss an den
Sekundarbereich I". Ergänzend hinzu kommt im Rahmen der neuen Gemeinschaftsaufgabe seit 2008 auch der gemeinsame jährliche Bildungsfinanzbericht, der die öffentlichen und privaten Bildungsausgaben im Überblick und im internationalen Kontext detailliert darstellt. Die Berichte werden in den Medien und der Öffentlichkeit breit rezipiert, in der Fachwelt intensiv diskutiert und bieten darüber hinaus auch eine solide empirische Basis für anstehende Maßnahmen bei der bildungspolitischen Steuerung in
Bund und Ländern. Dass gerade auch der Bund aus der Bildungsberichterstattung politisches Kapital schlagen kann, bewies die Bundeskanzlerin im
Juni 2008. Am Tag, an dem der zweite nationale Bildungsbericht veröffentlicht wurde, rief sie unter dem Hinweis „Wohlstand für alle heißt heute und
morgen: Bildung für alle" die „Bildungsrepublik" aus. Zudem können auch
im Falle der Bildungsberichte das BMBF und die KMK gemeinsame
Schlussfolgerungen und Empfehlungen für bildungspolitische Reformmaßnahmen aussprechen. Dies ist erstmals für den Nationalen Bildungsbericht
2006 erfolgt, wobei die für den schulischen Bereich empfohlenen Maßnahmen sich weitgehend auf der Linie der Schlussfolgerungen bewegen, die für

die bereits erwähnten internationalen Vergleichsstudien formuliert wurden.[53]

- Die dritte Säule der neuen Gemeinschaftsaufgabe bildet die empirisch ausgerichtete *Bildungsforschung.* Ihre strategische Bedeutung für eine evidenzbasierte Bildungspolitik und Bildungsplanung hat im Zuge der internationalen Vergleichsstudien deutlich zugenommen. Bund und Länder haben sich in der Steuerungsgruppe darauf verständigt, dass der Bund durch anwendungsbezogene Forschungsvorhaben, die mit den Ländern gemeinsam abgestimmt sind, diese bei ihren künftigen Reformanstrengungen im Bildungswesen gezielt unterstützen soll. Für das BMBF ergeben sich so bedeutsame Einflussmöglichkeiten, da die Forschungsvorhaben sich auf Probleme beziehen, die für eine künftige outputorientierte Systemsteuerung und Qualitätssicherung in den Ländern von zentraler Bedeutung sind und die Forschungsergebnisse möglichst der unmittelbaren Umsetzung zugutekommen sollen. Im Rahmen der neuen Gemeinschaftsaufgabe hat so das BMBF Ende 2007 ein ebenso umfangreiches wie ambitioniertes Rahmenprogramm zur Förderung der empirischen Bildungsforschung aufgelegt. Es enthält sowohl Maßnahmen zur strukturellen Stärkung der empirischen Bildungsforschung wie auch einzelne thematisch fokussierte Forschungsschwerpunkte, die vor allem darauf abzielen, den engen Zusammenhang von sozialer Herkunft und Bildungserfolg aufzulösen.[54] Die Forschungsvorhaben, die sich auf das Bildungssystem in seiner Gänze erstrecken, sind nicht zuletzt auch für den Schulbereich von herausragender Bedeutung. Eine ganze Reihe von Vorhaben befinden sich bereits in der Umsetzungsphase. Unter den bereichsübergreifenden Vorhaben ist insbesondere die Etablierung eines nationalen Bildungspanels zu erwähnen, das in Form einer Langzeitstudie die individuelle Bildungsbiografie und den Kompetenzerwerb von Schülern bis in das Erwachsenenalter umfassend dokumentieren soll. Hinzu kommen die damit in Zusammenhang stehenden Forschungsvorhaben, die der weiteren Entwicklung und Anwendung von Formen einer altersspezifischen Kompetenzdiagnostik dienen. In der vom BMBF herausgegebenen Reihe „Bildungsforschung" sind in den letzten Jahren bereits auch einige Studien zu zentralen Problemen der schulischen Entwicklung erschienen. Unter anderem zur Förderung der Lesekompetenz, zum Verfahren der Sprachstandfeststellung für die Frühförderung, zum Schulerfolg von Jugendlichen mit Migrationshintergrund, zu Fragen der Ganztagsschulentwicklung oder zur Qualitätssicherung

---

[53] http://www.kmk.org/fileadmin/veroeffentlichungen_beschluesse/2006/2006_12_07-Bildungsbericht_ 2006_1_.pdf
[54] Das Rahmenprogramm findet sich auf der Homepage des BMBF unter http://www.bmbf.de/pub/ foerderung_der_empirischen_bildungsforschung.pdf.

des Unterrichts durch Bildungsstandards. Weitere Vorhaben werden sich mit der Optimierung von schulischen Lehr-Lernprozessen oder auch der Professionalisierung des Lehrerpersonals befassen.[55]

9.3.4   Einfluss durch Finanzierung

Eine dritte Form der Mitgestaltung im Schulbereich eröffnet sich dem Bund über das Instrument der Finanzierung bzw. Mitfinanzierung von Bildung. Darunter fällt zunächst die hälftige Kostenübernahme für die oben beschriebenen *gesamtstaatlichen Beratungsgremien* und die von diesen erstellten Gutachten. Zudem hat der Bund auch die Möglichkeit, *eigene Gutachten* zu Schulfragen in Auftrag zu geben, um so den bildungspolitischen Diskurs in Konkurrenz mit den Ländern mitzugestalten. Dies gelang dem BMBF beispielsweise unter dem Eindruck des PISA-Schocks mit der von ihm beim DIPF in Auftrag gegebenen Expertise zur Entwicklung nationaler Bildungsstandards, die einen wichtigen Anstoß zu deren anschließender Verabschiedung bildete (Klieme u. a. 2003). Allerdings haben die auf ihrer Kulturhoheit bestehenden Länder die Umsetzung von Bildungsstandards in eigener Regie ohne Bundesbeteiligung betrieben. Als ausschließlicher Finanzier hat der Bund insbesondere auch im Rahmen des 2002 von der rotgrünen Bundesregierung initiierten *Ganztagschulprogramms* versucht, direkt auf die Schulpolitik der Länder Einfluss zu nehmen. So stellte der Bund über Art. 104 a GG für den flächendeckenden Ausbau der Ganztagsbetreuung von 2003 bis 2007 Investitionsmittel in einer Höhe von insgesamt 4 Mrd. Euro zur Verfügung. Nach harten Verhandlungen mit den Ländern, in der lange über die verfassungsrechtliche Zulässigkeit und spezifische Ausgestaltung gestritten wurde, erlagen die anfänglich zögerlichen Länder schließlich doch den Verlockungen des Geldes. Allerdings wurde in einer Verwaltungsvereinbarung zwischen Bund und Ländern festgelegt, dass die inhaltliche Ausgestaltung und die Durchführung des Programms ausschließlich Ländersache bleiben sollte. Somit konnte der Bund zwar nicht die im Detail angestrebte Gestaltungsmacht erlangen, doch konnte er die Länder mit seiner Initiative durchaus am goldenen Zügel in die von ihm gewünschte Richtung eines Ausbaus schulischer Ganztagsangebote dirigieren (Wolf/Henkes 2007: 369). Aus Bundessicht handelte es sich dennoch um einen Pyrrhussieg, denn im Zuge der ersten Stufe der Föderalismusreform setzten die unionsregierten Länder im neuen Art. 104 b GG ein Verbot von Finanz-

---

[55] Seit dem Frühjahr 2009 verfügt das BMBF unter www.empirische-bildungsforschung-bmbf.de/ auch über ein neues Online-Portal zur Bildungsforschung, wo über alle Förderaktivitäten zur Umsetzung des Rahmenprogramms für die empirische Bildungsforschung und entsprechende Ergebnisse übersichtlich und nutzerfreundlich berichtet wird.

hilfen des Bundes für Gegenstände der ausschließlichen Ländergesetzgebung durch. Angesichts der Finanzkrise und der mangelnden Ausstattung des Bildungswesens mehren sich jedoch die kritischen Stimmen, die dieses machtpolitisch motivierte „Kooperationsverbot" für eine gravierende Fehlentscheidung halten. Unter anderem forcierte die SPD im Bundestagswahlkampf 2009 dieses Thema. Zudem wurde, wenn auch ergebnislos, im Kontext der zweiten Stufe der Föderalismusreform erneut über eine kooperationsfreundlichere Öffnung im Text des Grundgesetzes beraten. Dies auch vor dem Hintergrund des 2009 anlaufenden *zweiten Konjunkturprogramms* der Bundesregierung, das Investitionen des Bundes für den Sanierungs- und Modernisierungsbedarf in den Bildungseinrichtungen in Höhe von 11 Mrd. Euro vorsieht. Ein bedeutender Anteil hiervon soll auch in die Schulen fließen, was nach der bisherigen Rechtslage allerdings nur in Form energetischer Maßnahmen möglich wäre. [56]

Eine grundgesetzlich geregelte Mitfinanzierung des Bundes im Schulwesen gibt es schließlich in zwei weiteren kostenintensiven Aufgabenfeldern. Zunächst im Bereich der gemeinsamen Ausbildungsfinanzierung, die seit 1969 nach Art. 74 Nr. 13 GG im Rahmen des Bundesausbildungsförderungsgesetzes auch das *Schüler-BAföG* beinhaltet. Die Förderungsleistungen, die unter bestimmten sozialen Voraussetzungen Schülern und Schülerinnen ab der 10. Klasse zugutekommen, werden zu 65% vom Bund und zu 35% von den Ländern getragen. Im Jahre 2007 wurden dafür insgesamt 697 Mio. Euro ausgegeben und so annähernd 312 000 Schüler und Schülerinnen gefördert. Über weitere Mitfinanzierungszuständigkeiten verfügt der Bund im Bereich der Gemeinschaftsaufgaben. Im Rahmen der *alten Gemeinschaftsaufgabe Bildungsplanung* und der 1971 hierzu abgeschlossenen „Rahmenvereinbarung zur koordinierten Vorbereitung, Durchführung und wissenschaftlichen Begleitung von „Modellversuchen im Bildungswesen" hat der Bund bis 2006 insgesamt über 2500 Vorhaben mitgetragen. Nach den Vorgaben der Rahmenvereinbarung sollten diese so ausgerichtet sein, dass sie wichtige Entscheidungshilfen für die Bildung und damit auch für den Schulbereich geben. Ihr Ziel bestand weniger in der Vorbereitung von Strukturveränderungen als der Förderung eines allgemeinen innovations- und veränderungsfreundlichen Klimas im Bildungswesen. Finanziert wurden die Modellvorhaben je hälftig vom Bund und den beteiligten Ländern, wobei allein zwischen 1998 und 2006 rund 220 Mio. Euro aufgewandt wurden. Allerdings war die Bereitschaft zur Übertragung der Ergebnisse in die Praxis häufig nur recht gering

---

[56] Für die Gesamtlaufzeit des zweiten Konjunkturpakets bis 2020 gibt das Deutschen Instituts für Urbanistik (Difu) einen kommunalen Investitionsbedarf von über 700 Milliarden Euro an – das sind 46 Milliarden Euro pro Jahr. Allein zehn Prozent davon werden für notwendige Schulsanierungen veranschlagt. Weitere Angaben hierzu finden sich unter http://www.ibp.fraunhofer.de/presse/pdf/presse090407.pdf

ausgeprägt. Dies gilt allerdings weit weniger für die Modellversuche der letzten
Jahre, die der Qualitätsverbesserung in den Schulen und Schulsystemen sowie
der Steigerung der Effizienz im mathematisch-naturwissenschaftlichen Unterricht dienten (Füssel/Leschinsky 2008: 164).[57] Nach dem Wegfall dieser, insgesamt betrachtet bildungspolitisch nur bedingt ertragreichen Projektförderungen,
eröffnen sich für den Bund über die Mitfinanzierung im Rahmen der bereits
erläuterten *neuen Gemeinschaftsaufgabe Feststellung der Leistungsfähigkeit des
Bildungswesens im internationalen Vergleich* künftig jedoch größere Mitgestal-
tungschancen. Das entsprechende Verwaltungsabkommen sieht vor, dass Bund
und Länder die anfallenden Ausgaben grundsätzlich zu gleichen Teilen tragen.
So sind etwa die Kosten im Rahmen der nationalen Berichterstattung je hälftig
aufzuteilen, während bei den internationalen Vergleichsstudien der Bund für die
internationalen, die Länder dagegen für die nationalen Ausgaben aufzukommen
haben. Vor allem aber über die vom BMBF künftig zu finanzierende Förderung
der empirischen Bildungsforschung verfügt der Bund über ein inhaltlich bedeutsames Mitgestaltungspotenzial. Das erwähnte Rahmenprogramm, das sich
schwerpunktmäßig auf zentrale Themen des schulischen Sektors bezieht, beläuft
sich immerhin auf ein Gesamtvolumen von 120 Mio. Euro. Da all diese Vorhaben künftig auch über die gemeinsame Steuerungsgruppe zwischen Bund und
Ländern abgestimmt und koordiniert werden sollen, dürften sich die wechselseitige Akzeptanz und damit die Umsetzungschancen für die Ergebnisse erhöhen.
Einem einseitig durch den Bund initiierten Forschungsprojekt, das wie das 2003
veröffentlichte Klieme-Gutachten zu den Bildungsstandards seinerzeit zu heftigen Irritationen zwischen dem BMBF und der KMK führte, wäre damit innerhalb der neuen Gemeinschaftsaufgabe künftig die Grundlage entzogen.

9.4 Der Bund und die Hochschulpolitik

Analog zum Schulwesen ist auch das Hochschulwesen traditionell eine Domäne
der Bundesländer. Sie verfügen in konstitutioneller Hinsicht sowohl über die
institutionelle Trägerschaft als auch die staatlichen Aufsichtsrechte, die sich vor
allem in der landeseigenen Hochschulgesetzgebung manifestieren. Entsprechend
hatte sich das Hochschulsystem in den beiden ersten Nachkriegsjahrzehnten auch
weitgehend dezentral entwickelt. Bereits 1957 gab es jedoch erste Anzeichen für

---

[57] Mit Beginn des Jahres 2007 sind die noch laufenden Vorhaben in die Zuständigkeit der Länder
übergegangen und werden von diesen nun eigenfinanziert zu Ende geführt. Darunter fallen unter
anderem schulbezogenen Vorhaben wie z.B. Demokratie lernen und leben, Förderung von Kindern
und Jugendlichen mit Migrationshintergrund (FörMig), SINUS-Transfer und SINUS-Transfer Grundschule und Lernen für den Ganztag.

ein wachsendes Engagement des Bundes in hochschulpolitischen Fragen: Zum einen wurde unter Beteiligung des Bundes ein System der finanziellen Förderung von bedürftigen Studierenden, das „Honnefer Modell" entwickelt, das beim Innenministerium angesiedelt war. Zum andern wurde im gleichen Jahr durch ein Bund-Länder Verwaltungsabkommen der Wissenschaftsrat begründet, durch welchen der Bund über seine Mitglieder in der Verwaltungskommission und in der Vollversammlung seitdem maßgeblich in die Planung und Beratung bei der weiteren Entwicklung des Hochschulsystems eingebunden ist.

Der entscheidende Durchbruch zur Ausweitung der Bundeskompetenzen erfolgte jedoch erst als seit den frühen sechziger Jahren der Hochschulsektor geradezu rasant expandierte. So stieg die Zahl der Hochschulen in den sechziger Jahren um etwa ein Viertel, die der Studierenden um drei Viertel, während sich das wissenschaftliche Personal in dieser Zeitspanne verdreifachte. Diese Entwicklung erzeugte für die Länder und auch die KMK einen immensen Finanzierungs-, Planungs- und Koordinierungsdruck, den sie ohne die Mithilfe des Bundes nicht mehr zu bewältigen in der Lage waren. Auch auf der Bundesseite bestärkte der sich ausbreitende unitarische Zeitgeist die Auffassung, die Hochschulpolitik sei eine gesamtstaatliche Aufgabe, die man nicht allein den Ländern überlassen könne. Mit den Verfassungsänderungen von 1969 endete so die Phase des dezentralen Wiederaufbaus, es begann nun eine zweite Phase der „systemweiten Initiativen" (Teichler 2006: 349). Der Bund erhielt nun die erwähnten Kompetenzen im Hochschulbau, bei der Bildungsplanung und überregionalen Forschungsförderung sowie die Kompetenz für das Hochschulrahmenrecht. Darüber hinaus auch die konkurrierende Gesetzgebungszuständigkeit für die Ausbildungsförderung der Studierenden und das Recht zur Regelung des Besoldungs- und Versorgungsrechts der Hochschullehrer. „Damit wurde nicht nur die mitfinanzierende, -planende, -gestaltende Rolle des Bundes gestärkt, sondern er erhielt auch eine mitregulierende Aufgabe" (Teichler 2006: 351). Speziell im Hochschulbereich war damit ein System der Mischfinanzierung und Mischverwaltung etabliert und das „Prinzip des reinen Kulturföderalismus" durch das „Prinzip des kooperativen Kulturföderalismus" ersetzt worden (Peisert/Framhein 1990: 6).

Für die Länder brachten diese Kompetenzverschiebungen einen gewichtigen Autonomieverlust. Dieser wurde noch verstärkt durch den Einfluss der höchstrichterlichen Rechtsprechung, die seit den siebziger Jahren durch zentralistische Auflagen den Landesgesetzgebern zahlreiche bürokratische Fesseln aufnötigte. Das Hochschulrecht der Länder entwickelte sich so zum Paradebeispiel für den Trend zum unitarischen Bundesstaat (Geis 2002: 146). Dies hatte Auswirkungen vor allem auf die Ausgestaltung der universitären Entscheidungsstrukturen und die Verteilung der in den Massenuniversitäten knapp gewordenen Studienplätze (Reuter 1998: 45). Als besonders verhängnisvoll für die Länderautonomie erwies sich hier das Numerus-clausus Urteil des Bundesverfassungsgerichts vom Juli 1972. Unter Berufung auf das überdehnt ausgelegte Prinzip der Chancengleichheit wurde den Ländern und Hochschulen für die betroffenen Fächer das Bestimmungsrecht über die Vergabe der Studienplätze entzogen Das Gericht verpflichtete die Länder über einen Staatsvertrag eine gesamtstaatliche Einheitsregelung zu vereinbaren. Diese mündete über die hochbürokratische Einrichtung der ZVS in eine zentrale Studienplatzbewirtschaftung, durch die den Ländern das Recht auf Auswahl der Studienbewerber beschnitten, der föderale Wettbewerb im Hochschulwesen ausgehebelt und der Leistungswille der bildungspolitisch engagierten Länder bestraft wurde.[58]

Allerdings war mit der Verfassungsreform kein Einstieg des Bundes in eine institutionelle Trägerschaft oder auch Mitträgerschaft im Hochschulbereich verbunden. Eine Ausnahme bildeten die 1973 in ausschließlicher Trägerschaft des Bundes erfolgte Gründung zweier Universitäten der Bundeswehr in Hamburg und München sowie die Etablierung einiger ressortbezogener Fachhochschulen, die der Ausbildung des eigenen Nachwuchses dienen. Der parallel unternommene Versuch, ein „Bundeshochschulinstitut" zu errichten, das dem Bundesbildungsministerium eine Informationsbasis sichern sollte, um eine bundesweite Hochschulplanung zu etablieren und die Länderplanungen in eine bestimmte Richtung zu lenken, scheiterte am Widerstand der Länder (Schimank/Lange 2006: 321). Zwar hat der Bund in der Folgezeit gelegentliche Vorstöße zum Einstieg immer wieder erfolgreich abgewehrt (Schimank/Lange 2006: 325ff; 339). Somit blieben die konstitutionellen Grenzziehungen auch in den folgenden Jahrzehnten unverändert erhalten. Den letzten Vorstoß unternahm die rot-grüne Bundesregierung in ihrer zweiten Legislaturperiode, als sie unter dem Eindruck des PISA-Schocks versuchte, über einige vom BMBF zu fördernde Eliteuniversitäten einen strategisch bedeutsamen Einfluss auf das Hochschulwesen zu gewinnen. Dieses Vorgehen an einer politisch besonders sensiblen Stelle musste die Länderseite provozieren, deren Gestaltungsautonomie ohnehin längst durch die seit 1969 bestehenden Mitgestaltungsrechte des Bundes im Hochschulwesen ausgehöhlt war. Wegen dieser und anderer Differenzen in der Hochschulpolitik kam es daher zur Blockade der Arbeit der Föderalismuskommission, die im Dezember 2004 ihr Scheitern verkündete. In der später wieder aufgenommenen Verhandlungsrunde haben sich dann die Länder bei der Neuverteilung der Kompetenzen bis auf wenige Ausnahmen weitgehend durchgesetzt. Der Bund musste mit den 2006 in Kraft getretenen Änderungen des Grundgesetzes seine 1969 erworbenen Kompetenzen mehr oder minder komplett an die Länder zurückge-

---

[58] Eine länderfreundliche Neuregelung brachte erst das 7. HRGÄndG vom 28. August 2004. In den so genannten ZVS-Fächern wird die Verteilung der Studienplätze künftig wie folgt geregelt: Je 20% durch die ZVS und nach der Wartezeit, 60% durch freie Auswahl seitens der Hochschulen.

ben. Ihm obliegt zwar weiterhin die Regelung des Hochschulzugangs und der Abschlüsse, doch haben die Länder – zumindest in formaler Hinsicht – künftig hier ein Abweichungsrecht. Darüber hinaus bleibt ihm im Rahmen der neu geschaffenen Gemeinschaftsaufgabe nach Art. 91 b GG nur die Möglichkeit mit den Ländern bei „Vorhaben der Wissenschaft und Forschung an Hochschulen" zu kooperieren, wobei bei entsprechenden Vereinbarungen wiederum die Vorgabe gilt, dass alle Länder zustimmen müssen. Insgesamt gesehen ist damit der Bund hinsichtlich seiner hochschulpolitischen Einflussmöglichkeiten zwar nicht in die fünfziger Jahre zurückgefallen, dennoch verbleibt ihm in der Hochschulstrukturpolitik künftig primär nur noch die Rolle eines Finanziers ohne formale Mitgestaltungsrechte. Von diesem innerstaatlichen Machtverlust unberührt bleiben dürfte dagegen der Einfluss des Bundes in der internationalen und vor allem der europäischen Zusammenarbeit im Hochschulbereich. Hier hat der Bund, unabhängig von der jeweiligen politischen Couleur, seit etwa Mitte der 1990er Jahre eine sehr aktive Rolle gespielt und vor allem als Pionier und Antreiber der Bologna-Reform auch die Hochschulpolitik der Länder in einem zentralen Bereich bis heute nachhaltig geprägt und mitgesteuert. Es ist daher zu erwarten, dass sich der Bund auch künftig insbesondere im Bereich der Europäisierung und Internationalisierung engagieren wird, um das auf dem föderalen Terrain verlorengegangene gesamtstaatliche Gestaltungspotenzial ansatzweise zu kompensieren. Entsprechende Einflussmöglichkeiten erwachsen ihm nicht nur aus seiner Rolle als gesamtstaatlicher Repräsentant und Akteur auf der internationalen Ebene, sondern auch aus der Dynamik des Globalisierungsprozesses, der den ökonomischen Standortwettbewerb auch hierzulande zur Leitkategorie des bildungspolitischen Handelns aufgewertet hat.

9.4.1   Die Gemeinschaftsaufgabe Hochschulbau

Ein finanzielles Engagement des Bundes in dem besonders kostenintensiven Bereich des Hochschulbaus hatte sich schon Anfang der sechziger Jahre abgezeichnet. So hatte der Wissenschaftsrat 1960 einen ersten Strukturplan für den Ausbau der Hochschulen (die sog. Blaue Bibel) vorgelegt, von dem ein entscheidender Impuls für die vor allem seit Mitte der sechziger Jahre massiv einsetzende quantitative Expansion im Hochschulwesen ausging. Diese dauerte etwa ein Jahrzehnt an und führte zwischen 1960 und 1975 mit 24 Universitäten und Gesamthochschulen zur bislang größten Welle von Universitätsgründungen in der deutschen Hochschulgeschichte. Der Bund hat diese Entwicklung von Anfang an mit Nachdruck unterstützt und finanziell unter Einsatz beträchtlicher Mittel gefördert, zumal nicht nur die finanzschwächeren Länder hier rasch an ihre budge-

tären Grenzen stießen.[59] Bereits 1964 hatten sich so Bund und Länder in einem
Verwaltungsabkommen darauf verständigt, dass der Bund künftig sich hälftig an
den Investitionskosten für den Ausbau der Hochschulen beteiligen sollte. Die
Aufnahme des Hochschulbaus als eine Gemeinschaftsaufgabe nach Art. 91a in
das Grundgesetz stellte somit eine bereits seit längerem bestehende Praxis auf
eine verfassungsrechtliche Grundlage (Mönikes/Faber/Gieseke 1997: 25ff).

In dem bereits 1969 verabschiedeten Hochschulbauförderungsgesetz
(HBFG) wurden die Grundsätze und Modalitäten des Verfahrens festgelegt. Es
enthielt ferner die Verpflichtung des Bundes zur Übernahme von 50% der jeweils in einem Land anfallenden investiven Kosten. Maßgebliches Gremium auf
dieser Grundlage war seitdem der gemeinsame *Planungsausschuss* von Bundesregierung und Länderregierungen. Er hatte über die Ziele und Prioritäten, die
Finanzierung von Neu- und Ausbauten, erforderliche Sanierungen oder die Ausstattung mit großen Laborgeräten verbindliche Entscheidungen zu treffen. Mitglieder des Ausschusses waren auf der Seite des Bundes der Bundesfinanzminister und der Bundesbildungsminister, auf der Länderseite jeweils der zuständige
Fachminister. Jedes Land verfügte über eine Stimme, der Bund über 16, wobei
ein Beschluss dann kam zustande, wenn neben dem Bund auch die Länder mit
einfacher Mehrheit zustimmten. Schon rein formal betrachtet hatte der Bund in
diesem Entscheidungsgremium eine dominante Position. So lag der geschäfts-
führende Vorsitz beim Bundesbildungsminister und über das Quorum von 75%
konnte der Bund sich auch über eine Länderminderheit hinwegsetzen. Die Höhe
der Ausgaben wurde jeweils in einem Rahmenplan mit einer Laufzeit von vier
Jahren, der jährlich fortzuschreiben war, festgelegt. Der Bund konnte hierbei
völlig autonom über die Höhe des von ihm bereitgestellten Budgetanteils entscheiden und somit, je nach eigener Haushaltslage, den fast immer weitergehen-
den Länderwünschen auch enge Grenzen setzen. Im 34. Rahmenplan (2005-
2008) wurden so z.B. vom Bund für das Haushaltsjahr 2005 nur noch Mittel in
Höhe von 890 Mio. Euro zugesagt, während sie sich 2004 noch auf 1,06 Milliarden Euro beliefen. Die Länder waren somit als Bittsteller von vorneherein in
einer schwächeren Position und mussten zudem auch in vollem Umfang für die
Folgekosten aufkommen. Ihnen oblag zwar die Durchführung des Rahmenplans,
sie mussten aber ihre eigenen Bauvorhaben vorab beim Bund anmelden und
anschließend vom Wissenschaftsrat prüfen lassen. Dessen Empfehlungen wurden dann dem Planungsausschuss zur Beratung und Entscheidung vorgelegt.
Auch wenn das bei der Mittelzuweisung praktizierte Gießkannenprinzip dem
Bund wenig Möglichkeiten zur gezielten Steuerung bzw. zur Belohnung oder
Abstrafung bestimmter Länder gab, so konnte dieser dennoch hier eine regel-

---

[59] Im Zeitraum von 1958 bis 1976 steuerte so der Bund immerhin 2,2 Mrd. DM für den Hochschul-
ausbau bei (Schiemank/Lange 2006: 313f)

rechte Angebotsdiktatur praktizieren und mit geringem Einsatz viel Ländergeld binden und auch lenken (Schimank/Lange 2006: 320f). Insgesamt bildete so der Hochschulbau ein gewichtiges Einfallstor für hochschulpolitische Akzentsetzungen, durch die der Bund seitdem auf die Hochschulstrukturpolitik der Länder präjudizierend Einfluss nehmen konnte. Dies galt besonders in der Phase der Neugründungen von Universitäten, wenn es darum ging, hier dauerhaft sowohl regionale wie fachliche Prioritäten zu setzen, etwa in Grenzregionen oder Ballungsräumen oder durch Unterstützung von Bauvorhaben im Dienste der Gesamthochschulidee. Augenfällig war das aber auch bei sonstigen und späteren Bauvorhaben, wenn es etwa darum ging, vor allem in den besonders kosten- und infrastrukturintensiven Bereichen der Natur- und Ingenieurwissenschaften oder auch der Medizin entsprechende Investitionen zu tätigen, bei denen die Länder ohne die Bundeshilfe überfordert waren.

Die Arbeit des Planungsausschusses selbst stand jedoch immer wieder im Kreuzfeuer der Kritik. An ihm lassen sich geradezu symbolträchtig die Gebrechen und Unzulänglichkeiten der Politikverflechtung und Mischfinanzierung im System des kooperativen Föderalismus vor Augen führen. Moniert wurde zum einen der enorme und hochkomplizierte Koordinierungs- und Verwaltungsaufwand. So mussten bei der Erstellung der Rahmenpläne immerhin mehrere tausend Einzelanträge integriert werden. Hatten die Länder ihre Projekte für den Rahmenplan angemeldet und der Wissenschaftsrat seine Empfehlungen ausgesprochen, mussten dann im Planungsausschuss alle Ländervorhaben bis ins Detail zwischen dem Bund und den 16 Ländern abgestimmt und entsprechende Kompromisse ausgehandelt werden, bevor sie verabschiedet werden konnten. Eher überraschend kam es hier höchst selten zu Konflikten zwischen Bund und Ländern, vielmehr war in der Praxis Einstimmigkeit die Regel. Problematisch war dagegen die mit diesem höchst intransparenten Verfahren verbundene Schwerfälligkeit, die mitunter bewirkte, dass von der ersten Bedarfsanmeldung bis zur Inbetriebnahme acht und mehr Jahre verstreichen konnten (Bulmahn 2004: 6). Zwischen den Ländern, die in ihren Vorplanungen hochschulpolitische Akzente zu setzen suchen, kam es zudem zu einem regelrechten Subventionswettlauf um die Einwerbung der Bundesmittel, was wiederum bildungspolitische Mitnahmeeffekte begünstigte. Mit politischem Gestaltungsföderalismus hatte dieses Prozedere, das zudem an den Landtagen vorbeilief, wenig zu tun. So konnten die Parlamente die von der Ministerialbürokratie im Planungsausschuss mühsam ausgehandelten Kompromisse faktisch nicht mehr in Frage stellen, da sonst nicht nur die gesamte Rahmenplanung, sondern auch die für das eigene Land begehrten Bundeszuschüsse in Höhe von 50% der Gesamtkosten gefährdet gewesen wären. Der daraus resultierende politische Druck bewirkte, dass sich kein Landtag verweigerte, die entsprechenden Mittel im Landeshaushalt einzustellen. Die Haushaltsgesetzgeber der Länder wurden so in ihren Entscheidungen hinsichtlich Investitionen und daraus resultierender Folgekosten durch die Exekutive weitestgehend präjudiziert. Dieser Schieflage war auch durch Berichtspflichten der Regierung oder durch parlamentarische Initiativen im Stadium der Vorplanungen der Länder nur unzureichend beizukommen. In einem parteiübergreifenden Positionspapier hatten sich daher nicht zuletzt auch die Fraktionsvorsitzenden der Landtage für die völlige Abschaffung der Gemeinschaftsaufgabe Hochschulbau ausgesprochen (Kommission von Bundestag und Bundesrat/Kommissionsdrucksache 0036: 3).

Im Vorfeld der Föderalismusreform und deren konzeptionellen Ausgestaltung hat dann speziell beim Hochschulbau die Forderung nach einem Trennsystem und klaren Verantwortungszuweisungen vor allem in der Politik selbst zunehmend Anhänger gefunden. Die Entflechtungstendenzen wurden aber auch dadurch begünstigt, dass nach einer längeren Expansionsphase ein weiterer Ausbau in den meisten Ländern heute nicht mehr angestrebt wird. Dieser ist finanziell nicht mehr leistbar, zudem gilt das Interesse heute vor allem der Grundsanierung. Wortführer der Entflechtung waren vor allem die größeren und finanzstärkeren Länder, heftiger Widerstand kam insbesondere von der Hochschulrektorenkonferenz und den Wissenschaftsorganisationen. Die Ministerpräsidenten hatten sich schließlich einmütig für die Abschaffung der Mischfinanzierung ausgesprochen, jedoch eine „dauerhafte und dynamische Kompensation" innerhalb einer grundlegenden Neugestaltung der Finanzbeziehungen zwischen Bund und Ländern, z.B. über eine Erhöhung des Umsatzsteueranteils eingefordert (Kommission von Bundestag und Bundesrat/Kommissionsdrucksache 0045: 4ff). Auch der finanziell gebeutelte Bund plädierte dafür, im Sinne einer klaren Aufgabenteilung die Zuständigkeit für den Hochschulbau auf die Länder zu übertragen, wobei er als Kompensation für seinen Rückzug, wenn auch erfolglos, bemüht war, die vollständige Finanzierung und institutionelle Verantwortung für die überregionalen Forschungsorganisationen zu übernehmen (Bulmahn 2004: 8).

Mit der Föderalismusreform ist die bisher in Art. 91 a GG enthaltene gemeinsame Finanzierung des Hochschulbaus und von Großgeräten entfallen und das Hochschulbauförderungsgesetz zum 1. Januar 2007 außer Kraft getreten. Forschungsbauten an Hochschulen einschließlich Großgeräten können jedoch nach Art. 91 b Abs. 1 Nr. 3 GG weiterhin von Bund und Ländern finanziert werden. Der künftige Bundesanteil an der entsprechenden Hochschulbau- und Großgeräteförderung wurde im Mai 2007 in einer Ausführungsvereinbarung von Bund und Ländern auf 50% festgesetzt. Die Kriterien für die Abgrenzung von reinen Forschungsbauten zu anderen Hochschulgebäuden sollten im Einzelnen noch festgelegt werden. Der allgemeine Bau und Ausbau von Hochschulen und Universitätsklinika liegt nach dem Inkrafttreten der Föderalismusreform somit in der alleinigen Verantwortung der Länder. Sie erhalten dafür nach Art. 143 c GG jedoch bis zum Jahr 2019 Ausgleichszahlungen aus dem Haushalt des Bundes. Bis 2013 sind diese Ausgleichszahlungen zweckgebunden. Ihre Höhe wird anhand des Durchschnittsanteils des betreffenden Bundeslandes an der Hochschulbauförderung des Bundes in den Jahren 2000 bis 2003 ermittelt. Die Höhe der Ausgleichszahlungen für die Jahre 2013 bis 2019 ist derzeit noch nicht festgelegt, doch wird die Zweckbindung dieser Mittel zum 1. Januar 2014 entfallen.

9.4.2   Die Hochschulrahmengesetzgebung

Vor 1969 besaß der Bund keinerlei institutionelle Möglichkeiten regulierend und normierend auf das Hochschulwesen Einfluss zu nehmen. Erst durch eine Änderung des Artikels 75 GG erhielt er damals im Rahmen der konkurrierenden Gesetzgebung das Recht, künftig Rahmenvorschriften über die allgemeinen Grundsätze des Hochschulwesens zu erlassen. Diese einschneidende Stärkung seiner hochschulpolitischen Steuerungskompetenz war nicht nur dem damaligen unitarischen Zeitgeist und dem damit verbundenen gesamtstaatlichen Planungsoptimismus geschuldet. Entscheidend waren vielmehr politische Hintergründe, da die Studentenunruhen Ende der sechziger Jahre zu einer allgemeinen Verunsicherung darüber geführt hatten, in welche Richtung sich das Hochschulwesen künftig weiterentwickeln sollte. Nachdem A- und B-Länder bereits inhaltlich teilweise stark voneinander abweichende Hochschulgesetze auf den Weg gebracht hatten, drohte im sich zuspitzenden Parteienstreit die überlieferte Einheit der deutschen Hochschulstrukturen zunehmend zu zerfallen. Da auch die KMK in ihrer Koordinationsfähigkeit heillos überfordert war, waren es die Länder selbst, die schließlich dem Bund die gesamtstaatliche Verantwortung antrugen. Von ihm erhofften sie sich politische Entlastung, nachdem die nach 1968 so heftig umstrittenen Struktur- und Mitbestimmungsfragen den Hochschulfrieden im eigenen Land zum Problem gemacht hatten.

Allerdings wurde dem Bund nur eine Rahmenkompetenz zugestanden, die explizit auf den Erlass von „allgemeinen Grundsätzen" begrenzt blieb. Den Ländern verblieben so weite Ausfüllungsspielräume und damit ein eigener Bereich politischer Gestaltung von substanziellem Gewicht. Gleichzeitig beinhaltete die Rahmenkompetenz jedoch die Befugnis, den Ländern richtungsweisende Vorgaben hinsichtlich ihrer Aufgaben, ihrer Organisations-, Entscheidungs- und Personalstrukturen zu machen sowie Regelungen für den Hochschulzugang, die Studiengänge, die Studiendauer und die Abschlüsse vorzugeben. Mit diesem Instrumentarium wurde der Bund in die Lage versetzt, künftig prinzipiell steuernd auf viele Komponenten des Strukturkontextes einzuwirken (Schimank/

Lange 2006: 323). Dies war so lange unproblematisch, so lange über die jeweilige Regelungsmaterie ein länderübergreifender Konsens zu erzielen war. Im Einzelfall konnte aber auch eine prekäre Spannungslage entstehen, vor allem wenn es um eine parteipolitisch umstrittene Richtungsentscheidung ging, welche die Bundesregierung versuchte gegen eine unbotmäßige Ländermehrheit im Bundesrat dadurch zu erzwingen, dass sie das Gesetzesvorhaben für nicht zustimmungspflichtig erklärte. Dies ist in mehreren Fällen geschehen, die teilweise bis zum Verfassungskonflikt eskalierten. Die Länder konnten den allzu weit gehenden Gestaltungswillen des Bundes jedoch ihrerseits ausbremsen, neutralisieren oder auch blockieren. Entweder, indem sie in der nachfolgenden Landesgesetzgebung die Umsetzung entsprechender Vorgaben verzögerten, inhaltlich verwässerten oder indem sie den Weg einer Klage vor dem obersten Gericht in Karlsruhe beschritten.

Das von der sozialliberalen Koalition bereits 1971 im Deutschen Bundestag eingebrachte *erste Hochschulrahmengesetz* (HSR) ist so denn auch erst 1976 nach einem mehrjährigen Tauziehen zwischen Bundestag und Bundesrat und unter intensiver Inanspruchnahme des Vermittlungsausschuss als Zustimmungsgesetz verabschiedet worden. Da damals in beiden Kammern unterschiedliche Mehrheitsverhältnisse bestanden, trugen viele der Formulierungen notgedrungen konkordanzdemokratischen Kompromisscharakter. Das Gesetz enthielt eine relativ dichte Vollregelung und bewegte sich im Regelungsumfang und in der Regelungstiefe durchaus auf gleicher Augenhöhe mit den damaligen Landeshochschulgesetzen. Es war Ausdruck der damals noch allseits akzeptierten gesamtstaatlichen Systempolitik, wobei es aus heutiger Sicht erstaunlich ist, dass die Länder in den langen Jahren bis zur deutschen Einheit so gut wie nichts unternahmen, um hier verloren gegangenes Terrain dem Bund wieder abspenstig zu machen. Für inhaltliche Kontroversen sorgten seinerzeit vor allem die Modalitäten der Einführung der Gruppenuniversität. So enthielt die Gesetzesvorlage der Bundesregierung die Vorgabe, alle an der Universität tätigen Gruppen – Professoren, Assistenten, Studenten und sonstige Mitarbeiter – am Entscheidungsprozess zu beteiligen, wobei keine Gruppe in einem Gremium eine Mehrheit haben sollte. Dieser Vorstoß wurde jedoch noch im unmittelbaren Vorfeld der Entscheidung durch das Bundesverfassungsgericht korrigiert, das nach einer Professorenklage verfügte, dass in allen unmittelbar Lehre und Forschung betreffenden Fragen die Professorenmehrheit in den jeweiligen Gremien zu wahren sei. Zumindest formal erfolgreicher war der Bund dagegen mit der von ihm forcierten Gesamthochschulinitiative, die zwar von den unionsregierten Ländern im Prinzip abgelehnt, vom Wissenschaftsrat und der Westdeutschen Rektorenkonferenz jedoch explizit unterstützt wurde. So enthielt die betreffende Regelung des HRG das Entwicklungsziel, alle Hochschulen zu integrierten Gesamthochschulen

auszubauen oder zusammenzuschließen bzw. in den Fällen, in denen Gesamthochschulen nicht oder noch nicht gebildet werden können, ein Zusammenwirken der Hochschulen sicherzustellen.

Nach dem Gesetz hatten die Länder ihr Hochschulrecht an diese Vorgaben
innerhalb von drei Jahren anzupassen. Hierbei haben sie die ihnen verbliebenen
Spielräume durchaus genutzt, um eigene Akzente zu setzen. So haben sich etwa
die unionsregierten Länder schlichtweg geweigert, das Gesamthochschulkonzept,
das auf eine globale Umwandlung des tertiären Sektors zielte, in ihrer Hochschulgesetzgebung umzusetzen. Flächendeckend wirksam geworden ist dieses Reformkonzept aber auch deshalb nicht, weil die führenden Wissenschaftsorganisationen sich bereits seit 1977 davon rasch wieder distanzierten. In der Folgezeit hat
das Anfang 1976 beschlossene Hochschulrahmengesetz bis zu seiner Aufhebung
im Jahre 2008 insgesamt sieben Novellierungen erfahren. Politisch bedeutsam
war hier zunächst das *dritte Änderungsgesetz*, das im November 1985 verabschiedet wurde. Die unionsgeführte Bundesregierung, die nach dem Machtwechsel
vom Oktober 1982 auch im Bundesrat noch über eine deutliche Mehrheit verfügte, setzte über ein Zustimmungsgesetz einige wesentliche Neuerungen durch. So
wurde insbesondere die Gesamthochschule als vorgesehenes einheitliches Organi-
sationsmodell aus dem Gesetz offiziell wieder gestrichen und stattdessen wieder
die Differenzierung der Hochschullandschaft als Leitziel festgeschrieben. Daneben kam in der Novelle auch der neue Zeitgeist der Deregulierung und des
Wettbewerbsföderalismus, der sich in den achtziger Jahren zunehmend durchsetzte, in einigen Änderungen zum Tragen. So wurden die Studienordnungen der
Entscheidungsbefugnis der Hochschulen überantwortet sowie die Hochschulge-
samtplanung und die Auflagen zur Curriculum- und Studienreform aus dem Gesetz entfernt, um dadurch die Eigenverantwortlichkeit der Hochschulen zu stärken. Bei den Entscheidungsstrukturen wurde das Gruppenprinzip zugunsten einer
Aufwertung des Fachprinzips in den zentralen Gremien abgeschwächt und die
Rolle der Professoren insgesamt gestärkt. Ferner sollten die einzelnen Hochschulen die Möglichkeit erhalten, im gegenseitigen Wettbewerb unterschiedliche Profile auszubilden, die Hochbegabtenförderung und die Spitzenforschung zu aktivieren und darüber hinaus auch eine engere Kooperation mit der Wirtschaft über
eine Ausweitung der Drittmittelforschung praktizieren können.

Fortgeführt wurden diese trendspezifischen Modernisierungsimpulse nach
einer längeren Phase, in der der Bund, bedingt vor allem auch durch das Inter-
mezzo der Wiedervereinigung, sich hochschulpolitisch zurückhielt, erst gegen
Ende der neunziger Jahre. Im August 1998 trat nach mehrjährigen Vorarbeiten
dann das von dem damaligen Zukunftsminister Rüttgers vorgelegte *vierte Änderungsgesetz* in Kraft. In einer Bund-Länder Verhandlungskommission waren
vorab die meisten Eckpunkte einvernehmlich beschlossen worden. Für politische

Turbulenzen sorgte jedoch die von der oppositionellen SPD kompromisslos eingeforderte Festschreibung eines generellen bundesweiten Studiengebühren- verbots in das zu novellierende HRG. Die unionsgeführte Bundesregierung, die Studiengebühren während der Regelstudienzeit damals noch ablehnte, erklärte daraufhin unter Protest der Opposition und teilweise auch unter Kritik aus den eigenen Reihen, das Änderungsgesetz für nicht zustimmungspflichtig im Sinne des Art. 84 Abs. 1 GG. Es wurde daraufhin gegen den Einspruch des von der Oppositionsmehrheit bestimmten Bundesrats mit der CDU/FDP Mehrheit im Bundestag durchgesetzt. Das Gesetz, später auch als Deregulierungsnovelle be- zeichnet, strich ersatzlos den umfangreichen Katalog zur inneren und äußeren Organisation und Verwaltung der Hochschulen und stärkte hier so deren Eigen- verantwortlichkeit und Freiräume. Dies galt aber auch für andere Bereiche. Dazu gehörten etwa Elemente einer leistungsorientierten Hochschulfinanzierung, die Einführung einer regelmäßigen Evaluierung von Lehre und Forschung, die Mög- lichkeit auch eine andere Rechtsform als einer Körperschaft des öffentlichen Rechts in staatlicher Trägerschaft zu wählen, um so etwa auch neue Kooperati- onsformen mit privatwirtschaftlichen Unternehmen oder Einrichtungen zu ent- wickeln. Ferner trug das Gesetz verstärkt dem Wettbewerbsgedanken und der fortschreitenden Internationalisierung Rechnung. So sah es insbesondere die Möglichkeit einer probeweisen Einführung von gestuften Bachelor- und Master- studiengängen vor und führte zum Nachweis von Studien- und Prüfungsleistun- gen ein übertragbares Leistungspunktesystem ein.

Kurz nach dem Inkrafttreten der vierten HRG-Novelle kam es im Herbst 1998 auf der Bundesebene zur Regierungsübernahme durch eine SPD-geführte rot-grüne Koalition. Sie war von Anfang an bestrebt, über weitere Novellierun- gen des HRG den hochschulpolitischen Einfluss des Bundes deutlich auszuwei- ten. Bundesbildungsministerin Bulmahn brachte im Bundestag zunächst das *fünfte Änderungsgesetz* ein, das den Hochschulen die Einführung einer Junior- professur ermöglichte, doch war diese Neuerung mit der Auflage verbunden, gleichzeitig die Habilitation als Einstellungsvoraussetzung für Professuren ab dem Jahre 2010 abzuschaffen.[60] Der Ausschließlichkeitscharakter des neuen Modells, seine detaillierte inhaltliche Ausgestaltung wie auch das Vorgehen der Bundesregierung, die eine Zustimmungspflicht des Bundesrats verneinte, stießen

---

[60] Um die Länder für die flächendeckende Einführung von Juniorprofessuren zu gewinnen offerierte die Bundesbildungsministerin den Ländern zunächst ein „Juniorprofessuren-Programm", das pro Stelle eine pauschale Sachmittelausstattung von 60.000 Euro durch den Bund vorsah. Über den Einsatz des „goldenen Zügels" hätte sich so der Bund über das Änderungsgesetz zum HRG ein Mit- gestaltungsrecht auf die Auswahl des Hochschullehrernachwuchses und die Personalstrukturentwick- lung der Länder sichern können (Schimank/Lange 2006: 335).

jedoch auf heftige Kritik der unionsregierten Länder.[61] Nachdem der Bundestag im Februar 2002 das vorgelegte Änderungsgesetz als Einspruchgesetz verabschiedet hatte, reichten die Länder Bayern, Sachsen und Thüringen vor dem Bundesverfassungsgericht eine Normenkontrollklage ein. In seinem Urteil (Juli 2004) erklärte das Gericht das gesamte Gesetz für ungültig, weil es durch seine „Vollregelungen" und seine Vorgabe, den alten Weg zur Professur über die Habilitation nicht mehr zuzulassen, die Länderzuständigkeiten in ihrer Substanz verletzt habe.[62] Noch während des laufenden Gerichtsverfahrens brachte die Bundesregierung jedoch bereits das *sechste Änderungsgesetz* auf den Weg, das im August 2002 unter Umgehung des Bundesrates erneut als Einspruchsgesetz verabschiedet wurde. Das Gesetz enthielt das 1998 von der Vorgängerregierung verhinderte Verbot von Studiengebühren für ein Erststudium, die Verpflichtung, an allen Hochschulen verfasste Studierendenschaften zu bilden sowie die Einführung der bisher probeweise möglichen Bachelor- und Masterstudiengänge als Regelstudiengänge. Während der letzte Punkt auf der Länderseite unstrittig war, klagten diesmal die unionsregierten Länder Baden-Württemberg, Bayern, Hamburg, Saarland, Sachsen und Sachsen-Anhalt gegen das Studiengebührenverbot sowie die Verpflichtung zur Bildung von Studierendenschaften. In seinem Urteil (Januar 2005) argumentierte das höchste Gericht, der Bund sei im Hochschulbereich zu einer außerordentlichen Zurückhaltung verpflichtet und erklärte die entsprechenden Passagen des Gesetzes für unvereinbar mit der grundgesetzlichen Kompetenzverteilung. In seiner Begründung vertrat es die Auffassung, dass die durchgesetzte Änderung des HRG weder zur Herstellung gleichwertiger Lebensverhältnisse noch zur Wahrung der Rechts- und Wirtschaftseinheit erforderlich sei, vielmehr die Länder bei der Erhebung von Studiengebühren eigenverantwortlich zu entscheiden hätten.

Die beiden länderfreundlichen Urteile, mit denen das Gericht den seit 1994 bestehenden Trend zur Reföderalisierung bekräftigte und zugleich seine Rolle als möglicher Vetospieler untermauerte, signalisierten den Beginn einer hochschul-

---

[61] Um die von der Opposition eingeforderte Zustimmungspflicht des Bundesrates zu umgehen, trennte die Bundesregierung das ebenfalls zustimmungspflichtige, aber inhaltlich nicht umstrittene Gesetz zur Reform der Professorenbesoldung von der HRG-Novelle. Es schaffte die dienstzeitbezogenen Steigerungen ab und ersetzte diese durch eine leistungsorientierte Vergütung mit zwei Besoldungsstufen und Höhervergütungen für Leistungen in Lehre, Studienbetreuung und Forschung sowie entsprechende Funktionszulagen. Das Gesetz wurde nach einem erfolgreichen Vermittlungsverfahren von Bundesrat und Bundestag zusammen mit der HRG-Novelle am 22. Februar 2002 vom Bundestag verabschiedet.

[62] Nach dem Urteil bleibt es aber dem Bund unbenommen, die Juniorprofessur als leitbildlichen Qualifikationsweg neben andere Nachwuchswege zu stellen. Durch ein Gesetz zur Änderung dienst- und arbeitsrechtlicher Vorschriften im Hochschulbereich, das der Bundestag im Dezember 2004 verabschiedete, wurde dieser Vorgabe entsprochen, doch bleibt die konkrete Ausgestaltung der Rechtsverhältnisse der Juniorprofessuren künftig Ländersache.

politischen Wende. Sie stehen nicht nur für eine herbe Niederlage der Bundesregierung, sie schwächten auch die Rolle des Bundes in der parallel laufenden
Föderalismusdebatte. Hier bemühte sich die Bundesbildungsministerin vergeblich um Schadensbegrenzung. Sie beharrte auf der Bundeskompetenz, doch sollte
das HRG nun verschlankt werden und zentrale Regelungen nur noch für die vier
Bereiche Zulassung, Abschlüsse, Dienstrecht und Qualitätssicherung enthalten.
Doch die Ministerpräsidenten, gestärkt durch den Rückenwind aus Karlsruhe,
zeigten kompromisslose Härte. In ihrem Positionspapier für die Föderalismuskommission hielten sie die Rahmenkompetenz keiner Erwähnung wert, vielmehr
hieß es dort kurz und bündig: „Die Kompetenz für das Hochschulwesen ist umfassend auf die Länder zu übertragen" (Kommission von Bundestag und Bundes-
rat/Kommissionsdrucksache 0045: 8).[63] Der Konflikt eskalierte, worauf einige
SPD-Ministerpräsidenten signalisierten, gegebenenfalls könne man doch noch
über eine mögliche Restkompetenz des Bundes verhandeln. Ausschlaggebend
war jedoch die harte Linie der CDU-Ministerpräsidenten, an ihrer Spitze Bayern,
Baden-Württemberg und Hessen. Sie erklärten den völligen Rückzug des Bundes
aus dem Hochschulwesen zur conditio sine qua non einer Einigung. Da auch der
Bund bei seiner harten Linie blieb, kam es im Dezember 2004 zunächst zum
Scheitern der Föderalismusreform.

Mit deren Inkrafttreten ist die Rahmengesetzgebungskompetenz des Bundes
seit 2006 nun gänzlich entfallen. Künftig verfügt der Bund nunmehr im Rahmen
der konkurrierenden Gesetzgebung lediglich über ein Regelungsrecht in den beiden Kernbereichen Hochschulzulassung und Hochschulabschlüsse. Die Länder
erhielten ein Abweichungsrecht, dessen Inanspruchnahme jedoch politisch unter
einem sehr hohen Legitimationsdruck stehen dürfte. Aufgrund der neuen Rechtslage hat die Bundesregierung im September 2007 im Bundestag einen Gesetzes-
entwurf zur Aufhebung des Hochschulrahmengesetzes eingebracht. Die Aufhebung des gesamten Regelungsbestandes des HRG bezeichnete sie als Ausdruck
einer Politik der Freiheit und Autonomie für die Hochschulen, als ein Signal,
diese zugunsten von mehr Wettbewerb aus der staatlichen Detailsteuerung zu
entlassen.[64] Zugleich betonte sie, dass der Bund künftig nicht beabsichtige von
den ihm verbliebenen Kompetenzen für die Hochschulzulassung und die Hochschulabschlüsse Gebrauch zu machen, solange im Landesrecht keine Entwicklun-

---

[63] Auch zwei weitere Länder-Positionspapiere, die zu diesem Streitpunkt vorlagen, liefen den Berliner Ambitionen zuwider. Verfasst wurden sie vom Fraktionsvorsitzenden der Grünen im baden-
württembergischen Landtag, Winfrid Kretschmann, sowie vom sozialdemokratischen Ministerpräsidenten von Rheinland-Pfalz, Kurt Beck. Beide Stellungnahmen schlossen zwar die Möglichkeit eines
verschlankten HRG nicht aus, doch hielten sie eine Regelung über Staatsverträge, deren bundeseinheitlichen Inhalte im KMK ausgehandelt werden könnten, für eine realistische Alternative (Kommission von Bundestag und Bundesrat/Kommissionsdrucksache 0069:7ff; 0035: 3).
[64] Vgl. Deutscher Bundestag-16. Wahlperiode, Drucksache 16/6122 vom 23. Juli 2007, S. 8.

gen erkennbar seien, die nachteilige Auswirkungen auf die nationale und internationale Mobilität von Studieninteressenten, der Studierenden und Hochschulabsolventen/innen hätten.[65] Im Falle der Zulassung sei bereits durch das zu Beginn 2005 in Kraft getretene *siebte Änderungsgesetz* zum HRG eine Neuordnung des Verfahrens erfolgt, das durch staatsvertragliche Regelungen der Länder und das Landesrecht umgesetzt werde.[66] Bezüglich der Hochschulabschlüsse verwies sie auf den Bologna-Prozess und die Orientierung an EU-weiten einheitlichen Standards, durch welche der nationale Rahmen ohnehin an Bedeutung verliere.[67] Der geplante Termin für das Außerkrafttreten zum Oktober 2008 konnte jedoch nicht eingehalten werden, da es im Bundestag auch innerhalb der Koalitionsfraktionen hierzu unterschiedliche Auffassungen gab. So befürchten die Kritiker einer Aufhebung einen Verlust an Vergleichbarkeit und Transparenz sowie Mobilitätshindernisse für die Studierenden. Sie fordern daher ein entsprechendes Bundesgesetz, in dem eine bundesweite Festlegung einheitlicher und Standards bei der Zulassung und den Abschlüssen verbindlich geregelt wird.[68]

9.4.3 Finanzierung von Förderprogrammen

Die chronische Finanznot der Länder öffnete dem Bund in bestimmten Engpasssituationen immer wieder ein Gelegenheitsfenster, um im kostenintensiven Hochschulwesen eine Politik des Sich-Einkaufens zu praktizieren. Neben dem Hochschulbau ergaben sich Möglichkeiten insbesondere aus den Gemeinschaftsaufgaben, da hier der Bund über spezielle Förderprogramme Einfluss auf die strukturelle Hochschulentwicklung gewinnen konnte. Die erforderlichen Absprachen und Vereinbarungen zwischen Bund und Ländern wurden im Rahmen der alten Gemeinschaftsaufgabe Bildungsplanung innerhalb der BLK getroffen. Ein entsprechender Anlass ergab sich Ende der 1980er Jahre, als sich die Lehr- und

---

[65] Vgl. hierzu die Antwort der Bundesregierung auf eine Kleine Anfrage von Abgeordneten der Opposition zum Stand des Aufhebungsverfahrens, in: Deutscher Bundestag, Drucksache 16/11550 vom 5. Januar 2009.

[66] Die siebte Novelle des HRG, die vom Bundesrat eingebracht worden war, hatte das Auswahlrecht der Hochschulen bei der Hochschulzulassung in den Studiengängen, in denen bundesweite Zulassungsbeschränkungen gelten, erheblich ausgeweitet. Seitdem werden 60% der Studienplätze durch die Hochschulen selbst, je 20% durch die ZVS nach der Durchschnittsnote des Schulabschlusses bzw. nach der Wartezeit vergeben. Die ZVS selbst wird aufgrund eines Staatsvertrags der Länder von 5. Juni 2008 in eine „Stiftung für Hochschulzulassung" umgewandelt, die als gemeinsame Serviceeinrichtung der Länder künftig die Studienbewerber und die Hochschulen im Zulassungsverfahren unterstützen soll.

[67] Vgl. Fußnote 63.

[68] Vgl. hierzu die Ergebnisse der öffentlichen Anhörung zur Aufhebung des HRG am 12. November 2007 im Deutschen Bundestag, in: Das Parlament, Nr. 47, 19. November 2007, S. 14.

Studiensituation an den Hochschulen geradezu dramatisch zugespitzt hatte. Ausgelöst hatten das Studienchaos die Ministerpräsidenten, als sie 1977, auch unter Druck der Bundesregierung, den bis heute geltenden sogenannten Öffnungsbeschluss gefasst hatten. Er sah vor, trotz begrenzter Studienplätze, den Zugang zu den Hochschulen ungeachtet der damaligen geburtenstarken Jahrgänge weder zu beschränken noch deren Kapazitäten weiter auszubauen. Die Strategie einer zeitweisen Untertunnelung des Studentenbergs erwies sich, da die Zahl der Studienanfänger auch nach den demographischen Einbrüchen stetig weiter wuchs, als eine gravierende Fehlrechnung, deren fatale Folgen auch durch den 1989 eingeführten NC in den an meisten belasteten Fächern nicht zu beheben waren.

Die Politik reagierte auf diese unhaltbare Situation jedoch erst, als es Ende 1988 zu größeren studentischen Protestaktionen kam. Der damalige Bundesbildungsminister Möllemann ergriff die Initiative und schlug den Ländern ein Unterstützungsprogramm vor, um die Folgen der kapazitären Überlast an den Hochschulen abzumildern. Angesichts eigener Engpässe in den Länderhaushalten haben die Länder dieses Angebot des Bundes, trotz der üblichen Vorbehalte gegenüber dem goldenen Zügel, seinerzeit bereitwillig akzeptiert. Entsprechend wurden 1989 und 1990 von Bund und Ländern zwei erste *Hochschulsonderprogramme* (HSP I und II) aufgelegt, die auf insgesamt zehn Jahre angelegt waren. Sie dienten vor allem dem Ziel, die prekäre Situation bei der Personal-, Sach- und Raumausstattung zu verbessern, den wissenschaftlichen Nachwuchs zu fördern, den Frauenanteil in der Wissenschaft zu steigern, die Fachhochschulen zu stärken und den europäischen Austausch auszubauen. 1996 folgte dann das HSP III, das die Nutzung der neuen Medien in der Lehre sowie die Internationalisierung der Hochschulen vorantreiben sollte. Danach folgten weitere, vom Finanzierungsvolumen allerdings deutlich kleinere Programme. 1999 das Hochschulwissenschaftsprogramm (HWP), das insbesondere der Realisierung der Chancengleichheit der Frauen in Forschung und Lehre diente und von 2002 bis 2006 verlängert wurde. Den Abschluss bildete das von 2000 bis 2004 laufende Sofortprogramm zur Weiterentwicklung des Informatikstudiums (WIS). Schon die Bezeichnung als „Sonderprogramme" machte jedoch deutlich, dass es sich aus der Sicht der Länder durchweg um Zuweisungen des Bundes in Form von Nothilfeaktionen handelte, die keine institutionelle Berechtigung zur Mitfinanzierung begründen sollten (Schimank/Lange 2006: 327). Zudem blieb die Durchführung der Programme und damit die konkrete Verwendung der Mittel Ländersache, so dass der Bund hier kaum regulierend eingreifen konnte. Andrerseits ergaben sich indirekte Steuerungsmöglichkeiten für den Bund, insofern er bei der Programmformulierung in der BLK Einfluss auf die inhaltlichen Prioritäten und Schwerpunktsetzungen nehmen konnte, die für die künftige strukturelle und innovative Entwicklung der Hochschullandschaft richtungsweisend wurden. Er

sicherte sich so nicht nur einen fortlaufenden Einfluss auf die thematische Agenda-Setting, sondern erzeugte bei den Ländern auch gewisse Pfadabhängigkeiten,
da diese bestimmte Programmpunkte teilweise mit eigenen Mitteln aufstockten
oder zumindest inhaltlich weiterführten (ebda: 328). Nimmt man noch den Sonderfall des 1991 aufgelegten Hochschulentwicklungsprogramms (HEP) hinzu,
das nach der Wiedervereinigung die neuen Bundesländer über einen Zeitraum
von fünf Jahren insbesondere beim Aufbau neuer Fächerstrukturen unterstützte,
so ergab sich insgesamt ein beeindruckendes Gesamtvolumen. So wurden für die
17 Jahre im Zeitraum von 1989 bis 2006 insgesamt rund 5,8 Mrd. Euro für die
genannten Programme zur Verfügung gestellt, wobei der Bund mit 3,3 Mrd.
Euro fast 57% der Gesamtsumme beisteuerte.

Innerhalb der alten Gemeinschaftsaufgabe Bildungsplanung konnte der
Bund zusätzliche Strukturimpulse auch durch befördern, dass er sich im Rahmen
der BLK an den von Bund und Ländern seit 1972 gemeinsam geförderten *Modellversuchen im Hochschulbereich* beteiligte. Zahlenmäßig zwar von deutlich
geringerem Umfang als die Modellversuche in den Bereichen Schule und berufliche Bildung, haben sie dennoch in einer Reihe von Fällen innovative Akzente
gesetzt. In der Anfangszeit standen die Förderung von Gesamthochschulen sowie
allgemeine Studienreformen im Vordergrund. Aus den Modellversuchen sind
mitunter bedeutende Einrichtungen hervorgegangen. Mitte der siebziger Jahre
entwickelte sich in Baden-Württemberg auf diesem Wege die heute längst etablierte Berufsakademie, 1990 entstand aus einem Modellversuch an der Universität in Köln das erste Graduiertenkolleg der DFG , heute ein nicht mehr wegzu-
denkendes Element zur Förderung des wissenschaftlichen Nachwuchses. Im
Zuge der Ende der 1990er Jahre wieder verstärkt einsetzenden allgemeinen
Struktur- und Studienreformen wurden auf Initiative des Bundes ebenfalls einige
auf Innovationen zielende Modellversuche auf den Weg gebracht. Sie betrafen
die Einführung neuer Studiengänge, die Modularisierung von Inhalten der Hochschulausbildung, die Entwicklung und Einführung eines Leistungspunktesystems, die Einführung dualer Studienangebote in Kooperation mit der Wirtschaft
sowie die Entwicklung der Wissenschaftlichen Weiterbildung.

Einen spektakulären, in der politischen Substanz aber gescheiterten Ver-
such, qua Programmförderung einen quasi-trägerschaftlichen Einfluss des Bun-
des auf die Hochschulpolitik zu erhalten, startete die rot-grüne Bundesregierung
Anfang 2004. Unter dem Aufruf „Brain-Up! Deutschland sucht seine Spitzen-
universitäten", suchte Bundesbildungsministerin Bulmahn über eine Politik des
Sich-Einkaufens einen unmittelbaren Gestaltungszugriff des Bundes auf die
Spitzenleistungen in Forschung und Lehre zu erhalten (ebda: 336ff.). Zu diesem
Zweck plante sie, in einem vom BMBF gesteuerten Wettbewerb bis zu fünf
Eliteuniversitäten zu ermitteln, die sich über direkte Fördergelder des Bundes

von bis zu 50 Mio. Euro jährlich von 2006 bis 2010 zu „Leuchttürmen" der deutschen Wissenschaft mit internationaler Reputation entwickeln sollten. Hätte der Bund mit dieser Idee Erfolg gehabt, so wäre ihm hier unter dem gesamtstaatlichen Leitmotiv „Standortsicherung im internationalen Wettbewerb" ein folgenreicher Einbruch in die Länderdomäne der Hochschulentwicklung gelungen. Von daher musste dieser Vorstoß auf den geharnischten Widerstand der Länder stoßen, zumal in den zeitgleich laufenden Verhandlungen der Bundestaatskommission zur Föderalismusreform sich die Fronten im Laufe des Jahres 2004 bis zu deren Scheitern Ende des Jahres zusehends verhärteten. Auch die Wissenschaftsorganisationen und die HRK, die eine Umverteilungspolitik von der Finanzierung in der Breite zur Finanzierung einiger Spitzeneinrichtungen befürchteten, standen dem Elitekonzept des Bundes ablehnend gegenüber. In einem längeren Tauziehen zwischen Bund und Ländern, Parteien und Interessenorganisationen, drohte das Projekt Eliteuniversitäten daher unweigerlich zu scheitern. Schließlich kam es innerhalb der BLK doch noch zu einer Einigung, bei der sich jedoch die Länderseite erneut weitgehend durchsetzte. In der im Juni 2005 für viele Beobachter überraschend erzielten Einigung zwischen den Ministerpräsidenten und dem Bundeskanzler erfuhr das ursprüngliche Elitekonzept des Bundes jedoch eine tiefgreifende Transformation. Diese betraf folgende Punkte: Das Elitekonzept mutierte thematisch zur *„Exzellenzinitiative"*, statt einiger weniger Elitehochschulen sollten nun tendenziell zahlreiche Universitäten gefördert werden, dies aber nun projektbezogen und befristet auf zunächst fünf Jahre. Als Kriterien der Auswahl wurden drei aufeinander bezogene Förderlinien vereinbart (Graduiertenschulen, Exzellenzcluster und Zukunftskonzept zum Ausbau universitärer Spitzenforschung), die aber ausschließlich auf die Forschung beschränkt bleiben.[69] Fragen der Lehre wurden auf Drängen der Länder, die für diesen Bereich auf ihrer Alleinzuständigkeit beharrten, aus dem Programm herausgenommen. Als Finanzierungsvolumen wurde für die erste Tranche eine Gesamtsumme von insgesamt 1,9 Mrd. Euro festgelegt, wobei der Bund 75%, das jeweilige Sitzland 25% der Kosten übernehmen sollte. Die Auswahl und die Begutachtungen erfolgen federführend durch die DFG, die hierin vom Wissenschaftsrat unterstützt wird. Nach dem Inkrafttreten der Föderalismusreform wurde auf der Grundlage von Art. 91b Abs. 2 Nr. 2 GG die Fortschreibung der Exzellenzinitiative in der GWK neu ausgehandelt. Im Juni 2009 erfolgte die Unterzeichnung der entsprechenden Verwaltungsvereinbarung durch die Regierungschefs von Bund und

---

[69] Für die erste Runde wurden 39 Graduiertenschulen, 37 „Exzellenzcluster" und 9 „Zukunftskonzepte" ausgewählt. Weitere aktualisierte Angaben finden sich auf der Homepage der DFG. http://www.dfg.de/forschungsfoerderung/koordinierte_programme/exzellenzinitiative/allgemeine_informationen.htm

Ländern für die zweite Programmphase bis 2017, wobei das Fördervolumen um über 40% auf 2,7 Mrd. Euro angehoben wurde.[70]

Nach der Föderalismusreform kann der Bund über die neue Gemeinschaftsaufgabe „Vorhaben der Wissenschaft und Forschung an Hochschulen" neben der Forschung auch künftig die Lehre an den Hochschulen fördern. Den im nächsten Jahrzehnt zu erwartenden starken Anstieg der Studienanfängerzahlen hat das BMBF daher zum Anlass genommen, den Ländern den Abschluss eines „Hochschulpaktes 2020" vorzuschlagen. Im August 2007 wurde zwischen Bund und Ländern erstmals eine entsprechende Verwaltungsvereinbarung unterzeichnet. Sie legte für eine erste Programmphase (2007 bis 2010) fest, dass jede Seite jeweils Mittel Höhe von 565 Mio. Euro bereitstellen werde, um zusätzliche 91 000 Studienanfänger aufnehmen zu können. Im Juni 2009 folgte dann die Vereinbarung über den Hochschulpakt II (2012 bis 2015), die jedoch erst nach äußerst schwierigen Verhandlungen zustande kam. Widerstand kam vom Bundesfinanzminister und seinen Länderkollegen, die wegen der akuten Finanz- und Wirtschaftskrise den Kostenrahmen, wenn auch vergeblich, nach unten zu korrigieren suchten. Noch lähmender wirkte aber der langanhaltende, auch parteipolitisch geprägte heftige Streit unter den Bundesländern, die sich nicht darüber einigen konnten, nach welchem Modus die Bundesmittel unter ihnen verteilt werden sollten. Während die A-Länder nach dem Prinzip „Geld folgt Studenten" für einen „Finanzausgleich" zugunsten der Länder mit einem großen Zustrom aus anderen Bundesländern plädierten, lehnten die B-Länder, deren Abiturienten zum Studium überwiegend in andere Länder gehen, diesen Vorschlag ebenso kategorisch wie erfolgreich ab. Die schließlich getroffene Übereinkunft erbrachte allerdings eine deutliche Steigerung des von Bund und Ländern je hälftig zu tragenden Finanzvolumens. Die „Programmlinie Lehre" sieht nun vor, dass bis 2015 insgesamt 275 000 zusätzliche Studienanfänger aufzunehmen sind, für die Bund und Länder insgesamt jeweils 3,2 Mrd. Euro bereitstellen.[71] Zugleich konnte der Bund inhaltliche Akzente bei der Förderung setzen. Bereits im ersten

---

[70] Von der Exzellenzinitiative zu unterscheiden ist der „Pakt für Forschung und Innovation", der 2004 zur Stärkung der deutschen Forschung im internationalen Wettbewerb in der BLK beschlossen worden war. Er enthielt die Zusicherung, dass im Rahmen der Agenda 2010 die von Bund und Länder gemeinsam geförderten überregionalen Forschungseinrichtungen (Fraunhofer-Gesellschaft, Helmholtz-Gemeinschaft, Max-Planck-Gesellschaft und Leibniz-Gemeinschaft) sowie die DFG mit einer jährlichen Erhöhung der institutionellen Förderung von 3% rechnen können. Im Juni 2009 wurde dieser Pakt durch eine Vereinbarung der Regierungschefs von Bund und Ländern für den Zeitraum 2011 bis 2015 fortgeschrieben, die Fördersumme jedoch jährlich auf 5% gesteigert.
[71] Beide Hochschulpakte enthielten neben einer „Programmlinie Lehre" jeweils auch ein Programm zur Stärkung der Forschung an den Hochschulen. Dieses Programm zur „Finanzierung von Programmpauschalen" (Overhead) für indirekte, zusätzliche und variable Projektausgaben von Forschungsprojekten durch die DFG wird vom Bund allein finanziert. Im ersten Hochschulpakt betrug die Fördersumme rund 703 Mio. Euro, im zweiten rund 1,7 Mrd. Euro.

Hochschulpakt wurde vereinbart, dass die Länder sich verpflichten, bei der Verwendung der Fördermittel Schwerpunkte zu setzen in der Schaffung zusätzlicher Stellen, beim Ausbau der Fachhochschulen und bei der Erhöhung des Frauenanteils bei Stellenbesetzungen. Der zweite Hochschulpakt ergänzte diese Schwerpunktsetzungen, deren Umsetzung jedoch Ländersache ist, indem er darüber hinaus auch die Steigerung der Studienanfängerzahlen in den Fächern Mathematik, Informatik, Naturwissenschaften und Technik zum Programmziel erklärte.

Ein weiteres wichtiges Element der Studienförderung stellt seit 1971 die Ausbildungsförderung nach dem *Bundesausbildungsförderungsgesetz* dar, zumal der Bund hier 65% der Kosten trägt. BAföG soll auch im Hochschulwesen dazu beitragen, die Chancengleichheit zu erhöhen sowie die Bildungsreserven in den einkommensschwächeren Bevölkerungsschichten zu erschließen. Der Kreis der Anspruchsberechtigten, die Modalitäten und der Umfang der Förderung wurden im Laufe der Jahrzehnte durch zahlreiche Gesetzesnovellierungen verändert. Im Jahre 1973 erreichte die Förderung, die sich jedoch nicht durchweg über das ganze Jahr erstreckt, mit 46% aller Studierenden bislang ihren Höchststand. In den 1980er und 1990er Jahren kam es in der Ära Kohl jedoch zu einem deutlichen Rückbau der Förderungsmöglichkeiten, wobei 1998 die Gefördertenquote mit 13% einen Tiefpunkt erreichte. 2001 setzte dann die rot-grüne Bundesregierung eine weitreichende Reform durch, bei der die Fördersätze deutlich angehoben, die Ausgangsvoraussetzungen und Rahmenbedingungen verbessert und die Zahl der Leistungsempfänger wieder deutlich erhöht wurde. Immerhin erhielten so 2005 bereits wieder 25% der Studierenden eine Förderung, die im Regelfall zur Hälfte als Zuschuss und zur Hälfte als zinsloses staatliches Darlehen gewährt wird. Mit dem Inkrafttreten des 22. BAföG-Änderungsgesetzes vom Oktober 2007 ist seit 2008 zudem auch eine Förderung ab dem 1. Semester im EU-Ausland und der Schweiz möglich. Nach den Angaben des Statistischen Bundesamtes wurden im Jahre 2007 insgesamt 494 000 Studierende durch BAföG gefördert, wobei sich die Ausgaben von Bund und Ländern zusammen auf rund 1,5 Mrd. Euro beliefen.

Deutlich weniger im Fokus der öffentlichen hochschulpolitischen Wahrnehmung stehen dagegen die sonstigen Instrumente bzw. Maßnahmen des Bundes zur Studienförderung. Zu erwähnen ist hier zunächst die Unterstützung der elf bundesweiten *Begabtenförderungswerke*, die der Förderung besonders befähigter Studierender und Promovierender dienen. Sie spiegeln in ihrer pluralistischen Breite das Spektrum der in Deutschland vorhandenen weltanschaulichen, politischen und verbandsbezogenen Strömungen wider. Nach einer Phase rückläufiger Bundeszuwendungen sind diese in den Jahren seit 1998/99 bis heute erheblich angestiegen. Der Bund trägt den ganz überwiegenden Teil dieser als Stipendien, Familien- und Auslandszuschläge, etc. vergebenen Mittel, wobei die Bundeszuwendungen 2008 mit insgesamt über 112 Mio. Euro ihren bisherigen Höchststand erreichten. Zu verweisen ist insbesondere auch auf die Aktivitäten des *Deutschen Akademischen Auslandsdienstes* (DAAD), einer gemeinsamen Einrichtung der deutschen Hochschulen, die für alle Länder und Fachrichtungen offen ist. Als größte und wichtigste Mittlerorganisation fördert der DAAD mit seinen über 200 Programmen weltweit die Hochschulbeziehungen mit dem Ausland, vor allem durch den Austausch von Studierenden und Wissenschaftlern, wobei die Förderung Ausländern wie Deutschen gleichermaßen zugutekommt. Die Aktivitäten zielen insbesondere auf die Erhöhung der grenzüberschreitenden Mobilität, die institutionelle und projektbezogene internationale Kooperation, die Förderung der deutschen Sprache im Ausland, die Internationalität der deutschen Hochschulen und deren Marketing im Ausland. Ähnlich wie bei den Begabtenförderungswerken ist der Bund auch im Falle des DAAD, der fast ausschließlich aus öffentlichen Mitteln finanziert wird, mit Abstand der wichtigste Geldgeber. Seit 1995 wurde im Zuge der fortschreitenden Internationalisierung das Gesamtbudget des DAAD kontinuierlich aufgestockt. Im Jahre 2008 beliefen sich die Fördermittel des Bundes immerhin auf 233,7 Mio. Euro, wobei das Auswärtige Amt 141 Mio., das BMBF knapp 65 Mio. und das BMZ 26 Mio. Euro beisteuerten.[72]

---

[72] Eine genauere Zahlenübersicht findet sich auf der Homepage des DAAD. http://www.daad.de/portrait/de/1.8.html.

10 Bildungspolitik auf der Länderebene

Im System des deutschen Föderalismus verfügen die Länder neben den weitreichenden Mitwirkungsrechten an der Bundesgesetzgebung in einer Reihe von Politikfeldern über erhebliche inhaltliche Zuständigkeiten. Dies gilt vor allem für die Bildungspolitik, in der ihnen im Rahmen der Kulturhoheit eine weitreichende Gestaltungsautonomie zukommt. Zentrale Aufgabenfelder sind hier die Schulpolitik und die Hochschulpolitik, in denen die Länder nicht nur als rahmensetzende Steuerungs- und Planungsinstanz, sondern auch als Anbieter, Träger und Finanziers das Feld beherrschen. Als eine weitere wichtige Domäne der Landespolitik gilt die innere Sicherheit, daneben verfügen die Länder auch über weitreichende inhaltliche Zuständigkeiten in der Infrastrukturpolitik, der regionalen Wirtschaftsförderung, dem Medienbereich, dem Naturschutz, der Integrationspolitik wie auch bei der Ausgestaltung der Kommunalverfassungen. Dennoch gilt: Die Bildungspolitik verkörpert das eigentliche Herzstück der Länderpolitik und stellt somit auch deren Kerngeschäft dar. Zu einem wesentlichen Teil definiert und legitimiert sich deren eigene Staatlichkeit somit über ihre Verantwortung im Bildungswesen. Dies erklärt auch die Intensität, mit der die Länder bei Kompetenzkonflikten mit dem Bund stets mit ritueller Routine das Bekenntnis zur Kulturhoheit beschwören und sich gegen Einmischungen vehement zur Wehr setzen. [73] Mit der Föderalismusreform gelang es ihnen das alte Trennsystem aus der Frühzeit der Bundesrepublik wieder weitgehend zu etablieren und so im Bildungsbereich die Eigenständigkeit der Länderpolitik gegenüber einer unitarisch geprägten Kultur machtpolitisch zu behaupten.

Damit wächst allerdings auch der Verantwortungsdruck auf die Länder, die sich zudem auch untereinander einem verschärften Wettbewerb ausgesetzt sehen. Dieser wird durch die Ergebnisse der internationalen und intranationalen Vergleichsstudien forciert, die eine historisch zu nennende Sensibilisierung der Bevölkerung in Bildungsfragen in Gang gesetzt haben. Diese Entwicklung spiegelt sich nicht zuletzt in den jüngeren Landtagswahlkämpfen wider, wobei wie etwa 2010 in Nordrhein-Westfalen, der Schulpolitik zunehmend eine wahlentscheidende Bedeutung zukommt. Bildungspolitische Themen erreichten hier neuerdings durchweg Spitzenplätze, nachdem sie in früheren Zeiten zumeist im Schat-

---

[73] Eine besonders provokante Formulierung zur Kulturhoheit der Länder stammt von dem ehemaligen Staatsminister für Kultur und Medien, Michael Naumann, der hierzu anmerkte: „Der barocke Begriff der Kulturhoheit taucht im Grundgesetz nicht auf", die „Kulturhoheit der Länder ist Verfassungsfolklore". In: DIE ZEIT, 45 (2000).

ten der die Landespolitik dominierenden Themen der Wirtschafts- Sozial- und Arbeitsmarktpolitik gestanden hatten. Verlauf und Ergebnis dieser Wahlen bestätigen so den Trend, dass Landtagswahlen künftig primär oder zumindest in erheblichem Ausmaß über die Sachkompetenz der Parteien in Bildungsfragen entschieden werden. Dies unterstreicht indirekt auch eine Elternumfrage des Forsa-Instituts anlässlich der Bundestagswahl 2009. So bezeichneten immerhin 81% der Befragten Bildung als das Top-Thema und für 62% spielen Bildungs- und Familienfragen bei der Entscheidung für eine Partei eine ebenso große Rolle wie z.B. die aktuelle Wirtschaftskrise, für 24% sogar eine größere, obwohl deren Auswirkungen durchaus als dramatisch gelten können.[74]

Die föderale Struktur mit elf bzw. sechzehn Gliedstaaten hat insgesamt betrachtet zu einer großen Variationsbreite und Diversifizierung der deutschen Bildungslandschaft geführt, zumal die Länder seit den Anfängen der Bundesrepublik ihre Gestaltungshoheit in diesem Politikfeld intensiv genutzt haben. Das buntscheckige Erscheinungsbild, das hierbei entstanden ist, ist einem ganzen Bündel von Determinanten geschuldet, die in der Bildungspolitik der einzelnen Länder prägewirksam wurden. Zu nennen sind hier zunächst regionale Faktoren: Welche Größe hat ein Land, handelt es sich um einen Flächen- oder Stadtstaat, um ein neues oder altes Bundesland und welche Besonderheiten weisen die demographische Struktur und Entwicklung auf? Wichtig sind außerdem ökonomische Besonderheiten wie z.B. die wirtschaftliche Struktur und Leistungskraft sowie vor allem die finanzielle Ressourcenausstattung eines Landes. Auch kulturelle Faktoren schlagen zu Buche: So können etwa kirchliche Traditionen oder säkulare Trends, je nach Region, bildungspolitisch von Relevanz sein. Nicht zuletzt spielen politische Faktoren oder Konstellationen eine entscheidende Rolle: Dazu gehört etwa das Gewicht des Politikerbes, das man von einer Vorgängerregierung übernommen hat, da dieses möglicherweise die Entscheidungsspielräume verengt. Von entscheidender Bedeutung sind jedoch parteipolitische Profile, zumal sich die Parteien in der Bildungspolitik in einer Reihe von Grundsatzfragen, die teilweise auch ideologisch befrachtet sind, erheblich voneinander unterscheiden. Von daher kommt es entscheidend auf die jeweilige Regierungskonstellation an: Regiert eine Partei allein – aktuell nur noch in Rheinland-Pfalz – oder, was zur Regel geworden ist, im Koalitionsverbund. Hier wiederum hängt vieles von den Kräfteverhältnissen und Farbmustern in der jeweiligen Regierungskoalition ab, die von Land zu Land stark variieren und angesichts einer mobiler gewordeneren Wählerschaft nicht nur immer häufiger wechseln, sondern auch bislang ungewohnte Konstellation kreieren. So kam 2008 in Hamburg erstmals eine schwarz-rote, 2009 im Saarland erstmals eine schwarz-gelb-grüne

---

[74] Die Umfrage wurde im Mai 2009 im Auftrag der Zeitschrift „Eltern" durchgeführt, der Ergebnisbericht findet sich unter http://www.eltern.de/images/pdf/forsa_ELTERN-Studie.pdf.

Koalitionsregierung zustande. Nicht zuletzt spielt auch der personale Faktor oft eine wichtige Rolle, da aufgrund ihrer Persönlichkeit herausragende Stelleninhaber des Kultusressorts häufig auch Bildungsgeschichte geschrieben haben.[75] Allerdings hatten die beiden Volksparteien hier bislang weitgehend eine Monopolstellung inne, da sie über Jahrzehnte hinweg durchweg den Kultusminister bzw. die Kultusministerin gestellt haben. Erst in den letzten Jahren ist mit der Erosion der Volksparteien hier ein Zäsur zu verzeichnen. So stellen in den unionsregierten Ländern Hamburg, Saarland, Hessen, Thüringen und Schleswig Holstein (2010) jeweils die kleineren Koalitionspartner den Schulminister bzw. die Schulministerin, während die SPD in den Ländern, in denen sie den Ministerpräsidenten stellt, auch das Schulressort innehat.

10.1 Schulpolitik der Länder

Dass die Schulpolitik die ureigenste Kernkompetenz der Länder darstellt hat neben sachlichen auch historische Gründe.[76] So waren zum Zeitpunkt der Verabschiedung des Grundgesetzes im Jahre 1949 die meisten Landesverfassungen bereits in Kraft getreten. Sie enthielten für das gesamte Bildungswesen, insbesondere aber für den Schulbereich, bereits wichtige normative Grundentscheidungen, so dass sich das Grundgesetz auf Artikel 7 als einzigen Grundrechtsartikel beschränkte. Er regelt insbesondere die Schulaufsicht des Staates, den Religionsunterricht und das Privatschulwesen. Die Gunst der frühen Geburt bescherte so den Ländern in diesem zentralen Politikfeld eine fast unbegrenzte Gestaltungsautonomie, die sie bis heute erfolgreich verteidigt haben. Sie wird lediglich mittelbar durch eine Reihe von grundlegenden Bestimmungen eingeschränkt, die für die konkrete Ausgestaltung des Schulwesens jedoch von herausragender Bedeutung sind. Zum einen sind dies die Grundsätze des demokratischen und sozialen Rechtsstaats, zum andern die im Grundgesetz gewährleisteten Grundrechte, die sich auf die schulbezogenen Rechtsansprüche von Schülern und Eltern auswirken.

Im Folgenden soll es nun darum gehen, einige charakteristische Grundzüge und Entwicklungslinien der Schulpolitik der Länder herauszuarbeiten. Dies kann bei sechzehn Einzelakteuren nur ansatzweise und in Form eines groben Über-

---

[75] Ohne Anspruch auf Vollständigkeit seien hier namentlich erwähnt: Wilhelm Hahn, Hans Maier, Bernhard Vogel und Ludwig von Friedeburg.

[76] Erst seit dem PISA-Schock hat sich auch die Politikwissenschaft der Thematik der Schulpolitik zugewandt. Zuvor hatte sie im Vergleich zu anderen Sozialwissenschaften über Jahrzehnte hinweg diesen Themenbereich weitgehend ignoriert. Diese Versäumnisse werden ausführlich erörtert bei Hepp/Weinacht 1996.

blicks geschehen. Zunächst sollen die rechtlichen Voraussetzungen sowie die politisch-administrativen Institutionen und Instrumente der politischen Steuerung zur Darstellung kommen. Hierbei geht es vor allem um die Schulgesetzgebung, die Rolle der Schulverwaltung, um Fragen der „Schulautonomie" sowie um den Themenkomplex Evaluation und Qualitätssicherung. Daneben gilt es aber auch, einige markante Unterschiede mittels eines Ländervergleichs herauszuarbeiten. Auf der Basis der Befunde der Pisa-E Studien werden so zunächst die Schulleistungen miteinander verglichen. Anschließend werden die regionalen Unterschiede, die sich bei den sozialen und migrationsbedingten Abhängigkeiten des Bildungserfolgs ergeben, näher beleuchtet. Beide Dimensionen, der Leistungserfolg wie auch die Gerechtigkeitsfrage, bestimmen auch die hierzulande nach wie vor unter den Ländern heftig umstrittene Strukturfrage. Dieser Kontroverse und den damit verbundenen Entwicklungslinien gilt ein abschließender Überblick.

10.1.1 Landesverfassungen und Schulgesetzgebung

10.1.1.1 Regionale Unterschiede auf der Verfassungsebene

Bei der Ausgestaltung des Schulwesens haben die Bildungspolitiker in den Ländern neben dem Grundgesetz auch die Vorgaben der jeweiligen *Länderverfassungen* zu beachten. Diese variieren von Land zu Land und spiegeln so regionale Besonderheiten und politisch-kulturelle Traditionen wider. Fast alle Länderverfassungen enthalten mehr oder minder ausführliche und differenzierte Aussagen zum Schulwesen, doch gibt es auch Ausnahmen. Die Verfassung von Schleswig-Holstein beschränkt sich auf nur einen einzigen Schulartikel, während die Verfassungen von Hamburg und Berlin keinerlei schulische Normierungen enthalten (Berlin enthält in Art. 20 nur ein Recht auf Bildung). Soweit im Regelfall vorhanden, enthalten die Schulartikel durchweg Aussagen zur staatlichen Schulaufsicht, zum Privatschulwesen, dem Religionsunterricht, der Elternmitwirkung oder auch zur Schulpflicht. Die meisten Verfassungen enthalten zudem einen Katalog von Erziehungs- und Bildungszielen, die sich durchweg auf einem hohen Abstraktionsniveau bewegen (Reuter 2003: 32ff). Gerade an dieser normativ sensiblen Stelle werden Länderunterschiede deutlich. Symptomatisch ist, dass die süddeutschen Verfassungen (Bayern, Baden-Württemberg, Rheinland-Pfalz und Saarland) – aber auch Nordrhein-Westfalen – neben säkularen Aussagen auch religiöse und heimatbezogene Erziehungsziele enthalten. Neben Werten wie Menschenwürde, Demokratie, Gerechtigkeit, Freiheit, Friede, Toleranz, Erhaltung der Umwelt oder Solidarität stehen Werte wie Ehrfurcht vor Gott, christliche Nächstenliebe oder Liebe zu Volk und Heimat. Völlig wertneutral geben sich dagegen die meisten Länder, die ehemals zur britischen Besatzungszone gehörten. Hamburg, Schleswig Holstein und Niedersachsen haben ebenso wie auch Berlin völlig auf die Nennung von Bildungs- und Erziehungszielen verzichtet. Die neuen Bundesländer wiederum haben nach den Erfahrungen mit dem realen Sozialismus Wert darauf gelegt, normative Festlegungen in ihre Verfassungen hineinzuschreiben. Durchweg finden sich in ihnen die bereits oben genannten säkularen Zielformulierungen. Allerdings fehlt aufgrund der im Osten fortgeschrittenen Säkularisation hier der Gottesbezug sowie – außer in Sachsen und Thüringen – die Erwähnung christlicher Orientierungen.

Ansonsten setzen die Länderverfassungen auch in anderer Hinsicht eigene Akzente. So wird in abgewandelten Formulierungen zumeist ein Recht auf Bildung proklamiert, das einen Anspruch auf Gleichbehandlung in den vorhandenen öffentlichen Schulen beinhaltet. Eine Reihe von Verfassungen enthalten Aussagen zu den einzelnen Schulformen oder Schularten, wobei die Aufzählungen eher vollständig sein (Saarland) oder sich begrifflich auf die Grundschule, die Haupt- oder auch die Volksschule beschränken können (Baden-Württemberg, Bayern, Nordrhein-Westfalen). Durch ihre Erwähnung erhalten sie Verfassungsrang und somit eine Bestandsgarantie. Die Volksschule existiert demnach nur noch in Bayern, wo sie Grund- und Hauptschulen als organisatorische Einheit zusammenfasst. Durch Verfassungsänderungen sind zudem an die Stelle der ehemaligen Bekenntnisschulen heute durchweg Gemeinschaftsschulen getreten. Konfessionsschulen gibt es heute nur noch in Nordrhein-Westfalen (Grund- und Hauptschulen) sowie in Niedersachsen (Grundschulen), wobei deren Errichtung jedoch nur unter bestimmten Voraussetzungen möglich ist. Sonderbestimmungen enthalten nach wie vor einige süddeutsche Verfassungen. Dort hat aufgrund von Staatskirchenverträgen, durch welche die ehemaligen Bekenntnisschulen aufgelöst wurden, die christliche Gemeinschaftsschule den Status einer Regelschule (Baden-Württemberg, Bayern, Rheinland-Pfalz, Saarland).

Häufige Erwähnung findet in den Landesverfassungen auch die Lehr- und Lernmittelfreiheit oder die Gewährung von Erziehungsbeihilfen im Bedarfsfalle. Daneben weisen einzelne Verfassungen geradezu Unikate auf. Um nur einige Beispiele zu nennen: In Bayern und dem Saarland beginnt die Religionsmündigkeit (Abmeldung vom Religionsunterricht) der Schüler erst mit 18 Jahren; in Baden-Württemberg und in Nordrhein-Westfalen ist Gemeinschafts- bzw. Staatsbürgerkunde ein verpflichtendes Schulfach; Rheinland-Pfalz verpflichtet die Gymnasien auf das „klassisch-humanistische Bildungsideal"; die Verfassung Hessens enthält ein Mitbestimmungsrecht der Erziehungsberechtigten, somit als einziges Bundesland ein sogenanntes pädagogisches Elternrecht.

Schulpolitisch gesehen stehen die Landesverfassungen allerdings im Schatten des Grundgesetzes, damit auch in aller Regel außerhalb des politischen Tagesstreits. Dennoch kommt ihnen ein wichtiger Steuerungseffekt zu, da sie Grundrichtungen und Festlegungen vorgeben, die den jeweiligen Landesschulgesetzgeber binden. Da Änderungen nur über Zweidrittelmehrheiten möglich sind, sorgt dies nicht zuletzt nach einem Regierungswechsel für eine gewisse Stabilität und Konstanz in der Schulpolitik. Insbesondere strukturelle Reformen lassen sich dann nur über komplizierte und mühsame Konsensbildungsprozesse ermöglichen. Deutlich wurde dies etwa bei der langwierigen Entkonfessionalisierung des Schulwesens in den 1960er Jahren. Auch die aktuell diskutierte Einführung des Zweisäulenmodells kann bei Vorliegen einer entsprechenden Verfassungshürde an politische Grenzen stoßen. Länder ohne Schulartikel tun es sich hier leichter. So konnte in Hamburg der schwarz-grüne Senat 2009 die sechsjährige Primarschule und das Zweisäulenmodell (Gymnasium und Stadtteilschule) einführen, da für eine solche Reform eine Novellierung des Schulgesetzes genügte. Im schwarz-gelb-grün regierten Saarland dagegen wäre eine solche einschneidende Umgestaltung nur über eine Änderung von Art. 27 der Landesverfassung zu bewerkstelligen, was einen auch die Opposition zumindest partiell einbindenden parteiübergreifenden Konsens voraussetzen würde.[77]

10.1.1.2 Schulgesetzgebung: Wandel der Aufgaben- und Gegenstandsbereiche

Jenseits dieser verfassungsrechtlichen Vorgaben gilt jedoch die *Schulgesetzgebung* als wichtigstes Gestaltungs- und Steuerungsinstrument der Länder um Ziele, Inhalte und Strukturen des Schulwesens festzulegen. Schulgesetze haben eine ordnende und somit auch bewahrende Funktion, können aber auch als Schrittmacher für Reformen und Innovationen dienen. Im föderalen System bieten sie den Ländern die Chance, eigene landesspezifische Akzente zu setzen und so im wechselseitigen Wettbewerb die Funktion eines Vorreiters zu übernehmen. Regionalspezifische Traditionen und parteipolitische Konstellationen spielen auch hier eine wichtige Rolle, doch weist die Schulgesetzgebung bei allen Unterschieden im Ergebnis eine überraschend große Einheitlichkeit auf. Im historischen Rückblick lässt sich eine Entwicklung in Phasen konstatieren, die

---

[77] Art. 27 der Verfassung des Saarlands von 1947 enthielt ehemals keinen abgeschlossenen Kanon von Schulformen des allgemeinbildenden Bereichs, so dass 1986 per Gesetz die Gesamtschule als neue Schulform ohne Verfassungsänderung eingeführt wurde. Durch eine 1996 von der seinerzeit regierenden Großen Koalition durchgesetzte Verfassungsänderung wurde Artikel 27 Abs. 3 schließlich so umformuliert, dass er nun eine abschließende Aufzählung der Formen der allgemeinbildenden Schulen enthält. In der Gesetzesbegründung hieß es dazu, dass andere als die in dem Katalog genannten Schulformen ohne erneute Verfassungsänderung nicht zulässig seien. Dahinter stand die Auffassung der mit absoluter Mehrheit regierenden SPD und der oppositionellen CDU, dass die Erweiterten Realschulen und die Gesamtschulen die schulische Grundversorgung in der Sekundarstufe sicherstellen sollten, während das Gymnasium als Angebotsschule hinzutritt (Wendt/Rixecker 2009: 228).

seit Mitte der 1960er Jahre bis heute immer wieder in wellenartigen Schüben zu mehr oder minder umfassenden Novellierungen führte (Reuter 1998: 43ff). Die Anpassungen folgten den variierenden Themen und Problemen der bildungspolitischen Debatten, doch spiegeln sie auch den gesamtgesellschaftlichen Modernisierungsprozess wider, der sich stichwortartig mit Begriffen wie Demokratisierung, sozialer und ökonomischer Wandel, Wertewandel oder Internationalisierung umreißen lässt.

Vor diesem gesellschaftlichen Hintergrund haben sich im Laufe der Jahrzehnte auch die Rechtsauffassungen zum Schulwesen erheblich verändert. Wegweisend wurde seit Mitte der 1960er Jahre die Judikatur des Bundesverfassungsgerichts und des Bundesverwaltungsgerichts, die zu einer grundlegenden Neudefinition des *Schulverhältnisses* führte. Die überkommene Lehre hatte dieses noch als ein „besonderes Gewaltverhältnis" eingestuft, das unmittelbare Eingriffe in die Rechte des Schülers – mittelbar auch in die der Eltern – ohne gesetzliche Grundlage erlaubte (Avenarius/Füssel 2008: 19; 93ff). Die gewandelte Rechtsprechung definierte dieses nun als ein Rechtsverhältnis, wonach in die Rechts- und Freiheitssphäre des Schülers nur noch durch Gesetz oder aufgrund eines Gesetzes eingegriffen werden darf. Seit den frühen 1970er Jahren hat das Bundesverfassungsgericht diesen *Gesetzesvorbehalt* dahingehend präzisiert, dass das Rechtsstaats- und Demokratieprinzip den Gesetzgeber verpflichten, die wesentlichen Entscheidungen im Schulwesen selbst zu treffen und nicht der Schulverwaltung zu überlassen.[78] Diese Ergänzung des Gesetzesvorbehalts durch die *Wesentlichkeitstheorie* ist für das Schulrecht in zweifacher Weise von zentraler Bedeutung. Zum einen werden nun im Schulverhältnis die Grundrechte von Schülern und Eltern besser geschützt und gestärkt, zum andern wird der Gesetzesvorbehalt auf die gesamte organisierende, planende und leitende Tätigkeit des Staates im Schulwesen ausgedehnt. Für die erforderliche Umsetzung in das jeweilige Landesrecht bot ein Musterentwurf für ein Landesschulgesetz Hilfestellung, den die Kommission Schulrecht des Deutschen Juristentages 1981 vorgelegt hatte. Er wurde von den schulpolitischen Akteuren seinerzeit recht kritisch beurteilt, dennoch haben die meisten Schulgesetzgeber daraus viele Formulierungen übernommen. Politisch bewirkte die Umsetzung der Wesentlichkeitstheorie eine enorme Aufwertung der schulpolitischen Rolle des jeweiligen Landesparlaments auf Kosten der Kompetenzen der Exekutive, die das Schulwesen zuvor durch Verwaltungsvorschriften hatte regulieren können. Diese Gewichtsverlagerung ist sowohl rechts- wie demokratietheoretisch als ein wichtiger Fort-

---

[78] Das Bundesverfassungsgericht hat sich bislang in folgenden Entscheidungen speziell mit dem Vorbehalt des Gesetzes im Schulverhältnis befasst (BVerfGE 34, 165 (192f)] – hessische Förderstufe; 41, 251 (259f.) – Speyer-Kolleg; 45, 400 (417f.) – hessische Oberstufenreform; 47, 46 (78f.) – Sexualkunde); 58, 257 (269f.) – Schulentlassung.

schritt zu betrachten. Er holte nicht nur im Schulwesen längst überfällige rechts-
staatliche Entwicklungen nach sondern stärkte auch die demokratische Legitimation beim Zustandekommen schulpolitischer Entscheidungen. Deren Grundlinien
müssen seitdem auf der Bühne des direkt gewählten Landesparlaments im Streit
divergierender Interessen öffentlich begründet und verantwortet werden. Dies
erhöht die Transparenz schulpolitischer Entscheidungen und verhindert, dass
bildungspolitische Reformen geräuschlos über bloße Verwaltungsakte erfolgen.
Auf der anderen Seite sind gegen die Wesentlichkeitstheorie auch politische
Einwände vorgebracht worden. Der Parlamentsvorbehalt hat nach Auffassung
dieser Kritiker nicht nur nachteilige Auswirkungen auf die Handlungsflexibilität
der Kultusverwaltung, sondern erschwere auch die gesamtstaatliche Koordination und Abstimmung in der KMK. Vor allem letzteres erscheint jedoch kaum
plausibel. Die bisherige Praxis des deutschen Exekutivföderalismus spricht dagegen, die immer wieder feststellbaren Abstimmungsdefizite in der KMK den
Landtagen anzulasten, zumal der schulpolitische Entscheidungsprozess faktisch
ohnehin von der Exekutive dominiert wird. Hinzu kommt, dass mit den internationalen Vergleichsstudien und deren Ergebnissen in den letzten Jahren ein zusätzlicher Vereinheitlichungsdruck aufgebaut worden ist, dem sich auch die
Landtage nicht entziehen können. Es liegt ganz auf dieser Linie, wenn etwa Hessen in sein Schulgesetz (§ 3, 14) die Bestimmung aufgenommen hat, dass auf die
Einheit des deutschen Schulwesens Bedacht zu nehmen ist. Als weit gewichtiger
erweist sich dagegen ein dritter Einwand, wonach die zunehmende
Vergesetzlichung die ohnehin überbordende Verrechtlichung des Schulwesens
verstärke, die in der Tendenz zu einer Beschränkung des pädagogischen Frei-
raums an den Schulen führe. Vor allem Bildungsexperten beklagen – nicht immer zu Unrecht – die Überfrachtung der Schulen mit einer unüberschaubaren
Flut von Gesetzen und Rechtsverordnungen, mit bürokratischen Vorschriften der
Schulverwaltung und mit ausufernden Gerichtsentscheidungen, die wiederum
rechtliche Anpassungen oder Ergänzungen erzwingen. Letztere wurden den
Gerichten allerdings auch durch eine Flut von Klagen bei anstehenden Schul-
streitigkeiten aufgedrängt. So versuchte im Laufe der Jahrzehnte eine wachsende
Zahl von Schulbetroffenen, zumeist Eltern und Schüler, ihre Rechtsansprüche
auf gerichtlichem Wege durchzusetzen.[79] Dies wiederum beförderte die Gefahr
einer tendenziellen Justizialisierung der Schulpolitik, die wiederum von der Poli-

---

[79] Ging es in den früheren Jahren bei gerichtlichen Nachprüfungen zunächst vor allem um Noten,
Versetzungen, Prüfungen, Aufsichtspflichten des Lehrers oder Schulstrafen, so kamen später Schul-
streitigkeiten im Umfeld inhaltlicher, schulorganisatorischer und schulstruktureller Schulreformen
hinzu (z.B. Förderstufe, Oberstufenreform, Mengenlehre, Sexualkundeunterricht, Politikunterricht,
Gemeinschaftsschule, Schulschließungen, Schulautonomie, Rechtschreibereform, Tragen eines
Kopftuchs…). In diesem Prozess sich intensivierender Gerichtsentscheidungen hat sich die heute
herrschende Lehre vom Gesetzesvorbehalt entwickelt.

tik kritisiert wird, da sie geeignet ist, nicht nur die Exekutiven, sondern auch die Legislativen schulpolitisch stark von der Dritten Gewalt abhängig zu machen (Maier 1998: 29ff).

Was aber sind nun wesentliche Entscheidungen im Bereich des Schulwesens, die vom Landesgesetzgeber selbst getroffen werden müssen? Aufgrund der bisherigen höchstrichterlichen Rechtsprechung fallen darunter insbesondere folgende *Gegenstandsbereiche*: Die grundlegenden Erziehungs- und Bildungsziele; die Organisationsstruktur, Gliederung und inhaltliche Ausrichtung des Schulwesens (Schulstufen, Schularten und Bildungsgänge); die Steuerung der Unterrichtsarbeit mit Hilfe von Bildungsstandards; Grundzüge der Behördenorganisation der Schulverwaltung und Aufgabenprofil der Schulaufsicht; Rechtsstatus der Lehrkräfte, Rechtsstatus und Aufgaben der Schulleitung, Einrichtung und Aufgaben von innerschulischen Konferenzen; die Schulverfassung, in deren Rahmen die institutionellen Formen und die Reichweite der Mitwirkung von Lehrern, Eltern und Schülern zu klären ist; Kriterien für die Errichtung, Auflösung und Zusammenlegung von Schulen; Teilnahme der Schüler an grundrechtsrelevanten Unterrichtsfächern wie z.B. Sexualkunde- und Ethikunterricht; die Grundzüge der Schulbuchzulassung; die Schulpflicht sowie Voraussetzungen des Zugangs zu weiterführenden Schulen; die Grundzüge für Leistungsbewertungen, Prüfungen und Abschlüsse sowie die leistungsbedingte Schulentlassung; die Einführung von verpflichtenden Ganztagsschulen; die Ordnungsmaßnahmen; die Leitlinien für die Schulträgerschaft und die Aufgaben der kommunalen Schulverwaltung einschließlich der Regelung der schulischen Kostenfragen (Avenarius 2000: 235ff; Avenarius/Füssel 2008: 54f.).

Allerdings ist die Grenze zwischen wesentlich und nicht wesentlich im juristischen Einzelfall nicht immer eindeutig zu ziehen und daher auch strittig. Auch die als Faustregel bemühte Feststellung, all das, was politisch umstritten ist, als wesentlich anzusehen, trifft ebenfalls nicht in jedem Falle zu.[80] Darüber hinaus liegt es in der politischen Ermessensfreiheit der Landesgesetzgeber, ob sie – auch jenseits der höchstrichterlichen Vorgaben – bestimmte Gegenstandsbereiche, die sie für politisch besonders wichtig erachten, per Gesetz entsprechend festschreiben. Die Landtage verfahren hier zudem auch recht uneinheitlich. Dies gilt zunächst mit Blick auf den Umfang und die Regelungsdichte.[81] Bei den Län-

---

[80] Dies gilt etwa für das Beispiel der über viele Jahre heftig umstrittenen Rechtschreibereform. Hier vertrat das oberste Gericht in seinem Urteil die Auffassung, deren Einführung sei für die Ausübung der Grundrechte von Schülern und Eltern nicht von wesentlicher Bedeutung und daher durch eine Verwaltungsvorschrift zu regeln (Avenarius/Füssel: 2008, 54; BVerfGE 98, 218 (251ff.).

[81] Aufgrund des allgemeinen Trends zur Verrechtlichung im Schulwesen hat in den letzten Jahrzehnten in allen Ländern der Umfang der Schulgesetze erheblich zugenommen. Immer mehr Länder sind daher dazu übergegangen, die unübersichtliche Zersplitterung in mehrere Einzelgesetze zu reduzieren und diese in einem einzigen Schulgesetz zu bündeln. Nach wie vor eine Ausnahme bildet hier das,

dern, die einem allgemeinen Trend folgend, ihre diversen Einzelgesetze zu einem einzigen Schulgesetz zusammengefasst haben, zählt jenes von Niedersachsen 197, das von Sachsen-Anhalt jedoch nur 81 Paragraphen. Deutliche Unterschiede gelten auch für den Freiraum, den die Landesgesetzgeber der Schulverwaltung einräumen, um bestimmte Gegenstandsbereiche per Ermächtigung über Rechtsverordnung oder durch Verwaltungsvorschriften zu normieren. Durchweg nutzen die Landtage die Gesetzgebung auch, um regional- bzw. länderspezifische Akzente zu setzen, etwa um landestypische Besonderheiten und Problemlagen zu berücksichtigen oder um die Landespolitik auf ein spezifisches Entwicklungsprofil zu verpflichten[82]. Besonders markant ist dies etwa bei der Gliederung des allgemeinbildenden Schulwesens im Sekundarbereich I. Hier sorgt ein buntscheckiger Flickenteppich mit einem Nebeneinander von Drei- und Zweigliedrigkeit und unterschiedlich benannten Schularten/Schulformen und Bildungsgängen für eine – nicht nur für Ausländer – verwirrende Vielfalt.[83] Allerdings gibt es auch gegenläufige Tendenzen in Richtung zunehmender Einheitlichkeit. So haben unter dem Eindruck der internationalen Vergleichsstudien alle Länder in den letzten Jahren ihre Schulgesetze novelliert und hierbei Themen der jüngsten Reformdiskussionen aufgegriffen. Dieser Prozess dürfte sich auch in den nächsten Jahren fortsetzen, zumal die Schulgesetze der Länder hier teilweise noch lückenhaft sind. Dies gilt zunächst für das Bemühen, den Schulen vor Ort eine größere Selbständigkeit und Eigenverantwortung einzuräumen. Bis auf wenige Ausnahmen enthalten die Schulgesetze der Länder hier mehr oder minder differenzierte und weitreichende Regelungen. In allen Schulgesetzen finden sich inzwischen knappe oder auch umfangreichere Aussagen zu Bildungsstandards, zur Qualitätssicherung durch interne und externe Evaluation, zum Aufgabenbereich der Landesinstitute, teilweise auch zur Schulinspektion. Die meisten Länder verpflichten per Schulgesetz inzwischen die Kultusverwaltung dazu, besondere Anstrengungen zu unternehmen, um sozial bedingte Ungleichheiten abzubauen, die individuelle Förderung zu verbessern oder die Durchlässigkeit zwischen den Bildungsgängen zu erhöhen. In die gleiche Richtung zielen integrati-

---

das fünf Einzelgesetze aufweist (Schulordnungsgesetz, Schulpflichtgesetz, Schulmitbestimmungsgesetz, Privatschulgesetz und Allgemeine Schulordnung).

[82] Beispiele hierfür sind etwa Bestimmungen in Brandenburg und Sachsen zur besonderen Pflege der sorbischen Sprache und Kultur oder zur Pflege der niederdeutschen Sprache in Mecklenburg-Vorpommern. Ferner die 2006 erfolgte Einführung von Spezialschulen und Spezialklassen zur Begabtenförderung in Brandenburg, für die es Vorläufer in der ehemaligen DDR gab. Eigentümlich ist auch die Bestimmung in § 15a des hessischen Schulgesetzes, in der gewissermaßen als Reflex auf ein ebenso altes wie leidvolles Thema der hessischen Bildungspolitik, die Vertretung bei Unterrichtsausfall (Verlässliche Schule) geregelt wird. Erwähnt sei hier ferner, dass Hamburg 2009 als erstes Bundesland das Sitzenbleiben in der Schule per Gesetz abgeschafft hat.

[83] Eine anschauliche grafische Übersicht hierzu findet sich auf der Homepage der Konferenz der Schulaufsicht in Deutschland (KSD) unter: http://www.ksdev.de/Schulstruktur.htm

onspolitische Bemühungen etlicher Länder durch Maßnahmen zur Sprachförderung, etwa in Form schulischer Tests zur Sprachstandfeststellung oder durch die Einrichtung von Förderklassen im Vorschul- und Grundschulbereich. Manche Landesgesetzgeber normieren zusätzliche Schwerpunktsaufgaben oder Verpflichtungen. Beispielsweise enthält das Schulgesetz von Berlin sehr umfassende Regelungen zum Ausbau schulischer Ganztagsangebote, während Sachsen-Anhalt der obersten Schulbehörde die Auflage erteilt, pro Legislaturperiode jeweils einen Bildungsbericht zur Qualitätsentwicklung sowie einen allgemeinen Kostenbericht vorzulegen.

10.1.2 Schulverwaltung als Teil der Exekutive

Nach dem Schulaufsichtsbegriff, der dem Grundgesetz zugrunde liegt, umfasst die *staatliche Schulhoheit* die Funktion der Organisation, Planung und Leitung des Schulwesens. Sie wird gemeinsam, wenn auch in formell getrennten Staatstätigkeiten, vom *Landesparlament und der Exekutive* wahrgenommen. In diesem verfassungsrechtlichen Rahmen obliegt es dem Parlament, durch die Schulgesetzgebung die wesentlichen Leitentscheidungen zu treffen, während die Exekutive und die ihr zugehörige Schulverwaltung diese Leitvorgaben durch den Erlass von Rechtsverordnungen, Erlassen und Verwaltungsvorschriften umzusetzen und zu konkretisieren haben.

Von dieser formalrechtlichen Zuordnung könnte man vorschnell auf eine Rangordnung schließen, in der die Legislative über die schulpolitischen Prioritätensetzungen entscheidet, während die Exekutive im Wesentlichen nur die Aufgabe der Ausführung verbleibt. Eine solche Einschätzung würde jedoch der Funktionslogik und den realen Funktionsmechanismen des parlamentarischen Regierungssystems nicht gerecht werden. Regierungs- und Parlamentsmehrheit bilden hier in der politischen Praxis eine eng verwobene Aktionseinheit, in der die Exekutive in großem Umfang die Aufgabe der konzeptionellen Steuerung und Gestaltung des jeweiligen Politikfeldes übernimmt. Reformanstöße, gesetzgeberische Impulse und Innovationen in der Schulpolitik kommen so fast durchweg aus der Kultusverwaltung und deren politischer Führung. Die Exekutive verfügt somit im Rahmen ihrer „exekutiven Führerschaft" über einen großen Ermessensspielraum. Sie plant, koordiniert und kontrolliert in großem Umfang vor allem über untergesetzliche Maßnahmen die gesamte Schulentwicklung. Trotz Parlamentsvorbehalt wird nämlich in den meisten Ländern in der Schulpolitik wenig per Gesetz und viel per Verordnung geregelt (Münch 2008: 195). Auf diese Weise will man sicherstellen, dass Regelungen zeitsparend auf dem „kurzen Dienstweg" erlassen werden können und früher in Kraft treten, als dies bei

Gesetzen machbar wäre (ebda). Im Gegenzug räumt die Landesregierung den Fraktionen ein gesteigertes Mitspracherecht bei Verordnungen ein (ebda). Geht es dagegen um ein wichtiges gesetzgeberisches Vorhaben, so ist die Führungsspitze bemüht, sich bereits im Vorfeld der parlamentarischen Beratungen die politische Zustimmung im Kabinett und auch der Mehrheitsfraktionen zu sichern. Bei entsprechendem Geschick, kann sie so selbst weitreichende Reformprojekte ohne größere Korrekturen im Landesparlament durchsetzen (Hepp/Weinacht 2003: 27ff). Die Exekutivlastigkeit der Schulpolitik zeigt sich zudem auch darin, dass fast alle Gesetzes- oder Novellierungsvorlagen von der Regierung eingebracht werden, die sich hier auf die fachliche Zuarbeit einer hoch arbeitsteilig organisierten Ministerialverwaltung stützen kann. Gelegentlich werden Regierungsentwürfe auch von den Mehrheitsfraktionen als Initiativanträge übernommen, um in Abstimmung mit der politischen Führungsspitze das Entscheidungsverfahren insgesamt abzukürzen und zu beschleunigen. Dem Parlament verbleibt formal gesehen zwar immer ein Letztentscheidungsrecht, doch kann sich die Regierung, wenn es darum geht, ihre Vorhaben durchzusetzen, weitgehend auf die Unterstützung der sie tragenden Mehrheitsfraktionen verlassen. Kontrolle und Kritik von Regierung und Verwaltung sind dagegen Aufgaben, die primär in den Zuständigkeitsbereich der Oppositionsfraktionen fallen.

Die konzeptionelle Gestaltung und Umsetzung der Schulpolitik obliegt in allen Flächenstaaten einem besonderen *(Kultus)Ministerium*, in den Stadtstaaten der entsprechenden *Senatsbehörde*. In zehn Ländern besteht hierfür ein eigenes Ressort, das unter stark variierenden Bezeichnungen (etwa in Verbindung mit Sport und/oder Jugend) speziell für das Schulwesen zuständig ist. In sechs Ländern sind dagegen das Schul- und Hochschulwesen – wenn auch nach Abteilungen getrennt – unter dem Dach eines einzigen Ministeriums vereint. Der an der Spitze des Ressorts stehende Kultusminister hat die politische Steuerung des gesamten Schulwesens zu verantworten, wozu umfassende Gestaltungs-, Normierungs- und Planungsaufgaben gehören. Sein politischer Spielraum ist faktisch jedoch von mehreren Faktoren abhängig: Von den Absprachen in der Koalitionsvereinbarung, den verfügbaren finanziellen Ressourcen, der Stellung im Kabinett und dem Rückhalt, den er in den für Bildungsfragen maßgeblichen Fraktions- und Parteigremien erfährt. Die ihm unterstehende Kultusverwaltung, die im Prinzip hierarchisch organisiert ist und durch einen Mix von Juristen und Pädagogen charakterisiert ist, wird von einem Amtschef – einem Staatssekretär oder Ministerialdirektor – geleitet. Dieser hat nicht nur die Arbeit der einzelnen Abteilungen mit ihren spezialisierten Referaten zu koordinieren, sondern auch die administrativ-politischen Außenkontakte zu pflegen, sei es im Land oder im Verhältnis zum Bund (Weinacht 1978: 214).

Bei der Planung und Ausarbeitung von Gesetzesentwürfen und Regierungs-
verordnungen oder der Entwicklung von inhaltlichen Programminitiativen
kommt den spezialisierten Basiseinheiten der *Ministerialverwaltung* eine Schlüsselfunktion zu. Im Rahmen ministerieller Vorgaben übernehmen sie weitgehend
die Aufgabe der Politikformulierung, wobei die wesentlichen Weichenstellungen
und Festlegungen im Gesetzgebungsprozess bereits in der präparlamentarischen
Phase des Referentenentwurfs erfolgen. In dieser Entstehungsphase ist die Ministerialverwaltung bemüht, durch informelle Konsultationen oder auf dem Weg
des formellen Anhörungsverfahrens, Anregungen und Stellungnahmen von staatlichen und nichtstaatlichen Organisationen, die im Bereich der Landesbildungs-
politik von Bedeutung sind, einzuholen. Dazu gehören neben den Partei- und
Fraktionsgremien insbesondere Fachverbände, berufsständische Organisationen,
Kirchen, Interessengruppen oder sonstige landesinterne oder -externe Einrichtungen der Politikberatung. Naturgemäß spielen, vor allem beim längeren Aus-
bleiben von Regierungswechseln, dabei auch partei- oder verbandspolitische
Affinitäten eine Rolle, wenngleich in jüngerer Zeit die fachliche Komponente
zunehmend wichtiger geworden ist (Wunder 2000: 155).[84] Diese mehr oder minder institutionalisierten kooperativen Dauerbeziehungen fungieren als schulpolitische Policy-Netzwerke, um die Problemlösungskompetenz und die Expertise
dieser Einrichtungen zu nutzen, auch wenn dies häufig nur zu Korrekturen im
Detail führt. Ziel dieser Kooperation ist es, dadurch die Akzeptanz von Entscheidungen zu erhöhen, die Chancen einer erfolgreichen Implementierung zu erhöhen und in der anschließenden Phase der Evaluation bei neu entstehenden Problemen für die erforderliche Rückkoppelung an die Führungsspitze des Ministeriums zu sorgen (Traeger 2005: 225ff.).

Als Teil der Exekutive ist die Schulverwaltung aber nicht nur in erheblichem Ausmaß an der Erarbeitung der Schulgesetze beteiligt, sie verfügt als staatliche Aufsichtsverwaltung zudem auch über die Alleinzuständigkeit für deren
Umsetzung und Ausführung. Da die schulgesetzlichen Vorgaben eher allgemein
oder abstrakt gehalten sind, verfügt die Verwaltung über einen großen Ermes-

---

[84] So kam etwa eine Studie von Gerhard Kral zur Verbandsarbeit des Philologenverbandes im CSU-
regierten Bayern im Zeitraum von 1949-1982 zu dem Ergebnis, dass eine komplexe, „auf Dauer
angelegte und von allen Beteiligten als vorteilhaft angesehene neokorporatistische Zusammenarbeit
von BBPhV, Staatsregierung, Ministerialbürokratie und Parlamentsmehrheit" existierte (zitiert nach
Traeger: 2005, 239). Einen umgekehrten Sonderfall konnte man 1987 in Hessen beobachten, als nach
fast 40 Jahren die CDU die SPD in der Regierungsverantwortung ablöste und diese nun den Kultusminister stellte. Die FAZ berichtete damals, dass im Kultusministerium die Sozialdemokraten deutlich in der Überzahl waren, so dass Vorlagen für den Minister schneller bei der Opposition als beim
Chef des Hauses landeten. Erwähnenswert auch die Tatsache, dass von den 26 Schulamtsleitern in
Hessen seinerzeit 18 der SPD angehörten, nur einer der CDU, zwei weitere waren parteilos. Vgl.
hierzu von B. Heptner: Kultusminister Wagner kämpft mit wechselndem Erfolg, in: Frankfurter
Allgemeine Zeitung vom 7. Juli 1990.

sensspielraum, um über Rechtsverordnungen und Verwaltungsvorschriften die Schulentwicklung im Detail auszugestalten. Vorrangig hat sie hierbei die Aufgabe, flächendeckend die Voraussetzungen für einen geordneten Schul- und Unterrichtsbetrieb zu schaffen und zu gewährleisten. Alle Länder können sich hier auf ein landesspezifisches *System von Schulaufsichtsbehörden* stützen, wobei die Organisation der Instanzen, der schulartspezifischen Zuständigkeiten oder auch die Zuordnung zur sonstigen Landesverwaltung unterschiedlich geregelt ist.[85] Der früher überall übliche dreistufige Verwaltungsaufbau existiert heute nur noch in Baden-Württemberg, Bayern und Nordrhein-Westfalen. Ansonsten geht der Trend seit längerem zur Zweistufigkeit, die Stadtstaaten und das kleinere Saarland haben jeweils nur noch eine einzige Schulbehörde. Oberste Schulaufsichtsbehörde ist überall das für das Schulwesen zuständige Ministerium, obere Schulaufsichtsbehörden gibt es auf der Ebene der Mittelinstanzen gegenwärtig (2009) noch in sieben Ländern (insgesamt 20). Acht Länder verfügen über untere Schulaufsichtsbehörden, die als staatliche Schulämter (insgesamt 202) teils autonome Sonderbehörden sind, teils der Kreisverwaltung an- oder eingegliedert sind. In manchen Ländern gibt es auch den Sonderfall, dass die gesamte untere Schulaufsicht einer einzigen Landesbehörde zugewiesen ist, der wiederum regionale Außenstellen zugeordnet sind.

Zu den umfassenden *Steuerungsaufgaben der staatlichen Schulverwaltung*, die sie auf den jeweiligen Ebenen zur Gewährleistung der Funktionsfähigkeit der Schulen zu erfüllen hat, gehören insbesondere: Im curricularen und unterrichtorganisatorischen Bereich die Festlegung der Stundentafeln, des Fächerkanons sowie der Lehr- und Bildungspläne; die Zulassung von Lehrbüchern und sonstigen Medien; ferner die Festlegung von Klassenfrequenzen oder spezielle Vorgaben für die Unterrichtsdifferenzierung. Ein zweiter Aufgabenbereich betrifft schullaufbahnbezogene Fragen wie die Festlegung von Leistungskriterien und Bewertungsmaßstäben – darunter fallen Vorschriften über Klassenarbeiten, zur Notengebung und Versetzung, zu Prüfungen oder auch zu Übergängen in andere Schulen. Drittens wäre zu nennen die Organisation des inneren Schulbetriebs und der Verwaltungsabläufe, die Regelung von Beteiligungsrechten sowie von Konflikten im Rahmen der Schulverfassung und des Schulverhältnisses. Schließlich viertens die Versorgung der Schulen mit Lehrpersonal und Funktionsstellen, diverse Aufgaben im Bereich der Lehrerausbildung, die Personal- und Sachkostenbudgetierung, sowie die Kooperation mit Schulträgern und anderen außerschulischen Einrichtungen.

Um die diesbezüglichen Gestaltungs- und Leitungsfunktionen im Schulalltag umzusetzen, verfügen die Schul(aufsichts)behörden zusätzlich über weitrei-

---

[85] Vgl. hierzu die grafische Übersicht im Internet unter http://www.ksdev.de/strukscha_laender.htm.

chende Kontroll- und Überwachungsrechte. Wichtigstes rechtliches Instrument im Rahmen dieser *Schulaufsicht im engeren Sinne* ist die *Fachaufsicht*, die dazu dient, die recht- und zweckmäßige Wahrnehmung der den Schulen in fachlich-inhaltlicher und fachdidaktischer Hinsicht zugewiesenen Aufgaben sicherzustellen (Avenarius/Heckel 2000: 251ff.) Sie wird durch weisungsberechtigte Fachbeamte wahrgenommen, wobei vor Ort als Schlüsselfigur der Schulrat diese Aufgaben durch Unterrichtsbesuche, die Mitwirkung bei Prüfungen oder dienstliche Beurteilungen wahrnimmt. Die Fachaufsicht wird ergänzt durch die Dienstaufsicht, welche die verhaltensgerechte Einhaltung der dienstlichen Pflichten durch die Lehrer und das sonstige pädagogische Personal zu gewährleisten hat.[86] Im Übrigen gilt, dass die Kontrolle durch die Fachaufsicht auch deutliche Grenzen hat. Sie hat nicht nur die pädagogische Freiheit des einzelnen Lehrers zu beachten, vielmehr muss sie auch berücksichtigen, dass den einzelnen Schulen heute eine weit größere pädagogische Eigenverantwortung und Selbständigkeit zugestanden wird. Die Schulaufsicht befindet sich seit geraumer Zeit daher in einem tiefgreifenden Wandlungsprozess, der sowohl ihr Selbstverständnis wie auch ihren Auftrag erheblich verändert, wobei Tragweite und Auswirkungen dieses Umstrukturierungsprozess gegenwärtig noch nicht absehbar sind. Die meisten Länder haben diesen neuen Trend allerdings in ihren Schulgesetzen bereits festgeschrieben und mitunter auch die fachaufsichtlichen Eingriffsrechte deutlich zurückgestutzt. Aufs Ganze gesehen wird die Schulverwaltung jedenfalls künftig neben ihren Kontroll- und Überwachungsaufgaben zunehmend auch Aufgaben der Unterstützung und Beratung der selbständiger werdenden Schulen übernehmen. Dabei wird insbesondere die Steuerung der internen Qualitätsentwicklung und Qualitätssicherung durch systematische Erfolgskontrollen in Form externer Evaluationen zunehmend in den Mittelpunkt rücken.

10.1.3 Dezentralisierung durch „Schulautonomie"

Seit Beginn der 1990er Jahre ist das Thema „Schulautonomie" in Deutschland zunehmend in den Blickpunkt des schulpolitischen Interesses gerückt. Nach einer längeren Experimentierphase hat es sich inzwischen in allen Bundesländern einen festen Platz auf der schulpolitischen Agenda erobert. Durchweg geht es dabei um das Ziel, den Schulen vor Ort künftig größere Gestaltungsfreiheiten und mehr Eigenverantwortung einzuräumen. Diese Freiräume betreffen das gesamte Leistungsprofil von Schule und erfassen neben den traditionellen pädago-

---

[86] Schließlich gehört zur Schulaufsicht auch die Rechtsaufsicht über die kommunalen Schulträger, soweit es um Fragen der äußeren Schulangelegenheiten geht, für die diese im Rahmen der kommunalen Selbstverwaltung die Verantwortung tragen.

gisch – unterrichtlichen Aufgaben auch administrativ – betriebswirtschaftliche sowie solche der Organisations- und Personalentwicklung. Damit vollzieht sich in jüngerer Zeit im Verhältnis von politisch-administrativem Gesamtsystem und einzelschulischem System eine ordnungspolitische Neujustierung hin zur Kontextsteuerung. Sie zielt darauf ab, die in Deutschland traditionell hoheitlich-etatistisch geprägte Schule bis zu einem gewissen Umfang zu entstaatlichen, um sie so stärker in die subsidiäre Verantwortung der unmittelbaren Schulbeteiligten und der gesellschaftlichen Kräfte in ihrem näheren Umfeld hineinzugeben. Dies bedeutet einen nicht unwesentlichen Paradigmenwechsel in der bisherigen Steuerungsphilosophie: Der Staat in Gestalt der staatlichen Schulverwaltung und Schulaufsicht nimmt seinen Steuerungs- und Regelungsanspruch zurück, gibt Kompetenzen von den oberen an die unteren Ebenen ab und lässt so innerhalb bestimmter globaler Rahmenvorgaben Selbststeuerungsprozesse der einzelnen Schulen zu. Für die Schulaufsicht bedeutet dies, dass sie ihr Aufgaben- und Rollenprofil künftig weniger bürokratisch-hoheitlich als vielmehr stärker in Richtung Beratung und helfende Unterstützung zu orientieren hat und sich folglich künftig zu einer Einrichtung mit Dienstleistungscharakter wandeln muss.

10.1.3.1 Begründungsmuster für eine selbständigere Einzelschule

Die dahinter stehenden Konzepte werden aus unterschiedlichen Begründungszusammenhängen gespeist. Dahinter stehen nicht nur die Klagen über die verwaltete Schule und die Überregulierung des schulischen Alltags, wobei diese Tendenzen in Deutschland besonders ausgeprägt sind. Hinzu kommt die Tatsache, dass die Schulen angesichts des sozialen Wandels heute mit einem lebensweltlichen Problemzuwachs konfrontiert werden, für den sie, je nach örtlichem Umfeld, oft sehr unterschiedliche *pädagogische Lösungen* finden müssen. Dies korrespondiert mit den Erkenntnissen der neueren Schulwirksamkeitsforschung, die zeigen, dass eine bessere *Schulqualität und Schulkultur* nicht, wie in der Vergangenheit unterstellt wurde, primär durch linear-hierarchische Vorgaben und Direktiven von oben zu erreichen sind. Vielmehr können diese wirksam nur von innen heraus entwickelt werden, indem Schulen die Gelegenheit erhalten, ihre Aktivitäten, Organisationsabläufe und Entwicklungsprozesse so weit wie möglich selbst zu gestalten. Eine entsprechende Verbesserung der Lernprozesse und damit eine Steigerung der Erträge des Bildungssystems wäre damit an eine Dezentralisierung der politisch-administrativen Rahmenstrukturen gebunden (van Ackeren/Klemm 2009: 119). Untermauert wurden diese Einsichten auch durch die Ergebnisse von OECD-Folgestudien zu den PISA-Studien. In ihnen wird nicht nur ein deutlicher Zusammenhang von Schülerleistungen und Schulklima nachgewiesen, sondern auch ein solcher von Leistungsorientierung und größerer

Schulautonomie. Danach geht eine größere Autonomie der Schulen zwar nicht notwendigerweise mit einer größeren Varianz bei den Schülerleistungen einher, doch erzielen Schulen mit einer klaren Fokussierung auf Schülerleistungen bei gleichzeitig größerer Autonomie im Durchschnitt signifikant bessere Leistungen als Schulen mit geringerer Autonomie.[87]

Ein weiteres Argument zugunsten einer selbständigeren und eigenverantwortlichen Schule ist partizipationstheoretischer Natur. Es gründet auf der Tatsache, dass sich in den letzten Jahrzehnten die Partizipationsansprüche in allen gesellschaftlichen Teilbereichen erhöht haben. Auch die Schule ist von diesen Entwicklungen betroffen. Kristallisationspunkte sind hier die Diskussionen um die Bürgergesellschaft oder das Konzept der community-education (Hepp/ Schneider 1999). Auch zeigen Umfragen und einschlägige empirische Untersuchungen, dass von allen Schulbeteiligten, also von Lehrern, Eltern und Schülern, mehr *Partizipation* gewünscht wird. Dabei lässt sich zunächst ein funktionales Argument zugunsten einer partizipativeren Aufgabenbewältigung ins Feld führen: Die Mobilisierung des gruppenspezifischen Sachverstands wie auch die Berücksichtigung der Sachnähe und Problembetroffenheit der Schulbeteiligten kann für die Schule eine hilfreiche Unterstützung bei der Wahrnehmung ihrer pädagogischen Aufgaben sein. Sodann ein motivationales: In gesellschaftlichen Organisationen lassen sich durch erweiterte Mitwirkungschancen und Mitverantwortung Gegensätze und Interessenkonflikte entschärfen, die allseitige Akzeptanz von Entscheidungen erhöhen und die Integration der Mitglieder verbessern. Entsprechend wird in der Öffentlichkeit auch die Schule zunehmend weniger als eine ausschließlich administrative Einrichtung unter staatlich-parlamentarischer Verantwortung verstanden. Vielmehr gewinnt die Auffassung an Boden, sie sei auch ein von der gesellschaftlichen Lebenswelt durchdrungener Arbeits- und Lebensraum der an ihr Beteiligten. Ihnen müssen deshalb, so die Schlussfolgerung, bei der Wahrnehmung des schulischen Bildungs- und Erziehungsauftrags die Möglichkeit der Interesseneinbringung wie auch substantielle Selbst- und Mitbestimmungsrechte, wenn auch im Rahmen parlamentarisch gesetzter Vorgaben, eingeräumt werden

Hinter dem erwähnten Paradigmenwechsel stehen drittens *verwaltungsmodernistische und betriebswirtschaftliche Trends*, die vor allem bei der Reform der kommunalen Verwaltung richtungsweisend wurden. Sie basierten auf einer Übernahme privatwirtschaftlicher Managementtechniken, die seit den frühen

---

[87] Vgl. http:/195.138.36.36./d.theis/EPA2002-ch2.pdf, Kapitel 2, Qualität und Chancengleichheit verbessern: Ergebnis aus PISA 2000, S. 2 und S. 14ff. Ferner heißt es im OECD-Bericht von 2001 dass „ […] eine größere Autonomie der Schulen und eine stärkere Einbeziehung der Lehrkräfte in die Entscheidungsprozesse in der Regel, zumindest im Ländervergleich, in einem positiven Zusammenhang mit den durchschnittlichen Ergebnissen im Bereich der Lesekompetenz stehen" (OECD 2001: 209).

1990er Jahren zunächst im Rahmen des New Public Management propagiert wurden. Ziel war es, durch Selbststeuerungsprozesse der unteren Einheiten einen am örtlichen Bedarf orientierten Ressourceneinsatz zu ermöglichen, um so knapper gewordene öffentliche Finanzmittel effizienter und effektiver einsetzen zu können. Daraus entwickelte sich in der Folgezeit das *Neue Steuerungsmodell (NSM)*, das als Konzept zur strategischen Steuerung von Verwaltungen inzwischen auch in die Bildungsverwaltung Eingang gefunden hat. Im Vordergrund steht dabei die Dezentralisierung von Aufgabenverantwortung und Entscheidungsprozessen auf die unteren Ebenen über Maßnahmen und Instrumente einer *outputorientierten Steuerung*. Die unteren Einheiten erhalten nun neue kreative Freiräume bei der Herstellung der „Produkte", wobei eine eigenverantwortliche Budgetierung und dezentrale Ressourcenverantwortung wichtige Rahmenbedingungen bilden. Allerdings werden die neuen Freiheiten auch an Zielvereinbarungen mit den Führungsinstanzen zurückgebunden. Kontraktmanagement, regelmäßige Rechenschaftslegung durch ein Berichtswesen und Controlling sollen dafür sorgen, dass eine Überprüfung stattfindet, ob die vereinbarten Ziele auch tatsächlich erreicht werden. Übertragen auf das Schulwesen bedeutet dies, dass auch hier nun eine Akzentverschiebung im Steuerungssystem vorgenommen wird. Wurden die Schulen bislang im Sinne einer Input-Orientierung fast ausschließlich durch regulative Programme, also durch administrative Vorgaben, Stundentafeln, stofforientierte Lehrpläne und eine hierarchisch-kameralistische Ressourcenverwaltung gesteuert, so findet nun in Teilen eine Neuausrichtung auf eine Output-Orientierung statt, bei der die Schulen künftig primär über ihre Ergebnisse gesteuert werden. Sie erhalten nun mehr Freiräume bei der Ausgestaltung ihrer Lern- und Unterrichtsorganisation sowie bei der Personal- und Sachmittelbewirtschaftung, werden aber im Gegenzug zu einer detaillierten und systematischen Rechenschaftslegung hinsichtlich ihrer Arbeitsergebnisse verpflichtet. Dies erfolgt durch Maßnahmen und Instrumente eines differenzierten Qualitätsmanagements, das Verfahren der internen und externen Evaluation miteinander kombiniert, um die schulischen Leistungsergebnisse messen und bewerten und sie so auch optimieren zu können. Dazu gehören insbesondere die Verpflichtung zu schulischer Selbstevaluation, die Einführung von Bildungsstandards, die Einrichtung von Schulinspektionen, sowie zentrale Abschlussprüfungen und die Teilnahme der Schulen an verschiedenen schulübergreifenden vergleichenden Leistungstests (vgl. vertiefend Kapitel 10.1.4).[88]

---

[88] Die Diskussion um eine optimale Konfiguration von Gestaltungs- und Steuerungsinstrumenten wird in den Erziehungswissenschaften seit geraumer Zeit zunehmend unter dem umfassenderen Oberbegriff des *Educational Governance* geführt. Die Governance – Perspektive wurde in den 1980er Jahren von der Politikwissenschaft entwickelt. Darunter werden alle formellen wie informellen, geplante und nicht geplante Aktivitäten in einer pluralen Akteurskonstellation und einem

10.1.3.2 Möglichkeiten und Grenzen schulischer Selbständigkeit

Worin bestehen nun konkret die neuen Gestaltungsfreiheiten auf der Ebene der Einzelschule? Sie beziehen sich im Wesentlichen auf die pädagogische Organisation, die Personalentwicklung und den Einsatz von Finanzmitteln, wobei die Ländern unterschiedliche Akzente setzen bzw. Ausprägungen vornehmen (Rürup 2007: 147ff.). Aus dem breiten Spektrum möglicher Maßnahmen und Instrumente seien hier beispielhaft erwähnt:

- *Pädagogische Organisation*: Die Schulen entwickeln ein Schulprogramm bzw. ein eigenes pädagogisches Konzept oder Leitbild, in dem sie ihre Ziele und die Entwicklung eines Schulprofils verbindlich festlegen. Bei den Lerninhalten ergeben sich Freiräume bei der Umsetzung der Stundentafeln, bei den Lehrplänen bzw. Rahmenlehrplänen bestehen Wahlmöglichkeiten bei der Themengestaltung. Bei der Leistungsbewertung kann z. B. über eigene Benotungsgrundsätze, Notengewichtungen oder die Einführung von Verhaltensbewertungen entschieden werden. Hinsichtlich der Unterrichtsorganisation können die Schulen Festlegungen treffen zur Organisation von Lerngruppen und zur zeitlichen Organisation der Unterrichtsabläufe. Beim Stundenplan wiederum ist es möglich, fachbezogene schulinterne Verschiebungen im Schuljahr, zwischen Schuljahren oder innerhalb des Bildungsganges selbst vorzunehmen. Zunehmend bedeutsamer wird auch die Öffnung der Schulen nach außen: Mit Schulen in der Region soll in Netzwerken kooperiert, im örtlichen Umfeld die Zusammenarbeit mit externen Personengruppen sowie mit diversen Gruppierungen und Einrichtungen intensiviert werden.
- *Personalentwicklung:* Bei der Auswahl des Schulleiters werden die Schulen in den Ländern in sehr unterschiedlichen Formen (Anhörung, Vorschlagsrechte, Mitwirkung im Findungsverfahren oder Wahl aus einer behördlichen Vorschlagsliste) beteiligt. Manche Länder eröffnen den Schulen zudem in Form von „schulscharfen Stellenausschreibungen" die Möglichkeit, sich für ihr Schulprofil auch die passenden Lehrkräfte auszusuchen. Zu beobachten ist auch ein Trend, dem Schulleiter als dem Moderator und Motor der inneren Schulentwicklung auch dienstrechtliche Kompetenzen bei der Personalführung zuzuweisen, die bislang der Schulaufsicht vorbehalten waren. Dazu gehören etwa dienstliche Beurteilungen des Lehrpersonals, die Anordnung von Mehrarbeit und Überstunden, die Gewährung von Nebentätigkeiten,

---

Mehrebenensystem gerechnet, die im privaten wie öffentlichen Bereich an der kooperativen Gestaltung und Steuerung von komplexen Bildungsprozessen beteiligt sind (Altrichter 2006: 59ff; Fuchs 2008: 19ff.) .

Sonderurlaub und von Leistungsprämien bzw. Leistungszulagen. Ferner erhalten die Schulen gegebenenfalls das Recht, Honorarkräfte für spezifische Lehraufgaben befristet einzustellen, bzw. die Möglichkeit, nach dem Prinzip „Geld statt Stellen" Mittel, die bei Stellen eingespart werden, für andere schulische Zwecke zu verwenden.

- *Mittelbewirtschaftung*: Zunehmend finden sich im Schulrecht der Länder Bestimmungen, in denen die kommunalen Schulträger aufgefordert werden, nach dem Grundsatz der dezentralen Ressourcenverantwortung den Schulen ein jährliches Eigenbudget zur Bewirtschaftung von Sachmitteln zuzuteilen. Dies kann ein Globalhaushalt sein oder aber sich auf bestimmte Haushaltstitel beschränken, wobei dann allerdings eine Deckungsfähigkeit sowie eine Übertragbarkeit nicht verwendeter Mittel in das folgende Haushaltsjahr gewährt wird. Dadurch ergeben sich über entsprechende Einsparungseffekte zusätzliche Verwendungsmöglichkeiten für die pädagogische Arbeit der Schule. Hinzu kommen Einnahmen durch eine inzwischen großzügiger gehandhabte Praxis beim Schulsponsoring oder durch die Vermietung von Räumen oder den Verkauf schulischer Leistungen.

Auf der anderen Seite gibt es auch deutliche *Grenzen einzelschulischer Selbständigkeit,* die sich vor allem aus dem Grundgesetz und der Rechtsprechung ergeben. Danach hat der Staat weitreichende Aufsichts- und Kontrollrechte, die ihn dazu verpflichten, die allgemeinen und grundsätzlichen Festlegungen im Schulwesen selbst zu treffen (Avenarius/Heckel 2000: 111ff.). Vor diesem Hintergrund gilt die Schule in Deutschland als eine nichtrechtsfähige öffentliche Anstalt, weshalb der Begriff der Autonomie juristisch betrachtet auf sie auch keine Anwendung finden kann. Insofern kann man auch nur von einer relativen Dezentralisierung staatlicher Kompetenzen sprechen, deren Reichweite folglich auch unter dem Niveau vergleichbarer Länder in der OECD bleibt. Die Schulgesetze der Länder vermeiden deshalb den Begriff „Schulautonomie" und sprechen in synonymer Begrifflichkeit lediglich von Selbständigkeit, Eigenständigkeit, Eigenverantwortung oder Selbstverwaltung. Die Letzt- und Gesamtverantwortung für das Schulwesen verbleibt so beim Staat, der unter anderem zu gewährleisten hat, dass Dezentralisierung und Profilbildung nicht zu einem weitreichenden qualitativen Auseinanderdriften der einzelnen Schulen führen und neue soziale Disparitäten entstehen. Mit Rücksicht auf das Prinzip der Chancengleichheit hat er vielmehr sicherzustellen, dass bei aller schulischen Vielfalt die pädagogische Qualität insgesamt vergleichbar bleibt und diese durch allgemeinverbindliche Leistungsstandards und Abschlüsse gewährleistet wird. Das Kontroll- und Letztverantwortungsrecht des Staates gilt aber auch gegenüber den innerschulischen Gremien, somit auch gegenüber der Schulkonferenz, deren Rolle als obersttes Vertretungs- und Entscheidungsorgan der Schulgemeinde in jüngerer Zeit in den meisten Ländern aufgewertet wurde. Soweit ihr bei der inneren Schulentwicklung neben Informations-, Anhörungs-, Beratungs- und Mitwirkungsrechten auch bedeutsame und weitereichende Entscheidungskompetenzen zugestanden wurden, verbleibt den Schulaufsichtsbehörden im Einzelfall rechtlich gesehen eine Aufhebungsbefugnis. Begründet wird dies mit dem repräsentativ verfassten Demokratieprinzip des Grundgesetzes. Es geht davon aus, dass bei der Erfüllung eines Amtsauftrags nur dann von einer „demokratischen" Entscheidung gesprochen werden kann, wenn diese sich auf eine ununterbrochene Legitimationskette zum Volk als Souverän berufen kann. Diese Voraussetzung ist bei der Schulkonferenz als einem rein innerschulischen Wahlgremium von Schülern, Lehrern und Eltern jedoch nicht gegeben. Im Falle der Schulverwaltung, die der unmittelbaren Kontrolle der Legislative unterliegt, ist dagegen gewährleistet, dass „die Letztentscheidung eines dem Parlament verantwortlichen Verwaltungsträgers gesichert" ist. [89]

Die Implementationsgeschichte der Idee „Schulautonomie" in Deutschland erstreckt sich inzwischen über zwei Jahrzehnte. Innovativer Vorreiter war das Land Hessen, dessen rot-grüne Regierung 1991 einen ersten Schulgesetzentwurf vorlegte (Hepp/Weinacht 2003; Hepp/Weinacht 2004: 57ff.). Die CDU-regierten Länder sowie die Südstaaten reagierten anfangs noch zögerlich bis ablehnend, zumal auf ein System der Rechenschaftslegung und externen Qualitätssicherung in den Anfängen noch nicht rekurriert werden konnte. Diese Bedenken sind inzwischen überholt und spätestens seit der Jahrtausendwende spielen auch parteiliche oder regionale Sonderentwicklungen keine Rolle mehr. Gegenwärtig (2009) fehlen nur in den Schulgesetzen Bayerns und Baden-Württembergs explizite Normierungen[90], während andere Länder (Hessen, Nordrhein-Westfalen, Mecklenburg-Vorpommern, Brandenburg) mit besonders detaillierten Regelungen vorausgeeilt sind. Durchweg alle Bundesländer starteten zudem Modellversuche im allgemeinbildenden oder beruflichen Schulwesen, setzten dabei allerdings auch unterschiedliche inhaltliche Schwerpunkte. Aufs Ganze gesehen kann heute von einem bundesweit verbreiteten und generell akzeptierten schulpolitischen Konzept der „Schulautonomie" gesprochen werden, das weder parteipolitisch polarisiert noch als Wahlkampfthema taugt (Rürup 2007: 313; 362f.). Vor allem seit den internationalen Vergleichsstudien, welche die sukzessive Einfüh-

---

[89] So das Bundesverfassungsgericht in einer 1995 erfolgten Entscheidung zum Mitbestimmungsgesetz in Schleswig-Holstein (BVerfGE 93, 37 ,70ff.).
[90] Bayern setzt auf eine Reform von unten und eine Eigendynamik der dezentralen Einheiten in behutsamen Einzelschritten (Hell 2007: 63f.). Baden-Württemberg hat auf der untergesetzlichen Ebene mehrere Initiativen gestartet, wobei die zum Schuljahr 2004/2005 verfügte Einführung der neuen Bildungspläne ein zentrale Maßnahme zur Stärkung der „pädagogischen Erstverantwortung" darstellt.

rung von neuen Steuerungsinstrumenten zur Rechenschaftslegung und zur Qualitätskontrolle mit Vehemenz vorangetrieben haben, hat die Implementa-
tionsdynamik einen überregionalen Schub erfahren. Er dürfte sich auch in Zukunft bundesweit ungebrochen fortsetzen. Aufschlussreich ist in diesem Kontext
auch die Erkenntnis, dass bei diesem Thema eine horizontale Ideendiffusion und
Politikintegration zwischen den Ländern stattgefunden hat, obwohl – anders als
etwa bei Abschlüssen – eine Notwendigkeit für eine nationale Abstimmung keineswegs gegeben war (ebda: 367). Auf dem Wege wechselseitiger Beobachtung,
Begutachtung und Kooperation ist vielmehr in zwei Jahrzehnten bottom-up ein
nationales Reformkonzept herangewachsen, ohne dass der Bund hier als Antreiber oder Regulator in Erscheinung trat (ebda: 375). Von daher zeigt das Beispiel
der „Schulautonomie", dass der oft als reformunfähig gescholtene Föderalismus
durchaus über ein wettbewerbliches Potenzial verfügt, das ihn befähigt, wichtige
Schulsystemreformen aus eigener Kraft zu initiieren und regional gefundene
Teillösungen im gesamtstaatlichen Interesse zu einem bundesweiten Konzept zu
integrieren.

10.1.4 Qualitätssicherung und Evaluation

Wie bereits erwähnt darf die im Rahmen der Dezentralisierung eingeräumte
größere Selbständigkeit der Schulen nicht dazu führen, dass die damit verbundene größere Vielfalt ein Qualitäts- und Leistungsgefälle zur Folge hat. Die gesamtstaatliche Verantwortung verpflichtet die Bildungsadministration vielmehr
dazu, geeignete Maßnahmen der Kontrolle und Qualitätssicherung zu ergreifen,
um die Vergleichbarkeit der schulischen Leistungsfähigkeit und damit eine möglichst optimale Realisierung von Bildungsgerechtigkeit im Schulwesen zu gewährleisten. Vor allem die für Deutschland unerfreulichen Ergebnisse der internationalen Schulleistungsstudien, die nicht nur zum Nachweis von Leistungsde-
fiziten sondern auch von extremen sozialen Disparitäten führten, haben die Politik unter einen entsprechenden Erfolgs- und Handlungsdruck gesetzt. Ihre Entscheidungsträger haben sich deshalb über die Länder- und Parteigrenzen hinweg
darauf verständigt, dem Ziel der Steigerung der Qualität und der Sicherung der
Vergleichbarkeit im Schulwesen künftig Priorität einzuräumen. Sichtbarer Ausdruck dieser gemeinsamen und gleichgerichteten Bemühungen ist die im Juni
2006 von der KMK beschlossene Gesamtstrategie zum Bildungsmonitoring, in
der vier konzeptionell miteinander verbundene Verfahren und Instrumente benannt werden, um über eine systematische und wissenschaftlich abgesicherte
Feststellung von Ergebnissen das notwendige Steuerungswissen für entsprechende Reformmaßnahmen zur Qualitätssicherung und Qualitätsentwicklung zu er-

halten. Dazu gehören auch künftig die Teilnahme an den internationalen Schulleistungsuntersuchungen, die zentrale Überprüfung des Erreichens von nationalen Bildungsstandards im Ländervergleich, die Durchführung von landesweiten Vergleichsarbeiten (in Verbindung mit den Bildungsstandards) zur Überprüfung der Leistungsfähigkeit aller Schulen sowie die Fortführung der gemeinsamen Bildungsberichterstattung von Bund und Ländern (KMK 2006 b: 5).

10.1.4.1 Das Konzept der Bildungsstandards

Innerhalb dieser Gesamtstrategie kommt der Einführung von bundesweit geltenden *Bildungsstandards* für die allgemein bildenden Schularten eine herausragende Bedeutung zu. Sie wurden 2003 und 2004 von der KMK als verbindlicher und schulartübergreifender Referenzrahmen für alle Länder beschlossen. Sie gelten für den Primarbereich (Jahrgangsstufe 4 in den Fächern Deutsch und Mathematik) und für den Sekundarbereich I, hier speziell für den Hauptschulabschluss (Jahrgangsstufe 9 in den Fächern Deutsch, Mathematik, Erste Fremdsprache) und den Mittleren Schulabschluss (Jahrgangsstufe 10 in den Fächern Deutsch, Mathematik, Erste Fremdsprache, Biologie, Chemie, Physik).[91] Für die letztgenannten Fächer hat die KMK Ende 2007 zudem auch die Entwicklung von Bildungsstandards für die gymnasiale Oberstufe beschlossen, die zum Schuljahr 2010/2011 vorliegen sollen.

   Die Bildungsstandards definieren für bestimmte Fächer an ausgewählten Schnittstellen der schulischen Laufbahn erstmals länderübergreifende einheitliche Bezugsgrößen in Form von abschlussbezogenen Regelstandards (Kultusministerkonferenz 2005: 5ff.). Sie stellen erwartbare Kompetenzen dar, welche die Schüler in Kernbereichen des jeweiligen Faches an bestimmten Inhalten bis zum Ende einer Jahrgangsstufe erreicht haben sollen. Sie sind zugleich Leistungs- oder Ergebnisstandards, die mit Hilfe spezieller Testaufgaben operationalisiert und überprüft werden können, um so Schwächen oder Stärken des Unterrichts hinsichtlich der Ergebnis- und Zielerreichung aufzuzeigen. Bildungsstandards sollen die Lehrkräfte bei der Analyse, Planung und Überprüfung ihrer Unterrichtsarbeit unterstützen, den Schülern Orientierung und Transparenz hinsichtlich der Leistungserwartungen bieten und als Maßstäbe für eine systemische schulische Qualitätsentwicklung auf der Basis interner und externer Evaluation dienen. Mit ihrer Einführung wird zugleich eine Abkehr von den bisher vorherrschenden Input-Standards in Form von detaillierten und wissensorientierten Lehrplänen vollzogen, die nun zunehmend durch kompetenz- und ergebnisorientierte Output-Standards ersetzt werden. Um diesen folgenreichen Paradigmen-

---

[91] Weiterführende Informationen bietet die Homepage der KMK unter http://www.kmk.org/doku mentation/veroeffentlichungen-beschluesse.html.

wechsel wissenschaftlich und konzeptionell zu unterstützen, haben die Länder über die KMK 2004 das *Institut zur Qualitätsentwicklung im Bildungswesen* (IQB) an der Humboldt-Universität in Berlin gegründet. Seine zentrale Aufgabe besteht darin, die Bildungsstandards zu normieren, zu präzisieren und weiterzuentwickeln, einen Aufgabenpool mit normierten Testaufgaben zu erstellen und die Länder bei der Implementation insgesamt zu unterstützen.[92] Insbesondere hat das IQB auch die Aufgabe, auf der Basis von Länderstichproben eine zentrale Überprüfung der Bildungsstandards und damit entsprechende Ländervergleiche durchzuführen.

Innerhalb des Bildungsföderalismus kommt der Einführung nationaler Bildungsstandards mehr als nur Symbolcharakter zu. Alle Bundesländer haben sich nämlich dazu verpflichtet, diese zu implementieren, was wiederum auf der Länderebene Folgemaßnahmen impliziert. Dazu gehören eine Anpassung der eigenen Lehrpläne, Aus- und Fortbildungsmaßnahmen für die Lehrkräfte und Schulleitungen sowie fachliche Unterstützungsangebote durch die jeweiligen Landesinstitute für Qualitätsentwicklung. Da die von der KMK verabschiedeten Bildungsstandards aber nur Rahmenstandards darstellen, steht es den Ländern frei, eigene Lösungen zu deren Umsetzung zu finden. Deutlich wird dies etwa im Falle der Lehrpläne, die traditionell umfangreiche und ausdifferenzierte Kataloge von Lernzielen und Lerninhalten enthalten und strukturierte Lernwege beschreiben. Die Länder unterscheiden sich etwa darin, ob und inwieweit sie Elemente und Strukturen dieser alten Input-Standards erhalten, wobei die Anpassungen in den Ländern zudem auch zeitlich stark differieren. Baden-Württemberg etwa hat bereits 2004/2005 auf der Basis eigener Bildungsstandards einen neuen Bildungsplan eingeführt, der für alle Schularten und alle Fächer Kompetenzen definiert, wobei jedoch die KMK-Standards nachträglich in die landesspezifischen eingebunden wurden. Bayern wiederum hat bewusst an der klassischen Form des Lehrplans als pädagogischem Grundkonzept festgehalten, jedoch „in den wenigen Fällen, in denen größere Abweichungen" zu den bundesweiten Bildungsstandards festzustellen waren, die betroffenen Lehrpläne angepasst.[93] Eine weitere Variante bietet schließlich Nordrhein-Westfalen, das seit 2008 in der Sekundarstufe sogenannte Kernlehrpläne für alle Fächer und Schulformen eingeführt hat, die in ihrer Ausgestaltung sich ganz auf die neue Output-Standards umgestellt, dabei jedoch ebenfalls die Besonderheiten der einzelnen Schulformen und Bildungsgänge berücksichtigt.

---

[92] Nähere Angaben unter http://www.iqb.hu-berlin.de/
[93] Aus bayerischer Sicht werden die durch die Standards formulierten Lernziele in den Lehrplänen des Landes bereits abgedeckt und berücksichtigen auch die durch die Standards neu gesetzten fachspezifischen Impulse und Schwerpunkte. Vgl. hierzu http://www.km.bayern.de/km/schule/qualitaetssicherung/standards/index.shtml

Insgesamt ist davon auszugehen, dass die mit der Einführung von Bildungsstandards vollzogene Umstellung auf die Output-Steuerung, die auch im internationalen Trend liegt, in der Schulpolitik einen irreversiblen Prozess darstellt.
Dennoch gibt es nach wie vor auch recht kritische Stimmen (Ackeren von/
Klemm 2009: 158f). Nicht zuletzt in breiten Kreisen der Lehrerschaft werden die
eher abstrakt und vage formulierten Bildungsstandards im Vergleich zu den
inhaltlich konkreteren Lehrplänen als praxisuntauglich eingestuft. Ein weiterer
Kritikpunkt bildet die überwiegend kognitive Leistungsausrichtung der Standards. Bemängelt wird hier insbesondere, dass personale, soziale oder auch kom-
munikative Kompetenzen im Allgemeinen deutlich in den Hintergrund treten,
zumal diese auch schwieriger erfassbar sind. Diese Einseitigkeit wird häufig
auch mit pädagogischer Substanzlosigkeit gleichgesetzt, verbunden mit dem
Vorwurf, die Leitidee einer umfassenden Allgemeinbildung sei damit weitgehend aufgegeben worden. Letztlich sind die Bildungsstandards in den Augen
dieser Kritiker somit Ausdruck eines primär funktionalen und utilitaristischen
Denkens, das als symptomatisch für die allgemein fortschreitende
Ökonomisierung des Bildungsverständnisses angesehen wird.

10.1.4.2   Standardisierte Evaluationsverfahren in den Ländern

Dessen ungeachtet bilden die bundesweit geltenden Bildungsstandards künftig
auch den Referenzrahmen für den innerdeutschen *Ländervergleich*, auf den sich
die KMK in ihrer Gesamtstrategie ebenfalls verständigt hat. Bislang wurden
solche Vergleichsstudien in Form von PISA-E und IGLU-E als nationale Erwei-
terungen der internationalen Schulleistungsuntersuchungen durchgeführt (vgl.
hierzu die Kapitel 9.3.2 und 10.1.5). Während die regelmäßige Teilnahme an den
internationalen Schulleistungsuntersuchungen fortgeführt wird, werden die bisherigen nationalen Ergänzungsstudien künftig entfallen. Dafür gibt es nicht zuletzt auch handfeste politische Gründe. So fürchten nicht wenige Kultusminister
die öffentlichen Diskussionen über die Daten des direkten Ländervergleichs, in
denen nicht nur Kompetenzdefizite bestimmter Schulformen, sondern auch deren
Zusammenhänge mit der sozialen Herkunft schonungslos offengelegt werden.
Vor diesem Hintergrund hat sich die KMK entschlossen, die bisherige Form des
Ländervergleichs durch die weniger politische Brisanz enthaltende Überprüfung
des Erreichens der nationalen Bildungsstandards abzulösen. Den Auftrag hierzu
erteilte die KMK dem IQB, das von ihr nicht nur finanziell abhängig ist, sondern
in dem sie auch im Vorstand paritätisch zur Wissenschaft vertreten ist. Auf der
Basis von Länderstichproben entwickelt das IQB hierbei nicht nur zentrale Test-
verfahren, ihm obliegt auch die organisatorische Durchführung des Ländervergleichs, der in der Jahrgangstufe 9 schulartübergreifend erstmals 2009 stattge-

funden hat. Damit die Ergebnisse effektiv für die Schul- und Unterrichtsentwicklung genutzt werden können, werden die Tests etwa ein Jahr vor Abschluss des jeweiligen Bildungsganges durchgeführt, d.h. im Primarbereich in Jahrgangsstufe 3, für den Hauptschulabschluss in Jahrgangsstufe 8 und für den mittleren Schulabschluss in Jahrgangsstufe 9. Ein standardbasierter Auswertungsbericht soll bereits ein Jahr nach der Datenerhebung vorgelegt werden. Da diese länderübergreifende Überprüfung immer in Verbindung mit den internationalen Schulleistungsuntersuchungen erfolgen wird, ergibt sich für den Primarbereich ein 5-Jähriger, für den Sekundarbereich I ein 6-Jähriger Rhythmus, wobei die KMK bereits einen zeitlichen Fahrplan von 2009 bis 2016 festgelegt hat.[94]

Der Evaluierung des Leistungsstandes auf der Grundlage bundesweiter Bildungsstandards dienen auf Initiative der KMK künftig auch die sogenannten *Vergleichsarbeiten*, die in Ergänzung der internationalen und nationalen Studien als länderinterne Tests flächendeckend durchgeführt werden sollen. Sie knüpfen damit an die Lernstandserhebungen, Diagnose- oder Orientierungsarbeiten an, die in den Ländern angesichts der unterdurchschnittlichen Schulleistungen deutscher Schüler bereits zuvor eingeführt worden waren. Neu ist, dass diese Vergleichsarbeiten sich nun ebenfalls an den nationalen Bildungsstandards orientieren und dass seit 2009 die Entwicklung der zentralen Testaufgaben ganz auf das IQB übergegangen ist. Im Gegensatz zu den großen Schulleistungsstudien, mit denen insbesondere die systemische Leistungsfähigkeit des Schulwesens überprüft wird, geht es bei diesen landesweiten Vergleichsarbeiten primär darum, ausgehend von den Kompetenzerwartungen der Bildungsstandards, Einsichten in unterrichtliche Defizite der einzelnen Klassen und Schulen zu erhalten. Daraus sollen gezielte Fördermaßnahmen in den einzelnen Bildungsgängen abgeleitet werden, weshalb die meisten Länder auch ausdrücklich von einer Benotung der Arbeiten absehen. Die Ergebnisse werden anonymisiert landesweit ausgewertet und an die Schulen zeitnah zurückgemeldet, um in der Unterrichtsentwicklung möglichst kurzfristig wirksam werden zu können. Gleichzeitig werden damit auch landesweite Aussagen und Vergleiche zwischen den Schulen auf der Landesebene möglich. Ein Vergleich zwischen den Ländern wird dabei allerdings nicht vorgenommen, doch hat die KMK die Länder aufgefordert, im Interesse der gemeinsamen Qualitätssicherung sich entsprechend auszutauschen und zu kooperieren. Die Tests, die künftig immer im Frühjahr geschrieben werden, wurden 2008 zum ersten Mal in allen 16 Ländern in der Grundschule (Jahrgangsstufe 3: VERA 3) in den Fächern Deutsch und Mathematik durchgeführt.

---

[94] Im Grundschulbereich findet der Ländervergleich 2011 und 2016 in den Fächern Deutsch und Mathematik in organisatorischer Anbindung an die IGLU-bzw. an die TIMS-Studie statt. In der Sekundarstufe I werden in Ankoppelung an PISA die Fächergruppe Deutsch und Erste Fremdsprache 2009 und 2015, die Fächer Mathematik, Biologie, Chemie und Physik 2012 getestet.

In einem Verbund von 12 Ländern fand im gleichen Jahr zudem an den weiterführenden Schulen (Jahrgangsstufe 8: VERA 8) ein Probelauf in Form einer
Vergleichsarbeit im Fach Mathematik statt. 2009 folgten dann Vergleichsarbeiten in den Fächern Deutsch, Mathematik und Erste Fremdsprache, wobei diesmal
bis auf Baden-Württemberg alle Bundesländer beteiligt waren.[95]

Um die Qualitätssicherung der Schulen abzusichern, kommen innerhalb der
Länder noch weitere standardisierte Evaluationsverfahren zur Anwendung. Dazu
gehören auch *zentrale Abschlussprüfungen*, die nach internationalem Vorbild in
jüngster Zeit auch in Deutschland zunehmend zur Regel werden. Diese externen
Überprüfungen schulischer Leistungen, die nicht nur der besseren Vergleichbarkeit dienen, sondern auch die Bildungsgerechtigkeit befördern, sind ebenfalls ein
Folgeeffekt der schwachen PISA-Leistungen deutscher Schüler. Seit 2005 haben
so alle Länder mit Ausnahme von Rheinland-Pfalz das Zentralabitur eingeführt,
wobei allerdings nach wie vor in zahlreichen Einzelpunkten länderspezifische
Unterschiede bestehen (Ackeren von/Klemm 2009: 166ff.). Diskutiert wird darüber hinaus auch die Einführung eines gemeinsamen Abiturs aller Länder, dem
bislang jedoch vor allem die sozialdemokratischen Kultusminister ablehnend
gegenüberstehen. Als ersten Einstieg in ein solches ländergemeinsames Abitur
haben 2008 Baden-Württemberg, Bayern, Sachsen sowie Sachsen-Anhalt ein
gemeinsames „Südabitur" in den Fächern Deutsch und Mathematik verabredet,
dem sich inzwischen auch Mecklenburg-Vorpommern angeschlossen hat. Ursprünglich für 2012 geplant dürften diese Pläne sich wohl nicht vor 2014 realisieren lassen. Auch bei den Abschlussprüfungen in der Sekundarstufe I hat dieser Trend eingesetzt, so dass bereits über die Hälfte der Bundesländer inzwischen
entsprechende Regelungen aufweisen.

Als ein weiteres Verfahren zur Qualitätskontrolle gewinnt in den Einzel-
schulen aller Länder zunehmend auch die *interne Evaluation* an Bedeutung,
zumal diese in einigen Schulgesetzen sogar ausdrücklich erwähnt wird. Sie dient
im Rahmen der erweiterten Selbständigkeit der Schulen der systematischen
Selbstreflexion der Schulbeteiligten hinsichtlich der Zielerreichung bei der Umsetzung des Schulprogramms oder des schuleigenen Curriculums. Zugleich dient
sie aber auch der Rechenschaftslegung gegenüber der Öffentlichkeit und den
Schulaufsichtsbehörden. Der internen Evaluation liegt die Annahme zugrunde,
dass die Schule ihr Entwicklungspotenzial nur dann optimal ausschöpfen kann,
wenn sie ihren Entwicklungsbedarf selbst definiert und auch über die angemes-
senen Lösungswege selbst entscheidet. Da die Schulen hier Neuland betreten,
haben die Länder durch ihre Landesinstitute bzw. die dort eingerichteten Quali-

---

[95] Baden-Württemberg führt stattdessen in den Jahrgangsstufen 7 und 9 landesweit eigene Diagnose-
und Vergleichsarbeiten (DVA) durch, die sich auf die landeseigenen Bildungsstandards beziehen.
Weitere Informationen zum Thema VERA finden sich unter http://www.iqb.hu-berlin.de/vera2.

tätsagenturen dafür zum Teil aufwendige Konzepte, Verfahren und Pilotprojekte entwickelt, um diese durch externe Berater in ihrem Qualitätsmanagement unterstützen zu können.

10.1.4.3 Evaluation durch Schulinspektion

Da jedoch Selbstevaluationen per se Gefahr laufen einseitig auszufallen, kann ergänzend auf Fremdevaluation als externe Evaluation nicht verzichtet werden. Diese ist die primäre Aufgabe der *Schulinspektion*, der seitens der Bildungsadministration eine wachsende Bedeutung beigemessen wird (Böttcher/Kotthoff 2007). In allen Bundesländern sind so seit einigen Jahren verstärkte Bestrebungen zur Entwicklung und Implementation entsprechender Modelle zu registrieren, die entweder ausdrücklich oder mittelbar die Bezeichnung „Schulinspektion" tragen. Als Vorbilder gelten hier wiederum die Niederlande und die angelsächsischen Länder. Das Land Niedersachsen hat hier eine Vorreiterrolle übernommen und die Schulinspektion 2006 per Gesetz geregelt, mehrere Länder sind inzwischen gefolgt, wobei entsprechende Aufgaben und Einrichtungen auch mit unterschiedlichen Namensbezeichnungen (Externe Evaluation, Fremdevaluation, Qualitätsanalyse, Schulvisitation) belegt werden. Für die Wahrnehmung der Evaluationsaufgaben wurden hierzu in den meisten Ländern spezielle Qualitätsagenturen mit neuem Personal geschaffen, die zwar Teil der Schulaufsicht des Landes sind, jedoch organisatorisch und personell von dieser getrennt bleiben und somit auch über keine Weisungsrechte gegenüber den Schulen verfügen. Die Schulinspektionen, die von Evaluationteams in mehrjährigen Intervallen an den einzelnen Schulen durchgeführt werden, stützen sich auf eine Analyse schulischer Dokumente, leitfadengestützte Gespräche mit allen Schulbeteiligten sowie eine mehrtägige Begehung der Schule. Eine wichtige Rolle spielen insbesondere auch Unterrichtsbesuche mittels standardisierter Beobachtungstechniken. Als Referenzrahmen für die Evaluation haben fast alle Länder inzwischen einen sogenannten *Qualitätsrahmen* konzipiert, der zwischen verschiedenen Qualitätsbereichen unterscheidet, die nach Kriterien, Merkmalen oder Indikatoren weiter ausdifferenziert sind. Der Qualitätsrahmen orientiert sich an den Erkenntnissen der empirischen Schulleistungsforschung und definiert Qualitätsmerkmale für eine gute Schule und einen guten Unterricht. Er wird von den Ländern vor allem als prozessorientiertes Evaluationsinstrument eingesetzt, um im schulischen Lernprozess die jeweiligen Stärken und Schwächen zu identifizieren. Auf dieser Grundlage werden die erzielten Lernergebnisse bewertet und unterrichtliche Maßnahmen abgeleitet, um die Zielvorgaben des Schulprogramms, der Lehrpläne oder der Bildungsstandards möglichst optimal umzusetzen. Um das auf standardisierter Basis erhobene Leistungsvermögen der Schule zu erhalten oder weiter zu verbessern steht am Ende der Evaluation zudem ein schriftlicher Bericht, in dem die Ergebnisse festgehalten werden. Diese werden einerseits der Schule mitgeteilt und mit ihr auch erörtert, andrerseits aber auch der Schulaufsicht zugestellt, was deren Kontrollfunktion unterstreicht. Letztere kann insbesondere daraus Zielvereinbarungen ableiten, die zwischen Schulaufsicht und der inspizierten Schule, abgeschlossen werden, die wiederum verbindliche Zielformulierungen hinsichtlich der künftigen Qualitätsentwicklung enthalten.

Allerdings ergeben sich bei der Einführung der Schulinspektion, deren Aufbau sich in vielen Ländern noch in einer Pilot- bzw. Entwicklungsphase befindet, auch zahlreiche offene Fragen bzw. Kritikpunkte. Klärungsbedürftig ist teilweise noch der rechtliche Status der Schulinspektion innerhalb der „klassischen Schulaufsicht". So haben etliche Länder eine – auch unterschiedlich weitgehende – organisatorische und/oder räumliche Ausgliederung der Schulinspektion aus der schulaufsichtlichen Hierarchie vollzogen. Andere Länder wiederum betrachten die externe Evaluation als eine Aufgabe, welche die Schulaufsichtsbehörden selbst wahrzunehmen haben. Im ersteren Fall kann es deshalb zu einem „Rollenmix" in Form von Überschneidungen bzw. Widersprüchlichkeiten in den Aufgaben der Kontrolle und Beratung kommen. Dies vor allem dann, wenn das Schulgesetz sowohl der Schulaufsicht wie auch der Schulinspektion Beratungsfunktionen zuweist oder generell der Schulaufsicht die Gesamtverantwortung für die Qualitätsentwicklung überträgt (Füssel 2008: 156ff.). Einen weiteren Kritikpunkt bilden die Orientierungsrahmen, die der Schulinspektion für die externe Evaluation als Referenzgrundlage dienen. Die hier oft extrem detailliert ausformulierten Kriterien- und Indikatorenkataloge für eine „gute Schule" erweisen sich in nicht wenigen Fällen als enges Korsett, das ohne Rücksicht auf lokale Besonderheiten alle Schulen einem top-down verordneten hochstandardisierten Qualitätsmuster zu unterwerfen sucht, dem einheitliche und schablonenhafte Erwartungsvorgaben zugrunde liegen (Avenarius 2009: 8). In dem verständlichen Bemühen, das Leistungsniveau insgesamt anzuheben, werden die pädagogischen und unterrichtlichen Freiräume der Schulen so durch ein Übermaß an regulativen Vorgaben eingeschnürt und zugleich wenig Rücksicht auf die örtlichen sozialen Problemlagen genommen. Das Schulprogramm, das ihm zugrunde liegende Leitbild und die darin formulierten pädagogischen Entwicklungsziele, die den lebensweltlichen und regionalen Umfeldbedingungen Rechnung tragen, werden so als Maßstab für die pädagogische Qualität letztlich irrelevant. Diese Entwicklung verstößt so nicht nur gegen das gängige Postulat der Deregulierung, sondern unter rechtlichen Gesichtspunkten auch gegen das Prinzip der Selbständigkeit der einzelnen Schulen, die dadurch zur Makulatur zu verkommen droht. Hinzu kommt schließlich auch, dass die wissenschaftliche Erforschung des Verfahrens der Schulinspektion, die in Deutschland im Eiltempo eingeführt wurde, sich erst in den Anfängen befindet, so dass diesbezüglich bislang lediglich Erfahrungsberichte der Bildungsadministration vorliegen. Somit sind über die Auswirkungen der Schulinspektion, ihre Auswirkungen, ihre Effektivität oder ihre Synergieeffekte zusammen mit anderen evaluativen Maßnahmen der Qualitätssicherung gegenwärtig keine gesicherten Aussagen möglich (Dedering/Müller 2008: 242). Überhaupt stellt sich in diesem Zusammenhang die Frage, wie die vom Umfang her überbordenden und zudem auch hochkomplexen Ergebnisse der diversen Schulleistungsstudien, der Ländervergleiche, der Vergleichsarbeiten und der Evaluation durch die Schulinspektion, den Schulalltag überhaupt erreichen können. Die Masse dieser empirisch ermittelten Informationen muss zu einem schlüssigen Entwicklungskonzept verdichtet und als praktikables Steuerungswissen in den Alltag der Einzelschule hinein vermittelt werden, um für die einzelschulische und damit die systemische Qualitätsentwicklung auch wirklich fruchtbar werden zu können (Füssel/Leschinsky 2008: 179). Abgesehen davon, dass dies ein sehr weiter Weg ist, müssen auch die verbreiteten Widerstände und das Misstrauen der Lehrerschaft und der Eltern gegenüber der pädagogischen Ergiebigkeit der rein output-orientierten Testzyklen und der standardisierten quantitativen Evaluationen in Rechnung gestellt werden, zumal diese auch mit erheblichen personellen Belastungen und Beanspruchungen im Schulalltag verbunden sind.

10.1.5 Schulleistungen im Ländervergleich

Seit dem PISA-Schock werden Schulsysteme mehr als zuvor miteinander verglichen und danach bewertet, ob es ihnen gelingt, die Schülerschaft insgesamt auf einen möglichst hohen Leistungsstand zu bringen. Erklärtes Ziel ist es hierbei, sowohl Spitzenleistungen zu fördern, einen möglichst hohen Leistungsdurchschnitt zu erzielen und zugleich die Zahl möglicher Schulversager oder Schulabbrecher möglichst gering zu halten.

Entsprechend werden seitdem auch die Leistungsbilanzen der Bundesländer einander gegenübergestellt. Die Grundlage hierfür liefern länderspezifische Ergänzungsstudien im Rahmen der internationalen Schulleistungsuntersuchungen. Sie wurden seit der ersten PISA-Erhebung im Jahre 2000, in der in der Alterskohorte der Fünfzehnjährigen Grundkompetenzen in den drei Bereichen Lesen, Mathematik und Naturwissenschaften untersucht wurden, ergänzend durchgeführt. Für diese PISA-E Studie wurde die Stichprobe dieser Altersgruppe erheblich erweitert, so dass die Schulleistungsergebnisse der Länder nun erstmals zuverlässig untereinander vergleichbar sind und sich zudem auch international im Vergleich von 57 Staaten einordnen lassen. Der Ländervergleich gibt insbesondere Aufschluss über die Leistungsdurchschnitte der Länder sowie über die Streuungen beim Kompetenzerwerb nach Ländern und Schularten. Erfasst werden in diesem Zusammenhang zudem auch die leistungsrelevanten Merkmale der sozialen Herkunft sowie des Migrationshintergrundes (vgl. hierzu das folgende Kapitel). Im November 2008 wurde der dritte und zugleich letzte Ländervergleich dieser Art veröffentlicht, so dass nun auch Entwicklungstrends im Zeitraum von sechs Jahren erkennbar werden (Prenzel u.a. 2008).

10.1.5.1 Regionale Diskrepanzen im Kompetenzerwerb

Betrachtet man zunächst die *Durchschnittswerte der erzielten Kompetenzen*, die in den politischen Debatte zumeist im Blickpunkt stehen, so zeigen sich wie bei den 2000 und 2003 vorangegangenen Erhebungen auch 2006 große regionale Diskrepanzen. Dies gilt durchgängig für alle drei untersuchten Bereiche. Bestätigt wird erneut ein durchgängiges Süd-Nord Leistungsgefälle, wobei vor allem nach wie vor die Stadtstaaten besonders schlecht abschneiden. Dagegen konnten vor allem die neuen Bundesländer im Osten ihre Erfolgsbilanz fast durchweg in allen Bereichen erheblich verbessern. Sie gelten als die eigentlichen Gewinner. Deutlich zeigt sich auch ein Parteiendifferenzeffekt in jenen Ländern, die von einer CDU/CSU bzw. SPD-Regierungsmehrheit über längere Zeiträume hinweg geprägt wurden. Hier schneiden die unionsregierten Länder (Baden-Württemberg, Bayern, Sachsen und Thüringen) in der Gesamtbilanz deutlich besser ab als die sozialdemokratisch geprägten Länder. Im Länderranking eroberte der Freistaat Sachsen zudem 2006 in allen drei Domänen die Spitzenposition und ließ so Bayern, den bisherigen Spitzenreiter, knapp hinter sich. Vergleicht man zunächst die Durchschnittswerte, so ergibt sich, verteilt auf die drei Domänen, folgendes Bild:

- Bei der *Lesekompetenz* lagen nur vier Länder, nämlich Sachsen (512 Punkte), Bayern (511Punkte), Thüringen (500 Punkte) und Rheinland-Pfalz (499 Punkte), signifikant über dem OECD-Durchschnitt (492 Punkte). Gegenüber PISA 2000 konnten sich Thüringen, Sachsen und Rheinland-Pfalz deutlich verbessern, während Bayern stagnierte. Allerdings bleibt der Abstand Sachsens zum Spitzenland Finnland mit 44 Punkten noch sehr groß. Sieben Länder liegen (wie Deutschland insgesamt) unter dem OECD-Durchschnitt. Fünf Länder (Schleswig-Holstein, Niedersachsen, Mecklenburg-Vorpommern, Hamburg und Bremen) liegen dagegen signifikant darunter und weisen teilweise außerordentlich niedrige Kompetenzwerte auf. Dies gilt vor allem für die beiden Stadtstaaten, deren Abstand zum Spitzenreiter Sachsen 36 bzw. 38 Punkte beträgt. Da dreißig Punkte einem Leistungsabstand von einem Schuljahr entsprechen, ist der Abstand nach oben somit beträchtlich.

- Bei der *mathematischen Kompetenz*, bei der Deutschland international nur unwesentlich besser als bei der Lesekompetenz abschneidet, liegen ebenfalls nur vier Länder, Sachsen (523 Punkte, Bayern (522 Punkte), Baden-Württemberg (516 Punkte) und Thüringen (509 Punkte) signifikant über dem OECD-Durchschnitt (498 Punkte). Im Vergleich zu PISA 2000 konnte sich diese Vierergruppe auch signifikant verbessern Der Abstand Sachsens, das den größten Sprung machte, zum internationalen Spitzenland Finnland beträgt allerdings immer noch 25 Punkte. Neun Länder unterscheiden sich nicht signifikant vom OECD-Durchschnitt. Drei Länder (Niedersachsen, Hamburg, und Bremen) liegen signifikant darunter, wobei der Abstand des Schlusslichts Bremen (478 Punkte) zum Spitzenreiter Sachsen mit 45 Punkten wiederum gravierend ausfällt.

- Die besten Kompetenzwerte im internationalen Vergleich erzielt Deutschland bei der *naturwissenschaftlichen Kompetenz*. Hier lagen 2006 immerhin 13 Länder signifikant über dem OECD-Durchschnitt (500 Punkte), während 2003 diese Position nur drei Länder erreicht hatten. Zur Spitzengruppe gehören Sachsen (541 Punkte), Bayern (533 Punkte), Thüringen (530 Punkte) sowie Baden-Württemberg (523 Punkte). Lediglich Nordrhein-Westfalen und Hamburg verharren im mäßigen Bereich des OECD-Durchschnitts. Signifikant darunter liegt nur Bremen mit lediglich 485 Punkten. Der Rückstand zum Spitzenreiter Sachsen beträgt somit insgesamt 56 Punkte, was einem Leistungszuwachs von nahezu zwei Schuljahren entspricht. Sachsen, das sich vor allem zwischen 2000 und 2003 enorm verbesserte, schafft zudem den Sprung auf Platz zwei der internationalen Spitzenklasse hinter Finnland (563 Punkte), in der sich aber auch Bayern und Thüringen etablieren konnten.

Der Leistungserfolg eines Landes lässt sich auch danach bemessen, ob es gelingt, die *Streuung der Kompetenzen*, d. h. die Abweichungen von den Durchschnittswerten, möglichst niedrig zu halten. Diese Abweichungen stellen einen Indikator dar, an dem sich ablesen lässt, wie heterogen oder homogen der Leistungsstand der Jugendlichen in einem Land ist. Im Testmodell der PISA-Studien wurden daher die Schülerleistungen auf einer Kompetenzskala eingeordnet und nach Kompetenzstufen untergliedert. Bereits bei PISA-I 2006 zeigte sich, dass in allen drei Bereichen, insbesondere bei der Lesekompetenz, die Streuung beim Kompetenzerwerb in Deutschland nach wie vor überdurchschnittlich hoch ist. Innerhalb dieses unerfreulichen Befundes dokumentiert der Ländervergleich wiederum große regionale Unterschiede. Vor allem sind die Leistungsstreuungen in den kompetenzschwächeren Ländern stärker ausgeprägt als in den kompetenzstärke- ren. Besonders groß sind sie wiederum – über alle drei Domänen hinweg – in den Stadtstaaten, während sie insbesondere in Sachsen, mit Abstrichen auch im Saarland, erheblich niedriger ausfallen. In diesem Kontext beweist vor allem das Beispiel Sachsens, dass es durchaus möglich ist, die Kompetenzstreuung bei gleichzeitig hohem Mittelwert niedrig zu halten, so dass – ähnlich wie bei den internationalen Spitzenländern – sich eine grundsätzlich als erstrebenswert gel- tende hohe Leistungshomogenität über die gesamte Alterskohorte erreichen lässt.

Bei der Kompetenzstreuung kommt es entscheidend darauf an, wie hoch die Anteile der Fünfzehnjährigen sind, die jeweils im unteren bzw. im oberen Leis- tungsbereich angesiedelt sind. Betrachtet man zunächst die *Spitzenleistungen,* so werden diese in den drei Domänen jeweils auf den obersten Kompetenzstufen V bzw. VI verortet. Bei der Lesekompetenz schneidet Bayern (12,0% der Alterskohorte) am besten ab, gefolgt von Berlin (11,2%) und Brandenburg und Rhein- land-Pfalz (jeweils 11,2%). Am wenigsten erfolgreich bei der Spitzenförderung sind Niedersachsen und Mecklenburg-Vorpommern, wo nur 7,2% bzw. 7,9% der Fünfzehnjährigen den obersten Kompetenzbereich erreichen. Bei der mathemati- schen Kompetenz dominiert Baden-Württemberg (5,8%), gefolgt von Bayern und Brandenburg (jeweils 5,3%). Niedersachsen schneidet mit international weit unterdurchschnittlichen 1,7% erneut sehr schlecht ab, nur knapp darüber liegt Bremen mit 2,6%. Bei der naturwissenschaftlichen Kompetenz schließlich ist Sachsen mit auch international beachtlichen 17,2% führend, doch erreichen auch Bayern (15,8%) und Thüringen (14,6%) ein beachtliches internationales Niveau. Deutlich abgeschlagen am Ende der Skala liegen wieder Niedersachsen mit 8,6% und Bremen mit 8,3%.

10.1.5.2 Das Problem der Risikoschüler: Unterschiede nach Ländern und Schulformen

Am anderen Ende der Kompetenzskala, der unteren *Kompetenzstufe I und darun- ter*, handelt es dagegen sich um eine risikoreiche Kompetenzdimension, die nicht erwarten lässt, dass diese Absolventen der Sekundarstufe I für eine berufliche Ausbildung und für eine gesellschaftliche und kulturelle Teilhabe auch nur an- nähernd befähigt sind. Auch hier ergeben sich teilweise krasse regionale Diskre- panzen. Nur zwei Ländern, Sachsen und Bayern, mit Abstrichen auch Thüringen, gelingt es, mit auch international beachtlich Werten die Gruppe der kompetenz- schwachen Schüler durchgängig in allen drei Bereichen recht niedrig zu halten. Geradezu spektakulär sind die Erfolge Sachsens (8,5%) bei der naturwissen- schaftlichen Kompetenz, die international nur noch von Finnland (4,1%) über- troffen werden. Ansonsten weist die Mehrzahl der Länder sowohl bei den Kompetenzen im Lesen wie auch in der Mathematik Werte auf, die teilweise erheblich unter dem Durchschnitt der OECD liegen. Besonders ungünstig schneiden auch hier wieder die drei Stadtstaaten ab, die in allen drei Bereichen Werte von über 20%, in Bremen bei der mathematischen Kompetenz sogar 29% erreichen.

In Deutschland betrug der Anteil der sogenannten *Risikoschüler*, die in beiden Kernkompetenzen, der Lesefähigkeit und in der Mathematik, über die untere Kompetenzstufe nicht hinausgelangen, bei PISA-2006 insgesamt ca. 23%. Dieser bedenklich hohe Anteil hat gegenüber PISA-2000 nur unwesentlich abgenommen. Trotz einer zumindest neunjährigen Beschulung ist es somit der Schule nicht gelungen, diesen Jugendlichen grundlegende kulturelle Basiskompetenzen zu vermitteln. Seit Ende der Grundschulzeit haben sie somit in den fünf folgenden Schuljahren faktisch nichts dazugelernt. In ihrem Falle muss daher von reeller Bildungsarmut gesprochen werden, die nicht nur ein individuelles und gesellschaftliches Desaster darstellt, sondern auch Milliardenkosten verursacht, die für die Nachschulung und die spätere gesellschaftliche Eingliederung dieser Risikoschüler benötigt werden. Das Ausmaß dieser dramatischen Situation wird vor allem deutlich, wenn man die Verteilung dieser Risikogruppe für die Lesekompetenz (L) und die mathematische Kompetenz (M) getrennt nach *Schularten* und Ländern vergleicht. Bis auf die Gymnasien, in denen sich die mittleren und oberen Kompetenzstufen auf mehr oder minder hohem Niveau konzentrieren, ist die Kompetenzstufe I oder darunter in allen Schularten in erheblich variierender Stärke anzutreffen.[96]

- Besonders hoch ist der Anteil der Risikoschüler in der *Hauptschule*, die es als eigenständige Schulform zum Untersuchungszeitpunkt noch in 10 Ländern gab. Zu berücksichtigen ist jedoch, dass die jeweilige Bildungsbeteiligung in dieser Schulform zwischen den Ländern erheblich variiert. Sie schwankt zwischen 30,5% der Fünfzehnjährigen in Bayern und nur 9,5% in Hamburg. Den mit Abstand niedrigsten Anteil an Risikoschülern weist Bayern auf (L: 36,9%; M: 35,3%), das mit mehr als einem Drittel der Schülerschaft schon als vorbildlich gelten kann. Geradezu exorbitante Prozent-

---

[96] Auch die Leistungsdurchschnitte der *Gymnasien* weisen – bei weitgehend vergleichbarer Bildungsbeteiligung – unter den Ländern teilweise erhebliche Unterschiede auf. Bei der Lesekompetenz dominiert Bayern (598 Punkte) vor Rheinland-Pfalz (590 Punkte), während Niedersachsen (570) und Bremen (569 Punkte) mit signifikantem Abstand ganz hinten rangieren. Bei der mathematischen Kompetenz führt ebenfalls Bayern die Rangliste (608 Punkte) an, dicht gefolgt von Baden-Württemberg (605 Punkte), während Niedersachsen (570 Punkte) und Bremen (566 Punkte) geradezu drastische 38 bzw. 42 Punkte unterhalb des bayerischen Niveaus liegen. Bei der naturwissenschaftlichen Kompetenz liegen Bayern und Sachsen gleichauf und mit Abstand an der Spitze (jeweils 619 Punkte), Schlusslichter sind Hamburg (589 Punkte), Niedersachsen (588 Punkte) und Bremen (572 Punkte), wobei Bremens Abstand zur Spitze sogar 47 Punkte (mehr als eineinhalb Schuljahre) beträgt.

sätze werden nämlich in den Stadtstaaten erreicht, in denen die Hauptschule praktisch zur „Restschule" geworden ist. Hier zählen teilweise über drei Viertel der Schülerschaft – allerdings bei durchweg sehr niedrigen Beschulungsquoten- zur Kategorie der besonders kompetenzschwachen Schüler. Katastrophale Werte erreichen insbesondere Hamburg (L: 78,7%; M: 75,7%), Bremen (L: 73,5%; M: 73,1%) und Berlin (L: 73,2%; M: 70,6%. Aber auch einige Flächenstaaten weisen bedenklich hohe Anteile auf. Besonders hoch sind diese etwa in Hessen (L: 59,3%; M: 62,3%) und in Schleswig-Holstein (L: 60,5%; M: 57,0%).

- Auch in den *Realschulen*, die es in 10 alten Bundesländern (außer dem Saarland) sowie in Brandenburg gibt, schwankt die Bildungsbeteiligung zwischen 14,3% in Hamburg und 34,3% in Niedersachsen. Auffallend ist, dass in dieser Schulform, die den Anspruch erhebt, eine mittlere Schule mit gymnasialer Anschlussfähigkeit zu sein, die Länder beim Anteil der Risikoschüler enorm auseinanderdriften. Der Mehrzahl der Länder gelingt es jedoch, deren Anteil auf sehr niedrigem Niveau zu halten. Die niedrigsten Anteile verzeichnen Bayern (L: 2,1%; M: 3,4%), Rheinland-Pfalz (L: 1,8%; M: 3,6%) sowie Baden-Württemberg (L: 5,1%; M: 3,4%). Schlusslichter sind auch hier wieder die Stadtstaaten. Hamburg (L: 17,8%; M: 21,8%), Berlin (L: 16,0%; M: 23,8%) und Bremen (L: 16,8%; M: 21,9%) weisen durchweg hohe zweistellige Prozentsätze auf. Aber auch in Brandenburg (L: 16,3%; M: 14,7%) stellt sich die Situation nur unwesentlich besser dar.

- Eine wesentlich schlechtere Bilanz als die Realschulen weisen die *integrierten Gesamtschulen* auf, die gemeinhin damit werben, dass heterogene Lerngruppen bessere Schulleistungen erzielen als homogene. In den neun Ländern, in denen diese Schulform eine größere Rolle spielt, variiert die Beschulungsquote erheblich zwischen 7,1% in Schleswig-Holstein und 44,5% in Brandenburg. Unrühmlicher Spitzenreiter ist hier Brandenburg (L: 37,7%; M: 37,2%), wo über ein Drittel der Schülerschaft im „Bildungskeller" verbleibt. Rund ein Drittel Risikoschüler gibt es aber auch in Berlin (L: 31,8%; M: 34,1%) und Hamburg (L: 29,9%; M: 32,8%), während Bremen (L: 24,6; 29,4%) geringfügig besser dasteht. Aber auch in den westlichen Flächenstaaten sind die integrierten Gesamtschulen bei der Förderung lernschwacher Schüler alles andere als erfolgreich. Auch in Hessen (L: 22,5%; M: 23,4%) und Nordrhein-Westfalen (L: 22,3%; M: 28,6%), die 17,1% bzw. 16,6% der Alterskohorte beschulen, zählen über 20% der Gesamtschüler zur Risikogruppe.

- Als letzte Kategorie unter den Schulformen gilt es schließlich die *Schulen mit mehreren Bildungsgängen* zu betrachten, in denen die Bildungsgänge der Hauptschule und der Realschule gemeinsam angeboten werden.[97] Sie dominieren mit einer sehr hohen Bildungsbeteiligung von über 50% in den neuen Bundesländern (außer Brandenburg), analoge Einrichtungen gibt es im Saarland (39,2%) und in Rheinland-Pfalz (14,7%). Spektakulär in einem positiven Sinne ist jedoch nur das sächsische Ergebnis. In der dortigen Mittelschule, die immerhin 61,2% aller Fünfzehnjährigen besuchen, sind bei weitem die wenigsten Risikoschüler (L: 12,0%; M: 13,4%) anzutreffen. In deutlichem Abstand folgt Thüringen (L: 18,0%; 20,5%), doch liegen die Defizite dort bereits um die 20%. Noch etwas höher sind sie im Saarland (L: 23,1%; M: 26,9%), in Sachsen-Anhalt (L: 25,3%; M: 25,0%) und in Mecklenburg-Vorpommern (L: 27,9%; M: 26,4%), während Rheinland-Pfalz am schlechtesten abschneidet (L: 26,3%; M: 30,7%).

10.1.5.3 Voraussetzungen und Rahmenbedingungen des Bildungserfolgs

Wie ist dieses Ensemble an Zahlen, das in allen drei hier dokumentierten Kategorien (Durchschnittswerte, Spitzenleistungen, niedriger Anteil an kompetenzschwachen Schülern) erhebliche regionale Unterschiede ausweist, zu interpretieren? Kausale Aussagen lassen sich daraus nicht ableiten, zumal der Bildungserfolg von zahlreichen Variablen abhängt, über deren Zusammenwirken und Gewichtung auch in der Bildungsforschung weitgehend Unklarheit herrscht. Einige wichtige Faktoren lassen sich dennoch benennen. Belastend ist zunächst ein überdurchschnittlich hoher Migrantenanteil, ohne dass dies als Entschuldigung dienen kann. Er beträgt in den neuen Bundesländern nur ca. 8%, in den westlichen Bundesländern 21%, erreicht in manchen Ballungszentren jedoch über 50%. Erschwerende Rahmenbedingungen resultieren ferner aus diversen ökonomischen, sozialen und kulturellen Risikolagen der Familien, in denen die Jugendlichen aufwachsen. In erster Linie hängt der Bildungserfolg aber ab von der Qualität des Unterrichts, dem Einsatz und der Professionalität des Lehrpersonals, der Zahl der Unterrichtsstunden, von der Ressourcenausstattung und dem Einsatz der Finanzmittel an der richtigen Stelle. Von Gewicht ist auch die Schulstruktur, wobei dieser Faktor in der bildungspolitischen Debatte jedoch erheblich überschätzt wird.

---

[97] Darunter fielen im Erhebungsjahr 2006 in der Sekundarstufe I folgende Schulformen: Die Mittelschule (Sachsen), die Regelschule (Thüringen), die Sekundarschule (Sachsen-Anhalt), die Verbundene oder Zusammengefasste Haupt- und Realschule bzw. die Regionale Schule (Mecklenburg-Vorpommern), die Regionalschule (Rheinland-Pfalz) sowie die Erweiterte Realschule (Saarland). Da in der Integrierten Haupt- und Realschule in Hamburg die Bildungsbeteiligung nur 4,9% und in Niedersachsen in den Regionalschulen und den Verbundenen Haupt- und Realschulen sogar nur 0,4% betrug, werden sie hier nicht berücksichtigt.

Interessante Aufschlüsse vermittelt in diesem Zusammenhang auch ein Blick auf die PISA-Sieger. Sachsen hat nicht nur Erfolge bei der Förderung von Spitzenleistungen vorzuweisen, es gelingt hier auch, die Zahl der kompetenzarmen Risikoschüler durch gezielte Förderung auf einem sehr niedrigen Niveau zu halten. Letzteres manifestiert sich in hohen Durchschnittswerten und einer Leistungsstreuung, die sowohl in der Mittelschule (3,6%) wie im Gymnasium (6,7%) gering ausfällt. Diese Erfolge haben weniger mit dem geringen Migrantenanteil von ca. 8% (unter 25-Jährige) zu tun als vielmehr mit anderen günstigen Faktoren. Hervorzuheben ist das pädagogische Engagement der überwiegend teilzeitbeschäftigten Lehrerschaft, die dezidierte Pflege einer schulischen Leistungskultur und das völlige Fehlen von lähmenden Schulstrukturdebatten. Dies verschafft in Sachsen, das seit 1990 über eine klare Zweigliedrigkeit verfügt, dem Schulalltag Ruhe und Stetigkeit und fördert zugleich die Konzentration auf unterrichtliche Kernprobleme. Günstig wirken sich auch die kleinen Klassen aus und der hohe Anteil an Unterrichtsstunden, der etwa in den naturwissenschaftlichen Fächern den Grundstein sowohl für die erreichte internationale Spitzenstellung als auch für einen außerordentlich niedrigen Anteil kompetenzschwacher Schüler von 8,5% bildet.[98] Neben Sachsen kann paradoxerweise aber auch Bremen, das leistungsschwächste Land im Ländervergleich, als PISA-Sieger bezeichnet werden. So hat sich der Stadtstaat, der einen Migrantenanteil von 40% (unter 25-Jährige) und ein hohes Haushaltsdefizit zu verkraften hat, seine Bilanz seit 2000 erheblich verbessern können. Der Anteil der Fünfzehnjährigen mit verzögerter Schullaufbahn – überwiegend Klassenwiederholer – sank von 43 auf 27%, die sogenannte Risikogruppe verringerte sich von 37% auf 27% und in allen drei Domänen verbesserte sich das Land deutlich, insbesondere bei der Lesekompetenz um 26 Punkte. Erreicht wurden diese Fortschritte durch gezielte Investitionen in parallel ansetzende Fördermaßnahmen in der Grundschule und in der Sekundarstufe I. Erwähnt seien hier etwa Intensivkurse im Lesen und Rechnen, Leseclubs, Deutschkurse für Migranten, Ausweitung der Lernzeiten, Sommercamps, Einsatz von ehrenamtlichen Lese- und Mathematikhelfern oder die systematische Ausweitung der Ganztagsbetreuung.

Angesichts der aber in fast allen Ländern skandalös hohen Zahl von kompetenzschwachen Risikoschülern liegt es jedoch nahe, länderübergreifende pädagogische Programme zu entwickeln, um deren Anteil möglichst rasch deutlich zu

---

[98] So werden nach einer Berechnung von Klaus Klemm von der 1. bis zur 9. Klasse in Sachsen bundesweit insgesamt die meisten 12 107), in Niedersachsen mit großem Abstand die wenigsten Unterrichtsstunden (10 635) erteilt (Vgl. Kulturpolitik Nr. 47 vom 17. November 2008). In den Naturwissenschaften, die schon zu DDR-Zeiten einen zentralen Stellenwert hatten, beträgt der Anteil der MINT-Fächer am Gesamtunterricht in beiden Schulformen über 30%. Als einziges Bundesland hat Sachsen zudem seit 2008 eine verpflichtende Belegung der Fächer Physik, Chemie und Biologie in der gymnasialen Oberstufe festgeschrieben.

reduzieren. Hier besteht vor allem bei der Schlüsselkompetenz Lesen ein unaufschiebbarer Handlungsbedarf. Anstatt das Problem Risikoschüler als nationale Aufgabe zu betrachten, agieren die Länder jedoch in dieser Kernfrage bisher eher getrennt. Auch die KMK hat sich bislang nur zögerlich zu entsprechenden Initiativen durchringen können. So wurde etwa das Programm „Pro-Lesen – Auf dem Weg zur Leseschule" bereits 2005 verabschiedet, jedoch erst 2008 mit der Umsetzung begonnen. Auf Unverständnis stieß schließlich auch das Vorhaben der KMK-Amtschefkommission „Qualitätssicherung an Schulen", die Ende 2008 vorschlug, angesichts der desaströsen Ergebnisse der Hauptschulen die bereits beschlossenen Hauptschulstandards wieder abzusenken, um sie den tatsächlichen Leistungen anzupassen. Es bedurfte heftiger Kritik aus Kreisen der Wissenschaft, um die KMK dazu zu bewegen, sich von diesem Vorhaben zu distanzieren, zumal eine solche Standardsenkung letztendlich darauf hinausgelaufen wäre, das „Grundschulniveau zum Schulziel der Hauptschule zu erklären und Scheitern als Erfolg zu deklarieren". [99]

10.1.6 Soziale Disparitäten im Schulwesen – die Gerechtigkeitsfrage

Schon in den 1960er und 1970er Jahren bildete die schichtspezifische Zuteilung von Bildungschancen und damit verbundenen Lebensperspektiven ein zentrales Thema der schulpolitischen Reformdebatten. Die nachfolgende Bildungsexpansion hat zwar in allen Sozialgruppen zu einer Ausweitung der Bildungsbeteiligung und der Anhebung des Bildungsniveaus geführt. Insbesondere auf der Ebene der mittleren Bildungsabschlüsse kam es zu einer Reduktion der Benachteiligungen der unteren Sozialschichten. Insgesamt haben sich so die Chancenunterschiede etwas abgeschwächt, ihre Ausprägungen sind aber nach wie vor sehr wirksam. Sie manifestieren sich zum einen in den herkunftsspezifischen Chancen des Kompetenzerwerbs, zum andern in der Tatsache, dass die Zugänge zu den allgemeinbildenden Gymnasien nach wie vor ganz überwiegend Kindern aus der Mittel- und Oberschicht vorbehalten sind.

10.1.6.1 Die Koppelung von sozialer Herkunft und Bildungserfolg

Nach der Veröffentlichung der ersten PISA- und IGLU-Studien ist die damit verbundene Gerechtigkeitsfrage wieder verstärkt ins Zentrum der Bildungspolitik zurückgekehrt. Die Befunde beider Studien haben bestätigt, dass die Koppelung von sozialer Herkunft und Bildungserfolg in Deutschland im internationalen

---

[99] Vgl. hierzu den Beitrag von Jürgen Baumert „Qualität lässt sich nicht durch Standardsenkung erreichen" in der Frankfurter Allgemeinen Zeitung vom 27. November 2008.

Vergleich nach wie vor besonders hoch ausgeprägt ist. Deutschland gelingt es somit weniger als den meisten OECD-Ländern, die überall existierende soziale Ungleichheit der Bildungschancen in nennenswertem Umfang zu reduzieren und vorhandenes Humankapital auszuschöpfen. Die Disparitäten zeigen sich sehr deutlich etwa bei den schichtspezifisch ungleichen Chancen, die für eine gelingende Bildungsbiografie benötigten grundlegenden *Kompetenzen* zu erwerben. Ablesen lässt sich die hier vorhandene Schieflage am Kennwert der Steigung des sozialen Gradienten, der die Stärke des Zusammenhangs von sozioökonomischem Status und erreichtem Kompetenzniveau in Punkten ausdrückt.[100] Nimmt man etwa die Lesekompetenz, so zeigt die PISA-Studie 2006 das deutsche Dilemma sehr deutlich. Der soziale Gradient lag 2006 für Deutschland bei 35 Punkten und damit deutlich über dem OECD-Durchschnitt von 30 Punkten, während Schweden mit 28, Dänemark mit 23 und Finnland mit nur 18 Punkten wesentlich besser abschnitten (Prenzel u.a. 2007:323). Beachtlich sind zudem die im innerdeutschen Ländervergleich vorhandenen Variabilitäten. So betrug der soziale Gradient in Sachsen nur 31 Punkte, während er in Brandenburg bedenkliche 46 Punkte erreichte (Prenzel u.a. 2008:332).[101] Noch drastischer sichtbar werden die Disparitäten, wenn man die durchschnittliche Lesekompetenz getrennt nach Sozialgruppen betrachtet. Schüler aus der oberen Dienstklasse erreichten 2006 ein Testergebnis, das jenes der Schüler aus der Arbeiterschicht immerhin um 83 Punkte übertraf. Da 30 Punkte etwa dem Lernzuwachs eines Schuljahrs entsprechen ist der Leistungsabstand zwischen der obersten und der untersten Sozialgruppe enorm hoch. Differenziert man auch hier nach Ländern, so zeigen sich erneut deutliche Unterschiede, wobei PISA-E-2006 allerdings die obere und untere Dienstklasse sowie die Gruppe der Facharbeiter und der ungelernten Arbeiter jeweils zusammenfasst. Besonders hohe schichtspezifische Differenzen ergeben sich auf dieser Basis in Schleswig-Holstein mit 83, in Hessen mit 81 und in Rheinland-Pfalz mit 80 Punkten. Anderen Ländern wiederum gelingt es wesentlich besser die herkunftsbedingten Kompetenzunterschiede auszugleichen. Spitzenreiter ist auch hier wiederum Sachsen mit nur 50 Punkten Differenz, doch liegen auch Sachsen-Anhalt und Mecklenburg-Vorpommern mit je-

---

[100] Der soziale Gradient ist ein Maß für den Kompetenzzuwachs, der mit einem um eine Standardabweichung höheren sozioökonomischen Status (Berücksichtigung von Bildung, Beruf, Einkommen) einhergeht. Hamburg und Berlin sind bei diesen Analysen zur Lesekompetenz nicht berücksichtigt, da in PISA 2000 die Beteiligungsquote zu gering ausfiel.

[101] Zwischen 2000 und 2006 kam es bundesweit zu einem Rückgang des sozialen Gradienten. Dieser Rückgang fiel in den Ländern jedoch unterschiedlich aus (Prenzel u.a. 2008: 332). Besonders deutlich war der Rückgang in Nordrhein-Westfalen (51/40) und in Niedersachsen (46/35). In acht Ländern war nur eine tendenzielle Abnahme zu verzeichnen, während Brandenburg als einziges Land sich erheblich verschlechterte (34/46).

weils 56 und Niedersachsen mit 57 Punkten Unterschied deutlich unter dem Bundesdurchschnitt von 69 Punkten. Soziale Disparitäten zeigen sich ebenso bei der herkunftsspezifisch geprägten *Bildungsbeteiligung am Gymnasium*. Die entscheidende Weichenstellung erfolgt hier beim Übergang von der Grundschule in den Sekundarbereich I, da an dieser Gelenkstelle die Schülerströme auf die verschiedenen weiterführenden Schulformen verteilt werden. Vom Trend her gesehen ist hier seit längerem ein kontinuierlicher Anstieg der gymnasialen Übergangsquoten zu verzeichnen. So wechselt heute in elf Ländern inzwischen die Mehrheit der Schüler, d.h. jeweils ca. 40%, auf das Gymnasium. Von dieser Möglichkeit profitieren jedoch ganz überwiegend die Kinder aus den mittleren und oberen Sozialschichten. Kinder aus sozial schwachen und bildungsfernen Elternhäusern sind an dieser Schwelle, an der wichtige selektive Vorentscheidungen für die weitere Bildungsbiografie fallen, signifikant unterrepräsentiert. Dies hat, wie die Befunde der IGLU- Studie 2006 zeigen, im Wesentlichen mit Leistungsunterschieden zu tun. Danach übertreffen am Ende der Grundschulzeit, im Regelfall die Klasse vier, die Kinder aus der obersten Sozialschicht jene aus der untersten Sozialschicht um 60 Testpunkte (Bos u.a. 2007:287). Trotz gemeinsamer Beschulung ergeben sich somit erhebliche Leistungsdifferenzen, wobei diese allerdings im internationalen Vergleich eher durchschnittlich ausgeprägt sind. Bedingt sind diese Unterschiede im Leistungsvermögen vor allem durch den familiären Hintergrund und damit zusammenhängende kulturelle und soziökonomische Disparitäten. Sie bewirken, dass Kinder aus sozial schwachen und bildungsfernen Familien zumeist deutlich schlechtere Lernvoraussetzungen in die Schule mitbringen als Kinder aus höheren Sozialschichten, die über ein günstigeres Anregungs- und Unterstützungsmilieu verfügen.

Beim Verteilungsprozess auf die weiterführenden Schulformen spielen zunächst die individuellen Fähigkeiten und Kompetenzen eine Rolle. Zur Feststellung dieser primären Kriterien dienen Klassenarbeiten oder Tests, die für die Schullaufbahnempfehlung der abgebenden Schule die Basis bilden. Ihr kommt eine zentrale Bedeutung für den weiteren Bildungsweg zu. Diverse Studien haben jedoch gezeigt, dass Lehrkräfte hierbei häufig nicht nach dem tatsächlichen Leistungsvermögen entscheiden, sondern auch das schichtspezifische Bildungsverhalten des Elternhauses prognostisch miteinbeziehen und so vorhandene soziale Disparitäten weiter verstärken. So belegt etwa die erwähnte IGLU-Studie, dass Kinder aus oberen Dienstklasse auch bei gleichen Leseleistungen und kognitiven Grundfähigkeiten eine 2,64fache höhere Chance haben eine Empfehlung für das Gymnasium zu bekommen als Kinder von Facharbeitern (ebda: 287). Verstärkt wird diese Ungleichheit zudem durch den sekundären Effekt der Elternentscheidung. So setzen sich Eltern aus den oberen Schichten aufgrund ihrer ausgeprägten Bildungsaspirationen häufig über die Grundschulempfehlung hinweg und schicken ihr Kinder trotz unzureichender Leistungen auf das Gymnasium, dies vor allem in jenen Ländern, in denen der Elternwille freigegeben ist (Gresch/Baumert/Maaz 2009: 245ff). Eltern aus den unteren Schichten der schulischen Empfehlung dagegen tendieren dazu, dieser weitgehend Folge zu leisten oder auch mitunter zu unterschreiten. Insgesamt hat so die soziale Herkunft nicht nur einen signifikanten primären Effekt auf die objektiven Leistungen, sondern auch einen sekundären auf die Benotung, die Vergabe der Schullaufbahnempfehlung und die Übergangsentscheidung (Maaz/Nagy 2009:171f). Im Ergebnis werden so die Schülerströme in erheblichem Umfang leistungsinadäquat auf die weiterführenden Schulformen verteilt.[102] Zwischen den einzelnen Schulformen im Sekundarbereich I bestehen jedoch erhebliche Qualitätsunterschiede hinsichtlich der Lern- und Anregungsmilieus, was auf die weitere individuelle schulische Laufbahnentwicklung erhebliche Auswirkungen hat. Einmal getroffene Einweisungen in eine bestimmte Schulform sind zudem nachträglich nur sehr schwer nach oben korrigierbar. Der Verlauf der individuellen Bildungsbiografie wird so durch institutionelle Selektionsmechanismen entscheidend mitbestimmt, wobei Kinder aus den unteren Sozialschichten, auch bei gleicher Intelligenz und Kompetenz, kumulativ erheblich benachteiligt werden.

Ein institutionell verstärkter sozialer Schereneffekt ist deshalb nach einer neunjährigen Schulbiografie bei den Fünfzehnjährigen zu erwarten, deren Kompetenzen Gegenstand der PISA-Studien waren. Sie zeigen im Jahre 2006 für Deutschland nicht nur die bereits beschriebene soziale Spreizung im Kompetenzniveau, sie bestätigen auch die ungleichen Beteiligungschancen am Gymnasium (Prenzel u.a. 2008: 335). So besuchten in Deutschland im Jahre 2006 immerhin 52,6% der Jugendlichen aus Familien der oberen Dienstklasse, aber nur 13,1% der Jugendlichen aus Familien von ungelernten und angelernten Arbeitern das Gymnasium. Damit haben sich die Werte gegenüber 2000 nur geringfügig verbessert, wo die entsprechenden Anteile 57,3% bzw. 12,0% betrugen.[103] Das

---

[102] Wie sehr die Übertrittsempfehlung von Lehrkräften – gemessen an den tatsächlichen Leistungen – mit hohen Fehlentscheidungen behaftet ist, zeigten weiterführende Befunde in einigen Bundesländern auf der Basis der IGLU-Studie 2003. Danach werden nach Maßgabe der Lesekompetenz und der mathematischen Kompetenz jeweils ein Drittel der Schüler im unteren und oberen Leistungsbereich (Hauptschule bzw. Gymnasium) sowie fast die Hälfte aller Schüler im mittleren Kompetenzbereich (Realschule) de facto einer falschen Schulform zugewiesen. Aufgrund dieser leistungsinadäquaten Zuweisungen werden nicht nur in beträchtlichem Umfang Humanressourcen vergeudet, es kommt zudem auch in der weiterführenden Schule nicht zu der vom gegliederten Schulsystem intendierten leistungshomogenen Zusammensetzung der Schülerschaft (Aktionsrat Bildung 2007: 48f; 137).
[103] Zwischen den Ländern gibt es auch hier teilweise erhebliche Unterschiede. So lag die Gymnasialbeteiligung bei der oberen Dienstklasse in Bayern 2006 nur bei 47%, in Brandenburg dagegen bei 63%, während umgekehrt in Bayern nur 8% der Jugendlichen aus Familien von ungelernten und

Ausmaß an Ungleichheit zeigt sich besonders krass, wenn man die relativen Chancen des Gymnasialbesuchs in Abhängigkeit von der Sozialschichtzugehörigkeit betrachtet. Jugendliche aus Familien der oberen Dienstklasse haben demnach in Deutschland eine 4,6fach höhere Chance ein Gymnasium zu besuchen als Jugendliche, die aus der Referenzgruppe der Facharbeiterhaushalte stammen (ebda: 338). Dies deutet darauf hin, dass die sozialen Disparitäten seit dem Ende der Grundschulzeit auch aufgrund der institutionellen Selektionsprozesse weiter zugenommen haben. Auch hier sind wieder Länderunterschiede zu beobachten. Am höchsten ausgeprägt sind die sozialen Disparitäten im Westen, so vor allem in Nordrhein-Westfalen (6.7 zu 1), Baden-Württemberg und Hessen (5.6 zu 1), sowie im Saarland (5.5 zu 1). Im Westen liegen nur Rheinland-Pfalz (4.0 zu 1) und Bayern (4.3 zu 1) unter dem Bundesdurchschnitt. Deutlich geringer fallen die schichtspezifischen Unterschiede in den östlichen Ländern aus. Besonders günstig schneiden hier Thüringen (3.0 zu 1), Mecklenburg-Vorpommern (3.2 zu 1), Sachsen-Anhalt (3.3 zu 1) sowie Sachsen (3.9 zu 1) ab. Vergleicht man die Zeitspanne von 2000 und 2006, so waren insbesondere Bayern (10.5 versus 4.3) und Rheinland-Pfalz (9.1 versus 4.0) in dem Bemühen erfolgreich, ihren zuvor niedrigen Arbeiteranteil an den Gymnasien signifikant zu erhöhen, während sich umgekehrt vor allem Brandenburg verschlechterte (3.2 versus 4.8). [104]

Soziale Chancenungleichheit wird schließlich auch dadurch zementiert, dass einmal eingeschlagene Bildungswege aufgrund der geringen Durchlässigkeit nach oben in aller Regel kaum nachträglich korrigierbar sind. Innerhalb des Sekundarbereichs I lag die Wechselquote im Schuljahr 2006/2007 bundesweit bei lediglich 3%, wobei die Abwärtswechsel in niedriger qualifizierende Schularten die Mehrzahl aller Schulartwechsel in Deutschland ausmachen (Autorengruppe Bildungsberichterstattung 2008: 66). Die Regel ist die Abschulung vom Gymnasium in die Realschule bzw. von der Realschule in die Hauptschule, während der Aufstieg von der Realschule in das Gymnasium die Ausnahme bildet. Insgesamt kommen so auf einen Aufstiegswechsel insgesamt fünf Abwärtswechsel, wobei die Relation zwischen den Ländern enorm schwankt. Diese beträgt in Berlin 1:15, in Bremen ist sie dagegen mit 1:2,5 bundesweit am niedrigsten. Damit bleibt einer nicht unerheblichen Zahl gymnasial geeigneter Schüler, primär aus den unteren Sozialschichten, eine gymnasiale Schulkarriere verwehrt. Es steht zu erwarten, dass die Einführung des zwölfjährigen Gymnasiums und der

---

angelernten Arbeitern ein Gymnasium besuchen, in Thüringen und Sachsen-Anhalt dagegen immerhin 20% (Prenzel u.a. 2008: 336).

[104] Auch bei statistischer Kontrolle der Lesekompetenz (jedoch ohne kognitive Grundfähigkeiten), also bei gleicher Leistung, haben Jugendliche aus Familien der oberen Dienstklasse in Deutschland eine 3,2fach höhere Chance ein Gymnasium zu besuchen als Jugendliche, die aus Facharbeiterhaushalten stammen (ebda: 338).

damit verbundene größere Leistungsdruck diese ungünstige Relation noch weiter verschärfen wird. Ansonsten gilt nach wie vor die Regel, dass die schichtspezifische Bildungsbeteiligung am Gymnasium sich beim Zugang zu den Fachhochschulen und den Universitäten fortsetzt. So nahmen 2006 Jugendliche aus Beamtenfamilien, in denen der Vater über einen Hochschulabschluss verfügt zu 95% ein Studium auf, während Jugendliche aus Arbeiterfamilien dies nur zu 17% taten (Autorengruppe Bildungsberichterstattung 2008: 171). Dies liegt zum einen an der hohen Selektivität des Schulsystems, zum andern aber auch an einem hohen Ausmaß an schichtenspezifischer Selbstselektion, wenngleich diese sich zuletzt deutlich abgeschwächt hat. Danach neigen Studienberechtigte aus Arbeiterfamilien, auch bei gleicher Leistungsfähigkeit, vor allem bei ungünstigeren Noten weit häufiger als Akademikerkinder dazu, ihre Erfolgsaussichten skeptischer und risikoreicher einzuschätzen, so dass sie so eher von der Aufnahme eines Studiums absehen (Becker/Hecken 2008: 3ff.).

10.1.6.2   Bildungsdefizite von Jugendlichen mit Migrationshintergrund

Prekär bleibt nach wie vor auch die Bildungssituation der Zuwanderer. Nach den Angaben des Mikrozensus lebten 2008 in Deutschland 15,6 Mio. Personen (19,0% der Gesamtbevölkerung) mit einem *Migrationshintergrund*, d. h. sie oder zumindest ein Elternteil von ihnen wurde im Ausland geboren. Unter der jüngeren Altersgruppe der 5-20-Jährigen weisen sogar 27,8% einen entsprechenden Migrationsstatus auf, bei Kindern unter fünf Jahren gilt dies schon für jedes dritte Kind. Sie verteilen sich nach Umfang, Migrationsstatus und Herkunftsländern sehr unterschiedlich zwischen den Ländern. Während die Anteile von Kindern und Jugendlichen in den östlichen Ländern deutlich unter 10% liegen, betragen sie in manche westlichen Ländern wie Nordrhein-Westfalen, Hessen, Rheinland-Pfalz und Baden-Württemberg über 20%, in den Stadtstaaten liegen sie sogar noch höher. Variabel ist auch der Anteil an Kindern und Jugendlichen, die der Ersten oder Zweiten Generation von Zuwanderern zuzurechnen sind bzw. von solchen, die zumindest einen Elternteil haben, der aus dem Ausland stammt. Auffallend ist ferner, dass in manchen Bundesländern bestimmte Herkunftsländer dominieren. In Bayern, Berlin und Nordrhein-Westfalen beispielsweise ist die Gruppe der Türken besonders stark vertreten, in Niedersachsen, Rheinland-Pfalz und den östlichen Ländern überwiegen hingegen Migranten, die aus den Nachfolgestaaten der ehemaligen Sowjetunion kommen. Die Bildungsdefizite der Jugendlichen mit Migrationshintergrund differieren zudem mehr oder minder deutlich in Abhängigkeit vom Migrationsstatus und den jeweiligen sozialen und ethnischen Herkunftsmerkmalen. Ausmaß und Ausprägung dieser Benachteiligungen im Bildungserfolg zeigen in allen Bundesländern weitgehend vergleichbare Merkmale, doch sind „Leistungsvergleiche" schon wegen der oft sehr unterschiedlichen regionalen Konstellationen wenig aussagekräftig. Die Probleme haben sich überall im Zeitverlauf zugespitzt, weil Gesellschaft und Politik über Jahrzehnte landauf landab die Auffassung propagiert haben, Deutschland sei kein Einwanderungsland. Auch die Bildungspolitik hat es versäumt, die Schule als Integrationszentrum für die Zugewanderten zu nutzen. Mit den internationalen Vergleichsstudien ist das Ausmaß dieser Versäumnisse deutlich geworden. Sie haben gezeigt, dass andere Länder mit vergleichbarer Migrationskonstellation deutlich erfolgreicher in dem Bemühen waren, die Bildungssituation von Jugendlichen aus Migrantenfamilien durch eine entsprechende Förderung zu verbessern.

Die Benachteiligungen zeigen sich auch hier bereits am Ende der Grundschule nach dem vierten Schuljahr. Kinder mit einem Migrationshintergrund liegen bei der IGLU-Studie 2006 beim Leseverständnis bereits 48 Testpunkte hinter ihren Mitschülern ohne Migrationshintergrund (Bos u.a. 2007:237). Beim Übergang in den Sekundarbereich I und der Verteilung auf die weiterführenden Schularten verschärfen sich die Disparitäten. So haben auch bei gleicher Leseleistung und gleichen kognitiven Grundfähigkeiten Kinder ohne Migrationshintergrund eine 1,2fach höhere Chance, eine Schullaufbahnempfehlung für das Gymnasium zu erhalten (ebda: 289). Testergebnis, Fehlzuweisung und migrationsspezifisch geprägter Elternwille bewirken, dass Kinder aus Migrantenfamilien in den Schularten unterrepräsentiert sind, die zu weiterführenden Abschlüssen führen, während sie in jenen überrepräsentiert sind, die in einen Hauptschulabschluss münden. Sehr häufig finden sie sich in Hauptschulen mit einem ausgesprochen ungünstigen Lernmilieu, wobei diese Benachteiligungen in städtischen Ballungszentren kulminieren. So weisen etwa ein Fünftel der Hauptschulen in Deutschland einen sehr hohen Migrantenanteil auf, der 75% und darüber der Schülerschaft beträgt (Autorengruppe Bildungsberichterstattung 2006: 179). Diese Konzentration an sozialer, kultureller und auch bildungsbezogener Segregation stellt für die Schulen und die Gesellschaft ein enormes Belastungs- und Konfliktpotenzial dar, dem die Bildungspolitik bislang weitgehend hilflos gegenübersteht. Vor diesem Hintergrund erklärt sich auch der kumulative Misserfolg in der weiteren Bildungskarriere von Kindern und Jugendlichen mit Migrationshintergrund. Sie weisen überdurchschnittlich hohe Klassenwiederholungen auf, scheitern weit häufiger als ihre deutschen Mitschüler am Hauptschulabschluss und erreichen weit seltener die Hochschulreife bzw. einen Hochschulabschluss. Schließlich wirken sich diese Benachteiligungen auch beim Übergang in die berufliche Ausbildung aus und mindern so die Chancen beim Übergang in das Erwerbsleben (Autorengruppe Bildungsberichterstattung 2008: 213). Im Gegensatz zu Jugendlichen ohne Migrationshintergrund sind sie in der dualen Ausbildung – auch bei gleichen Noten – deutlich unterrepräsentiert, im „Übergangssystem" dagegen entsprechend überrepräsentiert. Im Ergebnis bleiben so 38,4% der 20- bis 30-Jährigen Ausländer ohne eine abgeschlossene Berufsausbildung, während dies bei den gleichaltrigen Deutschen nur für 12,6% zutrifft (BMBF 2008:153).

Wie ungleich die Bildungschancen verteilt zeigen auch die Daten der PISA-Studien, die das Kompetenzniveau der Fünfzehnjährigen mit und ohne Migrationshintergrund miteinander vergleichen. An diesem fortgeschrittenen Punkt der Bildungsbiografie betrugen bei PISA-2006 die Abstände bei der naturwissenschaftlichen Kompetenz zwischen den Jugendlichen mit und ohne Migrationshintergrund immerhin 73 Punkte (Prenzel u.a. 2007: 359).In keinem anderen Land der OECD sind diese Differenzen derart hoch ausgeprägt. Auch wenn die Abstände bei der Lesekompetenz und der mathematischen Kompetenz insgesamt etwas geringer ausfallen, so bleibt doch festzuhalten, dass sich seit PISA-2000 die Bildungssituation der Jugendlichen mit Migrationshintergrund bei allen drei Kompetenzen insgesamt nicht verbessert hat (Autorengruppe Bildungsberichterstattung 2008: 268).[105] Dabei zeigen sich zwischen den einzelnen Migrationsgruppen teilweise bemerkenswerte Unterschiede (Prenzel u.a. 2008: 363ff). So schneiden bei allen drei Kompetenzen Jugendliche, bei denen nur ein Elternteil im Ausland geboren ist, im Durchschnitt weit besser ab als Jugendliche, deren Eltern beide im Ausland geboren sind. Bei den letzteren wiederum erreichen Jugendliche der Zweiten Generation, obwohl sie im Inland geboren sind und das hiesige Bildungssystem durchlaufen haben, teilweise schlechtere Kompetenzwerte als die Quereinsteiger der Ersten Generation. Dieses auf den ersten Blick erstaunliche Befundmuster erklärt sich im Wesentlichen durch migrationsgeschichtliche und ethnisch-kulturelle Herkunftsmerkmale. So umfasst die Zweite Generation etwa zur Hälfte Jugendliche, deren Eltern aus der Türkei zugewandert waren, während bei den Zugewanderten der Ersten Generation über 60% aus den Nachfolgestaaten der ehemaligen Sowjetunion (vor allem Aussiedler) stammen. Beide Gruppen machen also zahlenmäßig mit Abstand die meisten Einwanderer aus. Für beide Generationen von Jugendlichen gilt, dass sie im Vergleich zu jenen ohne Migrationshintergrund, aber auch im Vergleich zu jenen, bei denen nur ein Elternteil zugewandert ist, in Familien leben, die einen wesentlich niedrigeren sozioökonomischen Status aufweisen. Doch für die Jugendlichen der Zweiten Generation kommt noch ein weiteres Manko hinzu. Ihre Eltern, die zumeist türkischer Herkunft sind, weisen ein deutlich niedrigeres Bildungsniveau auf als die Eltern der Ersten Generation. Ihr Bildungserfolg wird zudem dadurch

---

[105] Betrachtet man zusätzlich die intranationale Situation, so wird offenkundig, dass manche Länder hier mit größeren Schwierigkeiten zu kämpfen haben. Betrachtet man beispielsweise die naturwissenschaftliche Kompetenz, so sind die Leistungsabstände in Berlin, Hamburg und Bayern (92, 89 und 80 Punkte) besonders ausgeprägt, hingegen weisen das Saarland, Niedersachsen und Nordrhein-Westfalen (55, 57 und 59 Punkte) deutlich günstigere Werte auf (Prenzel u.a. 2008: 418).

gemindert, dass die Akkulturation, die sich in der überwiegenden Verwendung der deutschen Sprache im Alltag manifestiert, bei den türkischen Einwandererfamilien vergleichsweise defizitär ausgebildet ist. Niedriger sozio-ökonomischer Status, geringes Bildungsniveau und unzureichende deutsche Sprachkompetenz dieser Familien haben so zur Folge, dass türkische Jugendliche über weniger bildungsrelevante Ressourcen verfügen als jene der Ersten Generation und somit auch insgesamt als kompetenzschwächer einzustufen sind. Die türkische Bevölkerungsgruppe schneidet so auch bildungsstatistisch in jeder Hinsicht am schlechtesten ab: Unter den Zuwanderungsgruppen stellt sie die meisten Schulabbrecher, fast ein Drittel erreicht keinen Bildungsabschluss, mit 14% erzielt sie die schlechteste Quote bei der Hochschulreife und mit 28% verzeichnet sie die höchste Jugenderwerbslosenquote (Berlin Institut 2009: 36).

10.1.6.3 Bildungsarmut als politische Herausforderung

Die hohe Zahl an kompetenzschwachen Risikoschülern, die über eine sehr ungünstige Berufs- und Lebensperspektive verfügen und sozial kaum integrierbar sind, birgt nicht nur ein enormes gesellschaftliches Konfliktpotenzial. Sie produziert immense Folgekosten, da die anfallenden Reparatur- und Transferleistungen die künftigen Sozialbudgets enorm belasten. All diese Zusammenhänge sind seit längerem bekannt, doch fehlt es in der Politik bislang sowohl an einer schlüssigen Gesamtstrategie wie auch an durchschlagender Handlungsbereitschaft. Vielmehr überwiegen eher fragmentarische und isolierte Teillösungen, auch wenn alle Parteien den Slogan „Aufstieg durch Bildung" seit längerem auf ihre Fahnen geschrieben haben. Um die Bildungsarmut der unteren sozialen Schichten und der Migranten signifikant zu reduzieren, müssen Konzepte und Maßnahmen unter den Ländern weit mehr als bisher abgestimmt und koordiniert werden. Da entsprechende Fördermaßnahmen hohe Mehrkosten verursachen, welche die finanzschwachen Länder überfordern, erweist sich auch eine Kooperation von Bund und Ländern unabdingbar. Die Notwendigkeit, das seit der Föderalismusreform bestehende „Kooperationsverbot" wieder aufzuheben, wird deshalb langfristig nicht zu umgehen sein. Immer deutlicher zeigt sich auch, dass angesichts der Komplexität der zu lösenden Probleme Bildungspolitik auf ressortübergreifende Lösungsstrategien und Maßnahmen angewiesen ist. Bildungspolitik muss künftig daher auch präventive Sozial- und Beschäftigungspolitik, Familienpolitik oder Integrationspolitik sein (Allmendinger/Nikolai 2006: 35f.). Im Bemühen um den Abbau von schichtenspezifischer Ungleichheit ist jedoch auch vor utopischen Gleichheitsvorstellungen zu warnen. So kann von der Schule nicht erwartet werden, dass sie als Vehikel für die Herstellung sozialer Gleichheit in der Gesellschaft insgesamt fungiert. Dies wäre schon deshalb unrealistisch, weil es kein Land gibt, in dem es gelingt, den Zusammenhang von sozialer Herkunft und Schulerfolg aufzuheben. Erwartet werden muss von der Schule jedoch, dass sie die herkunftsbedingten Benachteiligungen, welche die Kinder aus ihren Familien in die Schule mitbringen, so weit wie möglich abzumildern sucht. Soweit es um konkrete Maßnahmen geht, wird es primär darum gehen, durch gezielte Förderung der Leistungsschwächsten die enorme soziale Streuung im Kompetenzniveau und damit die Zahl der Risikoschüler zu reduzieren. Als Bringschuld ließe sich dann die Gewährleistung eines Bildungsminimums definieren, das jedem Kind aus sozial schwachen Familien und aus Zuwanderfamilien das Erreichen von Mindeststandards sichert, um ihnen so menschenwürdige Teilhabechancen an der Gesellschaft zu eröffnen (Baumert 2008). Durch gezielte Förderung müssen zudem vorhandene soziale Barrieren beim Zugang zu den anspruchsvolleren Bildungsgängen abgebaut werden. Schülern aus den unteren Sozialschichten oder aus Migrantenfamilien ist bei entsprechendem Leistungsvermögen eine reelle Chance zum Besuch eines Gymnasiums zu eröffnen. Ebenso muss es mehr Chancen geben, die Bildungslaufbahn nachträglich zu korrigieren, d. h. der Wechsel im Sinne einer „Aufschulung" darf nicht die Ausnahme bleiben. Im Rahmen des gegliederten Schulwesens bietet hier Baden-Württemberg mit seinem Modell der beruflichen Gymnasien, das vor allem Schülern mit einem mittleren Abschluss Aufstiegsmöglichkeiten eröffnet, eine effektive Alternative für nachträgliche Korrekturen. Hier erwerben inzwischen immerhin fast die Hälfte der Schüler in einem nach wie vor dreizehnjährigen Bildungsgang ebenfalls die allgemeine Hochschulreife, ohne dass dies zu Lasten der Standards geht (Aktionsrat Bildung 2007: 53). Damit steht ihnen nicht nur der Weg an die Fachhochschulen, sondern auch an die Universitäten offen, was in Deutschland nach wie vor Ausnahmecharakter hat. Bezogen auf ganz Deutschland erlangen bislang 76% aller Schüler die allgemeine Hochschulreife über das Gymnasium, 10,5% über das Fachgymnasium und lediglich 6,5% über die integrierte Gesamtschule (Autorengruppe Bildungsbericht 2008: 271).

Bei der Verwirklichung dieser Zielsetzungen ist an viele Reformmaßnahmen zu denken, die auch im Rahmen des bestehenden gegliederten Schulsystems möglich sind. Stichwortartig zu nennen sind hier etwa der besonders dringliche Ausbau der Einrichtungen zur frühkindlichen Bildung und Sprachförderung, die wesentlich beitragen können, familiäre Defizite möglichst frühzeitig, also noch vor der Einschulung aufzufangen. Als spezielle schulische Maßnahmen empfohlen und teilweise bereits auch praktiziert werden der gezielte Ausbau von Förder- und Sprachkursen, Lernangebote in der Ferienzeit oder auch der Ausbau von Ganztagseinrichtungen. Vor allem bei Ganztagsangeboten, die in Deutschland – bei großen Länderunterschieden – nur 18% der Schülerschaft erreichen, besteht ein großer Nachholbedarf, da hier insbesondere auch Kinder aus bildungsfernen Fa-

milien gefördert werden können (ebda: 72). In pädagogischer Hinsicht zu erwähnen sind ferner die Notwendigkeit einer Verbesserung der Diagnostik bei anstehenden Übergangsentscheidungen wie auch eine Aufwertung der Ausbildung und
des Berufsstatus von Hauptschul- und Realschullehrern, die zumeist unter besonders schwierigen Bedingungen unterrichten müssen. Auch der Einsatz von Sozi-
alarbeitern, Sozialpädagogen und pädagogischen Assistenten, vor allem in sozialen Brennpunktschulen, stellt eine geeignete Unterstützungsleistung dar. Handlungsbedarf besteht ferner auch beim Problem Abschlussgerechtigkeit. So haben
die Schulleistungsstudien das Leistungsgefälle zwischen den Bundesländern offen
gelegt, dadurch aber auch gezeigt, dass formal gleiche Abschlüsse in ihrer Wertigkeit faktisch nicht vergleichbar sind (Aktionsrat 2007: 29; 53). So kann etwa
ein Hauptschulabschluss in Berlin erheblich weniger wert sein als ein solcher in
Bayern, wo dieser wiederum fast das Niveau eines Realschulabschlusses in einem
anderen Land erreichen kann (Baumert 2008). Ähnliche Diskrepanzen zwischen
den Ländern nach Schularten ergeben sich für den mittleren Abschluss oder die
allgemeine Hochschulreife. Ebenso lässt sich auch innerhalb eines Landes ein
mittlerer Abschluss, der in einer Hauptschule, einer Realschule oder in der beruflichen Bildung erworben wurde, im Hinblick auf das tatsächlich erreichte Kompetenzniveau nur eingeschränkt vergleichen. Gleiches gilt in aller Regel für ein
Abitur, das an einer Gesamtschule, einem beruflichen oder einem allgemeinbildenden Gymnasium abgelegt werden kann. Verlässliche Vergleichsmöglichkeiten
und damit mehr schulformbezogene Abschlussgerechtigkeit innerhalb wie auch
zwischen den Ländern ist hier vor allem von der Einführung einheitlicher und
schulformübergreifender Bildungsstandards zu erwarten, insofern die damit verbundenen Kompetenzmessungen das Ausmaß der jeweiligen Leistungsunter-
schiede in aller Deutlichkeit transparent machen werden.

10.1.7 Der Dauerstreit um die Schulstruktur

Nach 1945 war in den westlichen Bundesländern Deutschlands das aus der
Weimarer Ära überlieferte gegliederte Schulsystem eingeführt worden. Seit dem
Hamburger Abkommen von 1964, mit dem einheitliche Bezeichnungen der
Schultypen festgelegt wurden, sah es nach einer gemeinsamen vierjährigen
Grundschule (nur in Berlin sechs Jahre) die Aufteilung der Schüler auf die drei
weiterführenden Schulformen der Hauptschule, der Realschule und des Gymna-
siums vor.[106] Dagegen war in der DDR schon in den 1950er Jahren ein Bruch mit

---

[106] Streng genommen stellen die Sonder- und Förderschulen, die in allen Bundesländern eingeführt
wurden, ein zusätzliches Glied im Aufbau des Sekundarbereichs I dar. Durch die UN-Behinderten-
rechtkonvention, die für die Bundesrepublik Deutschland seit dem 26. März 2009 rechtsverbindlich ist,

der Weimarer Tradition vollzogen worden. Das gegliederte Schulwesen wurde beseitigt und schrittweise ein Einheitsschulsystem eingerichtet, das in der Allgemeinbildenden Polytechnischen Oberschule (PTO) alle Schüler in gemeinsamem Lernen von der ersten bis zur 10. Klasse zusammenfasste.

Bis Ende der 1960er Jahre blieb es in der Bundesrepublik bei der Dreigliedrigkeit. Danach kam mit dem Konflikt um die Einführung integrierter Gesamtschulen, der bis weit in die 1980er Jahre andauerte, Bewegung in die Schulstruktur. Vor allem die Länder, in denen die SPD über längere Zeit regierte (Hessen, die Stadtstaaten, Nordrhein-Westfalen), richteten eine größere Anzahl von Gesamtschulen ein, langjährig unionsregierte Bundesländer (Bayern und Baden-Württemberg) dagegen nur im Einzelfall. Das ursprüngliche Ziel der Gesamtschulanhänger, das dreigliedrige System durch die flächendeckende Einführung einer Einheitsschule zu überwinden, erwies sich jedoch als Utopie. Neben die klassische Dreigliedrigkeit trat so die Variante eines viergliedrigen Systems. Nach der deutschen Einheit übernahmen die neuen Bundesländer 1990 weitgehend die westdeutschen Strukturen, verfuhren aber im Falle der Hauptschule unterschiedlich. Sachsen, Thüringen und Sachsen-Anhalt führten diese nicht als eigenständige Schulform ein, sondern legten sie in Form eines teilintegrierten Bildungsganges mit den Realschulen zusammen. Dabei spielte eine Rolle, dass das Mindestniveau der Grundbildung in der ehemaligen DDR durch den Abschluss der PTO (Polytechnische Oberschule) nach Klasse 10 definiert war. Im Ergebnis kam so die Zweigliedrigkeit als neue und zusätzliche Strukturvariante hinzu. Nur Mecklenburg-Vorpommern, das sich an Bayern orientierte, entschied sich für die Übernahme der Hauptschule und damit für die alte Dreigliedrigkeit. Brandenburg, das mit Nordrhein-Westfalen kooperierte, führte neben der sechsjährigen Grundschule die Gesamtschule als dominante Schulform ein, ergänzt um die Realschule und das Gymnasium, so dass hier ein abgewandeltes Modell von Dreigliedrigkeit entstand.

10.1.7.1 Nach dem PISA-Schock: Pro- und Contra-Positionen in der Kontroverse um das gegliederte Schulwesen

Nach der deutschen Einheit spielte das Thema Schulstruktur allerdings über ein Jahrzehnt in den bildungspolitischen Debatten eine völlig untergeordnete Rolle. Dies änderte sich schlagartig mit der Veröffentlichung der ersten PISA-Ergebnisse im Dezember 2001. Sie zeigten, dass Länder wie Finnland, Japan oder

---

wird das deutsche System der Sonder- bzw. Förderschulen jedoch grundsätzlich in Frage gestellt. Die Konvention ermöglicht es allen Eltern, vom zuständigen Schulträger nicht nur eine Integration ihrer behinderten Kinder in das Regelschulsystem, sondern sogar eine Inklusion zu verlangen. Die KMK hat für eine Umsetzung der entsprechenden Vorgaben eine Übergangsfrist von drei Jahren vereinbart.

Kanada, die alle über integrierte Schulsysteme verfügen, in denen die Schüler mindestens bis zur 9. oder 10. Klasse gemeinsam lernen, mit besonders guten Fachleistungen aufwarten konnten (Tillmann u.a. 2008: 271). Auch bei der Förderung von Schülern aus den unteren Sozialschichten schnitten die Länder mit integrierten Systemen deutlich besser ab als Länder mit gegliederten Systemen. Vor allem war die Zahl der Risikoschüler vergleichsweise deutlich niedriger als etwa in Deutschland. Damit drängte sich die Frage auf, ob die mittelmäßigen Fachleistungen und die im internationalen Vergleich besonders ausgeprägten sozialen Disparitäten im deutschen Schulwesen nicht primär als eine unmittelbare Folge der selektiven Struktur der differenzierten deutschen Sekundarschule zu interpretieren seien.

Seitens der empirischen Bildungsforschung wurde jedoch gegenüber einer solchen Interpretation durchweg die Auffassung vertreten, dass ein solcher kausaler Zusammenhang wissenschaftlich nicht nachweisbar sei. Einhellig wurde betont, PISA vergleiche Schulleistungen aber keine Schulsysteme. Für die festgestellten Unterschiede, so wurde argumentiert, könnten außer den Schulstrukturen auch andere Variablen ursächlich sein, etwa die Unterrichtsqualität, die Lehrerbildung oder die Einwandererkonstellation (z.B. Köller 2008: 26). Die öffentliche bildungspolitische Debatte, die danach folgte, schenkte solchen Relativierungen jedoch keine Beachtung. Sie fokussierte sich vor allem in den Medien zunehmend auf die Schulstruktur, wobei sie sich weniger an den Fachleistungen festmachte als an der als skandalös empfundenen Ausprägung sozialer Disparitäten. Unter Berufung auf die PISA-Ergebnisse wurden so hierfür vor allem die Strukturen des dreigliedrigen Systems verantwortlich gemacht. Die Argumente und Positionen dieser *Kritiker eines gegliederten Schulsystems*, die auch von der OECD nachdrücklich unterstützt werden, lassen sich thesenartig wie folgt zusammenfassen:

Das gegliederte Schulsystem mit äußerer Differenzierung nach Klasse 4, so die gängige Einschätzung, sei ein Relikt des 19. Jahrhunderts. Nur in Deutschland und Österreich würden die Schüler zu einem so frühen Zeitpunkt, der keine sichere Prognosefähigkeit erlaube, auf die weiterführenden Schulen verteilt. Individuelle Bildungs- und Berufschancen, die später kaum mehr korrigierbar seien, erführen so eine viel zu frühzeitige Festschreibung. Benachteiligt würden durch dieses sozial hoch selektive System insbesondere Schüler aus den unteren Sozialschichten. Sie würden überwiegend auf die Hauptschule abgeschoben, die wegen ihres ungünstigen Lern- und Entwicklungsmilieus zur Schule der Bildungsverlierer geworden sei. Effektive Bildungsgerechtigkeit und auch bessere Fachleistungen erwarten sie von der Einführung eines eingliedrigen Schulsystems, einer „gemeinsamen Schule für alle" bis zur neunten oder zehnten Klasse, da nur so die enge Koppelung des Bildungserfolgs an die soziale Herkunft aufgebrochen werden könne. Vorbild sind hier die skandinavischen Staaten. Dort werden alle Schüler (z. B. in Schweden bis Klasse 9, in Finnland bis Klasse 10) gemeinsam unterrichtet, erst danach, d.h. beim Übergang in den Sekundarbereich II, findet eine Selektion statt. Von dem dort praktizierten Unterricht in heterogenen Lerngruppen verspricht man sich eine bessere individuelle Förderung aller Schüler, Lernschwache und Lernstarke könnten zudem voneinander profitieren. Entsprechende Zielvorstellungen finden sich etwa im Grundsatzprogramm der SPD (2007), in den Parteiprogrammen von Bündnis 90/die Grünen in den Ländern, in den programmatischen Eckpunkten der Linkspartei (2007) sowie in den Positionspapieren der GEW.

Gegenläufig zu diesen Grundsatzpositionen agieren diese Parteien in den Ländern, in denen sie allein oder gemeinsam in der Regierungsverantwortung stehen, jedoch eher vorsichtig und pragmatisch. Nirgendwo stand dort bislang die Einführung der Einheitsschule auf der politischen Agenda eines Koalitionsvertrags. Ein solches Vorhaben würde konsequenterweise die Abschaffung des Gymnasiums, das gemeinhin als Königsweg zum Abitur gilt, bzw. dessen Reduktion auf eine Oberstufeneinrichtung beinhalten. Für einen solchen Schritt genießt diese Schulform, an die bundesweit fast ca. 40% der Gesamtschülerschaft wechseln, in der Öffentlichkeit jedoch eine viel zu große Wertschätzung. Ein radikaler Umbau des Schulsystems würde daher in jedem Bundesland enorm viel Wählerstimmen kosten. Dieses Risiko fördert die Bereitschaft zu pragmatischen Kompromisslösungen, die vor allem auch dann geboten ist, wenn ein „konservativer" Koalitionspartner mit im Regierungsboot sitzt. Wo dies der Fall ist, verständigen sich diese Regierungen durchgängig auf Lösungen auf der Basis der Zweigliedrigkeit. Neben dem Gymnasium als Konstante entstehen in jüngster Zeit so entweder teil- oder vollintegrierte Schulformen, wobei je nach Land unterschiedliche Ausgestaltungen realisiert werden. So gibt es heute unterschiedliche Varianten von teilintegrierten Regionalen Schulen, von integrativen Sekundarschulen oder von Gemeinschaftsschulen. Die Regionalen Schulen, die in den Ländern unterschiedliche Namen tragen, beruhen auf einer Zusammenlegung von Haupt- und Realschulen, in denen bis Klasse 7 gemeinsam unterrichtet wird, bevor anschließend eine fach- oder klassenspezifische äußere Leistungsdifferenzierung nach Hauptschul- und Realschulbildungsgängen erfolgt. Nach Klasse 9 und 10 kann entweder der Hauptschul- bzw. ein mittlerer Abschluss erreicht werden. Daneben hat sich in jüngster Zeit als vollintegrierte Schulform, die ebenfalls an die Grundschule anschließt, das Modell der integrativen Sekundarschule entwickelt. Sie wird zurzeit vor allem in den Stadtstaaten implantiert und beinhaltet über den Sekundarbereich I hinaus auch die Errichtung einer eigenen gymnasialen Oberstufe. An der Sekundarschule sind künftig alle Abschlüsse möglich, insbesondere auch das Abitur, das im Regelfall nach 13 Jahren abgelegt werden kann. Ziel ist eine „gleichberechtigte Zweigliedrigkeit", in der die neue Schulform nicht mehr wie bislang die Gesamtschule nur die Schule der zweiten Wahl bildet, sondern als zweiter Weg neben der gymnasialen Variante sich gleichwertig etabliert. Hinzu kommt als weitere vollintegrative Variante das Modell der Gemeinschaftsschule, das ein längeres gemeinsames Lernen von der ersten bis mindestens zur 8., in der Regel aber bis zur 10. Klasse vorsieht. Eingeführt wurde die Gemeinschaftsschule bislang nur in Schleswig-Holstein, hier allerdings nur für die Klasse 5-10. Pilotprojekte laufen seit einigen Jahren in Berlin, Sachsen und neuerdings auch in Thüringen. Die Implantation dieser konzeptionell noch ungeklärten Schulform soll schrittweise und örtlich flexibel über eine Kooperation verschiedener Schularten erfolgen, wobei je nach Standortsituation, alle existierenden Schulformen in die konzeptionellen Überlegungen, einbezogen werden. Bislang bleiben jedoch die Modalitäten der organisatorischen Umsetzung, die man häufig der Schule selbst überlassen will, recht diffus. Alle Modelle verfolgen aber langfristig und grundsätzlich das Ziel, nach finnischem Muster eine grundständige einheitliche Basisschule von Klasse 1 bis 10 zu etablieren, an die sich nach Möglichkeit eine eigene Oberstufe anschließen soll. Unter dem Dach der Gemeinschaftsschule sollen dann ebenfalls künftig alle Schulabschlüsse, nach Möglichkeit also auch das Abitur erreichbar sein. Vor allem linke Schulpolitiker betrachten die Gemeinschaftsschule als sukzessiven, aber konsequenten Entwicklungspfad in die Eingliedrigkeit. Somit bildet die Zweigliedrigkeit für sie bestenfalls eine taktische Übergangsvariante. In der integrierten Sekundarschule sehen sie daher nur eine Schule der „zweiten Wahl", zumal wenn die Gymnasien weiterhin das Privileg besitzen, über ein Probejahr eine einseitige Abschulung schwächerer Schüler vorzunehmen. Ihr vorrangiges Wunschziel bleibt daher ein Schulsystem, in dem das auf „soziale Auslese" setzende „elitäre Gymnasium" eines Tages in der „einen Schule für alle" aufgeht.

Auch die *Befürworter des gegliederten Schulwesens* berufen sich auf die PISA-Ergebnisse, die sie ebenfalls konform zu den eigenen Positionen interpretieren. Sie machen geltend, dass nicht wenige Staaten mit integrierten Systemen deutlich schlechter bei PISA abgeschnitten hätten als Deutschland oder andere Staaten mit einem gegliederten System. Weder bei den Fachleistungen noch beim Abbau sozialer Disparitäten seien integrierte Systeme nachweislich erfolgreicher als gegliederte. Eher das Gegenteil sei der Fall. Zur Bekräftigung dieser These wird vor allem auf die Gesamtschulen Bezug genommen, die in den verschiedenen Schulleistungstests schlechte Fachleistungen erbracht und sogar signifikant schlechter abgeschnitten haben als die Realschulen. Auch habe sich gezeigt, dass der Bildungserfolg in der Gesamtschule besonders stark von der sozialen Herkunft abhänge, jedenfalls stärker als in der Realschule und im Gymnasium. Dies beweise auch die Langzeitstudie LIFE. Entgegen den Erwartungen der Gesamtschulanhänger liefere sie den Nachweis, dass die soziale Selektivität durch Förderstufen und Gesamtschulen nicht reduziert werde, diese somit nicht mehr Bildungsgerechtigkeit bewirkten als die Schulen des gegliederten Systems.[107] Ein nach Schulformen ausdifferenziertes System, denen bestimmte Leistungs- und Begabungsprofile zugeordnet werden, gilt diesen Kritikern daher nicht nur als die leistungsstärkere, sondern auch als die gerechtere Lösung. Entsprechend propagieren sie auch einen Unterricht in homogenen Lerngruppen, da in heterogenen Lerngruppen die Leistungsstarken über-, die Leistungsschwachen dagegen unterfordert würden, was zur Nivellierung der Gesamtleistungen führe. Besonders engagiert verteidigt wird die Beibehaltung der vierjährigen Grundschule. Begründet wird dies damit, dass bislang keine empirisch gesicherten wissenschaftlichen Studien vorlägen, aus denen hervorgehe, dass eine verlängerte Grundschulzeit hinsichtlich einer größeren sozialen Gerechtigkeit oder besseren Leistung positive Effekte bewirken könne.[108]Auch die Befunde von PISA-E-2006 werden ins Feld geführt, die zeigen, dass in Brandenburg, das die sechsjährige Grundschule eingeführt hat, die sozialen Disparitäten beim Gymnasialbesuch wesentlich ausgeprägter sind als in den meisten anderen Bundesländern. Um mehr Chancengerechtigkeit und soziale Durchlässigkeit zu erreichen setzt man deshalb nicht auf Strukturreformen sondern auf systeminterne Verbesserungen. Genannt werden der Ausbau der frühkindlichen Bildung, die Öffnung des Gymnasiums für spätere Übergänge oder der Ausbau weiterführender Bildungswege nach der 9. und 10. Klasse, um über berufliche Bildungsgänge oder die beruflichen Gymnasien verstärkt Wege zur Fachhochschul- bzw. zur allgemeinen Hochschulreife zu eröffnen.[109]

Bei aller Gegnerschaft gegenüber integrierten Systemen sind jedoch auch bei den Anhängern eines differenzierten Schulwesens in jüngster Zeit Aufweichungstendenzen zu registrieren. So wird die klassische Dreigliedrigkeit heute nur noch von Teilen der CDU und FDP und einigen schwarz-gelben Länderregierungen in den alten Bundesländern aufrechterhalten. Bei den Lehrerverbänden gelten der Deutsche Lehrerverband, hier insbesondere der Deutsche Philologenverband, als deren Speerspitze. Im Unterschied hierzu ist aber in weiten Teilen des „konservativen Lagers" ebenfalls ein pragmatischer Trend zur

---

[107] Vgl. hierzu Helmut Fend: Schwerer Weg nach oben. http://www.zeit.de/ 2008/02/C-Enttaeuschung.

[108] Verwiesen wird hier etwa auf die ELEMENT-Studie von Rainer Lehmann zum Lese- und Mathematikverständnis in den Jahrgangsstufen 4 bis 6 in Berlin, abrufbar unter http://www.berlin. de/imperia/md/content/sen-bildung/schulqualitaet/element6_bericht_komplett.pdf?start&ts=1229526 638&file=element6_bericht_komplett.pdf

[109] Die Absolventen der Fachhochschulreife erwarben diese im Jahr 2006 an folgenden Schularten: Am Gymnasium 7,4%, an integrierten Gesamtschulen 2,0%, an Fachoberschulen 39,6%, an Berufsfachschulen 28,6% und an Fachschulen 13,9% (Autorengruppe Bildungsberichterstattung 2008: 271). Zur allgemeinen Hochschulreife vgl. die entsprechenden Angaben in Kapitel 2.2.1.6.

Zweigliedrigkeit zu beobachten. Diese Entwicklung beruht weniger auf pädagogischen Überzeugungen, sondern hat primär demographische und finanzpolitische Hintergründe. Zentraler Auslöser ist hier der Bedeutungs- und Ansehensverlust der Hauptschule, die als eigenständige Schulform in fast allen Ländern in der Fläche schwindende Überlebenschancen hat. Dies fördert auch in unionsregierten Ländern die Bereitschaft, Haupt- und Realschulen in Verbünden oder teilintegrativen Lösungen zusammenzufassen. Verstärkt wird die Bereitschaft zur Akzeptanz von Integrationsmodellen – wie bei der Gegenseite – aber auch durch Koalitionsrücksichten. In schwarz-roten, schwarz-grünen Bündnissen bzw. in einer Jamaika-Koalition akzeptieren CDU und FDP notgedrungen nicht nur Regionale Schulen, sondern teilweise auch die zuvor heftig bekämpften Gemeinschaftsschulen als zusätzliche Option oder zumindest als Pilotversuch. Als unaufgebbar gilt dagegen die Bastion des Gymnasiums. Für sie bildet in allen Koalitionen, in denen CDU und FDP Regierungsverantwortung tragen, deren Bestandsgarantie eine conditio sine qua non. Prinzipiell gilt dies auch für den Erhalt der vierjährigen Grundschule, sofern diese bereits vor einem Regierungswechsel als Regelfall existierte. Eine Ausnahme bilden Hamburg und das Saarland. In Hamburg setzte der schwarzgrüne Senat im Frühjahr 2008 gegen breiten innerparteilichen Widerstand in der CDU die Einführung der sechsjährigen Primarschule durch, während die Jamaika-Koalition im Saarland die Grundschulzeit nach unten und oben jeweils um ein Jahr verlängerte.

Zusammenfassend lässt sich also konstatieren: Die seit PISA neu entfachte Debatte um die Schulstruktur hat dieses typisch deutsche Streitthema wieder in die politische Arena zurückgeholt. Veränderte regionale Rahmenbedingungen und häufig wechselnde Regierungskonstellationen haben in den letzten Jahren in fast allen Ländern erhebliche strukturelle Umbauten in Gang gesetzt. Vorherrschend ist ein genereller Trend zur Zweigliedrigkeit, wobei es jedoch auch Tendenzen gibt, diese intern auszudifferenzieren. Um übergreifende Trends sowie Einzelentwicklungen in den einzelnen Ländern zu verdeutlichen, sollen diese anhand von vier Ländergruppen in einer groben Übersicht nachstehend kurz skizziert werden.

10.1.7.2   Schulstrukturen der Länder: Ein vergleichender Überblick

Zu einer *ersten Gruppe* gehören jene Länder, die an der Hauptschule als eigenständiger Schulform und somit an der „alten Dreigliedrigkeit" festhalten. Sie werden durchweg von schwarz-gelben Koalitionen regiert. Vorreiter sind hier die süddeutschen Länder *Bayern* und *Baden-Württemberg*, die den höchsten Anteil an Hauptschülern aufweisen. Inzwischen können aber auch hier die meisten Hauptschulen nur noch einzügig geführt werden. Weitere Schulschließungen sucht man durch Fusionen oder Verbundslösungen abzuwenden. Beide Länder führen jeweils zum Schuljahr 2010/2011 flächendeckend neue Hauptschulvarianten ein, die auch einen mittleren Abschluss ermöglichen. In Bayern ist dies die Mittelschule, in Baden-Württemberg die Werkrealschule, wobei beide Schulformen jeweils wahlweise drei berufsorientierte Profile anbieten.

Nordrhein-Westfalen, Niedersachsen und Hessen hielten bislang ebenfalls an der Hauptschule fest. Da diese Länder in unterschiedlichem Umfang auch Gesamtschulen unterhalten, gibt es dort faktisch viergliedrige Systeme. In *Nordrhein-Westfalen* sind seit 2009/2010 Schulverbünde aus Haupt- Real- und Gesamtschulen möglich, unterrichtet wird aber in getrennten Bildungsgängen. Im Landtagswahlkampf 2010 sorgte die FDP für koalitionsinternen Streit, als sie sich in standortgefährdeten Regionen für die Einführung von Mittelschulen aussprach, in denen bis zur 7. Klasse gemeinsam unterrichtet werden soll. Nach der Landtagswahl im Mai 2010 hat die neue Minderheitsregierung von SPD und Grünen ihre Absicht bekräftigt, die Schulstrukturen zu ändern, wobei vor allem die Einführung der Gemeinschaftsschule forciert werden soll. In *Niedersachsen* versucht die Landesregierung die Hauptschulen vor allem dadurch zu erhalten, dass eine enge Verzahnung mit den Berufsschulen erfolgt. Darüber hinaus gibt es an 200 gefährdeten Standorten (2009) auch Verbundslösungen von Haupt- und Realschulen. Unter einer gemeinsamen Leitung werden dort außer in den drei Kernfächern alle anderen Fächer gemeinsam unterrichtet. In *Hessen* wiederum hat die Regierung Anfang 2010 einen deutlichen Kurswechsel vollzogen. Nachdem landesweit neben 60 kooperativen Verbundsschulen nur noch fünf Hauptschulen bestanden, wird ab 2011 die Mittelstufenschule eingeführt, in der Haupt- und Realschüler von Klasse 5 bis 7 gemeinsam unterrichtet werden. Auch hier wird auf eine starke Berufsorientierung Wert gelegt, wobei nach Klasse 9 der Hauptschul-, bzw. nach Klasse 10 der Realschulabschluss möglich ist.

Eine *zweite Gruppe* bilden die *neuen Bundesländer*. Dort hatten 1990 CDU-geführte Regierungen erstmals zweigliedrige Systeme eingeführt. Unter verschiedenen Namensbezeichnungen nahmen sie das spätere Modell der Regionalen Schule vorweg. In Sachsen war dies die Mittelschule, in Thüringen die Regelschule und in Sachsen-Anhalt die Sekundarschule. In *Sachsen* hat die schwarz-gelbe Regierung 2010 damit begonnen, schrittweise die Mittelschule als Kernstück des Schulsystems zur Oberschule weiterzuentwickeln. Ziel ist es, über die Umgestaltung der Mittelschule und das anschließende berufliche Gymnasien die Zahl der Hochschulabsolventen deutlich zu erhöhen. Damit wird ein Zwei-Säulen-Modell geschaffen, das den Weg zum Abitur mit zwei Geschwindigkeiten ermöglicht, entweder in 12 Jahren über das Gymnasium oder in 13 Jahren über die neue Oberschule. Diese ermöglicht weiterhin auch den Hauptschul- und Realschulabschluss. Einen anderen Weg geht dagegen *Thüringen*, wo seit 2009 eine Große Koalition regiert. Die SPD, die auch den Kultusminister stellt, konnte im Koalitionsvertrag durchsetzen, dass neben der Regelschule und dem Gymnasium auch die Gemeinschaftsschule als gleichberechtigtes Schulangebot eingeführt wird. Für diese sollen sich die Schulbeteiligten vor Ort künftig optional entscheiden können. Nach der Grundschule findet hier bis zur 8. Klasse ein gemeinsamer Unterricht statt, danach erfolgt in Klasse 9 ein alle drei Bildungsgänge einschließendes abschlussbezogenes Lernen. In einer eigenen oder kooperativen gymnasialen Oberstufe soll zudem nach Klasse 12 das Abitur erworben werden können. In *Sachsen-Anhalt*, dem Land, in dem nach 1990 die meisten Regierungswechsel stattfanden, hat das zweigliedrige System mit der Sekundarschule und der Gesamtschule als Zusatzangebot in seiner ursprünglichen Form bis heute überdauert. Bemühungen der SPD, innerhalb der seit 2006 bestehenden Großen Koalition, eine Oberschule mit gemeinsamen Lernen bis Klasse 8 einzuführen, scheiterten bislang am Widerstand der CDU, die auch den Ministerpräsidenten stellt.

Als einziges neues Bundesland hatte dagegen *Mecklenburg-Vorpommern* 1990 unter einer CDU/FDP Koalition die alte Dreigliedrigkeit eingeführt. Diese wurde im Schuljahr 2002/2003 aufgehoben, als eine SPD/PDS Koalition neben dem Gymnasium die berufsvorbereitend konzipierte Regionale Schule als zweite Säule einführte. Haupt- und Realschulen wurden flächendeckend vereinigt, aber auch die Gesamtschulen ausgebaut. Zum Schuljahr 2006/2007 folgte die Einführung der schulartunabhängigen Orientierungsstufe für die Klassen 5 und 6, die alle Schüler nach der vierten Grundschulklasse an der Regionalen Schule oder der Gesamtschule besuchen. Erst dann ist ein Wechsel an das Gymnasium möglich, das somit nur noch 6 Jahre umfasst. In der seit 2006 regierenden Großen Koalition setzte die CDU im Koalitionsvertrag durch, keine weiteren Strukturveränderungen bis 2010 vorzunehmen.

Eine vergleichbare Struktur entwickelte sich auch in *Brandenburg*, in der eine SPD-geführte Regierung nach 1990 zunächst die Gesamtschulen (gewissermaßen als Hauptschulersatz) zur vorherrschenden Schulform gemacht hatte. Seit dem Schuljahr 2005/2006 führte die Große Koalition aufgrund dramatisch sinkender Schülerzahlen im Anschluss an die sechsjährige Grundschule dann die Oberschule ein, in der die Realschule und die Gesamtschulen ohne eigene gymnasiale Oberstufe fusionierten. Auch hier umfasst seitdem das Gymnasium nur noch die Klassen 7 bis 12, die wenigen Gesamtschulen mit gymnasialer Oberstufe blieben jedoch erhalten und führen nach 13 Jahren zum Abitur. Seit 2007 können begabte Grundschüler schon nach vier Jahren an eine Gesamtschule oder ein Gymnasium wechseln. Die seit Ende 2009 amtierende rot-rote Regierung hat diese Strukturen bislang nicht verändert.

Eine *dritte Gruppe* bilden einige alte Bundesländer, die relativ früh ebenfalls das Modell der Regionalen Schule einführten. Den Anfang machte das *Saarland,* wo eine SPD-Regierung 1996 mit Zustimmung der CDU über eine Verfassungsänderung die Hauptschule abschaffte. Hauptschule und Realschule fusionierten zur Erweiterten Realschule, die Gesamtschulen und die Gymnasien blieben bestehen, so dass hier eine differenzierte Zweigliedrigkeit entstand. Ende 2009 ergab sich jedoch durch die Bildung einer Jamaika-Koalition schulpolitisch eine völlig neue Ausgangslage. Die Grünen, die auch den Bildungsminister stellen, konnten im Koalitionsvertrag durchsetzen, dass es neben dem siebenjährigen Gymnasium, das Bestandsschutz erhält, künftig eine binnendifferenzierte Gemeinschaftsschule geben wird. In dieser sollen die bestehenden Erweiterten Realschulen und Gesamtschulen aufgehen. Die Gemeinschaftsschule beginnt allerdings erst mit Klasse sechs und soll alle Abschlüsse ermöglichen, einschließlich des Abiturs in 13 Jahren. In Form eines bundesweit bislang einmaligen Modells wurde zudem beschlossen, das letzte Kindergartenjahr in eine verpflichtende Vorschule umzuwandeln und die vierjährige Grundschule um ein Jahr zu verlängern. Dieses reine „Zwei-Säulen-Modell" bedarf jedoch ebenfalls noch einer Verfassungsänderung.

In *Rheinland-Pfalz* hatte die SPD/FDP Koalition 1997 analog zum Saarland die Regionale Schule eingeführt. Die Hauptschulen und die Realschulen blieben jedoch als eigenständige Schulformen weiterhin bestehen. Die seit 2006 allein regierende SPD beschloss deren Abschaffung erst 2008. Seit dem Schuljahr 2009/2010 wurden diese Schulformen des Sekundarbereichs I zur neuen Realschule plus vereinigt, an der künftig ein Hauptschul- und ein Realschulabschluss sowie eine gymnasiale Übergangsberechtigung erworben werden können. Schulträger, Schule und Schulaufsicht sollen jeweils vor Ort entscheiden, ob nach der Orientierungsstufe in Klasse 5 und 6 ab der 7. Klasse eine nach Bildungsgängen differenzierte kooperative oder eine integrative Realschule plus mit Binnendifferenzierung gebildet werden soll. Somit besteht künftig mit den Schulformen Gymnasium, Realschule plus und integrierter Gesamtschule eine erweiterte Zweigliedrigkeit.

Eine Sonderform von Zweigliedrigkeit entstand schließlich 2007 als Parteienkompromiss auch in *Schleswig-Holstein.* Die unionsgeführte Große Koalition vereinbarte hier die Auflösung der Haupt- und Realschulen bis zum Schuljahr 2010/2011. Diese sollten künftig auf Antrag des Schulträgers entweder in Regionalschulen mit mehreren Bildungsgängen oder in binnendifferenzierten Gemeinschaftsschulen (jeweils Klasse 5 bis 10) aufgehen, die Gesamtschulen ihrerseits in den Gemeinschaftsschulen. Die SPD hatte die binnendifferenzierte Gemeinschaftsschule, die CDU im Gegenzug die teilintegrative Regionalschule durchgesetzt. Die seit Ende 2009 regierende CDU/FDP Koalition hat jedoch in ihrem

Koalitionsvertrag festgelegt, die Umsetzung bis 2010/2011 zu verschieben. Sie will beide Schulformen mittelfristig in einer zweiten weiterführenden Regelschule „Regional- und Gemeinschaftsschule" zusammenfassen, dabei aber nach örtlichem Bedarf unterschiedliche Differenzierungsformen zulassen. Um die Gymnasien nicht zu schwächen, soll die Einrichtung einer eigenen Oberstufe an den Gemeinschaftsschulen (Abitur nach 13 Jahren) – dies ein Kernanliegen der SPD – nach dem Willen der Koalition jedoch die Ausnahme bleiben.

Eine *vierte Gruppe* bilden schließlich die drei Stadtstaaten, die insofern eine Sonderrolle einnehmen, als in ihnen Ansätze zu einer „gleichberechtigten Zweigliedrigkeit" bundesweit bislang am weitesten umgesetzt wurden. In *Berlin* beschloss die rot-rote Senatsregierung mit Beginn des Schuljahrs 2010/2011 die Auflösung der bisherigen Haupt-, Real- und Gesamtschulen, wobei die Übertrittsquote auf die Hauptschule zuletzt auf weniger als 7% gesunken war. Die Schüler wechseln somit nach der sechsjährigen Grundschule entweder auf das 6-Jährige Gymnasium (die altsprachliche Form bleibt grundständig) – wobei allerdings ein Probejahr vorgegeben ist – oder auf die neue Integrierte Sekundarschule. Diese soll eine eigene gymnasiale Oberstufe erhalten oder eine verbindliche Kooperation mit den beruflichen Gymnasien eingehen, somit alle Abschlüsse unter Einschluss des Abiturs nach 13 Jahren (Regelfall) ermöglichen. Die mitregierende Linkspartei konnte somit die von ihr intendierte Abschaffung der Gymnasien und damit die Realisierung eines Einheitsschulsystems nicht durchsetzen. Erreichen konnte sie jedoch, dass das seit 2008/2009 laufende Pilotprojekt Gemeinschaftsschule (ab Klasse 1, ebenfalls mit allen Abschlüssen) weiter vorangetrieben wird.

In *Hamburg* hat die dort regierende schwarz-grüne Regierung, in der dem kleineren Koalitionspartner das Schulressort zugestanden wurde, zum Schuljahr 2010/2011 ebenfalls eine umfassende Strukturreform beschlossen. Ähnlich wie im Saarland ist sie primär Ausdruck eines Parteienkompromisses. Die CDU wollte die 4-Jährige Grundschule beibehalten, die Grünen hatten im Wahlkampf die Einführung einer 9-Jährigen „Schule für alle" gefordert. Der Kompromiss sah vor, die Grundschule in eine sechsjährige Primarschule umzuwandeln, danach sollen die Schüler in der 7. Klasse entweder auf das 6-Jährige Gymnasium oder in die „Stadtteilschule" mit eigener Oberstufe wechseln, in der alle Abschlüsse, auch das Abitur nach 13 Jahren, möglich sein sollen. In der „Stadtteilschule", eine Erfindung der CDU, sollen alle bisherigen Haupt-, Real- und Gesamtschulen sowie die beruflichen Gymnasien aufgehen. Um die neuen „Stadtteilschulen" vor dem erwarteten gymnasialen Sog zu schützen, sollte der seit 30 Jahren bestehende freie Elternwille bei der Schullaufbahnentscheidung aufgehoben werden. Gegner der Reform erzwangen jedoch über ein überaus erfolgreiches Volksbegehren einen Volksentscheid. Seitdem tobte in Hamburg ein regelrechter „Schulkrieg", der am 18. Juli 2010 mit dem Stimmzettel entschieden wurde. Die Reformgegner waren erfolgreich, so dass die Einführung der Primarschule verhindert, das 8-Jährige Gymnasium wie auch die freie Elternwahl nach Klasse 4 beibehalten werden konnten.

Weit befriedeter stellt sich dagegen die Situation in *Bremen* dar, wo es 2008 in der Schulstrukturfrage zu einem bislang beispiellosen parteienübergreifenden Kompromiss kam. Die schlechten PISA-Ergebnisse, bei denen Bremen bundesweit Schlusslicht war, hat offenkundig bei allen Parteien Wirkung gezeigt. Die regierende rot-grüne Koalition verständigte sich hier mit den Oppositionsparteien CDU und FDP auf den „Bremer Konsens zur Schulentwicklung", der bis 2019 die Schulstruktur verbindlich festschreibt. Die Schulen vor Ort sollen so Ruhe und Berechenbarkeit für den pädagogischen Alltag erhalten. Der Konsens, der auch in das neue Schulgesetz von 2009 Eingang fand, beinhaltet die Einführung einer „gleichwertigen Zweigliedrigkeit" sowie die Festlegung auf die vierjährige Grundschule. Künftig wird es im Sekundarbereich somit nur noch die Oberschule und das Gymnasium geben. In der Oberschule, in der alle bisherigen Sekundar- und Gesamtschulen aufgehen, sollen künftig alle Abschlüsse möglich sein, auch das Abitur nach 13 Jahren, im Einzelfall auch nach 12 Jahren. Die Gründung von neuen Gymnasien wird ausgeschlossen, jedoch erhalten die bestehenden acht durchgängigen Gymnasien, die nach 12 Jahren zum Abitur führen, ausdrücklich eine Bestandsgarantie.

Diese knappe Länderübersicht zeigt, wie sehr sich die Schulstrukturen in den letzten Jahren immer weiter auseinanderentwickelt haben. Die Folge ist eine wachsende Zersplitterung und Unübersichtlichkeit, ablesbar schon an der inflationären Zunahme der Namensbezeichnungen. Darunter leidet die schulische Mobilität zwischen den Ländern, was vor allem Eltern und Schüler nachteilig zu spüren bekommen. Hinzu kommt, dass durch den ständigen Umbau der Schulstrukturen viel Unruhe und Unfriede in den Schulalltag hineingetragen wird. Das ständige Experimentieren absorbiert zudem Energien und Ressourcen, die eigentlich für die innere Schulentwicklung und die Optimierung der unterrichtlichen Qualität benötigt werden. Für Unberechenbarkeit sorgen nicht zuletzt auch Landtagswahlen, wenn diese zu einer Regierungskoalition führen, in der gegensätzliche Strukturkonzepte aufeinander prallen. Stets beginnt dann ein Machtpoker, bei dem dann Kompromisse auf der Basis des kleinsten gemeinsamen Nenners ausgehandelt werden, die bei einem neuerlichen Machtwechsel erneut zur Disposition stehen. Der wachsende Unmut, der sich in jüngster Zeit in Umfragen zum Bildungsföderalismus manifestiert, gründet nicht zuletzt in dieser verwirrenden Strukturhektik, zumal die Föderalismusreform die Länder darin bestärkt hat, hier zunehmend Sonderwege zu gehen. Auch die KMK sah sich bisher nicht in der Lage, diesem Auseinanderdriften Einhalt zu gebieten. Vielmehr sah sie sich genötigt, die hochgradig ideologisch aufgeladene Strukturfrage ausdrücklich zur politischen Tabuzone zu erklären.[110] Dass sie in Deutschland nach wie vor wie kein anderes bildungspolitisches Streitthema für politischen Sprengstoff sorgt, zeigte sich erneut in den letzten Landtagswahlkämpfen. Der Chor jener Stimmen, die dafür eintreten, dieses leidige Streitthema endlich zu entschärfen, und zu mehr Beständigkeit und gesamtstaatlicher Einheitlichkeit zu kommen, ist so in letzter Zeit zunehmend lauter geworden.[111] Von daher ist es ein deutlicher Fortschritt, dass die Regierungs- und Oppositionsparteien in Bremen sich 2008 vertraglich dazu verpflichtet haben, die Strukturen längerfristig festzuschreiben, damit diese künftig jedweden Regierungswechsel unbeschadet überstehen können. Möglich wurde dieser pragmatische Konsens, der äußere und innere Differenzierung in zwei gleichberechtigten Wegen institutionalisiert, weil alle Parteien weitreichende Zugeständnisse machten. CDU und FDP akzeptierten die integrierte Oberschule mit der Möglichkeit eines gleichberechtigten längeren Weges zum Abitur, SPD und Grüne ihrerseits als Gegenleistung die vierjährige Grundschule sowie die Bestandserhaltung des 8-Jährigen Gymnasiums. Ob dieses dem Schulfrieden verpflichtete Modell, das Verteilungsgerechtigkeit und Leistungsorientierung institutionell auszubalancieren versucht, auch auf andere Bundesländer übertragbar ist, kann im Einzelfall nur unter Berücksichtigung der jeweiligen regionalspezifischen Voraussetzungen geklärt werden. Auszuschließen ist jedoch in allen Ländern auf längere Sicht ein radikaler Umbau in Richtung auf ein eingliedriges System nach dem Vorbild der skandinavischen Länder. Dem steht nicht nur die deutsche Schultradition, insbesondere die Unaufgebbarkeit des Gymnasiums als „Gesamtschule der Mittelschicht" entgegen, dafür lassen sich auch in keinem Bundesland politische Mehrheiten gewinnen.[112] Zu erwarten ist vielmehr, dass der Trend zur Zweigliedrigkeit, wenn auch in abgestuften

---

[110] So hatte sie auch in ihrem Handlungskatalog, den sie nach der Veröffentlichung der ersten PISA-Ergebnisse im Dezember 2001 verabschiedete, die brisante Frage der Schulstruktur bewusst ausgeklammert.

[111] Zu seiner Überwindung traten Ende 2007 Persönlichkeiten des öffentlichen Lebens, Politiker, Schulexperten und Bildungsforscher mit einer parteiübergreifenden Resolution an die Öffentlichkeit. Sie forderten eine pragmatische „Zwei-Wege-Lösung" mit dem Gymnasium und einer weiteren Schulart als gleichberechtigten Schulformen, in denen alle Abschlüsse, auch das Abitur in einer eigenen Oberstufe möglich sind. Zudem solle die neue Schulform, um als feste pädagogische Größe erkennbar zu werden, auch einen identischen Namen in allen 16 Ländern führen. Vgl. hierzu den Artikel „Schluss mit dem Streit ! Wie Deutschlands Schulsystem reformiert werden muss-ein Aufruf" in: DIE ZEIT. http://www.zeit.de/2007/48/C-Resolution.

[112] So kam eine vom Deutschen Philologenverband in Auftrag gegebene FORSA-Umfrage zur Schulstrukturfrage (September 2009) zu dem Ergebnis, dass sich bundesweit zwei Drittel aller Befragten, bei den 18-29-Jährigen sogar drei Viertel, gegen eine Abschaffung des gegliederten Schulsystems aussprechen, während die integrative Einheitsschule nur von 31% aller Befragten befürwortet wird. http://www.phvsa.de/news/2009-09-24Einstellungen-zur-Einheitsschule.pdf.

Varianten und mit unterschiedlichem Tempo, überall kontinuierlich voranschreitet. Drei- oder gar viergliedrige Systeme sind zunehmend unter Fusionsdruck geraten, nicht nur durch die Wucht des demographischen Faktors, sie sind aufgrund der angespannten Haushaltslage der Länder auf Dauer auch nicht mehr finanzierbar. Hinzu kommt, dass das Problem der Risikoschüler und ihrer Ausgrenzung in den Hauptschulen, das in den meisten Ländern, insbesondere aber in den Stadtstaaten, eine dramatische Zuspitzung erfahren hat, zumindest in diesen Ländern nur durch Zusammenlegungen wirksam entschärft werden kann. Aber auch in den süddeutschen Ländern, in denen die Hauptschule nach wie vor über ein deutlich besseres Image verfügt, stehen diese unter enormen demographischen Druck, sodass trotz aller Rettungsversuche sich auch hier der Trend zur Zweigliedrigkeit langfristig nicht aufhalten lassen dürfte. Bundesweit gesehen ist daher zu erwarten, dass in den kommenden Jahren das schulpolitische Handlungsszenario sich überwiegend auf die Weiterentwicklung einer Kombination der Modelle Regionalschule/Gymnasium bzw. Sekundarschule/Gymnasium fokussieren wird, wobei beide sich auch wechselseitig annähern könnten. Ergänzt wird dieses Szenario möglicherweise um die Einführung einer verpflichtenden Vorschulerziehung wie neuerdings im Saarland. Der Streit um die „richtige" Schulstruktur, in der Leistung und Chancengerechtigkeit, Tradition und Innovation, pädagogisch und institutionell in einer möglichst optimalen Weise ausbalanciert werden können, wird also weiter andauern, aber vermutlich mit der Zeit an Schärfe verlieren.

10.2 Hochschulpolitik der Länder

Auch in der Hochschulpolitik als ihrem zweiten zentralen Aufgabenfeld verfügen die Länder seit den Anfängen der Bundesrepublik über eine weitreichende Gestaltungsautonomie. Doch bestehen seit jeher auch einige charakteristische Unterschiede zur Schulpolitik. So ergab sich aufgrund der hohen Mobilität von Lehrenden und Studierenden wie auch der besonders hohen Kostenintensität im Hochschulsektor schon sehr früh ein weit größerer überregionaler Abstimmungs- und Kooperationsbedarf als in der Schulpolitik. Mit der wachsenden internationalen Verflechtung hat sich dieser in den letzten Jahrzehnten weiter verstärkt. Diese Konstellation erforderte eine intensive Länder-Koordination, stärkte insbesondere aber die Rolle des Bundes, der über die Institutionen und Instrumente des kooperativen Föderalismus einen erheblichen Einfluss auf die Länderhochschulpolitik gewann, der auch nach der Föderalismusreform in wichtigen Teilbereichen weiterbesteht (vgl. hierzu Kapitel 9.2). Ein weiterer Unterschied besteht in der Intensität der öffentlichen Wahrnehmung. Im Gegensatz zur Schulpolitik bildet die Hochschulpolitik in Landtagswahlkämpfen kein herausgehobenes Thema, mit dem sich Wählerstimmen mobilisieren oder gar Mehrheiten gewinnen ließen. Dazu ist der Kreis der unmittelbar Betroffenen oder Nutzer innerhalb der Gesamtwählerschaft schon zahlenmäßig viel zu klein. Hinzu kommt ferner, dass es bei zentralen Themen der Hochschulpolitik auch unter den politischen Parteien nur geringe ideologische Differenzen oder Kontroversen gibt. Die hochschulpolitische Polarisierung mit ihren Frontenbildungen zwischen A- und B-Ländern Ende der 1960er und Anfang der 1970er Jahre ist längst Geschichte. Die wichtigsten Reformen in der Hochschulstruktur, der Hochschulorganisation und der Studienstruktur, wie sie seit den 1990er Jahren, insbesondere nach dem Hochschulrahmengesetz von 1998 sukzessiv umgesetzt wurden, erfolgten weitgehend im parteipolitischen Konsens. Widerspruch und Dissens manifestierten sich bei diesen Themen jenseits der Parteien eher wissenschaftsintern bzw. auf der Ebene der Hochschulen selbst. Partielle Ausnahmen bildeten zeitweise der parteipolitisch akzentuierte Streit um die Modalitäten der Juniorprofessur, die periodisch stets neu belebte Debatte um eine angemessene Anpassung der BAföG-Sätze sowie vor allem auch die Dauerkontroverse beim Reizthema Studiengebühren.

Im Folgenden gilt es in einem Überblick einige Entwicklungstrends in der Hochschulpolitik der Länder herauszuarbeiten, wobei eine exemplarische Beschränkung auf einige Teilaspekte sowie auf die jüngere Entwicklung erfolgt. In einem ersten Schritt wird anhand von Kennzahlen zunächst die Hochschullandschaft der Länder in ihren quantitativen Dimensionen vergleichend skizziert. In einem zweiten Kapitel geht es darum, das über die diversen Landeshochschulgesetze implementierte neue Steuerungssystem der Hochschulen sowie die dazu gehörenden zentralen Steuerungsinstrumente darzustellen. Schließlich soll in einem dritten Kapitel auf den „Bologna-Prozess" eingegangen werden, dessen Durch- und Umsetzung seit Jahren die hochschulpolitischen Debatten in besonders kontroverser Weise bestimmt.

10.2.1 Die Hochschullandschaft der Länder – ein quantitativer Überblick

Unter Einschluss aller Hochschularten in öffentlicher, privater oder kirchlicher Trägerschaft gab es 2009/2010 *in Deutschland insgesamt 410 Hochschulen* (Statistisches Bundesamt 2010a: 5). Sie gliedern sich in Universitäten, Pädagogische Hochschulen, Theologische Hochschulen, Kunsthochschulen, Fachhochschulen und Verwaltungshochschulen. Mit Abstand die größte Gruppe bilden die 105 Universitäten sowie die 203 Fachhochschulen. Fast die Hälfte all dieser Hochschulen sind allein in drei Bundesländern angesiedelt, die auch von der Bevölkerungszahl her die größten Flächenstaaten sind: Spitzenreiter ist hier Baden-Württemberg mit 68 Hochschulen (darunter 14 Universitäten und 36 Fachhochschulen), gefolgt von Nordrhein-Westfalen mit 67 (16/34) und Bayern mit 49 Hochschulen (12/25). Eine zweite Gruppe mit einem Angebot zwischen 20 und 30 Hochschulen bilden Berlin mit 34 (10/20), Hessen mit 31 (7/13), Sachsen mit 26 (7/11) und Niedersachsen mit 26 (11/11) Hochschulen. Auf knapp über 10 Hochschulen kommen in einer vierten Gruppe mit jeweils 13 Hochschulen Brandenburg (3/8), Schleswig-Holstein (3/7) und Thüringen (4/7) sowie Sachsen-Anhalt, das 11 Hochschulen (2/5) aufweist. Schlusslichter bilden Mecklenburg- Vorpommern mit 8 (2/4), Bremen mit 7 (2/3) und das Saarland mit 6 Hochschulen (1/3).

An den Hochschulen in Deutschland waren 2009/2010 insgesamt 2,1 Mio. *Studierende* eingeschrieben. Davon entfielen allein 66% auf die Universitäten und 30,4% auf die Fachhochschulen. Die Studierenden verteilen sich analog zur Größe der Hochschulsysteme, doch gibt es teilweise erhebliche regionale Abweichungen. Spitzenreiter unter den Ländern ist hier Nordrhein-Westfalen, das mit 24% nahezu ein Viertel aller Studierenden aufnimmt, gefolgt von den beiden anderen großen Flächenstaaten Baden-Württemberg mit 13,1% und Bayern mit 12,9%. Eine mittlere Gruppe bilden Hessen mit 8,7%, Niedersachsen mit 6,8%, die Hauptstadt Berlin mit immerhin 6,6%, Rheinland-Pfalz mit 5,2% und Sachsen mit 5,1% aller Studierenden. Die wenigsten finden sich in einer dritten Gruppe, der Hamburg mit 3,6%, Sachsen-Anhalt und Thüringen mit 2,5%, Brandenburg mit 2,3%, Mecklenburg-Vorpommern mit 1,8%, Bremen mit 1,4% und das Saarland mit lediglich 1% zuzurechnen sind.

Zwischen den Hochschulstandorten der einzelnen Bundesländer finden Wanderungsbewegungen (bezogen auf den Ort des Erwerbs der Hochschulzugangsberechtigung) der Studierenden statt. Der *Wanderungssaldo*, der das Mengenverhältnis von zu- und abwandernden Studierenden zum Ausdruck bringt, ist ein wichtiger Indikator für die *überregionale Attraktivität* eines Hochschulstandorts. Er zeigt zudem, in welchem Ausmaß bestimmte Länder für Studierende, die ihre Hochschulreife in anderen Ländern erworben haben, überregionale Bildungsleistungen erbringen. Ferner geben sie Aufschluss darüber, ob die Einführung von Studiengebühren zu entsprechenden Fluchtbewegungen führt. Wenig erstaunlich ist zunächst die Erkenntnis, dass vor allem die drei Stadtstaaten, die als große Städte eine besondere Anziehungskraft ausüben, einen hohen positiven Wanderungssaldo aufweisen. Im Zeitraum 2008/2009 betrug der „Importüberschuss" (bezogen auf die Zahl der Studierenden eines Landes) in Bremen 29,4%, in Hamburg 26,3% und in Berlin 17,7%. Mittlere Wanderungsgewinne verbuchten Rheinland-Pfalz (8,1%), deutlich geringere Sachsen (3,2%), Nordrhein-Westfalen(2,9%), Hessen (2,2%) sowie Bayern (1,5%). Besonders massive

Wanderungsverluste verzeichneten dagegen Brandenburg (–31,9%), das Saarland (–24,6%) und Niedersachsen (–22%), recht hohe auch Thüringen (-17,7%), Schleswig-Holstein (-17,2%) und Sachsen-Anhalt (-16,4%). Eher moderate Wanderungsverlierer waren schließlich Mecklenburg-Vorpommern mit -9,4% und Baden-Württemberg mit -2,1% (Statistisches Bundesamt 2009a: 614f.). Bezogen auf die Frage allgemeiner Studiengebühren ist allerdings weder bei den Studienanfängern noch bei Studierenden ein systematischer Zusammenhang mit dem Mobilitätsverhalten erkennbar. So gehören bei beiden studentischen Gruppen im Zeitraum 2005-2008 sowohl Länder mit wie auch ohne Studiengebühren gleichermaßen zu Wanderungsgewinnern wie zu Wanderungsverlierern (Statistisches Bundesamt 2010 b: 29ff).

Ein Indikator, der ebenfalls über die Attraktivität, aber auch über die Studienqualität einer Hochschule aussagekräftig ist, bildet die *Betreuungsrelation*, die sich im zahlenmäßigen Verhältnis der Studierenden zum wissenschaftlichen und künstlerischen Personal ausdrückt(Bundesamt für Statistik 2010c: 29). In den Universitäten (ohne Humanmedizin) lag der Bundesdurchschnitt bei 17,9 Studierenden pro betreuender Lehrperson. Hier verfügten Baden-Württemberg und Bayern (jeweils 14,7), das Saarland (15,2) und Thüringen (15,3) über die besten Betreuungsrelationen. Relativ ungünstig waren dagegen die entsprechenden Werte in Brandenburg (21,0), Nordrhein-Westfalen und in Rheinland-Pfalz (23,2). Bei den Fachhochschulen dominierte bei einem Bundesdurchschnitt von 25,3 Studierenden ebenfalls Baden-Württemberg, wo auf eine Lehrkraft nur 19,5 Studierende kamen. Hier kamen Niedersachsen (21,1) und Bayern (23,3) auf die nächsten Plätze. Am ungünstigsten schnitten Hamburg (29,9), Bremen (32,7) sowie Schleswig-Holstein ab, wo 34,8 Studierende sich eine betreuende Lehrkraft teilen mussten.

Darüber hinaus ist auch der Anteil ausländischer Studierender, die ihre Hochschulreife außerhalb Deutschlands erworben haben, in doppelter Weise ein wichtiger Indikator. Er steht gleichermaßen für die überregionale Attraktivität wie für die *Internationalisierung* der deutschen Hochschulstandorte. Seit 2000 ist hier ein deutlich steigender Trend zu verzeichnen. 2008/2009 studierten in Deutschland insgesamt 178 400 *Bildungsausländer*, das waren insgesamt 9,1% aller eingeschriebenen Studierenden. Die stärkste Anziehungskraft übten Bremen (13,2%), das Saarland und Berlin (jeweils 12,6%) aus, mit Abstrichen folgten hier Baden-Württemberg (10,1%) und Brandenburg (9,7%). Leicht unterdurchschnittlich war dagegen die Attraktivität der Hochschulen in Hessen, Rheinland-Pfalz, Niedersachsen, Sachsen, Hamburg, Nordrhein-Westfalen, Bayern und Sachsen-Anhalt, wobei die Spanne von 8,8% in Hessen bis 7,7% in Sachsen-Anhalt reichte. Deutlich abgeschlagen rangierten auf den letzten Plätzen Schleswig-Holstein (6,0%), Thüringen (5,9%) und Mecklenburg-Vorpommern, das mit 5,2% den niedrigsten Anteil aufwies (ebda: 32).

Vor dem Hintergrund eines wachsenden Bedarfs an hochqualifizierten Arbeitskräften gilt seit längerem eine steigende Studienanfängerzahl in Deutschland als ein vorrangiges hochschulpolitisches Ziel. Sie ist im internationalen Vergleich recht niedrig, zumal sie sich in anderen wichtigen Industrieländern im letzten Jahrzehnt vergleichsweise dynamischer entwickelt hat.[113] Bei einem innerdeutschen Vergleich kann nach dem Land des Erwerbs der Hochschulzugangsberechtigung differenziert werden. Einbezogen werden hier lediglich die Studienanfänger (ohne Ausländer), die im jeweiligen Land den zum Studium berechtigenden Schulabschluss erworben haben. Der gewählte Studienort bleibt bei dieser Betrachtung somit ohne Belang, obwohl nur 56% der Studierenden in dem Land das Studium aufnehmen, in dem sie ihre Hochschulzugangsberechtigung erworben haben. Für das Studienjahr 2008 betrug die *Studienanfängerquote* auf dieser Basis bundesweit 34,1%, wobei sich jedoch zwischen den Ländern teilweise erhebliche Unterschiede ergaben (Statistisches Bundesamt 2009a: 122f.). Sie sind vor allem auf die unterschiedlich hohen *Studienberechtigungsquoten*, die in den Ländern erzielt werden und das Ausmaß der regionalspezifischen Ausschöpfung dieses Potenzials zurückzuführen. Die mit Abstand höchste Studienanfängerquote erreichte Hessen mit 39,2%. Über dem Durchschnitt lagen ferner das Saarland (37,7%), Baden-Württemberg (37,6%), Nordrhein-Westfalen (35,9%), Bremen (35,8%), Berlin (35,3%) und knapp auch Rheinland-Pfalz (34,4%) und Hamburg 34,2%. Bis auf Rheinland-Pfalz wiesen all diese Länder auch überdurchschnittlich hohe Studienberechtigungsquoten auf. Alle anderen Länder kamen hier auf unterdurchschnittliche Werte, die sich in entsprechenden ungünstigen Studienanfängerquoten fortsetzten. Schlusslicht war hier Sachsen mit einer Studienanfängerquote von lediglich 29,7%. Zu dieser Gruppe gehörten auch Schleswig-Holstein (32,9%), Bayern (30,9%), Brandenburg (31,2%), Niedersachsen (31,4%), Mecklenburg-Vorpommern[114] (32,1%) sowie Sachsen-Anhalt (32,9%).

Vor dem Hintergrund der zunehmenden Ressourcenverknappung gewinnt für die Politik auch die Gewährleistung der *Effektivität des Studiums* eine wachsende Bedeutung. Indikatoren wie hochschul- und fachbezogene Erfolgsquoten, die Häufigkeit des Studienabbruchs und die Studiendauer sind hier von besonde-

---

[113] Der OECD-Durchschnitt lag 2007 bei 56%, doch sind Vergleiche nur begrenzt möglich, da in den OECD-Staaten die Berufsausbildung überwiegend im Hochschul- in Deutschland jedoch im Dualen System angesiedelt ist. Vor diesem Hintergrund hatte der Wissenschaftsrat im Jahre 2006 als Zielmarke eine Studienanfängerquote von 40% der altersspezifischen Bevölkerung vorgegeben. Sie ist seitdem im Bundesdurchschnitt von 35% auf 43% (mit Ausländern) im Jahre 2009 deutlich gestiegen.

[114] Der niedrige Anteil Mecklenburg-Vorpommerns ist umso bedenklicher als dort aufgrund der Umstellung auf G8 im Jahre 2008 ein doppelter Abiturientenjahrgang aus der Schule entlassen wurde.

rer Aussagekraft. Die *Erfolgsquote* bemisst den Anteil der Absolventen, die ihr Studium innerhalb eines definierten Zeitraums erfolgreich abgeschlossen haben. Berücksichtigt werden hier sowohl Studierende, die an dieser Hochschule ihr Studium aufgenommen haben als auch Hochschulwechsler mit Erstabschluss. Bundesweit haben im Prüfungsjahr 2008 insgesamt 72,5% aller Studierenden eines Erststudiums (Studienbeginn 1999) ihr Studium erfolgreich abgeschlossen, die *Studienabbrecherquote* war so mit 27,5% beachtlich hoch (Statistisches Bundesamt 2010c, 16f.).[115] Ein Blick auf die Länder zeigt auch hier erhebliche Unterschiede. Die höchste Erfolgsquote und damit die niedrigste Studienabbrecherquote weist Berlin mit 82,4% auf, gefolgt von Niedersachsen (79,7%), Baden-Württemberg (79,6%), Bayern (75,1%), Schleswig-Holstein (74,6%) und Thüringen (74,4%). Moderat unter dem Bundesdurchschnitt blieben Brandenburg (71,3%), Sachsen (71,1%) und mit Abstrichen auch Bremen (69,9%) und Sachsen-Anhalt (69,8%). Hessen (67,7%), Hamburg (65,4%), Mecklenburg-Vorpommern (65,2%), Nordrhein-Westfalen (64,7%) und vor allem das Saarland (63,7%) verzeichneten besonders niedrige Erfolgsquoten.[116] Hochschulpolitische Aufmerksamkeit findet ferner der Anteil, den die Länder bei den *Hochschulabschlüssen in den naturwissenschaftlich-mathematisch-technischen Fächern* erzielen. Seit Jahren wird seitens der Politik und der Wirtschaft mit Blick auf die Bedürfnisse des Arbeitsmarktes in diesem Fächerbereich eine deutliche Erhöhung der Absolventenzahlen eingefordert. Im Jahre 2007 erwiesen sich hier vor allem Baden-Württemberg (35,4%), Bremen (33,6%) und Sachsen (32,7%) als naturwissenschaftlich-technische Hochburgen, während Hamburg (23,2%) und Rheinland-Pfalz (22,2%) hier weit unterdurchschnittlich abschnitten (Statistisches Bundesamt 2009b: 21). Auch bei der *Studiendauer*, die primär von der Art des erworbenen Abschlusses abhängt, gibt es teilweise erhebliche Länderunterschiede. Betrachtet man nur die Universitäten, die erheblich längere Studienzeiten aufweisen als die Fachhochschulen, so lagen diese in neun

---

[115] Sie wird insbesondere beeinflusst durch Leistungsaspekte, Motivationsprobleme, finanzielle Probleme, die Studienbedingungen und die Studienorganisation. Insbesondere gab es Unterschiede nach Hochschultypen und Fächergruppen. So lag die Erfolgsquote an den Fachhochschulen (80%) deutlich höher als an den Universitäten (68%). Ferner waren die Erfolgsquoten in den zulassungsbeschränkten Fächern deutlich höher als in den frei zugänglichen Fächergruppen der Sprach- und Kulturwissenschaften sowie der Fächergruppe Mathematik/Naturwissenschaften, wo etwa ein Drittel ohne Abschluss blieb.

[116] Ein partiell etwas anderer Befund ergibt sich, wenn man nur die *Studierenden mit allgemeiner Hochschulreife betrachtet, die an einem Gymnasium* (62% aller Studienanfänger) erworben wurde. Über drei Jahrgänge (Studienbeginn 1997-1999) hinweg zeigte sich, dass im Prüfungsjahr 2007 die Abiturienten aus Bayern, Baden-Württemberg, Niedersachsen, Rheinland-Pfalz und dem Saarland relativ hohe Erfolgsquoten erzielten, während etwa Studierende mit einer HZG aus Hamburg, Nordrhein-Westfalen und Bremen deutlich weniger erfolgreich waren (Statistisches Bundesamt 2009b: 16).

ausgewiesenen Fächern im Jahre 2003 durchgängig nur in Bayern und Sachsen unter dem jeweiligen Bundesdurchschnitt, während sie in 7 Fächern in Hamburg, Nordrhein-Westfalen und in sechs Fächern in Berlin mehr oder minder überdurchschnittlich lang waren[117].

In der hochschulpolitischen Diskussion wird seit Jahrzehnten stets Klage über die chronische Unterfinanzierung der Hochschulen durch die öffentlichen Haushalte geführt. Im Zeitraum von 1995 bis 2008 haben die Länder im Bundesdurchschnitt die *laufenden Grundmittel*[118] *für die Hochschulfinanzierung* lediglich um insgesamt mäßige 18,5% aufgestockt (Statistisches Bundesamt 2010d: 16f.). Die höchste Zuwachsrate hatte Bremen mit 71,6% zu verzeichnen, gefolgt von Niedersachsen mit 59,4% und Niedersachsen mit 49,4%. Überdurchschnittlich waren die Zuwächse auch in Hessen (32,7%), in Mecklenburg-Vorpommern (29,5%), Brandenburg (27%), Nordrhein-Westfalen (26,2%), Thüringen (23%) und Bayern (19,7%). Deutlich geringer fielen diese allerdings in Baden-Württemberg (15%), Hamburg (12,2%) und Schleswig-Holstein (11,4%) aus. Einige Länder haben sogar Kürzungen vorgenommen. So reduzierte Sachsen seine Ausgaben um 3,9%, das Saarland um 20,7%, Berlin sogar um 24%.

Je nach verwendetem Indikator gelangt man beim Ländervergleich zu höchst unterschiedlichen Ergebnissen. Hier fallen die jeweiligen Unterschiede in der Fächerstruktur, den Studienbedingungen oder auch standortbedingte Kostenfaktoren ins Gewicht. Entsprechend variieren zwischen den Ländern auch die laufenden Ausgaben *je Studierenden*[119] (Statistisches Bundesamt 2009c: 50ff.). Im Erhebungsjahr 2007 wurden auf der Basis der nationalen Kennzahlen im Bundesdurchschnitt je Studierenden 5990 Euro ausgeben. Unter den Ländern erzielte Niedersachsen einen Spitzenwert von 7630 Euro. Über dem Schnitt lagen Hessen (6780 Euro), Mecklenburg-Vorpommern (6760 Euro), Sachsen-Anhalt (6370 Euro), Baden-Württemberg (6350 Euro), Berlin (6240 Euro), Thüringen (6200 Euro), Sachsen (6050 Euro) und Bremen (6010 Euro). Unterdurchschnittliche Ausgaben tätigten dagegen Bayern (5959 Euro), das Saarland (5360 Euro), Nordrhein-Westfalen (5330 Euro), Brandenburg (5300 Euro), Rheinland-Pfalz (5130 Euro) sowie Schleswig-Holstein, das lediglich 4930 Euro pro Studierenden aufwandte.

Eine ähnlich große Bandbreite, doch eine teilweise andere Rangfolge ergibt sich, wenn man die laufenden Ausgaben für Forschung und Lehre *je Professor/Professorin* nach Ländern vergleicht (ebda: 73ff.). Bezogen auf alle Hoch-

---

[117] http://www.bildungsbericht.de/daten/f3.xls
[118] Darunter fallen die laufenden Grundmittel nach Abzug der Verwaltungseinnahmen und der Drittmittel aller Hochschulen. Die Berechnung erfolgt durch das Statistische Bundesamt auf der Grundlage Nationaler Kennzahlen.
[119] Ohne die besonders kostenintensiven Medizinischen Einrichtungen und Gesundheitswissenschaften.

schulen lag der Bundesdurchschnitt (2007) bei 385 790 Euro. Die höchsten Zuschüsse leisteten sich Nordrhein-Westfalen mit 435 360, Niedersachsen mit 428 910 und Schleswig-Holstein mit 409 190 Euro. Knapp über dem Durchschnitt lagen jeweils nur Bayern und Berlin, knapp darunter Rheinland-Pfalz, Sachsen-Anhalt, Hessen, Baden-Württemberg, das Saarland sowie Hamburg. Ganz unten rangierten Sachsen (341 190), Thüringen (340 210), Bremen (303 140) sowie Brandenburg, das mit 299 090 Euro das Schlusslicht bildete.

Wichtige Indikatoren für den finanziellen Einsatz eines Landes bilden schließlich auch die Hochschulausgaben eines Landes pro Einwohner sowie der jeweilige Anteil am Bruttoinlandsprodukt (ebda: 17f.). Auf der Basis der Internationalen Kennzahlen, wie sie von der OECD verwendet werden, gaben die Länder im Jahre 2006 im Durchschnitt 300 Euro *pro Einwohner* für Forschung und Lehre in den Hochschulen aus. Die mit Abstand höchsten Ausgaben leisteten die Stadtstaaten. Spitzenreiter war hier Bremen mit 600 Euro, gefolgt von Berlin mit 500 und Hamburg mit 400 Euro. Im Durchschnitt lagen Baden-Württemberg, Bayern, Hessen, Nordrhein-Westfalen, das Saarland und Sachsen mit jeweils 300 Euro. Weit darunter mit jeweils nur 200 Euro befanden sich Brandenburg, Mecklenburg-Vorpommern, Niedersachsen, Rheinland-Pfalz, Sachsen-Anhalt, Schleswig-Holstein und Thüringen. Eine etwas andere Rangfolge ergibt sich jedoch, wenn man die Ausgaben in *Relation zur Wirtschaftskraft eines Landes (BIP)* setzt. Eine Spitzenposition nahm hier der Stadtstaat Berlin ein, der mit 2,0% doppelt so hoch war wie der Bundesdurchschnitt von 1,0%. Aber auch andere Länder wie Bremen und Sachsen nutzten mit jeweils 1,4% einen überdurchschnittlich hohen Anteil ihrer Wirtschaftskraft zur besseren Ausstattung der Hochschulen. Überdurchschnittlich waren auch die Anstrengungen einiger anderer ostdeutscher Flächenstaaten, darunter Mecklenburg-Vorpommern (1,3%), Thüringen (1,2%) und Sachsen-Anhalt (1,1%). Im Schnitt lag Nordrhein-Westfalen (1,0%), unterdurchschnittliche Werte erzielten dagegen Hamburg, Baden-Württemberg, Hessen, drei wirtschaftlich besonders leistungsfähige Länder mit jeweils nur 0,9%. Diesen Wert erreichten auch Niedersachsen, Rheinland-Pfalz und das Saarland. Am Ende der Rangskala befanden sich drei Länder, darunter Schleswig-Holstein und Brandenburg, aber auch das wirtschaftsstarke Bayern, die jeweils nur 0,8% ihrer Wirtschaftskraft in ihre Hochschulausgaben einfließen ließen.

10.2.2 Neues Steuerungssystem und Hochschulreform

Seit Ende der 1990er Jahre vollzieht sich in Deutschland eine grundlegende Reform der Hochschulen. Während die Reformimpulse der 1960er und 1970er Jahre von den Hochschulen selbst ausgingen, kamen sie diesmal von oben und außen: Von der Politik, der Wirtschaft, der HRK, dem Wissenschaftsrat und dem CHE (Mayer 2008: 601). Neben der Einführung neuer Studieninhalte und Studienstrukturen, die im Rahmen des Bologna-Prozesses erfolgen, geht es um einen nachhaltigen Umbau des traditionellen staatlichen Steuerungssystems.

10.2.2.1 Allgemeine Zielsetzungen der Hochschulreform

Auf der Agenda dieses Umbaus steht die Einführung eines am New Public Management orientierten neuen Steuerungsverfahrens, das sich inzwischen in den Hochschulsystemen aller westlichen Länder etabliert und durchgesetzt hat. Durchweg geht es hierbei zum einen um eine Neubestimmung der Außenbeziehungen der Hochschulen zum Staat und ihrem gesellschaftlichen Umfeld. Zum andern um die Etablierung eines wettbewerblichen Verhältnisses der Hochschulen untereinander sowie um die Umgestaltung der hochschulinternen Binnenstrukturen mit dem Ziel einer unternehmensähnlichen Stärkung der Leitungsstrukturen. Auslösender Faktor sind die immer knapper werdenden finanziellen Mittel, die nach einer Effektivitäts- und Effizienzsteigerung in Lehre und Forschung verlangen, wobei unterstellt wird, dass das bisherige System der akademischen Selbstverwaltung einen Blockadefaktor darstellt. Die angestrebte Leistungsverbesserung soll nun durch den Rückzug des Staates aus der Detailsteuerung und den Einsatz neuer dezentraler Steuerungsinstrumente gewährleistet werden, die bereits auch in anderen Politikbereichen Anwendung finden. Über das Hochschulrahmengesetz von 1998, die sogenannte Deregulierungsnovelle, hatte der Bund für solche Reformbestrebungen bereits einen länderübergreifenden Rahmen gesetzt. Alle Länder haben diesen im letzten Jahrzehnt mehr oder minder mit eigenen landesgesetzlichen Regelungen ausgefüllt. Mit der Föderalismusreform haben sich diese Freiräume zusätzlich erweitert, doch lassen sich angesichts des knappen Zeitrahmens gegenwärtig hier kaum unmittelbare Kompetenzverteilungseffekte zuordnen (Stock u.a. 2009: 26). Deutlich zu konstatieren ist jedoch, dass die Länder bei der Einführung der neuen Steuerungsverfahren mit unterschiedlichem Tempo vorgehen und vergleichsweise hier eher einen zögerlichen oder einen eher offensiven Reformstil praktizieren (Lanzendorf/ Pasternack 2008: 60). Cum grano salis haben unionsdominierte Regierungen in diesem Kontext eher einen offensiven Kurs bei der Einführung der neuen Steuerungsinstrumente verfolgt, während SPD-dominierte Regierungen bei der Entstaatlichung und Dezentralisierung insgesamt eher zögerlicher und vorsichtiger zu Werke gingen (ebda: 60ff). Allerdings handelt es sich dabei eher um Nuancen, da alle Parteien hier einem gleichgerichteten Trend folgen. Generell lassen sich in der Hochschulpolitik heute konservative, chancenausgleichende und marktliberale Strömungen quer durch alle Regierungsparteien finden, Unter-

schiede reduzieren sich eher auf Akzentuierungen im Detail. In diesem konsens-
orientierten Kontext von Hochschulpolitik haben die Länder eine Reihe von
Handlungsfeldern in den Fokus ihrer Reformbemühungen gerückt, die sich wie
folgt zusammenfassen lassen:

- Die Hochschulen erhalten eine erweiterte institutionelle Autonomie und damit größere Gestaltungsspielräume im operativen Bereich. Dazu gehört unter anderem eine größere Ressourcenverantwortung durch Globalhaushalte,
  welche die bisher übliche Input-Steuerung durch enge kameralistische Vorgaben und hoheitliche Detaileingriffe schrittweise ersetzen soll. Ein bestimmter Teil der öffentlichen Mittel wird den Hochschulen auf der Basis
  von Indikatoren leistungsorientiert zugewiesen. Hinsichtlich des Mittelein-
  satzes unterwerfen sich die Hochschulen im Gegenzug neuen Mechanismen
  der Rechenschaftslegung und der Ergebniskontrolle. Darüber hinaus binden
  sie sich in Form eines Kontraktmanagements durch Zielvereinbarungen und
  sonstige vertragsförmige Vereinbarungen an die übergreifenden landespla-
  nerisch-strategischen Entwicklungsprioritäten der jeweiligen Landesverwaltungen.
- Mehr eigenverantwortliche Freiräume erhalten die Hochschulen auch durch
  Entscheidungsmöglichkeiten im Personalbereich sowie durch eine Reduktion
  der Fachaufsichtsgegenstände. So ist z. B. in der Mehrzahl der Länder das
  Berufungsrecht für Professoren inzwischen vom Fachministerium auf die
  Hochschulen übergegangen, vereinzelt kam es auch zu einer Lockerung der
  nach wie vor verbindlichen staatlichen Stellenpläne. In einigen Ländern
  wurde bereits auch die Dienstherreneigenschaft für Angestellte und Beamte
  an die Hochschulen übertragen, die somit zu Dienstherren und Arbeitgebern
  des Hochschulpersonals wurden. Entfallen sind weithin auch traditionelle
  ministerielle Genehmigungsvorbehalte, etwa bei Prüfungs- oder Studienordnungen, während die Zertifizierung der neuen gestuften Studiengänge von
  den Ländern an ein halbstaatliches Akkreditierungssystem abgetreten wurde.
- Die institutionelle Autonomie wird in einigen Ländern zudem durch eine
  Überführung der Hochschulen in eine neue Rechtsform verstärkt. Hochschulen können so wie bisher als öffentlich-rechtliche Körperschaften zugleich staatliche Einrichtungen bleiben oder wie in Nordrhein-Westfalen in
  rechtsfähige Körperschaften des öffentlichen Rechts unter Beibehaltung der
  staatlichen Trägerschaft umgewandelt werden. Darüber hinaus können in
  einigen Ländern die staatlichen Hochschulen auf eigenen Antrag auch den
  Status einer nichtstaatlichen Stiftungshochschule erhalten. In diesem ent-
  staatlichten Modell bleibt die Hochschule zwar Teil der mittelbaren Staatsverwaltung und erhält weiterhin eine staatliche Grundfinanzierung. Die

Fachaufsicht wird jedoch weitgehend auf eine Rechtsaufsicht beschränkt, zudem erhält die Hochschule die Dienstherrenfähigkeit sowie das Recht zum Abschluss von Tarifverträgen.[120]

- Zur Logik des neuen Steuerungssystems gehört ferner, dass die Hochschulen untereinander in einen verstärkten Wettbewerb um Studierende und Drittmittel treten sollen. Verstärkte Profilbildung und Außendarstellung sollen dazu dienen, interne Leistungsreserven zu mobilisieren und eine Konkurrenzintensivierung nach innen und außen zu erzeugen. In diesem Kontext stellt die leistungsorientierte Mittelverteilung ein wichtiges Steuerungsinstrument dar. Schließlich dient auch die von einigen Ländern forcierte Einführung von Studiengebühren dazu, die Finanzierung der Hochschulen vom Staat hin zu den Hochschulen selbst zu verschieben.[121] Diese können auf diesem Weg nicht unerhebliche Einkünfte generieren und so den Hochschulen ein Mehr an Unabhängigkeit und Autonomie bei der Verfügung über finanzielle Mittel verschaffen.[122]

- Im Binnenverhältnis der Hochschulen kommt es zu einer einschneidenden Reorganisierung der Leitungsstrukturen und der Hochschulorgane. Angestrebt werden unternehmerisch agierende Hochschulleitungen, die über professionelle und strategische Managementkompetenzen verfügen. Die Kompetenzen und Verantwortungsbereiche der Hochschulleitungen (Rektorate) und der Fachbereiche (Dekanate) werden deshalb in allen Ländern deutlich erweitert, die Amtszeiten der exekutiven Amtsträger im Sinne von Professi-

---

[120] Vorreiter war hier Niedersachsen, wo bereits 2003 einige Hochschulen auf eigenen Wunsch das Stiftungsmodell übernahmen. Zuletzt wurden die Universitäten in Frankfurt/Main und in Frankfurt/ Oder (jeweils 2008) in eine rechtsfähige Stiftung des öffentlichen Rechts umgewandelt.

[121] Die umstrittenen Studiengebühren für ein Erststudium hatten – mit variierender Beitragshöhe – bis zum WS 2007/2008 folgende unionsregierte Länder eingeführt: Baden-Württemberg, Bayern, Hessen (zum WS 2008/2009 wieder abgeschafft), Hamburg, Niedersachsen, Nordrhein-Westfalen und das Saarland. Alle neuen Bundesländer, auch die unionsregierten, hatten auf die Einführung allgemeiner Studiengebühren verzichtet, nicht zuletzt um mögliche Standortnachteile zu vermeiden. Alle SPD-geführten Regierungen hatten geschlossen deren Einführung abgelehnt. Auch Schleswig-Holstein, das von einer Großen Koalition regiert wurde, hatte davon Abstand genommen, um den Koalitionsfrieden nicht aufs Spiel zu setzen.

[122] Im Jahre 2007 machten die Ausgaben der Länder für die Hochschulen in staatlicher Trägerschaft, die aus Studienbeiträgen (allgemeine Studiengebühren für das Erststudium, Studiengebühren für das Zweitstudium und für Langzeitstudierende, Prüfungs- und Rückmeldegebühren)- finanziert wurden, im Bundesdurchschnitt 4,2% der gesamten Ausgaben aus. Deutlich höher waren die Prozentanteile in jenen Ländern, die bereits zum Sommersemester 2007 Studiengebühren eingeführt hatten: In Hamburg waren dies 8,6%, in Baden-Württemberg 7,3%, in Nordrhein-Westfalen 7,0% und in Niedersachsen 5,6%. Nur Bayern, wo ebenfalls Studiengebühren eingeführt wurden, lag mit 3,1% unter dem Bundesdurchschnitt. Die mit Abstand niedrigsten Anteile wiesen Sachsen und Schleswig-Holstein (beides Länder ohne Studiengebühren) mit jeweils nur 0,1% auf (Quelle: Statistisches Bundesamt, Hochschulstandort Deutschland 2009, S. 33).

onalität verlängert. Im Gegenzug werden dafür die Kompetenzen der klassischen Selbstverwaltungsgremien der Gruppenhochschule (Senate) in nicht unerheblichem Umfang geschwächt. Als wichtigstes neues Steuerungsinstrument fungieren künftig die auch mit externen Mitgliedern besetzten Hochschulräte, die nach dem Vorbild eines Aufsichtsrates beratend, kontrollierend und entscheidend tätig werden, jedoch je nach Bundesland mit einer unterschiedlichen Machtfülle ausgestattet sind.

Im Folgenden sollen einige der wichtigsten Steuerungselemente hinsichtlich ihrer konkreten Umsetzung in den Ländern noch etwas näher dargestellt werden: Das Kontraktmanagement, die indikatorengestützte Mittelverteilung, die Einrichtung von Hochschulräten sowie spezifische Trends bei der Personalentwicklung. Dabei soll es auch darum gehen, Gemeinsamkeiten und Unterschiede des Vorgehens innerhalb des föderalen Systems, soweit dies angezeigt und möglich ist, zu verdeutlichen.

10.2.2.2 Elemente des Kontraktmanagements

Als erstes Steuerungsinstrument soll zunächst das *Kontraktmanagement* betrachtet werden (König 2009: 29ff.). Darunter fallen unterschiedliche „vertragsförmige Vereinbarungen", die zwischen dem Fachministerium eines Landes und den jeweiligen Hochschulen abgeschlossen werden. Für sie gibt es in den Ländern trotz vieler Analogien auch ganz unterschiedliche Begrifflichkeiten, wobei die Bezeichnungen *Hochschulpakte, Hochschulverträge* und *Zielvereinbarungen* am geläufigsten sind.[123] Sie existieren heute in allen Bundesländern, wobei Baden-Württemberg mit der Unterzeichnung eines sogenannten Solidarpaktes 1997 den Anfang machte. Er sicherte den Universitäten des Landes ein für 10 Jahre festgelegtes Budget und damit Planungssicherheit, forderte ihnen im Gegenzug aber auch Einsparungen in Höhe von 10% der Gesamtausgaben ab. Seitdem setzte sich das System des Kontraktmanagements in rascher Folge bundesweit durch. Zu den rein finanziellen Regelungen, die anfänglich im Vordergrund standen, kamen zunehmend präzise inhaltliche Ziele hinzu, die in allgemeiner Form bereits in die meisten Landeshochschulgesetze Eingang gefunden haben. Die inhaltliche Palette umfasst beispielsweise Ziele wie die Verkürzung der Studienzeiten, die Verpflichtung zur Einführung gestufter Studiengänge, Aspekte der

---

[123] Als weitere Bezeichnungen firmieren Innovationsbündnis, Solidar-, Zukunfts-, Innovations- und Qualitätspakte sowie Rahmen- und Entwicklungsvereinbarungen. Im Jahrzehnt zwischen 1997 und 2007 wurden bundesweit insgesamt über 320 solcher Vereinbarungen abgeschlossen. Heute kann mancherorts schon von der dritten und vierten Generation von Verträgen gesprochen werden (König 2009: 29).

Qualitätssicherung in Forschung und Lehre, die Förderung der Gleichstellung von Männern und Frauen, den Aufbau regionaler oder überregionaler Verbundsstrukturen oder bestimmte Vorgaben für die Schwerpunktbildung oder die Profilsetzung.

Innerhalb des Gesamtspektrums dieser vertragsförmigen Vereinbarungen können im Wesentlichen zwei Muster unterschieden werden (ebda: 31). Im ersten Fall werden zwischen der Landesregierung und allen Hochschulen mehrjährig laufende Vereinbarungen in Form von landesweiten Pakten oder Verträgen abgeschlossen. Sie regeln für alle Hochschulen auf gleiche Weise insbesondere die allgemeine Finanzausstattung der Hochschulen, schreiben teilweise aber auch inhaltliche Ziele fest. Solche Pakte gibt es in Baden-Württemberg, Bayern, Brandenburg, Bremen, Hessen, Niedersachsen, Nordrhein-Westfalen, Sachsen und Thüringen. Sie werden durchweg ergänzt durch Zielvereinbarungen zwischen dem Ministerium und der einzelnen Hochschule zu spezifischen Entwicklungszielen. Diese sind in aller Regel nach einem landesweit ähnlichen Muster abgefasst und werden zeitgleich abgeschlossen. Eine Ausnahme bildet hier Baden-Württemberg, wo diese Zielvereinbarungen lediglich bedarfsorientiert erfolgen und auf spezifische oder strategische Ziele der jeweiligen Hochschule ausgerichtet sind. Das zweite Muster besteht darin, dass das Ministerium jeweils mit den einzelnen Hochschulen Einzelverträge mit Zielvereinbarungscharakter abschließt. Er enthält in einem ersten hochschulübergreifenden Teil allgemeine Ziele, in einem zweiten hochschulspezifischen Teil werden dagegen jeweils unterschiedliche Ziele und Leistungen festgeschrieben. Diese kombinierte Verfahrensweise wird in Berlin, Hamburg, Sachsen-Anhalt, Mecklenburg-Vorpommern, Rheinland-Pfalz, dem Saarland und Schleswig-Holstein praktiziert.

Angesichts dieser föderal bedingten Unterschiede im Detail ist es beachtlich, dass sich recht ähnliche Formen der Hochschulsteuerung durch ein Kontraktmanagement durchgesetzt haben. Die Initiative zur Einführung und zur Ausgestaltung der Instrumente ging zumeist von der Politik und der Verwaltung aus. Sie sehen ihre Aufgabe darin, die erwarteten Leistungen möglichst genau zu definieren, um auf dieser Grundlage dann die notwendigen Ressourcen bereitzustellen. In den Verhandlungsbeziehungen zwischen Staat und Hochschulen sitzt der Staat jedoch am längeren Hebel, so dass von einem partnerschaftlichen Aushandeln auf gleicher Augenhöhe daher im Allgemeinen nicht die Rede sein kann. Letzteres wird von manchen Hochschulleitungen auch gar nicht gewünscht, da etwa bei unpopulären Einsparungszwängen die Verantwortung nach oben abgeschoben werden kann. Im Endeffekt lassen sich hierarchisch gefällte Entscheidungen innerhalb der Hochschulen zwar leichter durchzusetzen, dafür drohen aber im Gegenzug Motivation und Innovationsfähigkeit auf der Strecke zu bleiben. Insgesamt kommen, was die „Verhandlungskultur" anbetrifft, in den Ländern teilweise recht unterschiedliche Steuerungslogiken zum Tragen. Ein vergleichender Überblick zeigt sich, dass in den Zielvereinbarungsmodellen hierarchische und kooperativ-partnerschaftliche Elemente in unterschiedlichen Mischformen auftreten, es aber Länderunterschiede gibt (ebda: 41f.). Zu den Ländern mit stärker kooperativer Ausrichtung gehören die drei Stadtstaaten sowie Bayern und Sachsen-Anhalt, während das hierarchische Modell in den Flächenländern (bis auf Bayern) vorherrscht. Letzteres dürfte aber weniger politisch-systemische Ursachen haben, vielmehr primär mit der größeren räumlichen und personellen Distanz der beteiligten Verhandlungsakteure zu erklären sein.

10.2.2.3 Die Einführung von Globalhaushalten

Um die Finanzautonomie der Hochschulen zu erweitern haben alle Länder im letzten Jahrzehnt *Globalhaushalte* eingeführt oder erproben diese zumindest in Modellversuchen (Behrens/Leszczensky/Mück/Schwarzenberger 2006: 21ff). Nach wie vor sind aber kameralistische Praktiken noch relativ weit verbreitet, doch setzt sich die Reduktion der Haushaltstitel, deren gegenseitige Deckungsfähigkeit wie auch die überjährige Übertragbarkeit und damit die Rücklagenbildung schrittweise immer mehr durch. Aufgrund der nach wie vor in allen Ländern bestehenden festen Stellenpläne wird jedoch ein Großteil der Finanzen (ca. 80%) durch den Personalbereich gebunden, der sich dem Einfluss der Hochschulen weitgehend entzieht.[124] Die Globalzuweisung von Mitteln, über deren Einsatz die Hochschule selbst entscheiden kann, besteht in der Regel aus einem Grundbudget für die laufenden Aufgaben und einem Leistungsbudget, das sich auf die Erreichung der in den *Einzelvereinbarungen festgelegten Leistungsziele* sowie auf variable Zuschüsse im Rahmen *leistungs- und belastungsorientierter Indikatoren* bezieht. Allerdings ist im Falle der Einzelvereinbarungen die Koppelung von Zielen und tatsächlich erbrachter Leistung in der Praxis zumeist nicht gegeben, so dass die Auszahlung der Mittel faktisch unabhängig von der tatsächlichen Realisierung erfolgt (König 2009: 39f.). Eine reelle Anreizfunktion ist somit nicht gegeben. Das Problem eines unzureichenden Controllings, das sich häufig auch in einem lückenhaften Berichtswesen manifestiert, stellt sich dage-

---

[124] Mittlerweile gibt es Modellversuche zu einer Flexibilisierung der bisher verbindlichen staatlichen Stellenpläne, um im Rahmen der Globalhaushalte eigene Beschäftigungsverhältnisse zu entwickeln und so die stellenbezogenen Ressourcen der Hochschulen optimal zu nutzen. In Brandenburg erlaubt ein solcher im Herbst 2009 gestarteter Modellversuch zwei beteiligten Hochschulen ihre Stellenpläne sowohl in qualitativer Hinsicht (Bewertung der Stellen) als auch unter quantitativen Gesichtspunkten (Anzahl der Stellen) flexibel zu gestalten. Die beiden Hochschulen sind nun für den Versuchszeitraum von vier Jahren nicht an die Zahl und die Wertigkeit der Stellen ihrer Stellenpläne gebunden. Sie können – im Rahmen ihres Globalhaushaltes – abweichend von den Stellenplänen weitere Beschäftigungsverhältnisse im wissenschaftlichen und wissenschaftsunterstützenden Bereich eingehen.

gen weit weniger bei der indikatorengestützten (formelgebundenen) Mittelvergabe, die sich zwischenzeitlich ebenfalls in fast allen Bundesländern etabliert hat. Die wettbewerbliche Anreizfunktion mittels überprüfbarer Kennzahlen steht hier im Vordergrund. Als mögliche Leistungsparameter, die auch in zahlreichen Landeshochschulgesetzen verankert sind, gelten etwa Lehrleistungen wie etwa Absolventenquoten in der Regelstudienzeit, Fortschritte bei der Erfüllung des Gleichstellungsauftrags, bei der Förderung der wissenschaftlichen Nachwuchses, der Internationalisierung oder Erfolge bei der Einwerbung von Drittmitteln. Die Länder sehen zwar sehr unterschiedliche Größenordnungen bei den indikatorengestützten Budgetanteilen vor, doch werden zumeist sog. Kappungsgrenzen als Sicherheitsventile verwendet, um prozentuale Verluste und Gewinne zu begrenzen, so dass sich Leistungszuwächse letztlich finanziell kaum auszahlen. Die leistungsbezogenen Veränderungspotenziale für Gewinne oder Verluste pro Hochchulhaushalt liegen so in den meisten Ländern unter 3%, nur in Niedersachsen liegen sie bei 12% und in Rheinland-Pfalz sogar bei 21% (Leszczensky/ Orr 2004: 48f.).

Die *hochschulinterne Verteilung* der zugewiesenen Mittel folgt im Übrigen weitgehend den Prinzipien, die bei der externen Verteilung durch das Land Anwendung finden. In den meisten Landeshochschulgesetzen wird dies im Rahmen der Aufgabenbeschreibung der verschiedenen Hochschulorgane thematisiert. Zielvereinbarungen werden so immer häufiger zwischen der Hochschulleitung und den jeweiligen Fakultäten/Fachbereichen ausgehandelt und beschlossen und erstrecken sich insbesondere auf den Bereich der Lehre (Jaeger 2009: 57). Geregelt werden etwa Konzeptentwicklungen für bestimmte Studiengänge oder die Erarbeitung von Prüfungsordnungen, mit denen häufig auch geringfügige Mittelzuweisungen z.B. für Veränderungsprojekte verbunden sein können. Auch hier findet allerdings bislang so gut wie keine Überprüfung der Zielerreichung statt. Deutlich weiter entwickelt ist dagegen der Einsatz indikatorgestützter Finanzierungsverfahren in der Budgetierung der Fakultäten, der in den letzten Jahren stark Fuß gefasst hat. Das Hauptgewicht liegt auch hier zumeist auf lehrbezogenen Kennzahlen, wobei die Hochschulen häufig die im landesseitigen Verfahren enthaltenen Kennzahlen auch für die interne Mittelverteilung übernehmen und damit das staatliche Verteilungsmodell auch intern fortsetzen (ebda: 54). Zudem kommen auch auf der fakultätsinternen Ebene vielfach bereits kennzahlengestützte Mittelverteilungsverfahren zum Einsatz, indem etwa Teile der laufenden Sachmittel an Professoren leistungsbezogen weiterverteilt werden, wobei die Fakultäten zusätzlich oft auch eigene lehr- oder wissenschaftsbezogene Leistungskriterien aufstellen. Allerdings bleibt die Wirkung von Zielvereinbarungen und Finanzierungsformeln auf die Leistungssteigerung und die Motivation insgesamt unter den beteiligten hochschulischen Akteuren nach wie vor recht umstritten. Positiv gesehen werden die damit einhergehende Transparenz und Offenlegung von Leistungsdaten und der damit einhergehende Dialog. Akzeptanzprobleme gibt es andrerseits hinsichtlich der Beschränkung auf formelgebundene Kennzahlen, da sie Quantitäten statt Qualität abbilden und teilweise auch als Beschränkung der Freiheit von Forschung und Lehre wahrgenommen werden. Bemängelt wird zudem, dass aufgrund der sehr geringen Mittelvolumina mit beiden Instrumenten keine wirklichen wettbewerblichen Anreizwirkungen oder verhaltenswirksame Effekte initiiert werden können. Künftig wird es daher darauf ankommen, nicht nur höhere Budgetanteile vorzusehen, sondern auch die Eignung der üblichen Kennzahlensysteme zu verbessern und vor allem stärker auch qualitative Aspekte einzubeziehen (ebda: 64).

10.2.2.4 Hochschulräte als neues Steuerungsgremium

Eine herausragende Bedeutung innerhalb des neuen Steuerungsmodells kommt den *Hochschulräten* zu. Nachdem das Hochschulrahmengesetz von 1998 die Freiräume der Länder erweitert hatte, wurden diese unter teilweise unterschiedlichen Bezeichnungen in allen Ländern auf dem Gesetzeswege verpflichtend eingeführt. Lediglich Bremen und Brandenburg gingen hier einen Sonderweg, indem sie für alle Hochschulen gemeinsam einen Landeshochschulrat einrichteten. Von der Politik mit Nachdruck implementiert, sind diese Einrichtungen vor allem in hochschulinternen Kreisen nach wie vor sehr umstritten. Zu den Besonderheiten dieses neuen Steuerungsgremiums zählt vor allem das Faktum, dass seine Mitglieder sich nicht nur aus den Statusgruppen der Hochschulen rekrutieren, hier zu knapp zwei Dritteln aus der Professorenschaft, sondern teilweise oder auch ausschließlich aus hochschulexternen Persönlichkeiten, die aus der Wirtschaft und diversen Bereichen der Gesellschaft stammen. Die jeweiligen Anteile sind in den Ländern unterschiedlich geregelt. Am weitesten verbreitet ist das sogenannte duale Modell, in dem vorgesehen ist, dass auch Interne in den Hochschulräten vertreten sind, wobei bis auf Rheinland-Pfalz – hier gilt eine paritätische Regelung – überall vorgesehen ist, dass die Externen in der Mehrheit sind. Einige wenige Länder (Hessen, Mecklenburg-Vorpommern, das Saarland, Sachsen-Anhalt und Schleswig-Holstein) haben allerdings rein extern besetzte Hochschulräte, wobei diese tendenziell über deutlich weniger Kompetenzen verfügen als jene im dualen Modell (Bogumil/Heinze/Grohs/Gerber 2007: 13).

Die Zielsetzungen, die hinter der Einführung dieses Steuerungsinstruments stehen, sind vielschichtig, sollen aber vor allem dazu dienen die Effektivität und die Effizienz der Hochschulen zu erhöhen. Dabei wird unterstellt, dass die akademischen Selbstverwaltungsgremien wie Senate, Konzile oder Fakultätsräte, die sich aus den unterschiedlichen Statusgruppen zusammensetzen, aufgrund von Legitimations- und Funktionsdefiziten diesen Leistungskriterien nicht gerecht werden können (Gerber/Bogumil/Heinze/Grohs/2009: 99ff.). Unter anderem wird den Gremien Entscheidungsschwäche unterstellt. Diese ergebe sich zwangsläufig aus den gruppenspezifischen Interessengegensätzen und dem unter Professoren dominierenden Kollegialprinzip, das primär konsensorientierte Verhaltensweisen fördere. Vorgehalten wird der Professorenschaft ferner, sich schwerpunktmäßig an den Normen der Scientific Communty zu orientieren. Dies mindere die institutionelle Loyalität zur eigenen Hochschule und begünstige zudem die Vernachlässigung der Praxisrelevanz der Lehre und der Anwendungsorientierung der Forschung. Schließlich seien Wissenschaftler zwar Experten für ihr jeweiliges Fachgebiet, in aller Regel aber für administrative Aufgaben und Leitungsfunktionen nicht qualifiziert, was sich als besonders problematisch erweise, wenn der Staat im Zuge wachsender Deregulierung seine fachaufsichtlichen Eingriffe in die Finanz-, Haushalts-, Wirtschafts- und Personalverwaltung der Hochschulen reduziere.

Diesen Defiziten soll das neue Managementmodell, in dem die Hochschulräte eine Schlüsselstellung einnehmen, entgegenwirken (ebda: 96ff.). In diesem Kontext werden zum einen fachaufsichtliche Kompetenzen, die bislang in der Verantwortung der zuständigen Fachministerien oder der Selbstverwaltungsgremien (Senat, Fakultätsrat) lagen, auf die monokratischen Leitungsorgane innerhalb der Hochschulen (Rektoren, Präsidenten, Dekane) übertragen. Im Interesse einer hierarchischen Selbststeuerung erhalten die exekutiven Stäbe operative Kompetenzen vor allem im Bereich der Haushalts- Wirtschafts- und Personalverwaltung. Zum andern übernehmen gegenüber den so gestärkten Hochschulleitungen die Hochschulräte in gewissem Umfang bisherige staatliche Aufsichts- Kontroll- und Überwachungsfunktionen. In den Landeshochschulgesetzen von Baden-Württemberg, Nordrhein-Westfalen und dem Saarland sind diese auch explizit verankert, wobei in Baden-Württemberg der Hochschulrat sogar Aufsichtsrat heißt. Die starke Stellung des Hochschulrats gegenüber der Hochschulleitung kommt in manchen Ländern auch darin zum Ausdruck, dass die Wahl des Rektorats vom Senat auf den Hochschulrat übergegangen ist (in Baden-Württemberg, Bayern, Hessen, Niedersachsen, Nordrhein-Westfalen, Rheinland-Pfalz, dem Saarland und Thüringen). Diese folgenreiche Kompetenzverlagerung symbolisiert mehr als alles andere die Entmachtung der traditionellen Selbstverwaltung. Daneben erhalten die Hochschulräte häufig beratende Kompetenzen oder das Recht der Stellungnahme, im dualen Modell zumeist auch das Recht der Zustimmung oder der Beschlussfassung in substanziellen Fragen. Mit einer großen und weitreichenden Kompetenzfülle wurden sie durch die Landesgesetzgeber in Baden-Württemberg, Bayern, Berlin, Nordrhein-Westfalen, Rheinland-Pfalz, dem Saarland und Thüringen ausgestattet. In Baden-Württemberg bei-

spielsweise entscheidet der Hochschulrat über die Struktur- und Entwicklungspläne, über den Entwurf des Haushalts- und Wirtschaftsplans sowie über die
Grundsätze für die Mittelvergabe bei Lehre und Forschung nach leistungs- und
belastungsorientierten Kriterien. Daneben verfügt er über ein Zustimmungsrecht
bei Hochschulverträgen, bei der Ausgestaltung von Hochschuleinrichtungen und
bei hochschulübergreifenden Kooperationen oder Unternehmensgründungen.
Vergleichsweise eher schwach ausgeprägt sind die dagegen die Kompetenzen
der Hochschulräte in Hessen, Mecklenburg-Vorpommern, Sachsen-Anhalt und
Schleswig-Holstein. Als „Extremfall" gilt hier Mecklenburg-Vorpommern, wo
der Hochschulrat, der allerdings nur Externe aufweist, auf rein beratende Funktionen beschränkt bleibt.

Indem die mit variierender Machtfülle ausgestatteten Hochschulräte mehr
oder minder strategische Steuerungsfunktionen erhalten, fungieren sie gewissermaßen als staatliches Surrogat. Sie übernehmen dergestalt zwischen Land und
Hochschule eine Mittlerfunktion, sollen zugleich aber deren Unabhängigkeit und
Autonomie stärken und sie vor staatlichen Detaileingriffen durch die Ministerialverwaltung schützen. Durch die gezielte Einbindung externer Mitglieder aus
Wirtschaft und Gesellschaft in die Hochschulsteuerung sollen die Erwartungen
und Interessen dieser Stakeholder eine stärkere Berücksichtigung finden. Erwartet werden etwa eine stärkere Praxis- und Berufsorientierung in Forschung und
Lehre, Anregungen zur Profilbildung oder eine Ökonomisierung des Hochschulbetriebs. Erhofft wird vielfach auch eine bessere Vernetzung mit der regionalen
und überregionalen Wirtschaft, was wiederum den Wissens- und Technologie-
transfer, die Einwerbung von Drittmitteln oder die Gewinnung von Sponsoren
begünstigen könnte. Schließlich erwartet man, dass die Hochschulen auf diesem
Wege von in der Privatwirtschaft vorhandenen Managementkompetenzen profitieren könnten, so dass unternehmerähnliche Leitungskompetenzen und Wettbe-
werbsdenken auch in die internen Führungsstrukturen der Hochschulen eher
Eingang finden könnten.

Da mit der Einrichtung von Hochschulräten gravierende Veränderungen in
den Außen- und Binnenbeziehungen der Hochschulen verbunden sind, gab es
seit Anbeginn auch heftige Kritik. Nach den Erfahrungen eines Jahrzehnts ist
noch keine abschließende Bilanz möglich, zumal die Begleitforschung sich noch
in den Anfängen befindet.[125] Ein zentraler Kritikpunkt bildet die substanzielle
Schwächung der traditionellen Selbstverwaltung, die bewirkte, dass die Kompetenzen der Senate und Fakultätsräte in vielen Fällen auf rein operative Befugnis-

---

[125] Erwähnt sei in diesem Zusammenhang das von 2009-2012 laufende Forschungsprojekt „Neue
Steuerung von Universitäten – Evaluierung von Governance-Reformen des deutschen Universitäts-
systems", das von der Hans-Böckler-Stiftung und dem BMBF gemeinsam gefördert wird (vgl. hierzu
Gerber/Bogumil/Heinze/Grohs 2009: 120).

se in den akademischen Angelegenheiten reduziert wurden. Befürchtet wird häufig auch ein zu starker Fremdeinfluss durch die Externen. Nicht nur wird deren Sachkompetenz zur Mitwirkung an Hochschulentscheidungen angezweifelt, man befürchtet auch eine Okkupierung der Hochschulen durch wirtschaftliche oder gesellschaftliche Partialinteressen. Nicht zuletzt aus verfassungsrechtlicher Sicht werden schließlich auch demokratische Legitimations- und Kontrollverluste ins Feld geführt. So ist es fraglich, ob es mit der aus der grundgesetzlich verbürgten Wissenschaftsfreiheit abgeleiteten Hochschulautonomie vereinbar ist, dass ein überwiegend extern besetzter Hochschulrat über die Wahl oder Abwahl hauptamtlicher Rektoratsmitglieder entscheidet oder auch ansonsten Entscheidungen trifft, die erhebliche Auswirkungen auf die selbstverwalteten Bereiche von Forschung und Lehre haben können. Hinzu kommt das Problem der politischen Verantwortlichkeit, da bei externer Mehrheit im Falle grundlegender Entscheidungen die demokratische Legitimationskette eine folgenreiche Lücke aufweist. In einem konkreten Konfliktfall hätten nämlich weder der jeweilige Landtag noch die jeweilige Landesregierung die Möglichkeit, den Hochschulrat bei umstrittenen hochschulpolitischen Entscheidungen zur Verantwortung zu ziehen oder diese gar aufzuheben, zumal wenn, wie in Nordrhein-Westfalen, das Land nur noch über die allgemeine Rechtsaufsicht verfügt (Coelln/Horst 2009: 175).

10.2.2.5 Aspekte der Personalentwicklung

Ein weiterer Aspekt der staatlichen Deregulierung betrifft die Personalhoheit und *Personalentwicklung* allgemein. Nach wie gilt in den meisten Ländern die Regel, dass der Staat über die *Dienstherreneigenschaft* verfügt und somit auch oberster Diensther und Arbeitgeber ist. Dieses Prinzip wird in jüngster Zeit zunehmend aufgeweicht, entsprechende Kompetenzen werden immer häufiger auf die Hochschulen verlagert.[126] So sind in Nordrhein-Westfalen, in Berlin sowie in den diversen Stiftungshochschulen die Hochschulen nunmehr selbst zum Diensther bzw. Arbeitgeber ihres Personals geworden, womit sie neue personalpolitische Freiräume, die teilweise auch den Vergütungs- und Tarifbereich umfassen, erhalten haben. Daneben gibt es Teilschritte. In Bremen und Hessen ist das Land weiterhin Arbeitgeber, die Befugnisse der obersten Dienstbehörde wurden jedoch den Hochschulen übertragen, während im Saarland der Fachminister zwar oberster Diensther der hauptamtlichen Mitglieder des Universitätspräsidiums bleibt, alle anderen Beschäftigten der Universität dagegen in einem Beamten- oder Beschäftigungsverhältnis zur Universität stehen.

---

[126] Vgl. hierzu die Dokumentation des Instituts für Hochschulforschung Wittenberg (Stand: April 2010). http://www.hof.uni-alle.de/dokumentation/lehrverpflichtungen.htm#Gesetzliche%20 Grundlagen%20%28LHG%29

Auch beim Berufungsverfahren ist ein starker Trend vorhanden, die Hochschulen zum Herrn des Verfahrens zu machen. So ist inzwischen in acht Ländern (Baden-Württemberg, Hamburg, Hessen, Mecklenburg-Vorpommern, Nordrhein-Westfalen, dem Saarland, Sachsen, Schleswig-Holstein und Thüringen) das *Berufungsrecht für Professoren* auf die Hochschulen übergegangen, wobei im Einzelfall das Einvernehmen des Fachministeriums vorliegen muss. In Brandenburg kann das Berufungsrecht durch eine Verordnung des Ministeriums auch der Hochschule übertragen werden, in Rheinland-Pfalz ist dies befristet möglich, in Bayern auf Antrag einer Hochschule probeweise und befristet. Teilweise erhebliche Unterschiede bestehen zwischen den Ländern allerdings hinsichtlich der *Statusregelungen bei Erstberufungen*. Die Bandbreite der Möglichkeiten umfasst eine Berufung in das Angestellten- oder Beamtenverhältnis, wobei eine Berufung auf Zeit, auf Probe oder auch auf Lebenszeit möglich ist, wobei allerdings die in den Landeshochschulgesetzen von Hessen, Schleswig und Thüringen verankerte Regelbefristung erheblichen verfassungsrechtlichen Bedenken begegnet[127].

Nach der Föderalismusreform haben zudem einige Länder ihre Entscheidungskompetenz genutzt und mit dem Ziel einer Aufwertung der von der Politik als defizitär eingeschätzten Lehre eine *Lehrprofessur* als neue Personalkategorie eingeführt. Sie wurde insbesondere vom Wissenschaftsrat propagiert, vom Deutschen Hochschulverband mit dem Hinweis, hier werde ein Zweiklassensystem etabliert und die traditionelle Einheit von Lehre und Forschung aufgegeben, aber entschieden abgelehnt. Professuren mit dem Schwerpunkt Lehre, die es inzwischen in der Hälfte der Länder gibt, beinhalten eine höhere Lehrverpflichtung sowie eine geringere Mittelausstattung für Mitarbeiter und Forschung. Insgesamt verhalten sich die Universitäten, für die dieses Modell primär entwickelt wurde, bislang jedoch recht restriktiv, indem sie bei der Stellenausschreibung nach wie vor an der Einheit von Forschung und Lehre festhalten. Baden-Württemberg hat deshalb 2007 die Ämter des Hochschuldozenten und des Juniordozenten geschaffen, um so über Nachwuchskarrieren indirekt die Umsetzung von Lehrprofessuren voranzutreiben. Parallel fortgeführt wurde, ebenfalls zur Förderung der Karrierechancen von Nachwuchswissenschaftlern, in allen Ländern zudem die Umsetzung der bereits 2002 einführten Personalkategorie der *Juniorprofessuren*. Allerdings bestehen statt der ursprünglich projektierten Anzahl von 6000 heute bundesweit lediglich ca. 800 Stellen. Dies hängt nicht nur mit der ausgesprochen niedrigen W-1 Besoldung, der Konkurrenzsituation durch die beibehaltene Habilitation und den regional- oder fachspezifisch teilweise ungünstigen Status- und Ausstattungsbedingungen zusammen. Von entscheidendem Nachteil ist insbesondere die hohe Planungsunsicherheit der meisten Stellen, die in der Regel auf

---

[127] Vgl. hierzu die tabellarische Übersicht von Ulrike Preißler: Erstberufung auf Zeit oder Probe. Regelungen beim Bund und in den Ländern, in: Forschung & Lehre 12, 2009, 900.

sechs Jahre befristet sind und auch bei erfolgter Bewährung keine Tenure-Track-Option beinhalten. Eine Übernahme in eine unbefristete Professur ohne eine erneute Stellenausschreibung wird nach wie vor in den meisten Fällen nicht in Aussicht gestellt. Zwar haben alle Länder in ihren Landeshochschulgesetzen inzwischen die Möglichkeit dieses internen Aufstiegs eingeführt, wenn auch mit unterschiedlich restriktiven Bedingungen, doch liegt die Entscheidung bei den Hochschulen selbst, die ihre Stellen bislang aus personalpolitischem Eigeninteresse fast durchweg ohne eine Tenure-Track-Option ausschreiben. Letztendlich wird so die Juniorprofessur, auch wenn sie inzwischen als „etabliert" gilt, dennoch häufig als ein perspektivloser Weg in die Sackgasse angesehen, der zudem auch die Abwanderung ins Ausland begünstigt.[128]

Auch im Rahmen der zum Jahresbeginn 2005 bundesweit erfolgten Einführung der *W-Besoldung für Professoren* (W1/W2/W3), haben die Länder neue Gestaltungsspielräume erhalten. Das neue Besoldungssystem, das bereits 2002 durch Bundesgesetz etabliert wurde, zielt auf eine leistungsorientiertere Bezahlung, indem es über ein altersunabhängiges Grundgehalt als Mindestbezugsgröße hinaus flexible Leistungsbezüge für die Besoldungsgruppen W2 und W3 vorsieht. Anlässe hierfür bilden Berufungs- und Bleibeverhandlungen, besondere Leistungen (z.B. in Forschung und Lehre) sowie die Wahrnehmung bestimmter Funktionen in der Leitung oder Selbstverwaltung der Hochschule. Mit der Föderalismusreform ist die Gesetzgebungskompetenz im Besoldungsrecht nun vollständig an die Länder übergegangen. Sie haben inzwischen deutlich gemacht, dass sie alle am System der W-Besoldung festhalten wollen. Allerdings können sie künftig nun eigenständig über Anpassungen bei den Grundgehältern sowie über die Höhe des Vergaberahmens entscheiden, innerhalb dessen den Hochschulen entsprechende Mittel zur Leistungsvergütung zur Verfügung gestellt werden. Bei der Entwicklung der Grundgehälter, die auch im internationalen Vergleich als ausgesprochen niedrig gelten, zeigen sich bereits bedeutende Unterschiede. So zahlt Baden-Württemberg (Stand März 2010) in allen Besoldungsgruppen mit Abstand die höchsten Grundgehälter, während Berlin durchweg die niedrigsten aufweist. Für eine W 3 Professur beispielsweise werden in Berlin 600 Euro weniger bezahlt als in Baden-Württemberg.[129] Für Unmut und

---

[128] Bei der Besoldung der Juniorprofessoren nach W 1 gibt es zudem bislang auch keine Leistungsbezüge. Nach einer Zwischenevaluation wird das Gehalt um eine nicht ruhegeldfähige Zulage von 8% aufgestockt. Nur wenige Bundesländer haben die Einführung der Juniorprofessuren mit zusätzlichen Finanzmitteln flankiert, in der Regel werden die Stellen aus dem laufenden Budget der Hochschulen finanziert, damit auf Kosten anderer Personalkategorien. Zur unbefriedigenden Gesamtsituation vgl. auch den Beitrag von Martin Spiewak: Weder Junior noch Professor, in: DIE ZEIT, 15. Oktober 2009.

[129] In Baden-Württemberg und Berlin werden demnach folgende Grundgehälter bezahlt: W 1- 3847 Euro/ 3405 Euro; W2 -4388 Euro/3890 Euro; W 3- 5320 Euro/4723 Euro). Auch Rheinland-Pfalz schneidet sehr gut ab, eher mäßig dagegen Brandenburg. Bezieht man realistischerweise allerdings die

Kritik sorgten aber auch die höchst bescheidenen Möglichkeiten, die den Hochschulen bei der Ausschöpfung von Leistungsvergütungen zur Verfügung stehen. Nach der bisherigen Praxis erhalten nur etwa 25% aller Universitätsprofessoren überhaupt eine Leistungszulage, zumeist im Rahmen von Berufungs- und Bleibeverhandlungen, sodass die Mehrzahl von ihnen bei der Vergütung weit schlechter gestellt ist als unter der vormaligen C-Besoldung. [130] Nachteilig wirkt sich hier vor allem der ehemals bundesgesetzlich vorgegebene Vergaberahmen aus, innerhalb dessen sich die Personalausgaben und die variablen Leistungsbezüge bewegen müssen. Er bewirkte, dass das Personalbudget der Länder praktisch nach oben gedeckt war. [131] Seit der Föderalismusreform machen die Länder auch hier zunehmend, wenn auch in unterschiedlicher Weise, von ihren Flexibilisierungsmöglichkeiten Gebrauch. Als erstes Land hat Nordrhein-Westfalen Ende 2008 den Vergaberahmen gänzlich abgeschafft. Auch Hessen und Thüringen haben bereits dessen ersatzlose Streichung angekündigt. Dadurch können die Hochschulen eines Landes über das reine Personalbudget hinaus auch Mittel aus ihrem Gesamtbudget einsetzen und nach Bedarf die variablen Gehaltsbestandanteile deutlich erhöhen. Andere Länder wie Baden-Württemberg und Bayern gestatten mittlerweile die Auffüllung des Vergaberahmens durch Drittmittel, wobei diese Maßnahme allerdings an die ausdrückliche Zustimmung des Geldgebers gebunden ist und zudem auch Befristungen enthalten kann.

---

in den Ländern stark abweichende Sonderwendung für das Weihnachtsgeld hinzu, so ergibt sich bei der Mindestjahres-Bruttobesoldung jedoch eine andere Reihenfolge: Klarer Spitzenreiter ist dann in allen Kategorien Bayern, gefolgt von Baden-Württemberg, Hessen und Hamburg. Schlusslicht bleibt Berlin, wo ein W-3 Professor im Jahr 7357 Euro weniger verdient als ein Kollege in Bayern. Vgl. hierzu Ulrike Preißler, Die Besoldung der W-Professoren. Eine Länderübersicht. In: Forschung & Lehre, 8, 2010, S. 583.

[130] Vgl. hierzu den Beitrag von Michael Hartmer, Was verdient ein Universitätsprofessor? Ergebnisse einer empirischen Umfrage, in: Forschung & Lehre, 12, 2009, S. 890-892. Vor allem junge Erstberufene verfügen hier über wenig Verhandlungsvollmacht, so dass beispielsweise ein W-2 Professor unter Umständen weniger verdient als ein älterer Assistent oder Akademischer Rat in der Besoldungsstufe nach A-13. Seit Jahren fordern daher die Standesvertretungen der Professoren im Sinne einer amtsangemessenen Alimentation eine deutliche Anhebung der Grundgehälter.

[131] Im Professorenbesoldungsreformgesetz von 2002 war zur Sicherung der Kostenneutralität im neuen Besoldungssystem „nach oben" wie „nach unten" ein Vergaberahmen festgelegt worden, innerhalb dessen sich die Personalausgaben und die variablen Leistungsbezüge bewegen müssen. Ausgangspunkt waren die durchschnittlichen Pro-Kopf-Ausgaben eines Bundeslandes für die Professoren aus dem Jahr 2001 (sogenannter Besoldungsdurchschnitt), die aus Furcht vor einem Auseinanderdriften des Besoldungsgefüges durch überproportional hohe Leistungsbezüge seitens finanzstärkerer Bundesländer vor allem auch nach oben hin begrenzt waren(vgl. hierzu: Jörg Hohenhaus, W-Besoldung. Entlohnung in der Wissenschaft, in: Wissenschaftsmanagement, 5, 2009, S. 49).

10.2.3 Die Kontroverse um den Bologna-Prozess

Neben der Einführung des neuen Steuerungssystems hat vor allem die mit dem
Bologna-Prozess eingeleitete Studienstrukturreform eine umfassende Umgestaltung des deutschen Hochschulwesens bewirkt. Wie keine andere Reform im
akademischen Bildungswesen seit dem 19. Jahrhundert hat sie innerhalb nur
eines Jahrzehnts die Studienlandschaft radikal verändert. Dieser dynamische
Reformprozess, den die europäischen Bildungsminister angestoßen hatten, wurde
von der Politik durchgesetzt, obwohl er mit weitreichenden Eingriffen in die
Arbeit und das traditionelle Selbstverständnis der deutschen Hochschulen und
der Hochschullehrerschaft verbunden war. Dieser Durchsetzungserfolg ist erstaunlich, zumal große Teile der Professorenschaft aber auch des wissenschaftlichen Nachwuchses dem Reformprozess bis heute mit Ablehnung begegnen und
auch seitens der Hochschulleitungen und der Studierenden häufig kritische Bedenken geäußert werden. Getragen und forciert wird der Prozess hierzulande von
einer ebenso breiten wie mächtigen Allianz hochschulpolitischer Entscheidungsträger. Dazu gehören insbesondere – und dies in einem parteipolitisch übergreifenden Sinne – die Bundesregierung und das BMBF, die Länderregierungen und
die Ressortminister. Diese koordinieren wiederum in der KMK die länderübergreifenden Entscheidungen, dies wiederum in enger Abstimmung mit der HRK
und dem Wissenschaftsrat. Vor diesem Hintergrund liest sich die statistische
Bilanz der flächendeckenden Umstellung auf die Bachelor- und Masterabschlüsse beeindruckend. Im Sommersemester 2010 existierten insgesamt 10.806 Ba-
chelor- und Masterstudiengänge, dies waren immerhin 81% aller Studiengänge
an deutschen Hochschulen, wobei die Umstellung in den Fachhochschulen weiter vorangeschritten ist als in den Universitäten.[132] Zum Wintersemester 2008/
2009 waren zwar erst knapp 43% aller Studierenden in einem neuen Studiengang
eingeschrieben, bei den Erstsemestern betrug dieser Anteil jedoch bereits drei
Viertel (73,8%). Es ist davon auszugehen, dass dieser Trend sich auch in den
kommenden Jahren fortsetzen wird. Deutlich zeigt sich dies in jüngster Zeit in
den Kunst- und Musikhochschulen und auch in der Lehrerbildung haben bis auf
wenige Länder alle anderen die neuen Studienstrukturen eingeführt. Offen ist die
Situation dagegen noch in den Fächern mit Staatsexamen und im Falle der kirchlichen Abschlüsse, wo rund drei Viertel bislang nicht umgestellt sind.

   Obwohl die Studienstrukturreform in der öffentlichen Debatte zumeist als
ein europäisches Projekt gesehen wird, hat sie eine innerdeutsche Vorgeschichte.

---

[132] Quelle : http://www.hrk-bologna.de/bologna/de/download/dateien/hrkbachelor0308.pdf. Zur Umsetzung der gestuften Bildungsgänge in den einzelnen Bundesländern vgl. auch den informationsrei-
chen Link auf dem Deutschen Bildungsserver (Stand August 2010) unter: http://www.bildungs
server.de/zeigen.html?seite=2534

Seit den 1960er Jahren, vor allem nach der Verabschiedung des ersten Hochschulrahmengesetzes im Jahre 1976, gab es in der Bundesrepublik zahlreiche
Bestrebungen zu einer mehr oder weniger umfassenden Studienreform. Vor allem der Wissenschaftsrat verabschiedete mehrfach Empfehlungen, in denen er
für die Einführung eines gestuften Studiensystems mit klarer Strukturierung
eintrat. Ebenso plädierte er für ein Kurzzeitstudium mit dem Ziel, diese stärker
auf die Berufsbefähigung hin zu orientieren. Damit hoffte man vor allem die
Probleme der Massenuniversität wie kapazitäre Überlasten, überlange Studienzeiten und häufigen Studienabbruch, in den Griff zu bekommen und gleichzeitig
die akademische Bildung stärker an die Berufs- und Erwerbswelt heranzuführen.
Ein politischer Erfolg ist diesen Initiativen im föderalen Kompetenz- und Inte-
ressengeflecht jedoch über Jahrzehnte versagt geblieben. Im Vorfeld der 4. Novelle des Hochschulrahmengesetzes plädierte dann Anfang 1997 der damalige
Bundesbildungsminister Jürgen Rüttgers dafür, die deutschen akademischen
Grade durch die angelsächsischen Abschlüsse Bachelor, Master und Ph.D zu
ersetzen. Er begründete dies mit dem „Epochenwechsel von der Industriegesell-
schaft zur Wissensgesellschaft", aus dem Wissenschaft und Forschung der Auftrag erwachse, einen Beitrag zum Erhalt der Wettbewerbsfähigkeit des Standorts
Deutschland zu leisten.[133] Als er kurz danach vor der Delegiertenversammlung
der HRK verkündete, „Humboldts Universität ist tot", erntete er zwar in der
Hochschullandschaft massiven Protest, doch verpuffte dessen Wirkung erstaunlich rasch. Die Bundesregierung suchte nun gezielt die europäische Bühne, um
über diesen supranationalen Hebel das deutsche Projekt der verschleppten Studienreform voranzutreiben. Dabei setzte sie alternativlos auf das angelsächsische
Studienmodell als Königsweg zur angestrebten Internationalisierung des deutschen Hochschulwesens. Einen Anlass bot die im Mai 1998 in Paris stattfindende 800 Jahr-Feier der Sorbonne, wo sich die Bildungsminister der vier größten
europäischen Länder, Deutschland, Frankreich, England und Italien in der sog.
Sorbonne-Erklärung darauf verständigten, die Weichen für eine Vereinheitlichung der Hochschulsysteme innerhalb Europas zu stellen. Dieser im Alleingang
vollzogene Überraschungscoup sorgte allgemein für Verwunderung, nicht nur in
den übrigen elf europäischen Mitgliedsstaaten sondern auch in den deutschen
Bundesländern, die das BMBF bewusst nicht eingebunden hatte (Walter 2006:
123ff.). Nach dem „politischen Urknall" folgte dann im Juni 1999 die Unter-

---

[133] Der damalige Leiter der Hochschulabteilung im BMBF, Hans R. Friedrich, zugleich ein entschiedener Verfechter des Bologna-Prozesses, bemerkt rückblickend zur hochschulpolitischen Strategie
des Bundes in den 1990er Jahren: „Die Hochschulpolitik des Bundes hat in diesem Zeitraum auch
ganz bewusst dazu geführt, dass von dem in den 70er Jahren vorherrschenden Bildungskauderwelsch
Abschied genommen und eine für den Bürger besser verständliche, stärker ökonomische begründete
Terminologie eingeführt wurde (>Bildung als Rohstoff oder Produktionsfaktor<)" (Hans R. Friederich: 2006: 485).

zeichnung der Bologna-Erklärung durch die Bildungsminister von 29 europäischen Staaten. In diesem völkerrechtlich nicht verbindlichen Dokument verpflichteten sie sich gegenseitig dazu, bis zum Jahre 2010 einen gemeinsamen europäischen Hochschulraum zu schaffen und entsprechend ihre Studiensysteme umzustellen. Auch die deutschen Bundesländer waren nun bei der Unterzeichnung durch die Präsidentin der KMK präsent. In der Folgezeit hat sich im Zuge der in zweijährigem Abstand stattfindenden Folgekonferenzen dann praktisch das ganze geografische Europa dem Bologna-Prozess angeschlossen. Der Teilnehmerkreis hat sich so beim letzten Treffen der Bildungsminister im März 2010 in Budapest und Wien, einberufen als Jubiläumskonferenz nach 10 Jahren Bologna-Prozess, auf nunmehr 46 Staaten erweitert. Bei den sieben Nachfolgekonferenzen seit 1999 wurden sukzessive immer wieder auch neue Themen aufgegriffen und als Agenda in das Abschlusskommuniqué aufgenommen.[134] Festzuhalten ist zunächst, dass durch diese Initiativen ein in seiner flächendeckenden Dynamik und Effektivität einmaliger politischer Prozess in Gang gesetzt wurde. Singulär ist dieser Prozess aber auch deshalb, weil er sich außerhalb des etablierten europäischen Institutionensystems gewissermaßen als Selbstläufer entwickelte. Bis heute vermochte er sich eine gewisse Selbständigkeit zu bewahren, auch wenn die anderen europäischen Institutionen und Einrichtungen inzwischen nachträglich eingebunden wurden (Winter 2009: 7).

10.2.3.1 Zielsetzungen und Vorgaben

Hinter der Idee der Schaffung eines europäischen Hochschulraums stand vor allem die immer wieder betonte Absicht der Unterzeichnerstaaten, die Wettbewerbsfähigkeit der nationalen Hochschulsysteme zu erhöhen. Dies nicht nur mit Blick auf den globalen Wettbewerb, sondern auch mit Blick auf den Wettbewerb zwischen den europäischen Staaten selbst. In beiden Hinsichten bedurfte es einer größeren Vergleichbarkeit und Kompabilität der nationalen Systeme, die wiederum nur durch eine gewisse Strukturangleichung zu erreichen war. Um dieses strategische Handlungsziel zu erreichen, haben die europäischen Bildungsminister im Laufe dieses 10-Jährigen Prozesses eine Reihe von Zielen und Maßnahmen als handlungsleitende Kriterien vereinbart. Allerdings haben diese den Charakter von Absichtserklärungen, binden also nicht die Bundesländer, die entsprechende Normierungen in ihre Landeshochschulgesetze übernehmen müssen, wenn sie in den Hochschulen Anwendung finden sollen. Die Vereinbarungen lassen sich im Wesentlichen in neun Punkten zusammenfassen:

---

[134] Nähere Angaben finden sich auf der Internetseite des BMBF unter http://www.bmbf.de/de/3336. php.

- Einführung eines zweistufigen Studiensystems (undergraduate/graduate). Die erste Phase umfasst mindestens drei Jahre. Regelvoraussetzung für die Zulassung zur zweiten Phase ist der erfolgreiche Abschluss der ersten Phase. Eine dritte Stufe stellt die Promotionsphase dar.
- Zusicherung der kontinuierlichen Verbesserung der wechselseitigen Anerkennung von Abschlüssen und Studienleistungen.
- Einführung eines Leistungspunktesystems (ECTS) gemäß European Credit Transfer and Accumulation Systems.
- Förderung größtmöglicher Mobilität der Studierenden.
- Förderung der europäischen Zusammenarbeit bei der Qualitätssicherung in Studium und Lehre. Definition eines Qualifikationsrahmens auf nationaler und europäischer Ebene.
- Förderung der europäischen Dimension in der Hochschulausbildung und Steigerung der Attraktivität des europäischen Hochschulraums.
- Einbettung des Hochschulstudiums in das Konzept des Lebenslangen Lernens.
- Stärkung der sozialen Dimension der Hochschulbildung durch mehr Chancengerechtigkeit.
- Berücksichtigung der Berufsqualifizierung bzw. der Beschäftigungsfähigkeit der Absolventinnen und Absolventen in der Hochschulbildung.

Insgesamt bewegen sich diese regulativen Vorgaben auf einem abstrakt gehaltenen rein formalen Niveau. Sie belassen für nationale Konkretisierungen und Umsetzungen große Spielräume, insbesondere auch inhaltlicher Art. Folgenreich sind vor allem zwei Punkte, die faktisch verpflichtenden Charakter haben. Zum einen die Einführung der Zweierstufung der Studienstruktur und der Abschlüsse, wobei deren Ausgestaltung, einschließlich der Option die Bezeichnungen Bachelor und Master einzuführen, im Prinzip allerdings offen formuliert sind. Zum andern die Einführung eines Leistungspunktesystems, das als eine Art gemeinsamer Währung für Hochschulbildung den studentischen Arbeitsaufwand (workload) für bestimmte Lehr- und Lerneinheiten quantifiziert und diese somit international vergleichbar macht. Diese Vorgabe erzwingt als weiteren Schritt die Erstellung von Kursen oder auch von Modulen, wobei dieser Begriff in den Bologna-Papieren selbst gar nicht auftaucht. Für diese und auch alle anderen Punkte gilt somit, dass damit keine inhaltlichen Präzisierungen verbunden sind. Zudem finden sich in allen Bologna-Kommuniqués auch immer wieder explizite Bekräftigungen der akademischen Freiheit und der Autonomie der Hochschulen. Deren Einhaltung soll bei der Umsetzung der Reformen in den einzelnen Mitgliedsstaaten unbedingt respektiert werden. Vor dem Hintergrund dieses relativ offenen Gesamtkontextes war zu erwarten, dass die Vorgaben in den einzelnen

Teilnehmerstaaten durch die jeweilige Politik recht unterschiedlich interpretiert und umgesetzt worden sind. Dabei gehört Deutschland zu den Ländern, die bei der Umsetzung eine besondere „Regelungs- und Vereinheitlichungswut" an den Tag legten, für Kritiker eine Folge der typisch deutschen Neigung zur Überregulierung (Pletl 2006:4). Dies illustrieren insbesondere die beiden wichtigsten Dokumente, die von der KMK nach enger Abstimmung mit der HRK zunächst 2003 und zuletzt fortgeschrieben 2010 beschlossen worden sind. Es handelt sich zum einen um die „Ländergemeinsamen Strukturvorgaben für die Akkreditierung von Bachelor- und Masterstudiengängen" sowie die „Rahmenvorgaben für die Einführung von Leistungspunktesystemen und die Modularisierung von Studiengängen"[135]. Darin hat die KMK detaillierte Festlegungen getroffen, insbesondere zu den Abschlussbezeichnungen, der Art der Studiengänge, zur Studiendauer, zu den Modalitäten der Modularisierung, zur Anwendung des Leistungspunktesystems und zur Rolle der Akkreditierung. Die Kernpunkte dieser „deutschen Übersetzung" des Bologna-Prozesses lassen sich wie folgt in sechs Punkten zusammenfassen:

▪ Stufung, Aufbau und Bezeichnungen der Studiengänge: Der Bachelor ist der Regelabschluss. Die Regelstudienzeiten betragen sechs, sieben oder acht Semester. Daran kann sich ein Masterstudiengang mit vier, drei oder zwei Semestern anschließen. Bei konsekutiven Studiengängen beträgt die Gesamtregelstudienzeit 5 Jahre. Sie darf nicht überschritten werden.

▪ Berufsqualifizierung: Der Bachelorabschluss ist ein erster berufsqualifizierender Abschluss. Er führt für die Mehrzahl der Studierenden zu einer ersten Berufseinmündung. Der Master ist ein weiterer berufsqualifizierender Abschluss.

▪ Leistungspunktesystem (ECTS): Der quantitative Arbeitsaufwand der Studierenden (workload) wird in Leistungspunkten gemessen. Sie umfassen die Gesamtbelastung durch Präsenzstudium, Selbststudium, Prüfungsvorbereitung und Praktikas. In der Regel werden pro Semester 30 Leistungspunkte vergeben, wobei für einen Leistungspunkt 25-max. 30 Stunden veranschlagt werden. Pro Semester wird somit von einer Arbeitsbelastung von 750-900 Stunden (Vorlesungs- und vorlesungsfreie Zeit) ausgegangen. Für den Bachelorabschluss sind vom Studienumfang mindestens 180 ECTS-Punkte nachzuweisen, für den Master 300 ECTS-Punkte.

▪ Modularisierung: Alle Studiengänge sind zu modularisieren. Module sind thematisch und zeitlich abgerundete, in sich geschlossene und mit Leistungspunkten belegte Studieneinheiten. Sie enthalten Informationen über

---

[135] Abrufbar auf der Internetseite der KMK. http://www.kmk.org/fileadmin/veroeffentlichungen_beschluesse/2003/2003_10_10-Laendergemeinsame-Strukturvorgaben.pdf

Studienverlauf, Inhalte, qualitative und quantitative Anforderungen und die Einbindung in das Gesamtkonzept des Studiengangs bzw. das Verhältnis zu anderen angebotenen Modulen.

▪ Prüfungen: Sie erfolgen nicht mehr am Ende des Studiengangs (Abschlussprüfung), sondern studienbegleitend in Form von Modulprüfungen. Zur Reduzierung der bisher hohen Prüfungsbelastungen werden Module künftig in der Regel nur mit einer Prüfung abgeschlossen, deren benotetes Ergebnis in das Abschlusszeugnis eingeht. Der Prüfungsumfang dafür ist auf das notwendige Maß zu beschränken.

▪ Akkreditierung: Bachelor- und Masterstudiengänge sind zu akkreditieren. Bei der Akkreditierung durch die Akkreditierungsagenturen sind die ländergemeinsamen Strukturvorgaben zugrunde zu legen. In diesem Kontext sind unter anderem die Modularisierung, die Ausstattung durch das Leistungspunktesystem, die Anerkennungsfähigkeit der Module im Falle eines Hochschulwechsels, die Schlüssigkeit des gesamten Studienkonzepts und die Studierbarkeit des Lehrangebots zu überprüfen.

10.2.3.2 Die gestufte Studienstruktur

Allein schon die Auflistung dieser Einzelpunkte macht deutlich, wie schwerwiegend und tiefgreifend die damit verbundenen Eingriffe die bisherige Studienstruktur verändert hat. Dass sich daraus enorme Akzeptanz- und Umstellungsprobleme und somit auch Fehlentwicklungen ergeben mussten, liegt auf der Hand (umfassend dazu Scholz/Stein 2009). Dies gilt zunächst für die politisch besonders umstrittene flächendeckende *Einführung eines gestuften Studiensystems* mit den Studiengängen eines eher praxisorientierten *Bachelors* und eines eher forschungsorientierten *Masters*. Mit diesem Schritt verbanden sich mehrere Kalküle und Erwartungen. Wie bereits erwähnt erhoffte man sich durch eine Anpassung an das angelsächsische Modell eine höhere internationale Wettbewerbsfähigkeit in einer globalen Wissenschaftsgesellschaft, wobei insbesondere der standardisierte Bachelor als Mobilitätsscharnier fungieren sollte. Demnach hätte etwa ein deutscher Bachelor-Student problemlos einen Studienaufenthalt in einem anderen europäischen Land absolvieren oder ein Bachelor-Absolvent dort ebenso problemlos ein Masterstudium fortsetzten und dort auch einen entsprechenden Abschluss erwerben können. Um einen solchen Mobilitätseffekt zu erreichen war die deutsche Politik sogar bereit, bislang international hoch renommierte deutsche Studienabschlüsse wie etwa das Diplom und den Magister, ohne Wenn und Aber auf dem Altar einer vermeintlichen Internationalität zu opfern.[136] Mit Konsequenz wurde so auch dem Ansinnen widerstanden, im Sinne der ansonsten praktizierten Autonomie- und Wettbewerbsrhetorik eine Konkurrenz alter und neuer Studiengänge zuzulassen. Dies wäre eine Möglichkeit gewesen, auf vergleichendem Wege Best-Practice Lösungen für zukunftsweisende Studienstrukturen zu finden. Hinzu kam das Kalkül, mit der Neuordnung der Studiengänge könne man auch die Fehler und Missstände der alten beseitigen und damit einen Jahrzehnte währenden Reformstau mit einem Schlag auflösen. Im Fokus standen häufig monierte Defizite wie die Unterstrukturierung der alten Studiengänge, die überlangen Studienzeiten, die hohen Studienabbruchsquoten wie auch die ständig beklagte Vernachlässigung der Lehre, die man auf die einseitige Forschungsorientierung der Professorenschaft zurückführte. Zusätzlich hoffte man, dadurch auch die als viel zu niedrig erachtete Studierendenquote deutlich erhöhen zu können. Damit verband sich die Erwartung, mit einem berufsorientierten, zeitlich überschaubaren und auch finanziell günstigerem Bachelorstudium ließen sich vermehrt auch bildungsferne und sozial unterprivilegierte Schichten zur Aufnahme eines Studiums motivieren. Inklusion könnte so zunehmend an die Stelle von Exklusion treten, die Formel vom „sozialen Aufstieg durch Bildung" so auch eine akademische Variante erhalten. Mit Blick auf all diese Punkte schien in der Tat die Einführung des Bachelors als Kurz- und Regelstudium für die große Mehrheit der Studierenden für allfällige Problemlösungen zu sorgen. Da damit auch eine Umschichtung der bisherigen Kapazitäten in den Bachelor-Studiengang für die breite Masse der Studierenden einhergehen sollte, nährte dies die Hoffnung, die Studienreform lasse sich insgesamt kostenneutral verwirklichen. Zwar stellte es die Politik den Hochschulen von Anfang an frei, ob sie für eine Studiendauer von 6, 7 oder 8 Semestern optieren wollten, doch verpflichtete sie über Zielvereinbarungen die Hochschulen dazu, mehr Absolventen in der Regelstudienzeit zum Abschluss zu bringen. Dies lief in der Praxis auf die Privilegierung des dreijährigen Modells hinaus, das sich vor allem an den Universitäten nahezu ausschließlich durchsetzte. Forciert wurde die Kurzzeitlösung ferner auch durch den Umstand, dass vor allem die Universitäten für den zweiten forschungsorientierten Studienzyklus ein viersemestriges Studium als ein unumstößliches Gesetz betrachteten.

Zehn Jahre nach dem Start des Bologna-Prozesses ist zu fragen, ob die Studienreform letztendlich die gewünschten Effekte bewirkt hat. Auch wenn noch

---

[136] Andere Länder wie beispielsweise Frankreich, Spanien und Italien haben den Bachelor, der in der Bologna-Erklärung auch gar nicht namentlich erwähnt wurde, erst gar nicht eingeführt. Zudem wird der deutsche dreijährige universitäre Bachelor in den USA in der Regel erst nach einer Einzelfallprüfung anerkannt, da er dort vier Jahre umfasst und auch eher allgemeinbildend ausgerichtet ist. In Deutschland hatte man die Einführung des dreijährigen Bachelors auch mit der damals noch geltenden dreizehnjährigen Schulzeit begründet, ein Argument, das nach der allgemeinen Schulzeitverkürzung nun hinfällig geworden ist.

keine belastbaren Daten für eine abschließende Bewertung vorliegen, ist eine erste Zwischenbilanz möglich. Einige der anvisierten Ziele konnte die Politik durchaus verwirklichen. Dazu gehört die weitgehende Umstellung auf die gestufte Studienstruktur, wobei einschränkend anzumerken ist, dass nur 45% der Bachelorstudenten diese als gelungen bezeichnen (Autorengruppe Bildungsberichterstattung 2010: 295). Erreicht wurde auch die Absenkung der Gesamtstudiendauer und damit des Abschlussalters. So betrug die Studiendauer beim Bachelorabschluss 2008 durchschnittlich 6,5 Semester und lag damit deutlich unter der Gesamtstudiendauer der alten einphasigen Studiengänge. Im Vergleich zu 1999 sank so auch das Abschlussalter der Hochschulabsolventen im Schnitt um zwei Jahre (ebda: 127, 131). Die in den letzten Jahren erfolgte Zunahme der Studienanfänger entspricht zwar einem Wunschziel der Politik, ist jedoch eher anderen Faktoren als der Studienreform geschuldet. Sie hat jedoch bislang noch keinen Beitrag zu einer signifikanten Steigerung von Studienanfängern aus bildungsfernen Schichten geleistet. Eindeutige Defizite lassen sich dagegen in anderen zentralen Zielbereichen konstatieren. So betrug die Studienabbruchsquote beim Bachelor 2008 immerhin 25%. Sie lag damit knapp über der Gesamtabbruchsquote von 24%, während sie bei den Staatsexamensfächern sogar nur 10% betrug (ebda: 297). Auch bei der Lehre ergaben sich erhebliche Defizite. So war die für den Bachelor-Studiengang in den angelsächsischen Systemen übliche intensivere Betreuung der Studierenden durch Tutoren, kleine Lerngruppen und enge Kontakte zu den Lehrenden, nicht eingeplant und somit nicht entsprechend gegenfinanziert worden.[137] Die Klagen über eine unzureichende Studierbarkeit und Studiengestaltung des Bachelorstudiums sind deshalb seitens der Studierenden nach wie vor sehr verbreitet (Bargel u.a. 2009: 30ff.). Von hoher bildungspolitischer Brisanz ist zudem die Schnittstelle beim Übergang vom Bachelor- zum Masterstudiengang. Im Wintersemester 2008/2009 waren nur 11,3% aller Studierenden in den neuen Studiengängen in ein Masterstudium eingeschrieben, wobei die meisten Hochschulen auf der Basis eigener Kriterien bereits Zugangshürden errichtet haben (Hochschulrektorenkonferenz 2010: 21). Auch die KMK möchte unbedingt an der Aufrechterhaltung eines solchen selektiven Flaschenhalses festhalten, da eine völlige Durchlässigkeit oder sehr hohe Übergangsquoten auf eine Rückkehr zum alten System hinauslaufen würden. Zudem könnte dann auch das forschungsorientierte Graduiertenstudium zu einem „Master-light" mutieren.

---

[137] Zur Verbesserung der Lehre und der Studienbedingungen kündigte die Bundesbildungsministerin im Frühjahr 2010 die Schaffung einer dritten Säule des Hochschulpaktes an. Im Rahmen dieses über zehn Jahre laufenden „Qualitätspaketes" sollten zwei Milliarden Euro, insbesondere für Mentoren- und Tutorenprogramme sowie für Beratung und Betreuung zur Verfügung gestellt werden, wovon der Bund 90% tragen wollte. Vgl. hierzu: Heike Schmoll, Qualitätspakete für die Lehre, in: Frankfurter Allgemeine Zeitung vom 18. Mai 2010.

Da sich allerdings etwa 90% aller Studierenden sich von einem Masterstudium bessere Berufschancen versprechen, ist hier künftig eher mit einem unerwünschten Ansturm zu rechnen (Bargel u.a. 2009: 27). Analog fordern etwa der Dachverband der Studierendenvertretungen (fzs) und die GEW eine generelle Zugangsfreiheit für alle Bachelorabsolventen, der DHV sogar die Einführung des Masterstudiums als Regelstudium. Damit würde sich aber die Kapazitätenfrage wieder enorm verschärfen und vor allem die von der Politik intendierten Spareffekte wieder konterkariert werden. Es steht daher zu erwarten, dass sich an diesem Punkt in den nächsten Jahren noch heftiger politischer Sprengsatz entwickeln wird.

10.2.3.3 Das Spannungsfeld von Wissenschafts- und Berufsorientierung

Nach den Rahmenvorgaben der KMK sollen die Bachelorstudiengänge wissenschaftliche Grundlagen, Methodenkompetenz und berufsfeldbezogene Kompetenzen vermitteln. Damit soll, wie es ausdrücklich heißt, insgesamt eine „breite wissenschaftliche Qualifizierung" sichergestellt werden. Ziel dieser eher vagen Formulierung ist es somit, *Wissenschaftsorientierung* und *Berufsorientierung* eng aufeinander zu beziehen, jedoch so, dass dies nicht mit substanziellen Einbußen bei der Wissenschaftlichkeit einhergeht. Dass dies im Rahmen der Reform überzeugend gelingen kann, wird jedoch vor allem in universitären Kreisen vielfach bezweifelt. Hier herrscht die Einschätzung vor, ein dreijähriges Kurzstudium lasse sich nicht mit einem wissenschaftlich vertieften Studium in Einklang bringen. Dem Bachelor wird so häufig das Etikett angeheftet, nur ein Hauruck- oder ein Schmalspurstudium zu sein. Im Zuge der Bologna-Reform, so die Auffassung dieser Kritiker, erfahre die traditionelle akademische Wissenschaftskultur, wie sie durch Humboldts Auffassung einer Bildung durch Wissenschaft geprägt worden ist, eine ebenso folgenreiche wie bedenkliche Abwertung. Sie weiche zunehmend einem ökonomisch bestimmten Denken, das die Ausbildung für Berufe in unterschiedliche Branchen des Arbeitsmarktes zum obersten Leitziel der Hochschulbildung erkläre (Liessmann 2009: 164f.). Mit dem Bologna-Prozess sieht man die Universitäten daher auf einem Weg, der ihre traditionsreiche wissenschaftliche Reputation systematisch unterminiert und sie faktisch immer mehr den Fachhochschulen annähert.[138] Mit Nachdruck insistieren diese Kritiker darauf, dass die

---

[138] In den siebziger und achtziger Jahren des letzten Jahrhunderts hatten sich sowohl die HRK wie auch die KMK, hierin den Interessen der Universitäten folgend, gegen einen weiteren Ausbau der Fachhochschulen ausgesprochen, obwohl der Bedarf an stärker anwendungs- und berufsorientierten Studiengängen bereits damals gegeben war und auch vom Wissenschaftsrat empfohlen wurde. Vielleicht hätte sich auf diesem Wege die heutige „Bolognisierung" der deutschen Universitäten verhindern lassen.

Befähigung zu einem akademischen Beruf auch eine fundierte akademische Bildung voraussetze, die in einer dreijährigen universitären Ausbildung jedoch nicht zu leisten sei. Insofern begegnen sie auch dem zweiten Ziel der Reform, der *employability*, der Vermittlung von Berufs- und Beschäftigungsbefähigung, mit großer Skepsis. Bei ihren Zweifeln an der Berufstauglichkeit des universitären Bachelors können sie sich auch auf kritische Stimmen aus Kreisen der Wirtschaft und der Arbeitgeber berufen. Die Nachfrage nach Bachelor-Absolventen ist hier nach wie vor eher verhalten. Letztendlich verbirgt sich dahinter auch das Manko, dass der im Rahmen des Bologna-Prozesses hochstilisierte Begriff der employability nach wie vor sehr vage und ungeklärt geblieben ist. Mit der Propagierung dieser Formel geriet aus dem Blick, dass hier nicht von einer einheitlichen Norm ausgegangen werden kann. Vielmehr gilt es zwischen den einzelnen Fächern zu differenzieren und vor dem Hintergrund der jeweiligen Fachkultur Lösungen für eine angemessene Abstimmung von wissenschaftlicher und berufs- und arbeitsmarktbezogener Qualifikation zu finden. In manchen Fachgebieten dürfte mit einem Bachelor, vor allem wenn er auf 7 oder 8 Semester ausgedehnt wird, durchaus die angestrebte Berufsbefähigung für einen bestimmten Arbeitssektor zu erwerben sein. Für andere dagegen dürfte diese erst mit einem Master, in manchen Fachgebieten aber, etwa in Chemie, sogar erst über eine Promotion zu verwirklichen sein (Winter 2009: 28).

Um den Bachelor von dem Makel, er sei ein Schmalspurstudium, zu befreien, plädiert die Politik in jüngster Zeit dafür, vermehrt von der Option für ein 7- oder 8 semestriges Studium Gebrauch zu machen. Auch in den meisten Universitäten geht der Trend dahin, die Studiengänge nun auf den vierjährigen Bachelor umzustellen, wenngleich das Problem der „Wissenschaftlichkeit" dann auf den nur noch einjährigen Master verlagert wird. Die Verlängerung schafft zudem auch Raum für die von den Hochschulen immer häufiger erhobene Forderung, ein wissenschaftspropädeutisches Jahr einzuführen, eventuell auch kombiniert mit Elementen eines fächerübergreifenden „Studium Generale". Damit hofft man, die mit der Schulzeitverkürzung verbundenen Wissens- und Orientierungsdefizite der Studienanfänger, die in vielen Fächern ein ernsthaftes Problem darstellen, kompensieren zu können.[139] Auch wäre es dann möglich, analog zu den alten Magisterstudiengängen wieder Kombinationsfächer einzuführen, nachdem die meisten Hochschulen auf den Ein-Fach-Bachelor umgestellt hatten. Parallel zu diesem Trend zur Verlängerung gibt es aber auch geradezu revolutionär anmutende Bestrebungen, wieder zu den alten Diplomen zurückzukehren. So haben etwa die Technischen Universitäten und Hochschulen 2010 beschlossen, die

---

[139] Als Beispiele für diese Entwicklung gelten das an der Universität Lüneburg stattfindende Einführungsprogramm „Mitten in der Wissenschaft" oder das an von der TU München in Weihenstephan eingeführte propädeutische Jahr.

bereits vollzogene Umstellung wieder teilweise rückgängig zu machen und neben dem Master parallel wieder den international renommierten Titel „Dipl. Ing." als Regelabschluss einzuführen.[140] Dieses Vorgehen ist nach anfänglichem Widerstand erstaunlicherweise auch von der Politik akzeptiert worden. Daneben sind es vor allem die Staatsexamensfächer, die konsequent an den alten Strukturen festhalten und sich gegen eine zwangsweise Umstellung zur Wehr setzen. So insistiert etwa der Deutsche Juristen-Fakultätentag auf der Beibehaltung der zweiphasigen Ausbildung zum Einheitsjuristen und dessen Zertifizierung durch das doppelte Staatsexamen. Einen Bachelor of Laws (LL.B.), wie er von der Politik wiederholt eingefordert wurde, qualifiziert er als „rechtsnahe Ausbildung", nicht aber als rechtswissenschaftliches Studium.[141] Lediglich für eng begrenzte und spezielle Bedürfnisse der Wirtschaft ist man bereit Ausnahmen zuzugestehen, etwa in Form des Unternehmensjuristen, der an der Universität Mannheim in einem dreijährige Bachelor-Studiengang ausgebildet wird. Ähnliche Widerstände gibt es beim Medizinstudium, wo der Medizinische Fakultätentag ebenfalls eine „Bolognisierung" entschieden ablehnt. Sie gilt aus seiner Sicht schon deshalb als unangebracht, weil im Medizinstudium die Studienabbruchsquote mit 8% sehr gering und die Berufs- und Praxisnähe ebenso wie der internationale Austausch als Normalfall gelten. Entsprechend wird so auch das Modell der Universität Oldenburg, die als erste die Bachelor/Masterstruktur eingeführt hat, in scharfer Form als Ausbildung zum „Discount-Mediziner" verworfen.[142] Allerdings hat die Politik ebenso wie die HRK mehrfach zu erkennen gegeben, dass man nicht beabsichtige, den Medizinern die „Bologna-Architektur" überzustülpen. Ganz anders verläuft dagegen die Entwicklung in der Lehrerbildung. Hier waren Anfang 2010 bundesweit bereits rund ein Drittel aller Studiengänge vom Staatsexamen auf die Bachelor- und Masterstudiengänge umgestellt (Hochschulrektorenkonferenz 2010: 10f.) Bis auf das Saarland und Sachsen-Anhalt haben sich alle Länder für eine solche Umstellung ausgesprochen, wobei diese in Berlin, Brandenburg, Bremen, Niedersachsen, Sachsen (2010 wieder rückgängig gemacht) und Schleswig-Holstein bereits flächendeckend erfolgt ist.

---

[140] Vgl. hierzu den entsprechenden Beschluss, der am 10. Mai 2010 gemeinsam von den Mitgliedern der Arbeitsgemeinschaft Technischer Universitäten und Hochschulen (ARGE TU/TH) sowie der TU9 verabschiedet wurde, in: Forschung & Lehre, 6, 2010, S. 417f.

[141] So forderten etwa die Justizminister von Baden-Württemberg, Sachsen und Nordrhein-Westfalens die Abschaffung der traditionellen Juristenausbildung, somit auch des Staatsexamens und des Rechtsreferendariats, das sie als kostspielige Zeitverschwendung betrachten. Stattdessen plädierten sie für die Übernahme des Bachelor-Mastermodells, da nur so auch die dramatischen Arbeitsmarktprobleme der Juristen in den Griff zu bekommen seien. Vgl. hierzu Michael Sonnabend, Der Volljurist- ein Sondermodell? In: Frankfurter Allgemeine Zeitung vom 10. Juni 2008.

[142] Vgl.: Jan-Martin Wiarda, Operation Bachelor, in: DIE ZEIT, Nr. 25 vom 10. Juni 2009.

10.2.3.4 Probleme der Modularisierung

Gravierende Probleme ergeben sich auch bei der *Modularisierung*, die in den Rahmenvorgaben der KMK verpflichtend vorgegeben wird. Sie beruht ihrerseits wiederum auf der Vorgabe des ECTS-Leistungspunktesystems, mit dem innerhalb Europas die gegenseitige Vergleichbarkeit und die Transparenz der Studienleistungen und der Abschlüsse gewährleistet sein sollen. Diese wird jedoch nicht auf qualitativer, sondern lediglich auf rein quantifizierender Basis hergestellt. Aufgrund der Umstellung auf den sechssemestrigen Bachelor als Regelfall standen die Hochschulen nun vor der Aufgabe, die Inhalte der bisherigen Magister- und Diplomstudiengänge, die früher auf 8-10 Semester angelegt waren, in den neuen Kurzstudiengang zu übertragen. Für ein BA-Studium mit 180 Leistungspunkten waren so in der Regel zwischen 25 und 30 Modulen zu entwickeln. In dem verständlichen Bemühen, hierbei die Wissenschaftlichkeit des Studiums möglichst ungeschmälert zu erhalten, versuchten die Fächer zumeist die gesamten bisherigen Studieninhalte in die Modulstruktur hinüberzuretten. Als Folge dieser Besitzstandswahrung kam es zu einer stofflichen Überfrachtung der Module, eng gefassten Stundenplänen und einer stark reduzierter Wahlfreiheit, somit zum Verlust all jener Freiräume, die traditionell als Markenzeichen eines selbstbestimmten Studieren galten. Daraus resultierte eine unvermeidliche Verschulung des akademischen Studiums, einhergehend mit einem enormen *Zeit- und Prüfungsdruck*, der umso größer war, je mehr die Fächer an ihrem Wissenschaftsanspruch nicht rütteln wollten. Dies führte dazu, dass eine Prüfung nicht nur pro Modul sondern häufig sogar pro Lehrveranstaltung angesetzt wurde, was den Prüfungsdauerstress zum Normalfall machte. Um die Präsenz der Studierenden sicherzustellen, setzte sich zudem die Praxis durch, diese durch Anwesenheitslisten strikt zu kontrollieren, was wiederum bei den Studierenden für heftige Proteste sorgte. Vor diesem Hintergrund wird die Studierbarkeit der neuen Studiengänge daher zunehmend vor allem auch von den Studierenden selbst in Frage gestellt. Etwa die Hälfte von ihnen beklagt eine schlechte Gliederung und fehlende Transparenz bei hohen Leistungsanforderungen, ein Missstand, der sich auch in der hohen Abbruchsquote widerspiegelt (Bargel u.a. 2009: 5, 32). Die Politik hat deshalb die Hochschulen aufgefordert, die Prüfungslast deutlich zu reduzieren und durch eine zeitliche Streckung des BA-Studiums eine strukturelle Entzerrung zu ermöglichen.

Ein weiteres Dilemma, das sich aus der Modularisierung und der damit angestrebten Standardisierung ergibt, resultiert aus der unterschiedlichen Ausdifferenzierung der Studiengänge. Diese variieren von Hochschule zu Hochschule nicht nur in Inhalt und Form, sondern auch im Umfang der pro Modul zu vergebenden Leistungspunkte. Diese Diversität lag zwar ganz auf der Linie der von der Politik propagierten Profilbildung, hatte diese doch aus Wettbewerbsgründen den Hochschulen nahegelegt, ein unverwechselbares Alleinstellungsmerkmal zu entwickeln. In letzter Konsequenz führte dieser Ansatz jedoch in eine Mobilitätsfalle, da die wechselseitige Anerkennung von Modulen und die Anrechnung von Leistungspunkten zwischen den Hochschulen enorm erschwert wurden. Aufgrund dieser Anschlussproblematik geriet der Hochschulwechsel so nicht nur zwischen den Bundesländern, sondern sogar innerhalb derselben praktisch zum Ausnahmefall. Realistisch betrachtet ist ein Wechsel der Hochschule somit erst nach Abschluss des BA-Studiums und bei Aufnahme eines Master-Studiums möglich. So entstand die paradoxe Situation, dass die durch das Modulsystem angestrebte Vereinheitlichung die angestrebte *Mobilität* eher verhinderte als beförderte. Ein Ausweg bietet sich hier allenfalls über eine großzügiger gehandhabte wechselseitige Anerkennung von Studienleistungen bzw. eine institutionalisierte Kooperation zwischen einzelnen Hochschulen, die sich verpflichten, ihre Module untereinander anzuerkennen. Allerdings wird durch solche Mobilitätsfenster nur der Wechsel an eine Partnerhochschule ermöglicht, nicht dagegen die freie Hochschulwahl. Im Übrigen setzt sich die Mobilitätsproblematik auch auf der europäischen Ebene fort. Der hohe Zeit- und Prüfungsdruck lassen so gut wie keinen zeitlichen Spielraum für einen Auslandsaufenthalt, der eigentlich ein Markenzeichen des Bachelor-Studenten sein sollte. Hinzu kommt, dass auch das Leistungspunktesystem innerhalb Europas keineswegs vereinheitlicht ist, sondern in den einzelnen Ländern recht unterschiedlich angewendet wird. Auch dies geht wiederum zu Lasten der Vergleichbarkeit und Anrechenbarkeit und damit der Mobilität. Insgesamt fällt so die Mobilitätsbilanz sehr ernüchternd aus. Während im Jahre 2009 zwar 49% der Studierenden in den Magisterstudiengängen einen studienbedingten Auslandsaufenthalt absolviert haben, traf dies im Bachelor-Studiengang nur bei 15% der Studierenden an den Universitäten und bei 13% an den Fachhochschulen zu (Autorengruppe Bildungsberichterstattung 2010: 129). Eine geringe Mobilität gibt es aber auch im umgekehrten Sinne, denn die meisten ausländischen Studierenden kamen 2007 aus China, der Türkei und Russland, nicht aber aus den Staaten der EU (ebda: 298). Das Kernziel des Bologna-Prozesses, Mobilität durch Standardisierung und Strukturangleichung herzustellen und so einen europäischen Hochschulraums zu schaffen, ist somit im Verlaufe des ersten Jahrzehnts weitgehend verfehlt worden.[143]

---

[143] Eine umfassende Darstellung der Mobilitätsproblematik in der gestuften Studienstruktur findet sich in einem Bericht der KMK vom 15.10.2009. http://www.kmk.org/fileadmin/veroeffentlichungen_ beschluesse/2009/2009_10_15-Mobilitaet-GestuftesSystem.pdf

10.2.3.5 Das Akkreditierungswesen

Ein vierter Problemkreis ist schließlich mit dem Thema *Akkreditierung* benannt. Ende der 1990er Jahre hatte sich die KMK auf Drängen der HRK dazu entschlossen, dieses Instrument zur Qualitätssicherung von Studium und Lehre einzuführen. Das Akkreditierungssystem wurde 2005 durch ein Stiftungsgesetz institutionalisiert, wobei ein zentraler (staatlicher) Akkreditierungsrat geschaffen wurde, der dezentrale Agenturen auf privatrechtlicher Basis akkreditiert und diesen die Durchführung der Akkreditierung überträgt. Dahinter stand die Absicht, durch Deregulierung ein staatsfernes Ersatzverfahren für das ministerielle Genehmigungsverfahren zu schaffen. Die Aufgabe dieser Akkreditierungsagenturen besteht darin, bei der Einführung der neuen Studiengänge das Studiengangkonzept, die fachlich-inhaltlichen Standards, die Studierbarkeit des Lehrangebots sowie die Ausgestaltung und Umsetzung der Modularisierung zu überprüfen. Die Kriterien sind im Detail auch in den bereits genannten ländergemeinsamen Rahmenvorgaben aufgeführt. Die Akkreditierung der Studiengänge durch die Akkreditierungsagenturen bildet die Voraussetzung für deren Zertifizierung und die nachfolgende Genehmigung durch die Länder, die nach wie vor die Regel ist. Das Verfahren selbst ist jedoch zunehmend scharfer Kritik ausgesetzt, vor allem von Seiten der betroffenen Hochschulen. Zum einen ist das Verfahren sehr kostspielig, insbesondere bei der sogenannten Programmakkreditierung, bei der jeder einzelne Studiengang für sich akkreditiert wird. Bei diesem Verfahren entfallen auf die Hochschulen pro Studiengang Kosten in Höhe von ca. 15 000 Euro, doch werden die Hochschulen bei der nach sechs Jahren erforderlichen Reakkreditierung erneut zur Kasse gebeten. Zweitens ist damit ein enormer Personalaufwand verbunden, da die Akkreditierung auf dem Prinzip der „Peer Review" durch Wissenschaftler beruht und pro Verfahren etwa vier Peers benötigt werden. Da es im Sommersemester 2010 insgesamt 10. 806 neue Studiengänge gab und zu diesem Zeitpunkt nur knapp die Hälfte akkreditiert war, befindet sich ein zahlenmäßig gewaltiges Heer von Gutachtern in einem ständigen Einsatz. Mit Recht monieren deshalb die kapazitätsgebeutelten Hochschulen den damit verbundenen Verlust an Lehr- und Forschungsressourcen. Drittens geht es bei dem Verfahren nicht um eine Qualitätsverbesserung im Wege eines dialogischen Austauschs. Im Zentrum steht vielmehr die hoheitliche Qualitätskontrolle hinsichtlich der Einhaltung von Standards, die von außen vorgegeben werden. Für die Fächer kann es dann nur darum gehen, möglichst ungeschoren durch das Verfahren zu kommen. Dies verhindert, dass die Hochschulen Probleme als eigene annehmen, externe Beratung intern aufarbeiten, um auf diesem Wege eigenverantwortlich nach Lösungen zur Beseitigung von Defiziten zu suchen.

Fünftens wird auch die Effizienz der Arbeit und die Bürokratisierungstendenz der Akkreditierungsagenturen sehr kritisch gesehen. Die Hauptziele der neuen Studiengänge, Studierbarkeit und Mobilität zu gewährleisten, wurden bei weitem verfehlt. Der Zeitaufwand der Verfahren ist immens und entsprechend hoch der Rückstau der vorliegenden Anträge. Dies hängt auch mit der zunehmenden Formalisierung des Verfahrens zusammen, die sich in der Praxis zu einer lähmenden Regelungsdichte ausgewachsen hat. Sechstens haben der Akkreditierungsrat und die Agenturen die Tendenz entwickelt, auch eigene fachliche Kriterien und Regelungen zu entwickeln. Dies hat dazu geführt, dass nicht nur die formale sondern auch die inhaltliche Gestaltungsfreiheit der Hochschulen und der Fachangehörigen immer weiter eingeschränkt wurde. Nicht zuletzt durch solche Versuche einer übermäßigen Standardisierung ist die angestrebte De-Regulierung mittlerweile weitgehend in Re-Regulierung umgeschlagen (Winter 2008: 100). Sie dürfte weiter anwachsen, wenn Bemühungen auf der europäischen Ebene Erfolg haben, die darauf abzielen, europaweit geltende fachorientierte Qualifikationsrahmen zu erarbeiten und diese dann fach- und studiengangsspezifisch auf die nationale Ebene herunterzubrechen (Winter 2009: 18f.).[144] Daraus könnten sich auf weitere Sicht eine Art Europa-Rahmenprüfungsordnungen für bestimmte Fächer entwickeln, die dann an die Stelle der früher bundesweit geltenden Rahmenprüfungsordnungen in den Magister- und Diplomstudiengängen treten könnten. In einem solchen Szenario wäre es dann durchaus vorstellbar, dass deren Einhaltung dann von den Akkreditierungsagenturen zu überwachen wäre (ebda: 14, 19). Dass solche Befürchtungen nicht von der Hand zu weisen sind, lässt sich schon an anderen Harmonisierungsbemühungen der KMK ablesen. Sie hat im Herbst 2008 „ländergemeinsame inhaltliche Anforderungen für die Fachwissenschaften und Fachdidaktiken in der Lehrerbildung" verabschiedet, in denen sie für die einzelnen Unterrichtsfächer Kompetenzprofile und Studieninhalte vorgegeben hat.[145] Schließlich kommt siebtens noch der ungeklärte rechtliche Status des Akkreditierungswesens hinzu, der auch damit zusammenhängt, dass die Beschlüsse der KMK keine die Länder bindende Rechtswirkung haben. Entspre-

---

[144] Hintergrund dieser Entwicklungen ist die 2004 erfolgte Erarbeitung eines Europäischen Qualifikationsrahmens für lebenslanges Lernen (EQR), der im April 2008 vom EU-Rat und dem EU-Parlament angenommen wurde (vgl. hierzu ausführlicher Kapitel 12). In ihm werden individuelle Qualifikationen auf acht Niveaustufen definiert. Die Mitgliedstaaten haben sich verpflichtet, den EQR auf der nationalen Ebene umzusetzen, um Qualifikationen europaweit vergleichbar zu machen und so die Mobilität zu erhöhen. Auch die Hochschulabschlüsse der neuen Studiengänge sollen in dieses Qualifikationsraster in Form von Qualifikationsbescheinigungen einbezogen werden. Der DHV warnt vor einem „Einheitsschema" und unklaren Rechtsfolgen, auch die HRK hat sich kritisch geäußert. Vgl. hierzu: Heike Schmoll, Hochschulverband warnt vor Einheitsschema, in: Frankfurter Allgemeine Zeitung vom 24. März 2010.
[145] http://www.kmk.org/fileadmin/veroeffentlichungen_beschluesse/2008/2008_10_16-Fachprofile.pdf

chend haben diese sehr unterschiedliche Regelungen zur Akkreditierung getroffen, die sich nach Regelungstiefe und Regelungsdichte erheblich voneinander unterscheiden und auch ganz unterschiedlich in den Landeshochschulgesetzen verankert sind (Brinktrine 2009: 808ff.). Zu den teilweise erheblichen rechtlichen Lücken, die hier auf der Länderebene vielfach bestehen, kommt gravierend hinzu, dass ungeklärt ist, ob das von der Politik angeordnete Akkreditierungsverfahren überhaupt verfassungsrechtlich zulässig ist. So bestehen Bedenken, dass mit der Akkreditierungspflicht ein unzulässiger Eingriff in die Autonomie der Hochschulen und die Lehrfreiheit als Teil der Wissenschaftsfreiheit nach Artikel 5 des Grundgesetzes verbunden ist. Ein mit dieser Frage aufgrund eines konkreten Falles befasstes Verwaltungsgericht in Nordrhein-Westfalen hat jüngst Zweifel an der Verfassungsmäßigkeit der einschlägigen Gesetzesbestimmungen geäußert und zur Letztentscheidung das Bundesverfassungsgericht angerufen.[146] Sollte das oberste Gericht in seinem Urteil diesen Bedenken folgen, könnte dies weitreichende Folgen haben und damit auch den Akkreditierungsagenturen bundesweit die Rechtsgrundlage entzogen werden.

Die seit Jahren am praktizierten Akkreditierungswesen heftig geäußerte Kritik hat ihrerseits eine Vielzahl von Reaktionen und Alternativvorschlägen ausgelöst. In einem ersten Korrekturschritt hatte die KMK Anfang 2008 parallel zur Programmakkreditierung die Systemakkreditierung eingeführt. Bei diesem Verfahren wird nicht mehr der einzelne Studiengang, sondern das jeweils von den Hochschulen selbst zu etablierende Qualitätssicherungssystem akkreditiert. Da es hier aber zahlreiche offene Fragen gibt und mit diesem Verfahren auch eine Stichproben-Programm-Akkreditierung verbunden ist, konnte auch dieses Verfahren die Kritiker nicht wirklich überzeugen. Eine Radikalkur empfiehlt der DHV, indem er für die Abschaffung des gesamten bisherigen Akkreditierungswesens eintritt. Stattdessen plädiert er für die Einführung von Qualitätssicherungssystemen, die auf der Basis der Autonomie der Hochschulen in freier Eigenverantwortung von diesen selbst zu entwickeln und umzusetzen seien. Die HRK wiederum hat sich für die autonomieschonende Variante ausgesprochen,

---

[146] Ausgangspunkt war eine entsprechende Klage einer privaten Fachhochschule in Hamm, die sich nach der Ablehnung der Akkreditierung von zweien ihrer Studiengänge durch die Akkreditierungsagentur ASIIN an das Verwaltungsgericht Arnsberg gewandt hatte. Die dortigen Richter kamen zu dem Ergebnis, dass die Einrichtung und Durchführung von Studiengängen zum unbestrittenen Kernbereich des Selbstverwaltungsrechts der Hochschulen gehöre, die Akkreditierungspflicht somit verfassungswidrig sei. Folgerichtig monierten sie auch einen Verstoß gegen das Rechtsstaatsprinzip und das Prinzip der Gewaltenteilung, da es der Gesetzgeber in Nordrhein-Westfalen versäumt habe, hier dem Grundsatz der Wesentlichkeit folgend, durch einen entsprechenden Parlamentsbeschluss die materiell-verfahrensrechtlichen Grundsätze der in die Lehrfreiheit eingreifenden Akkreditierung auf gesetzlichem Wege zu regeln. Vgl. hierzu: Margarethe Müh-Jäckel, Ist das Akkreditierungsverfahren verfassungswidrig? In: Frankfurter Allgemeine Zeitung vom 5. August 2010.

die Akkreditierungsagenturen in reine Beratungseinrichtungen umzuwandeln, die den Hochschulen vor Ort bei der Qualitätsentwicklung bei Bedarf zur Seite stehen könnten. Auch in der KMK gewinnt zunehmend die Auffassung an Boden, dass das Akkreditierungssystem in der bisherigen Form gescheitert ist. Somit ist davon auszugehen, dass die Politik nach neuen Konstruktionsformen und institutionellen Lösungen suchen wird, um der zahlreichen Fehlentwicklungen Herr zu werden. Vermutlich wird sie aber bemüht sein, im Grundsatz am Akkreditierungssystem in gewandelter Form festzuhalten, wobei die weitere Entwicklung auch insofern als offen zu bezeichnen ist, als es abzuwarten gilt, wie das Ergebnis der verfassungsrechtlichen Prüfung durch das Bundesverfassungsgericht ausfallen wird.

11 Gremien der Bund-Länder-Kooperation und Koordination

11.1 Die Ständige Konferenz der Kultusminister (KMK)

Das wichtigste Gremium zur horizontalen Koordination und wechselseitigen Abstimmung der Bildungspolitik der einzelnen Bundesländer ist die KMK.[147] Sie besteht seit über sechs Jahrzehnten und stellt unter allen Fachministerministerkonferenzen nicht nur die bekannteste, sondern auch die bedeutendste dar. Arbeitsintensive Kontinuität suggeriert schon der Titel „Ständige Konferenz der Kultusminister der Länder in der Bundesrepublik Deutschland", den sie seit ihren Anfängen trägt. Sie ist älter als das Grundgesetz und der Bund, denn bereits im Februar 1948 hatte in Stuttgart-Hohenheim eine „Konferenz der deutschen Erziehungsminister" stattgefunden, die heute als deren erste Plenarsitzung gilt. Beteiligt waren seinerzeit auch noch die Minister aus den Ländern der sowjetischen Besatzungszone, die jedoch nach der Staatsgründung der DDR an der ersten Folgekonferenz im Oktober 1949 nicht mehr teilnehmen konnten. Auf dieser Sitzung in Bernkastel erfolgte am 18./19. Oktober 1949 die offizielle Gründung der KMK durch die 11 westlichen Bundesländer. Erst mit der Wiedervereinigung im Jahre 1990 hat sich die KMK wieder auf 16 Mitglieder erweitert.

Mit der Einrichtung dieses Gremiums haben sich die Länder im Kulturbereich eine überregionale Arbeitsgemeinschaft geschaffen, die der Selbstkoordination ihrer Aktivitäten im Kernbereich ihrer Staatlichkeit dient. Sie stellt „eine zentrale, wenn auch nur in der Nähe des Gesamtstaates und nach ihrem Selbstverständnis zu ihm deutliche Trennungslinien ziehende Einrichtung der deutschen Kulturverwaltung" dar (Oppermann: 1969, 566). Ihre *Hauptaufgabe* besteht darin, „bei grundsätzlicher Eigenständigkeit der Länder und der föderalen Vielfalt das notwendige Fundamentum an Einheitlichkeit, Gemeinsamkeit und Vergleichbarkeit im Bildungs- und Kulturwesen zu sichern" (Fränz/Schultz-Hardt: 1998, 226).[148] Aufgrund der Länderautonomie verfügt die KMK jedoch über keine eigene Entscheidungskompetenz, sondern stellt lediglich die Bündelung der Einzel-

---

[147] Umfassende Informationen über die KMK und ihre Tätigkeitsbereiche finden sich auf der Homepage der KMK unter http://www.kmk.org/home.html
[148] Etwas allgemeiner und eher zurückhaltend formuliert die Präambel der Geschäftsordnung (1955 i.d.F. 2005) die Aufgabe der KMK, wenn es dort heißt, sie habe „Angelegenheiten der Bildungspolitik, der Hochschul- und Forschungspolitik sowie der Kulturpolitik von überregionaler Bedeutung mit dem Ziel einer gemeinsamen Meinungs- und Willensbildung und der Vertretung gemeinsamer Anliegen" zu behandeln.

kompetenzen der einzelnen Kultusminister dar. Daraus folgt das Einstimmigkeitsprinzip, um Beschlüsse und Verabredungen wirksam werden zu lassen (Füssel: 1989, 431). Deren rechtliche Verbindlichkeit wird jedoch erst möglich, indem diese von den jeweils zuständigen Landesorganen in Gesetze, Rechtsverordnungen oder allgemeine Verwaltungsvorschriften umgesetzt werden.

Die KMK verfügt über eine komplexe Organisationsstruktur, in der in den Organen und Einrichtungen neben sachbezogenen Strukturelementen sich auch solche (partei)politischer Art finden. Wichtigstes politisches Führungs- und Beschlussorgan ist das *Plenum*, die Versammlung der Kultusminister, die in der Regel viermal im Jahr zusammentritt. Jedes Land verfügt nur über eine einzige Stimme, auch wenn, was die Regel ist, meist zwei oder mitunter auch drei Minister eines Landes zuständigkeitshalber zugegen sind. Den Vorsitz führt der jährlich wechselnde *Präsident*, der auch die Außenvertretung der KMK wahrnimmt. Zweites wichtiges politisches Führungsgremium ist die seit 1971 bestehende *Amtschefkonferenz*, die Sitzung der Staatssekretäre der Kultusministerien, der die Aufgabe zukommt, die in den Plenartagungen anstehenden Entscheidungen vorzubereiten wozu auch die Abklärung der politischen Eckdaten gehört. Den Sitzungen in beiden Gremien sind seit Anfang der 1970er Jahre jeweils Ländergruppen-Vorbesprechungen vorgeschaltet, in denen die SPD-geführten und die unionsgeführten Länder jeweils versuchen eine eigene politische Linie zu definieren. Dieses ältere A- und B-Länder Muster unterscheidende Muster wird nach wie vor praktiziert, obwohl in den letzten Jahren die Koalitionsmuster zunehmend variantenreicher geworden sind und das Kultusressort immer häufiger auch vom kleineren Koalitionspartner gestellt wird. Dieser Traditionsfaktor prägt auch das *Präsidium*. Ihm gehören neben dem Präsidenten und drei Vizepräsidenten als kooptierte Mitglieder jeweils ein CDU- und ein SPD- Kultusminister an. Mit dieser parteipolitischen Ausrichtung versucht man politische Optionen schon im Frühstadium der Willensbildung zu bündeln, um so die Kompromisssuche im Plenum zu erleichtern. Dennoch gestaltete sich Kompromissfindung vor allem bei brisanten politischen Themen mitunter äußerst langwierig und zähflüssig, gilt es doch, die spezifischen Interessen von 16 autonomen Ländern, gesamtstaatliche Erfordernisse und diese wiederum überlagernde parteipolitische Orientierungen miteinander abzugleichen. Um die Entscheidungsfähigkeit des Plenums zu verbessern hat man deshalb versucht, die Rolle des Präsidiums als Leitungsorgan dadurch zu stärken, indem den Vizepräsidenten seit 2005 für jedes Jahr spezielle Aufgabengebiete bzw. Sprecherrollen zugeteilt werden.[149]

---

[149] Immer wieder haben Kritiker der KMK auch gefordert, statt der einjährigen zumindest eine zweijährige Amtszeit des Präsidenten als Sprecher der KMK einzuführen, um so die Kontinuität der Führungsarbeit zu verbessern. Dies war innerhalb der KMK aber nicht durchsetzbar. Stattdessen entschied man sich für eine kollegiale Kontinuitäts-Variante: Bevor ein Minister Präsident wird, ist er

Die eigentliche Sacharbeit, in denen die Entscheidungen von Plenum und Amtschefkonferenzen vorbereitet werden, erfolgt in den Ständigen Gremien, den *Ausschüssen, Unterausschüssen und Kommissionen.* Die Sitzungen finden in regelmäßigen Zeitabständen in Bonn und Berlin statt, zu denen die Vertreter der Ministerialverwaltungen aus den Bundesländern zusammenkommen. Der Schwerpunkt dieser Arbeiten liegt im Bildungswesen, während der Kulturbereich (Theater, Orchester, Museen, Bibliotheken) nur eine untergeordnete Rolle spielt (Rürup 2006, 17). Besonderes Gewicht hat traditionell das Schulwesen, seit der Föderalismusreform hat aber auch das Hochschulwesen an Bedeutung gewonnen. Im Prinzip sind in diesen Ständigen Gremien, in denen jedes Land eine Stimme hat, alle Länder vertreten, doch wird auch vom Repräsentationsprinzip Gebrauch gemacht. Zahl und Art der Gremien haben sich Verlauf der Jahrzehnte ständig verändert. In zwei Reformschüben, 1999 und 2004, wurde vor allem aus Kostengründen, die Zahl der Ständigen Gremien um über die Hälfte reduziert. Für ad hoc anfallende Aufgaben werden nun vermehrt befristete Arbeitsgruppen oder Berichterstatter eingesetzt. Die KMK verfügt so zurzeit über drei Hauptausschüsse, den Schulausschuss, den Hochschulausschuss und den Kulturausschuss. Dem Schulausschuss zugeordnet ist ein Unterausschuss für Berufliche Bildung und Weiterbildung, dem Hochschulausschuss ein Unterausschuss für Hochschulmedizin. Ferner gibt es fünf Kommissionen für bestimmte Schwerpunktbereiche, darunter eine Amtschefgruppe für die Qualitätssicherung in Schulen und Hochschulen sowie eine Kommission für Europäische und Internationale Angelegenheiten. Schließlich unterhält die KMK auch eine Reihe ständiger Gremien, in denen sie mit anderen Institutionen auf Bundesebene, insbesondere Bundesministerien, kooperiert. Zu erwähnen sind hier etwa die Steuerungsgruppe „Feststellung der Leistungsfähigkeit des Bildungswesens im internationalen Vergleich" (vgl. Kapitel 9.3.3), die KMK/HRK-Arbeitsgruppe „Weiterentwicklung der Struktur des Hochschulwesens", die Kontaktkommission „Kultusministerkonferenz/Bundesagentur für Arbeit oder der Bund-Länder-Koordinierungsausschuss „Berufliche Bildung".

Insgesamt ergibt sich so ein breites und komplexes Netzwerk an Tätigkeitsbereichen, in das die KMK in den unterschiedlichsten Themenfeldern auf nationaler und internationaler Ebene permanent eingebunden ist. Nach einer Aufstellung von 1994 wirkte die KMK schon damals in schätzungsweise 320 ad-hoc oder ständigen Gremien oder Arbeitsgruppen mit (Breitenbach 1994, 26). Die Erledigung der sich hieraus ergebenden laufenden Arbeiten wird vom *Sekretariat* der Kultusministerkonferenz wahrgenommen, das sich im Laufe der Zeit zur Schaltzentrale der KMK entwickelt hat. 1948 zunächst in Frankfurt eingerichtet hat es

---

bereits zwei Jahre zuvor als Vizepräsident tätig. Nach seiner Präsidentschaft ist er für ein weiteres Jahr Vizepräsident.

heute seine Standorte in Bonn und Berlin und wird gemeinsam von den Ländern finanziert. Der Personalbestand innerhalb seiner sechs Abteilungen erhöhte sich bis 2001 kontinuierlich auf insgesamt 240 Planstellen, wobei ca. zwei Drittel am Standort in Bonn und ein Drittel in Berlin angesiedelt sind. Als Niedersachsen 2004 vorübergehend seine Mitgliedschaft aufkündigte, beschloss die Ministerpräsidenkonferenz noch im gleichen Jahr einen Abbau der länderfinanzierten Stellen um zwanzig Prozent bis 2009, sodass der Personalbestand sich bis heute wieder auf 170 Stellen (2010) verringert hat. Unter Leitung eines Generalsekretärs obliegen dem Sekretariat gegenwärtig die Aufgaben der Geschäftsführung für die Sitzungen aller Organe und Gremien, die Koordinierung aller aus den Aufgaben der Kultusministerkonferenz sich ergebenden inhaltlichen Arbeiten, insbesondere in Fragen der Qualitätssicherung und Qualitätsentwicklung im Bereich von Schule und Hochschule. Ferner die Bearbeitung aller Vorhaben, die sich aus der Zusammenarbeit mit dem Bund und den überregionalen Institutionen ergeben, ferner die Erledigung aller Angelegenheiten, die aufgrund der stetig expandierenden europäischen und internationalen (kulturellen) Zusammenarbeit zu bewältigen sind.

Mit diesem starken organisatorischen Unterbau verfügt die KMK mehr als jede andere Fachministerkonferenz über strukturell günstige Rahmenbedingungen für ihre diversen Arbeitsfelder. Trotz hoher Arbeitsintensität und einem immensen Output an Beratungen und Beschlüssen stand sie jedoch mehr als jede andere Einrichtung des föderalen Systems immer wieder im Zentrum der öffentlichen Kritik. Das öffentliche Unbehagen am Bildungsföderalismus, der etwa in dem Satz „Vater versetzt, Sohn sitzen geblieben" zum Ausdruck kommt, machte die KMK wie keine andere staatliche Einrichtung zur Zielscheibe der Föderalismuskritik. Von Zeit zu Zeit mündete der hohe öffentliche Erwartungsdruck an eine Homogenisierung der Bildungslandschaft sogar in die Forderung nach ihrer ersatzlosen Streichung. Kritik an der Arbeitsweise richtete sich zum einen auf das Einstimmigkeitsprinzip. Moniert wurde, dass dadurch im Einzelfall der Langsamste das Tempo in der KMK bestimmen konnte, ohne Rücksicht auf die Größe und Betroffenheit eines Bundeslandes. Besonders bei umstrittenen Themen einigte sich die KMK in der Tat häufig auf den kleinsten gemeinsamen Nenner oder flüchtete sich in interpretationsoffene Floskeln, die mitunter als Meisterwerke verbaler Verschleierungstechnik bezeichnet wurden. Oder sie neigte dazu, entsprechende Themen zu vertagen oder auch gar nicht zu bearbeiten. Zudem bedingte der Zwang zum allseitigen Konsens von insgesamt 16 Ländern stets einen enormen Abstimmungsaufwand, somit zeitraubende und langwierige und für die Länderverwaltungen zudem sehr kostenaufwendige Verhandlungen. Ferner kommt hinzu, dass in grundrechtsrelevanten Angelegenheiten alle 16 Landtage entsprechende Landesgesetze oder Staatsverträge verabschieden müssen.[150] Aufgrund dieser Blockaden, so lautete das kritische Fazit, erweise sich der kleinstaatliche Bildungsföderalismus als reform- und innovationsfeindlich, wodurch das deutsche Bildungswesen in seiner internationalen Wettbewerbsfähigkeit zurückgeworfen werde.

Gegenüber dieser Sichtweise werden jedoch auch Gegenargumente ins Feld geführt, die diese kritischen Stimmen relativieren. Ein entscheidender Punkt ist, dass das Einstimmigkeitsprinzip als Verhandlungsgrundlage prinzipiell unaufhebbar ist, da die Länder aufgrund ihrer Staatsqualität, zumal in ihrem materiellen Kernbereich, nicht überstimmt werden können. Als Arbeitsgemeinschaft ohne Verfassungsrang verfügt die KMK somit über keine rechtliche Möglichkeit, länderübergreifend bindende Entscheidungen zu fällen, vielmehr befindet sie sich in einem institutionellen Dilemma: „Sie soll bildungspolitische Richtungsentscheidungen verhandeln, ohne selbst Handlungsmöglichkeiten über den gemeinsam herstellbaren Konsens der Länderkultusminister ihrer Parteien zu besitzen, die zudem durch die Landesparlamente und die Landesregierungen wieder eingeschränkt sind" (Rürup 2006: 38). Da sie über keine eigenständige Gestaltungskompetenz verfügt, bleibt sie darauf angewiesen, dass die Länderkultusminister trotz unterschiedlicher bildungspolitischer Positionen sich auf freiwilliger Basis dazu verpflichten, gemeinsam verabredete Vereinbarungen auch in ihren Ländern umzusetzen. Bezogen auf den öffentlichen Erwartungsdruck, der von der KMK gesamtstaatliche Lösungen einfordert, bedeutet dies eine permanente Überforderung. Spürbar wird dies insbesondere bei brisanten Themen, bei denen ein parteiübergreifender Konsens, wenn überhaupt, oft nur in äußerst langwierigen Verhandlungen zu erreichen ist. Vor allem mit der Wiedervereinigung und der dadurch erfolgten Erweiterung der KMK durch die fünf neuen Bundesländer haben diese Schwierigkeiten weiter zugenommen. Um den Konsensdruck abzumildern hat die KMK deshalb, auch unter dem Druck der Öffentlichkeit, 2004/2005 eine Flexibilisierung ihres Abstimmungsmodus vorgenommen. Soweit Beschlüsse der Herstellung der notwendigen Einheitlichkeit und Mobilität im Bildungswesen dienen, Auswirkungen auf die Landeshaushalte oder die Errichtung gemeinsamer Einrichtungen betreffen, ist nach wie vor Einstimmigkeit erforderlich. Andere

---

[150] Bisher gab es nur zwei solcher Staatsverträge. Neben dem Staatsvertrag über Fernstudien an Fachhochschulen (1998) stand im Blickpunkt des öffentlichen Interesses vor allem die 1972 per Staatsvertrag erfolgte Einrichtung der Zentralstelle für die Vergabe von Studienplätzen (ZVS) zur Regelung des Hochschulzugangs in Numerus-clausus-Fächern. In der Folgezeit kam es zu mehrfachen Novellierungen. 2008 wurde im Zuge einer ZVS-Reform durch die Ministerpräsidentenkonferenz ein neuerlicher Staatsvertrag unterzeichnet, durch den die ehemalige Zentralstelle in eine Serviceeinrichtung für Hochschulzulassung umgewandelt wurde, wobei die neue Institution in Form einer Stiftung des öffentlichen Rechts etabliert wurde. Der Staatsvertrag und das Stiftungsgesetz müssen noch von den Ländern ratifiziert werden.

Entscheidungen, d. h. Stellungnahmen, Empfehlungen, Berichte und Projektinitiativen, die zugleich das Gros der Beschlüsse der KMK ausmachen, werden seitdem dagegen mit einer qualifizierten Mehrheit von mindestens 13 Stimmen getroffen, Verfahrensbeschlüsse mit einfacher Mehrheit.

Ein weiterer zentraler Kritikpunkt betrifft das Diktum, die „extrakonstitutionelle" KMK bewege sich in einer *verfassungsrechtlichen Grauzone*, es mangele ihr an Transparenz, Öffentlichkeit und somit an demokratischer Legitimität. Zumindest die Zweifel an der verfassungsrechtlichen Legitimität der KMK sind jedoch unangemessen. So resultiert aus der Staatsqualität der Länder auch ihr unstreitiges Recht, sich die notwendigen Instrumente und Institutionen zu schaffen, um die Aufgaben der Zusammenarbeit und Selbstkoordination zu gewährleisten (Fräntz/Schulz-Hardt 1998: 226). Im föderalen Staat ohne entsprechende Bundeskompetenz ist diese Selbstkoordination im gesamtstaatlichen Interesse zudem auch sachlich unverzichtbar. Auch die höchstrichterliche Rechtsprechung hat diesen Anspruch mehrfach bestätigt, zumal eine politische oder rechtliche Bindewirkung mit der Schaffung einer Arbeitsgemeinschaft und einer entsprechenden organisatorischen Struktur nicht verbunden ist. Differenzierter ist dagegen der zweite Punkt zu betrachten. In der Tat vollzieht sich die Arbeit der KMK weitgehend hinter verschlossenen Türen. Das Zustandekommen von Ergebnissen ist von außen undurchschaubar, Erfolge oder Misserfolge bleiben dadurch politisch unzurechenbar. Auf der anderen Seite gibt es jedoch auch gute Gründe für die praktizierte Vertraulichkeit und die Abschottung nach außen. Nur sie ermöglichen nämlich eine von Taktik freie Aussprache, den unbehinderten Austausch von Sachargumenten und damit die Aushandlung konsensualer Lösungen auf Kompromissbasis (Maier 1998: 26). Insofern kann die intransparente Verhandlungsstrategie sogar als Erfolgsrezept der KMK gelten. Die dadurch erhöhte Effektivität der Verhandlungen hat jedoch auch ihren Preis. Sie trägt zur Stärkung des Exekutivföderalismus bei und schwächt die politische Rolle der Landesparlamente, denen ausgerechnet in ihrem Kernbereich eine Statistenrolle zugemutet wird. Wichtige bildungspolitische Entscheidungen, die schulgesetzliche Novellierungen oder Staatsverträge der Länder erfordern, werden so durch die KMK präjudiziert, so dass die Landtage bei wichtigen Entscheidungen, einen in der KMK mühsam ausgehandelten Kompromiss nicht mehr in Frage stellen können. Auch wenn der zuständige Landesminister diesen vor seinem Landesparlament rechtfertigen muss, ändert dies nichts daran, dass der den Landtagen vom obersten Gericht eingeräumte Parlamentsvorbehalt sowie die damit verknüpfte unmittelbare Wähler- und Parlamentskontrolle in ihrer Substanz ausgehöhlt werden.

Auch wenn die KMK das Gestaltungsfeld des Bildungs-, Wissenschafts- und Kulturbereichs im Verlauf der Jahrzehnte umfassend bearbeitet hat, so bewegten sich die von ihr beschlossenen *Regelungen* doch immer auch innerhalb bestimmter Grenzen. Unter Respektierung der Länderhoheit ging es in erster Linie darum, für das erforderliche Maß an Einheitlichkeit und Transparenz im Bildungswesen zu sorgen, um so durch die gegenseitige Anerkennung von Schulformen, Bildungsinhalten und Bildungsabschlüssen die bundesweite Mobilität zu gewährleisten. Damit verband man eine Beschränkung der Regulierungsintensität auf formale Standardisierung und strukturelle Rahmenvorgaben, bei gleichzeitiger Tendenz, inhaltliche Festlegungen möglichst zu vermeiden. Mit dieser Verfahrensweise war die KMK bemüht, den Ländern bei der Umsetzung der Empfehlungen und Rahmenvereinbarungen landesspezifische Gestaltungsfreiräume offen zu halten. Dennoch gab es aus den Ländern immer wieder auch kritische Stimmen, denen zufolge die KMK bei bestimmten Themenfeldern versuchte, ein zu hohes Maß an Vereinheitlichung anzustreben. Aufs Ganze gesehen lässt sich aber eine „generelle übermäßige oder überraschende Angleichungspraxis" anhand ihrer Beschlussfassungen nicht feststellen (Rürup 2006: 22).[151] Zudem galt das Einvernehmen, wenn Länder bei der Umsetzung zögerlich oder auch eigenwillig verfuhren, diese Abweichungen innerhalb der KMK mehr oder minder großzügig zu tolerieren. Zudem variierten in der Vergangenheit die Tendenzen zur Vereinheitlichung immer auch themen- und phasenspezifisch, nicht zuletzt auch in Abhängigkeit von den Konjunkturen des Zeitgeistes. Entsprechende Modifizierungen lassen sich in jüngster Zeit im Gefolge des PISA-Schocks und im Kontext der Föderalismusreform beobachten. Ein herausragendes Beispiel sind hier die Bereiche der Schulorganisation und der Schulstrukturen. War hier in früheren Jahrzehnten das Bestreben nach strukturell-institutioneller Einheitlichkeit noch deutlich ausgeprägter, so in den letzten zehn Jahren im diesem Bereich in den Ländern eine üppig sprießende Vielfalt bei der Erprobung und Einrichtung entsprechender Modellvarianten zu beobachten (vgl. hierzu Kapitel 10.1.7). Hier wird auch von der KMK im Sinne neuerer Steuerungsphilosophien inzwischen deutlich mehr Dezentralität und Wettbewerb toleriert, zumal auch die Föderalismusreform diesen Trend gestärkt hat (Payk 2009: 16ff). Auf der anderen Seite gibt es aber auch gegenläufige Tendenzen zu einer inhaltlichen Themenerweiterung und Eingriffsintensivierung. Hier wirken sich vor allem die neuen Output-Orientierungen aus, welche die Ergebnisse und die Qualitätssicherung in den Fokus der Bildungspolitik rücken, damit aber auch die inhaltliche Komponente stärker betonen. Auch in der KMK manifestieren sich so Bemühungen, die Grenzen einer rein formalen Standardisierung zu überschreiten und zunehmend auch inhaltlich-qualitative Normsetzungen festzuschreiben,

---

[151] Dies gilt auch für den Bereich des allgemeinbildenden Schulwesens, in dem die KMK vom Umfang her gesehen die meisten Regelungen verabschiedet hat. Aber auch hier lässt sich nur im Bereich der gymnasialen Oberstufe und speziell im Falle des Abiturs, eine quantitativ wie qualitativ herausragende Regelungsintensität konstatieren (Rürup 2006: 20).

welche die Länderspielräume wieder einengen. Im schulischen Bereich ist hier auf die Bildungsstandards (vgl. Kapitel 10.1.4) zu verweisen, im Hochschulbereich auf die Reformen im Rahmen des Bologna-Prozesses (vgl. Kapitel 10.2.3) oder die 2008 erfolgte Einigung der KMK auf bundeseinheitliche Fachprofile in der Lehrerausbildung. Allerdings reagiert die KMK mit dieser veränderten Vorgehensweise und Praxis wiederum nur auf äußere Impulse und Entwicklungstrends, die sich mit Begriffen wie Standortsicherung, Deregulierung, Wettbewerb, neues Steuerungssystem oder Qualitätsentwicklung umschreiben lassen.

Versucht man die über fünf Jahrzehnte während Tätigkeit der KMK insgesamt zu bewerten, dann müssen auch die zahlreichen Kritiker dieser Institution konzedieren, dass sie durchaus eine eindrückliche *Leistungsbilanz* vorzuweisen hat. Bereits 1995 hatte sie weit über 1000 Beschlüsse verabschiedet, zumeist Stellungnahmen und Empfehlungen, was ganz überwiegend und unspektakulär im gegenseitigen Einvernehmen geschah (Breitenbach: 1994, 24). Die Bandbreite war beträchtlich und umfasste neben dem Schulbereich und dem Hochschulbereich auch Teile der Weiterbildung und des Kultursektors. Betrachtet man an dieser Stelle nur den Schwerpunktbereich der KMK, das Schulwesen, so ist offenkundig, dass es der KMK schon in den ersten Nachkriegsjahrzehnten gelungen ist, durch Rahmenvereinbarungen in wesentlichen Fragen Konsens zu erzielen und so in organisatorischer und curricularer Hinsicht eine einheitliche schulische Grundstruktur aller Bundesländer zu gewährleisten. Wichtige Schritte auf diesem Weg zur Vereinheitlichung bildeten das Düsseldorfer Abkommen von 1955 sowie dessen Fortentwicklung durch das 1964 verabschiedete und 1971 novellierte Hamburger Abkommen, das nach wie vor Gültigkeit hat. Für diese beiden Abkommen, die von den Ministerpräsidenten unterzeichnet wurden, erarbeitete die KMM jeweils die Empfehlungen. Dort wurden wichtige Bestimmungen unter anderem über das Schuljahr, die Schulpflicht, die Ferien, einheitliche Begriffe für die unterschiedlichen Schulformen, Prüfungen und Zeugnisse festgelegt. Sie wurden in späteren Jahren durch weitere wichtige Vereinbarungen, die der Vereinheitlichung im Schulwesen dienten, fortgeführt.[152] Auch hat die

---

[152] Genannt seien hier beispielhaft: Die Saarbrücker Vereinbarung zur Oberstufe des Gymnasiums (1960), die Vereinbarung über ein Versuchsprogramm mit Gesamt- und Ganztagsschulen (1969), die Empfehlungen zur Hauptschule (1969), die Empfehlungen zur Arbeit in der Grundschule (1970), der Beschluss zur Ordnung des Sonderschulwesens (1972), die Vereinbarung zur Reform der gymnasialen Oberstufe (1972), der Beschluss über die wechselseitige Anerkennung von Gesamtschulabschlüssen (1982), der Beschluss über einheitliche Prüfungsanforderungen für das Abitur (1989), die Vereinbarung über die Schularten und Bildungsgänge der Sekundarstufe I und ihre Abschlüsse (1993), die Richtungsentscheidungen zur Weiterentwicklung der gymnasialen Oberstufe (1995). Ferner in jüngster Zeit die wichtige Vereinbarung zur Gestaltung der gymnasialen Oberstufe in der Sekundarstufe II (2000), in der festgeschrieben wurde, dass das Abitur nach einer Gesamtschulzeit von zwölf Jahren anerkannt wird, sofern ein Gesamtstundenvolumen von mindestens 265 Wochenstunden in der Sekundarstufe I und II erreicht wird. Schließlich zwei weitere 2002 beschlossene Vereinbarun-

KMK nach 1990 erfolgreich die schwierige Aufgabe gemeistert, die neuen Bundesländer mit ihren aus der DDR überkommenen Schulstrukturen, in das westdeutsche System zu integrieren.

Wie bereits erwähnt, wurde bei politisch besonders brisanten Themen im Einzelfall aber auch jahrelang ohne Einigung verhandelt, mitunter war der Dissens unüberbrückbar. Hier wirkte sich die Kluft zwischen A- und B-Ländern lähmend aus, die von Anfang der 1970er bis weit in die 1980er Jahre hinein auch in der KMK für eine „Fraktionsbildung" sorgte. So konnte etwa wegen der strittigen Gesamtschulfrage erst 1993 eine Einigung über die Abschlüsse der Sekundarstufe I erzielt werden, obwohl dieses wichtige Thema seit 1970 unter den Ländern verhandelt wurde. Gleiches gilt für die wechselseitige Anerkennung der Lehrerexamen, die erst 1997 zum Abschluss kam. Für Aufsehen sorgte 1983 auch das Scheitern der KMK bei der Erarbeitung einer Empfehlung zum Thema „Friedenssicherung, Verteidigung und Bundeswehr". Aufgrund tiefer Meinungsverschiedenheiten zwischen A- und B-Ländern präsentierte man seinerzeit der Öffentlichkeit nach Ländergruppen getrennte Empfehlungen.

Nach der Wiedervereinigung und den danach dramatisch zunehmenden budgetären Engpässen haben sich diese Frontbildungen relativ rasch verflüchtigt. Dies war auch notwendig, weil mit dem Beitritt der neuen Bundesländer in der KMK nun mehr als 30 Minister und Senatoren aus insgesamt 16 Ländern versammelt sind. Wo mehr Interessen ins Spiel kommen, wächst der Druck auf die Kompromissbereitschaft, was der Entideologisierung förderlich war. Zudem ist die bildungspolitische Landschaft seit der deutschen Einheit wesentlich facettenreicher geworden. Gegenläufige Koalitionen von Bund und Ländern, die Häufigkeit wechselnder Farbkombinationen und ein gewachsenes Selbstbewusstsein der Regionalparteien haben auch in der Bildungspolitik neue Konfliktlinien entstehen lassen. Das frühere Gegenüber von A- und B-Ländern, obwohl formal in den Organisationsstrukturen der KMK präsent, ist längst durch den Interessengegensatz von eher reichen und armen Ländern, von Stadt- und Flächenstaat sowie von alten und neuen Bundesländern zwar nicht gänzlich abgelöst, so doch kräftig überlagert worden (Erhardt: 1992, 314).

Als nach der Veröffentlichung der desolaten PISA-Ergebnisse wieder der Ruf nach einer Bundeskompetenz laut wurde und die damalige Bundesbildungsministerin eine führende Rolle des Bundes bei der Festlegung von nationalen Bildungsstandards und Bildungstests beanspruchte, geriet die KMK in starke Bedrängnis. Zur Überraschung von Politik und Öffentlichkeit reagierte sie jedoch ebenso rasch wie effektiv mit eigenen Initiativen. Unmittelbar nach dem Erscheinen der PISA-Studie (2001) legte die „neue KMK" ein Aktionsprogramm in sie-

---

gen: Über die verbindliche Einführung nationaler Bildungsstandards für alle Schulformen sowie über gemeinsame Kriterien für eine bundeseinheitliche Leistungsevaluierung.

ben Punkten zur Qualitätssicherung vor, in dem sie konkrete Maßnahmen zur Verbesserung der schulischen Bildung ankündigte.[153] Als Handlungsfelder benannte sie unter anderem die Verbesserung der Sprachkompetenz im vorschulischen Bereich, die bessere Verzahnung von vorschulischem Bereich und Grundschule sowie eine durchgängige Verbesserung der Lesekompetenz und des Verständnisses mathematischer und naturwissenschaftlicher Zusammenhänge. Ferner kündigte sie Maßnahmen an zur Förderung bildungsbenachteiligter Kinder, insbesondere solcher mit Migrationshintergrund, zur Qualitätssicherung durch verbindliche Bildungsstandards und Evaluation, zur Verbesserung der Professionalität der Lehrertätigkeit sowie zum Ausbau von schulischen und außerschulischen Ganztagsangeboten.

Aufbauend auf dieser Programmatik hat die KMK in den Folgejahren einen gewichtigen Paradigmenwechsel ihrer bildungspolitischen Ausrichtung vollzogen und in mehreren Einzelschritten eine *Gesamtstrategie zum Bildungsmonitoring* entwickelt. Mit der Schwerpunktsetzung auf die Qualitätssicherung hat sie die von der Bildungsforschung initiierte empirische Wende zur Maxime ihres künftigen Handelns gemacht. Die Umsetzung wurde rasch in die Wege geleitet. Die KMK beeilte sich, die Verbindlichkeit ihrer bereits 1997 getroffenen Entscheidung zu bestätigen, in der sich die Länder auf eine Beteiligung an den internationalen und intranationalen Schulleistungsvergleichen geeinigt hatten. 2003 präsentierte sie einer beeindruckten Bildungsöffentlichkeit die Einigung über die Einführung bundesweit gültiger Bildungsstandards und veröffentlichte noch im gleichen Jahr erstmals einen umfangreichen nationalen Bildungsbericht (Kultusministerkonferenz: 2003). Nach einer Vereinbarung mit dem Bund entwickelte sich hieraus 2004 die Institutionalisierung einer künftig von Bund und Ländern gemeinsam getragenen Bildungsberichterstattung. Ebenfalls 2004 erfolgte die Gründung eines von allen Ländern getragenen Instituts für Qualitätsentwicklung in Berlin. Auch im Hochschulbereich entfaltete die KMK eine Reihe von Reforminitiativen, die insbesondere der Qualitätssicherung in Lehre, Studium und Forschung dienen sollten. Aufgrund der rechtlichen Ausgangssituation erfolgte hier in Teilbereichen auch eine enge Kooperation mit dem Bund. Insbesondere die im Rahmen des Bologna-Prozesses eingeleiteten Strukturreformen im Hochschulstudium, die verstärkte internationale Vernetzung des Hochschulsystems, der parallele Aufbau eines bundesweiten Qualitätssicherungssystems durch das Akkreditierungswesen oder auch der Hochschulpakt stellten aus der Sicht der KMK entsprechende Maßnahmen dar.

---

[153] Vgl. hierzu die KMK-Pressemitteilung vom 6. Dezember 2001. http://www.kmk.org/no_cache/presse-und-aktuelles/pm2000/pm2001/296plenarsitzung.html?sword_list[0]=296&sword_list[1]=plenarsitzung

Ungeachtet der inhaltlichen Bewertung dieser Reformen steht es außer Frage, dass der KMK mit diesen Initiativen bis auf weiteres ein Befreiungsschlag gelungen ist. Zudem hat sich im Kontext dieser Reformstrategie auch ihr Arbeitsstil verändert. Er lässt sich als Abkehr von der bisherigen Praxis detaillierter formaler Anerkennungsdefinitionen beschreiben, an deren Stelle nun eine Hinwendung zu verbindlichen Vereinbarungen getreten ist, die primär die Qualitätssicherung im Blick haben. Die KMK hat so an Profil gewonnen und durch ihre gewandelte Strategie ihr öffentliches Ansehen und ihre Legitimationsgrundlage verbessern können. Dazu hat aber auch die erwähnte Organisationsreform (2004/2005) ihren Teil beigetragen, mit der sie die Effektivität ihrer Arbeitsstrukturen erhöht hat. Mit der Einführung des Majoritätsprinzips in Teilbereichen, der konsequenten Straffung und Vereinfachung ihrer Gremienstruktur und der Einführung von Sprecherrollen im Präsidium hat sie auf manche in der Vergangenheit geäußerten Kritiken reagiert: Die Kleinteiligkeit von Beschlüssen, das langsame Tempo und die Umständlichkeit der Entscheidungsfindung sowie die oft kritisierte Einigung auf inhaltslose Formelkompromisse. Auch wenn bei strittigen oder stark konfliktbesetzten Themen immer wieder die alten Gebrechen zutage treten, so ist doch in jüngster Zeit bei den genannten Punkten ein gewisser Wandel zu beobachten. Er wird auch dadurch unterstützt, dass es Anzeichen dafür gibt, dass in letzter Zeit auch innerhalb der KMK selbst die Bereitschaft zum Konsens bei der Entscheidungsfindung deutlich stärker ausgeprägt ist. Diese Tendenz muss vor allem als eine Reaktion auf die verstärkte Internationalisierung und Europäisierung der Bildungspolitik gesehen werden. Diese zwingt die KMK dazu, die verschiedenen Länderpositionen zu bündeln, um in kooperativer Konkurrenz mit dem Bund sich auf der internationalen Bühne ein gewichtiges Mitspracherecht zu erhalten. Ihre größere Geschlossenheit nach innen und außen geht so einher mit horizontalen Harmonisierungstendenzen, die auf der anderen Seite einen Verlust an innovativen Gestaltungsfreiheiten und damit eine Minderung des Wettbewerbs in den einzelnen Ländern bewirken. Mit Blick auf die Föderalismusreform und die ihr dadurch neu zugewachsenen Freiheiten der Länder, die nach dem eigenen Bekunden der KMK für diese auch eine größere Verantwortung beinhalten, stellt sich jedoch die Frage, ob deren Effekte durch die Souveränitätsverluste auf der europäischen und internationalen Bühne nicht deutlich wieder abgeschwächt werden. Der Machtgewinn der Länder und der ihre Aktivitäten koordinierenden KMK auf der innerstaatlichen Ebene würde so durch neue Abhängigkeiten im europäischen Mehrebenensystem in seiner Bedeutung wieder erheblich relativiert werden.

11.2 Bund-Länder-Kommission für Bildungsplanung (BLK) und Gemeinsame Wissenschaftskonferenz (GWK)

Die *Bund-Länder-Kommission für Bildungsplanung* wurde 1970 durch ein Verwaltungsabkommen zwischen Bund und Ländern gegründet, um in allen Bund und Ländern gemeinsam berührenden Fragen des Bildungswesens kooperieren zu können. Mit ihr etablierten Bund und Länder erstmals eine gemeinsame Regierungskommission auf Ministerebene, um ihre Bildungspolitik im gesamtstaatlichen Interesse gleichberechtigt aufeinander abzustimmen. Zur Wahrnehmung dieser Aufgaben sollte eine enge Kooperation mit den jeweiligen Fachministerkonferenzen der Länder, insbesondere mit der KMK, erfolgen. 1971 wurde der bisherige Aufgabenbereich der Bildungsplanung durch eine Rahmenvereinbarung um das Instrument gemeinsamer Modellversuche erweitert. Mit der Rahmenvereinbarung zur Forschungsförderung kam 1975 schließlich eine dritte Säule hinzu, weshalb 1976 der Name in Bund-Länder-Kommission für Bildungsplanung und Forschungsförderung geändert wurde.[154]

In den 37 Jahren ihres Bestehens hat die BLK teilweise turbulente Phasen durchlebt, wobei die Erfolgsbilanz in den drei genannten Aufgabenfeldern recht unterschiedlich ausfällt. Im Bereich der *Bildungsplanung* hatte die BLK nach dem Abkommen von 1970 die Aufgabe, einen gemeinsamen langfristigen Rahmenplan für eine abgestimmte Entwicklung des gesamten Bildungswesens vorzubereiten, diesen in Stufen- und Teilpläne umzusetzen und hierfür ein gemeinsames Bildungsbudget zu erarbeiten. Wie bereits dargelegt scheiterte dieses anspruchsvolle Vorhaben jedoch an parteipolitischen Gegensätzen, die mit den bundesweit geplanten einheitlichen Strukturveränderungen bei den Themen Gesamtschule, Orientierungsstufe und Lehrerbildung zusammenhingen(vgl. Kapitel 9.3.2). Darüber hinaus hatten sich auch die Kultus- und Finanzressorts nicht über den erforderlichen Kostenrahmen einigen können. Die Umsetzung des 1973 nach langem Tauziehen verabschiedeten „Bildungsgesamtplans" wurde so in den Folgejahren in der BLK blockiert. Als 1982 auch der Versuch einer Fortschreibung in einem Fiasko endete, stand die BLK sogar vor der Auflösung. In den Folgejahren wurden ihre Kompetenzen und auch die Gremien- und dadurch auch die Personalausstattung – der Geschäftsstelle in Bonn zeitweise reduziert. Dennoch gelang es der BLK nach 1982 sich wieder neu zu profilieren, indem sie sich neuen Themen zuwandte und ihre Tätigkeitsfelder im Bereich der Bildungsplanung auf entsprechende Schwerpunkte ausrichtete. Auch im Zuge der deutschen Wiedervereinigung erfuhr sie durch ihre Aktivitäten im Schul- und Hochschulbereich eine gewisse Renaissance. Insgesamt hat sich daraus jedoch keine Bund

---

[154] Einen umfassenden Überblick über die Arbeit der BLK vermitteln die von 1976 bis 2006 erschienenen Jahresberichte der BLK. http:// www.blk-bonn.de

und Länder übergreifende innovationspolitische Strategie entwickelt. Über das Instrumentarium der Modellversuche, die zahlreiche Förderungsbereiche in Schule, Ausbildung, Hochschule und Weiterbildung umfassten, konnte sie lediglich in abgegrenzten Teilbereichen einige innovative Akzente setzen. Der Erfolg wurde auch dadurch geschmälert, dass sich die Bereitschaft, die Ergebnisse erfolgreicher Modellversuche zu übertragen, in engen Grenzen hielt. Erwähnt seien für den schulischen Bereich die neuen Informations- und Kommunikationstechniken, Lernkonzepte in der beruflichen Bildung oder Konzepte zur Qualitätsverbesserung und Effizienzsteigerung des Unterrichts. Im Hochschulbereich gingen beispielweise die Einführung von Graduiertenkollegs und die Berufsakademien auf BLK-Modellversuche zurück. Bund und Länder haben für BLK-Modellversuche rd. 220 Mio. EUR aufgebracht und dabei über 2500 Vorhaben gefördert. Darüber hinaus hat die BLK zahlreiche Berichte, Studien, Materialien, Statistiken in den unterschiedlichsten Themenbereichen veröffentlicht und auch internetbasierte Informationssysteme entwickelt. Bei diesen Themen ging es um die Stärkung der beruflichen Bildung, um bessere Abstimmung der Belange von Bildungs- und Beschäftigungssystem, um das Konzept eines lebenslangen Lernens, um Fragen der Studien- und Berufswahl oder die Förderung der Chancengleichheit von Frauen in Wissenschaft und Forschung in entsprechenden Führungspositionen. Die BLK hat ein Konzept für arbeitsmarktpolitische Frühwarnsysteme (Arbeitsmarktradar) entwickelt, das nunmehr im BIBB realisiert wird. Die Bildungsfinanzberichte der BLK analysierten seit 1972 jährlich die kurz- und langfristige Entwicklung der Ausgaben der öffentlichen Haushalte sowie der gesamtgesellschaftlichen Aufwendungen für Bildung, Wissenschaft, Forschung und Entwicklung. Auch diese Arbeiten werden in anderer Struktur fortgesetzt.

Einflussreich war das Wirken der BLK vor allem auch im Hochschulbereich. Im Zusammenwirken von Bund und Ländern konnten hier wichtige wissenschafts- und forschungspolitische Vorhaben realisiert werden. Beim Zustandekommen entsprechender Programme oder Projekte wurde zwischen Bund und Ländern oder auch zwischen den Ländern oft sehr hart gerungen. Konkret ging es um Vorhaben, die sich jeweils entweder der Bildungsplanung oder der *Forschungsförderung* oder auch beiden gleichzeitig zurechnen ließen. Zu nennen sind hier zunächst die bereits erwähnten Hochschulsonderprogramme (HSP I-III, HEP, HWP und WIS), die von 1989 bis 2006 in der BLK konzipiert und umgesetzt wurden (vgl. Kapitel 9.2.3). Diese Programme sind inzwischen Geschichte. Im Fokus der hochschulpolitischen Öffentlichkeit stehen in jüngster Zeit zwei neue Programm-Pakte: Die Exzellenzinitiative zur Förderung von Wissenschaft und Forschung an den Hochschulen sowie der Hochschulpakt 2020, der die Aufnahme zusätzlicher Studienanfänger sowie die Einführung von Programmpauschalen für von der DFG geförderte Forschungsvorhaben zum Ziel hat. Bei beiden Pakten, deren strategische und finanzpolitische Bedeutung die seiner Vorgänger bei weitem übertrifft hat die BLK wichtige Pionierarbeit geleistet. Sie wurden noch in den letzten Jahren des Bestehens der BLK von ihr erarbeitet und noch vor Abschluss der Föderalismusreform zunächst von ihr und anschließend von den Regierungschefs in Bund und Ländern verabschiedet.

Neben der Forschungsförderung im Hochschulbereich hatte die BLK auch die Aufgabe, die alljährlich anstehenden Entscheidungen zur Finanzierung der von Bund und Ländern gemeinsam getragenen außeruniversitären Forschungseinrichtungen zu treffen. Über die jeweiligen Ausführungsvereinbarungen wurden hier unter anderem die Deutsche Forschungsgemeinschaft, die Max-Planck-Gesellschaft, die Leibniz-Gemeinschaft und das Akademienprogramm gefördert. Dieses institutionelle Förderung hat eine jahrzehntelange Tradition. Sie ließ sich im Gegensatz zu anderen Aufgabenfeldern der BLK auch weitgehend konfliktfrei realisieren, weil die Länder hier keine Eingriffe in ihre Kulturhoheit befürchten müssen. 2007 belief sich das gesamte Fördervolumen auf immerhin 6,0 Mrd. Euro, wobei der Bund 4,1 Mrd. und die Länder 1,9 Mrd. beisteuerten. Der BLK oblag hierbei nicht nur die Beratung der Wirtschaftspläne, sondern auch die Diskussion forschungspolitischer Strategien und die Verabschiedung von Empfehlungen. Nicht unerwähnt bleiben soll, dass nach der Wiedervereinigung die BLK zudem mit Nachdruck und Erfolg den Aufbau leistungsfähiger Forschungseinrichtungen in den neuen Bundesländern vorangetrieben hat. Ebenfalls noch vor Abschluss der Föderalismusreform hat sie auch das dritte große Programm-Paket von Bund und Ländern, den Pakt für Forschung und Innovation, erfolgreich auf den Weg gebracht. Darin verpflichteten sich Bund und Länder, bis zum Jahre 2010 ihre jährlichen Zuwendungen an die institutionell geförderten Wissenschaftseinrichtungen jeweils um mindestens 3% zu steigern, wodurch diese eine längerfristige finanzielle Planungssicherheit erhielten.

Mit dem Inkrafttreten der Föderalismusreform war die Gemeinschaftsaufgabe Bildungsplanung entfallen und gleichzeitig mit dem neugefassten Art. 91 b Absatz 1 GG die bisherige Gemeinschaftsaufgabe Forschungsförderung präzisiert und ergänzt worden. Damit entfiel auch die Rechtsgrundlage für die BLK, die Ende 2007 ihre Arbeit einstellte. Auf der Grundlage der neuformulierten Gemeinschaftsaufgabe können Bund und Länder künftig nun aufgrund von Vereinbarungen in Fällen von überregionaler Bedeutung in drei Bereichen zusammenwirken: Bei der Förderung von Einrichtungen und Vorhaben der wissenschaftlichen Forschung außerhalb von Hochschulen, bei der Förderung von Vorhaben der Wissenschaft und Forschung an Hochschulen sowie bei der Förderung von Forschungsbauten an Hochschulen einschließlich Großgeräten.

Zur Wahrnehmung dieser Aufgaben haben die Regierungschefs von Bund und Ländern im Juni 2007 in einem Verwaltungsabkommen die Gründung der

Gemeinsamen Wissenschaftskonferenz als einer neuen Regierungskommission beschlossen. Sie hat mit Beginn des Jahres 2008 die Nachfolge der BLK angetreten.[155] Die Organisationsprinzipien wurden hierbei weitgehend übernommen. Nach dem Wortlaut des Abkommens sollen in der GWK „alle Bund und Länder gemeinsam berührenden Fragen der Forschungsförderung, der wissenschafts- und forschungspolitischen Strategien und des Wissenschaftssystems" behandelt werden. Erklärtes Ziel ist es, in enger Koordination auf dem Gebiet der nationalen, europäischen und internationalen Wissenschafts- und Forschungspolitik die Leistungsfähigkeit des Wissenschafts- und Forschungsstandortes Deutschland zu steigern. Zu ihren Besonderheiten gehört, dass ihr neben der Fachseite, also den für Wissenschaft und Forschung zuständigen Ressortchefs in Bund und Ländern, auch die Ressortchefs für die Finanzen in Bund und Ländern angehören. Dieser Doppelstruktur entspricht die Regelung, dass einstimmig gefällte Beschlüsse der GWK als einstimmige Beschlüsse der Regierungschefs in Bund und Ländern gelten. Sie eröffnet der GWK einen relativ großen Handlungsspielraum und dient gleichzeitig der Verfahrensbeschleunigung. Politisch herausragende Initiativen oder Programme werden allerdings nach wie vor den Regierungschefs in Bund und Ländern zur endgültigen Beschlussfassung vorgelegt. Die Gleichberechtigung von Bund und Ländern kommt dabei in mehreren Regelungen zum Ausdruck. Der Vorsitz in der GWK wechselt jährlich und liegt abwechselnd bei einem Mitglied als Vertreter der Bundesregierung oder einem Mitglied als Vertreter der Landesregierungen. Auch bei der Stimmenverteilung wird die Parität gewahrt. Die Vertreter der Bundesregierung führen 16 Stimmen, die einheitlich abzugeben sind, die Vertreter der Landesregierungen verfügen über je eine Stimme. Ein Beschluss gilt als zustande gekommen, wenn mindestens 29 Mitglieder zugestimmt haben. Bei einem Dissens unter den Ländern ist also die Zustimmung von mindestens 13 Ländern erforderlich.[156] Bei den im föderalen System politisch besonders sensiblen Themen, der Förderung von Wissenschaft und Forschung an den Hochschulen, schreibt das Grundgesetz in Art. 91 b allerdings vor, dass alle Länder einem entsprechenden Vorhaben zustimmen müssen. Dieser Einigungszwang, analog der Situation in der KMK, scheint die Entscheidungskraft der GWK jedoch bislang eher gestärkt als geschwächt zu haben. Zudem können aufgrund der verfassungsrechtlichen Neuregelung hier künftig nicht nur wie bisher Maßnahmen der gemeinsamen Forschungsförderung, sondern auch projektbezogene Vorhaben der Lehre gefördert werden. Der Hochschulpakt

---

[155] Das GWK Abkommen findet sich neben anderen Grundlagendokumenten auf der Homepage der GWK unter http://www.gwk-bonn.de/fileadmin/Papers/gwk-abkommen.pdf
[156] In der BLK erforderte ein Beschluss 25 Stimmen, d.h. die Zustimmung von nur neun Ländern. Der Majorisierungsdruck war dadurch erheblich, was mitunter bei manchen Ländern ein reflexhaftes Abwehrverhalten begünstigte. Mit der neuen Regelung wurde so der Einigungsdruck verschärft.

2020 gilt hier geradezu als Musterbeispiel. Durch die Kompetenzerweiterung im Zuge der Föderalismusreform wurde die rechtliche Ausgangssituation für die Förderung der Lehre verbessert. Zudem erhielt hier die GWK, die ansonsten im Vergleich zur früheren BLK über deutlich weniger Aufgabenfelder verfügt, einen neuen Verantwortungsbereich. Es ist absehbar, dass er im Zuge der Studien- und Hochschulreformen weiter an politischer Bedeutung gewinnen wird.

Im Übrigen wird die Kontinuität zwischen BLK und GWK auch an anderen Punkten sichtbar. Das Büro der GWK ist weiterhin in Bonn unter der ehemaligen Adresse der BLK-Geschäftsstelle haushaltstechnisch beim Bundespräsidialamt angesiedelt. Nach wie vor wird es von einem Generalsekretär geleitet. Die Finanzierung trägt wie bisher der Bund, der Personalbestand wurde reduziert und umfasste 2010 insgesamt 19 Planstellen. Verfügte die BLK über zwei Ausschüsse, so weist die GWK nur noch einen einzigen auf. Seine Aufgabe besteht darin, die GWK vom Tagesgeschäft zu entlasten und deren Beratungen und Beschlüsse vorzubereiten. Im speziellen Delegationsfalle kann er auch selbst Entscheidungen treffen. Die Zusammensetzung entspricht spiegelbildlich der GWK, jedoch mit dem pragmatischen Unterschied, dass ihm Vertreter der Amtchef- oder Abteilungsleiterebene aus Bund und Ländern angehören. Wie bei der BLK können auch hier Fachausschüsse und Arbeitskreise eingerichtet werden. An den Sitzungen der GWK können zudem mit beratender Stimme ein Vertreter des Wissenschaftsrates und der Kultusministerkonferenz teilnehmen.

Naturgemäß kann über die Effizienz der GWK und die bei ihrer Gründung intendierte stärker strategisch-politisch ausgerichtete Rolle bislang nur wenig gesagt werden. Dazu ist der Zeitrahmen zu knapp. Allerdings scheint die GWK ihre Spielräume bislang geschickt zu nutzen und die Bund-Länder-Kooperation auf der veränderten grundgesetzlichen Grundlage in der neuen Organisation insgesamt recht erfolgreich zu funktionieren. Dies zeigt ein Blick auf die bisherigen Arbeitsschwerpunkte, die sich aus dem neuformulierten Art. 91 b GG ergeben. Bei der institutionellen Förderung von DFG und den gemeinsam geförderten außeruniversitären Forschungsorganisationen Helmholtz-Gemeinschaft (HGF), Fraunhofer-Gesellschaft (FhG), Max-Planck-Gesellschaft (MPG) und Leibniz-Gemeinschaft (WGL) führte sie die Einzelentscheidungen bei den jährlichen Zuweisungen fort. Deren Finanzvolumen stieg 2009 auf 7,4 Mrd. Euro an. 2009 beschlossen die Regierungschefs von Bund Ländern auf Vorschlag der GWK in diesem Kontext zudem die Fortschreibung des Paktes für Forschung und Innovation bis 2015 einschließlich einer Erhöhung der jährlichen Steigerungsrate von 3% auf 5%. Die GWK begleitet die Umsetzung des Paktes für

Forschung und Innovation durch jährliche Monitoringberichte sowie durch ein Internetangebot unter www.pakt-fuer-forschung.de.[157]

Bei der neuen Gemeinschaftsaufgabe „Forschungsbauten an Hochschulen und einschließlich Großgeräten", die an die Stelle der ehemalige Breitenförderung im Rahmen des Hochschulbauförderungsgesetzes getreten ist, konzentriert sich die gemeinsame Bund-Länder-Förderung nunmehr auf eine gezielte „Leuchtturmförderung" im investiven Bereich. Im Jahr 2008 hat die GWK auf Empfehlung des Wissenschaftsrats 17 Bauvorhaben in die gemeinsame Förderung aufgenommen; insgesamt wurde damit bis Ende 2008 die Realisierung von 35 Bauvorhaben mit einem Gesamtfördervolumen von 817 Mio. Euro in Angriff genommen.[158] Im Zentrum profilbildender Aktivitäten der GWK stand bislang aber die Förderung von Vorhaben der Wissenschaft und Forschung an Hochschulen und hier insbesondere die Weiterführung der großen Bund-Länder-Initiativen. Die GWK hat hierzu jeweils entsprechende Vorschläge erarbeitet, denen die Regierungschefs in Bund und Ländern ihrerseits die Zustimmung erteilt haben. Im Forschungsbereich konnte so 2009 die dritte Runde der nun bis 2017 reichenden Exzellenzinitiative auf den Weg gebracht werden. Sie erfuhr eine Aufstockung von 30%, wobei bei den Zukunftskonzepten erstmals auch die wachsende Bedeutung der Lehre als Kriterium der Begutachtung einbezogen werden soll. Fortgeschrieben wurde auch der Hochschulpakt 2020, wobei neben den ersten beiden Säulen nun noch eine dritte etabliert wurde. Die erste Säule beinhaltet das Ziel, im Zeitraum von 2007 bis 2015 eine quantitative Zunahme der Studienanfängerzahlen um insgesamt rund 365.000 zu erreichen. Die zweite Säule sicherte den Hochschulen von 2007 bis 2015 bei den Programmpauschalen (Overhead) zusätzliche DFG-Forschungsmittel in Höhe von 2,4 Mrd. Euro. 2010 kam schließlich als dritte Säule das „Programm für bessere Studienbedingungen und mehr Qualität in der Lehre" hinzu. Es sieht dafür bis 2020 insgesamt zwei Mrd. Euro an Bundesmitteln vor, um angesichts der bei der Umsetzung der Studienreform sich manifestierenden Defizite in der Lehre speziell in diesem Bereich künftig verstärkt zu investieren.[159]

---

[157] Zu den Arbeitsschwerpunkten gehört schließlich auch die Begleitung der Umsetzung des 3%-Ziels der Lissabon-Strategie in Deutschland. Bei diesem von den Staats- und Regierungschefs im Jahr 2000 beschlossenen Ziel geht es darum, bis 2010 die Mittel für Forschung und Entwicklung auf 3% des BIP zu steigern. Hierzu wird die GWK den Regierungschefs in Bund und Ländern im Dezember 2010 wie in den Vorjahren einen aktuellen Sachstandsbericht vorlegen.

[158] Vgl. GWK-Jahresbericht 2008, S. 18.

[159] Neben diesen besonderen Arbeitsschwerpunkten führt die GWK auch einige Aktivitäten der BLK weiter. Dazu gehört etwa die Förderung der Chancengleichheit von Frauen in Wissenschaft und Forschung, die seit längerem in Form der kontinuierlichen Sammlung und Dokumentation von Datenmaterial zur Situation von Frauen in Hochschulen und außerhochschulischen Forschungseinrichtungen erfolgt. 2008 zusätzlich hinzugekommen ist das Professorinnen-Programm. Analog zur BLK befasst sich die GWK auch mit Themen der europäischen und internationalen Wissenschafts- und

12 Internationalisierung und europäische Integration

Die Bildungspolitik gilt nicht nur in Deutschland als ein Politikfeld, das der Staat traditionell als eine ureigene klassische Domäne betrachtet. Durch seine Interventionen zielt er darauf ab, die für die Gesellschaft zentralen Funktionen der kulturellen Integration, der fachlichen Qualifikation und der beruflichen Allokation sicherzustellen. Inwieweit er das Bildungswesen für private und gesellschaftliche Einflüsse oder Organisationen öffnet, liegt in seinem Ermessen, das er durch entsprechende Regelungen selbst steuern kann. In diesem Kontext wurde bereits weiter oben (Kapitel 3.2) dargelegt, dass es in jüngster Zeit in allen Bildungsbereichen im Rahmen einer neuen Steuerungsphilosophie Tendenzen zu einer Entstaatlichung und Deregulierung gibt. Diese Maßnahmen sind staatlicherseits gewollt, ohne dass hieraus auf einen weitreichenden staatlichen Kontrollverlust im Bildungssektor geschlossen werden kann. Ein anderes Bild ergibt sich möglicherweise aber, wenn man den Blick auf die internationale Ebene richtet. Hier ist zu beobachten, dass im letzten Jahrzehnt internationale Organisationen einen rasch anwachsenden Bedeutungszuwachs erfahren haben. Internationale Organisationen sind so nach und nach zu wichtigen Akteuren der Bildungspolitik geworden, deren Einfluss den Gestaltungsspielraum der nationalen Regierungen zunehmend einengt. Dieser Trend zur Internationalisierung manifestiert sich vor allem im Reformprozess der nationalen Bildungssysteme, dessen Zielrichtung und Dynamik im Wesentlichen durch die OECD und die Europäische Union bestimmt werden. Daneben kommt die Einbindung des nationalen Bildungssystems in einen internationalen Kontext auch noch durch andere Abhängigkeiten zum Ausdruck. Eine erste Ebene hat eine weltweite Dimension. Im Hinblick auf die UNO ist vor allem die universelle Bedeutung der „Allgemeinen Erklärung der Menschenrechte" von völkerrechtlicher Relevanz, zumal in dieser Deklaration auch das Recht jedes Menschen auf Bildung proklamiert wird und diese auch den Inhalt von Bildung näher festlegt. Durch weitere internationale Akte und Konventionen, die zwar nicht individuell einklagbar sind, dafür aber

Forschungspolitik und der Förderung der angewandten Forschung und Entwicklung an Fachhochschulen. Ferner hat die GWK 2010 zur Unterstützung der in den letzten Jahren verstärkten Bemühungen, die Durchlässigkeit zwischen beruflicher Bildung und akademischer Bildung zu erhöhen, einen Wettbewerb „Aufstieg durch Bildung: offene Hochschulen" initiiert, für den der Bund bis 2018 insgesamt 250 Mio. Euro bereitstellt. Über ihre Aktivitäten und die Umsetzung ihrer Programme berichtet die GWK in ihren seit 2008 kontinuierlich erscheinenden Materialien und im Internet unter www.gwk-bonn.de.

eine große faktische Wirkung erzeugen, sind diese Festlegungen der Menschen-rechtserklärung weiter konkretisiert worden. Im Dezember 2006 beschloss z.b. die Generalversammlung der Vereinten Nationen die Internationale Konventio-nen über die Rechte von Menschen mit Behinderungen (Art. 24), deren Umset-zung künftig weitreichende Auswirkungen auf die sonderpädagogischen Förder-einrichtungen im deutschen Schulwesen hat. Von gegenwärtig noch sehr schwer abzuschätzender Wirkung sind schließlich die Einflüsse, die von der Welthan-delsorganisation (WTO) ausgehen, deren Bestrebungen darauf gerichtet sind, weltweit Handelshemmnisse im Dienstleistungsbereich abzubauen. Dazu zählen grundsätzlich auch Bildungsdienstleistungen in allen Bildungseinrichtungen wie auch Maßnahmen der Bildungsberatung oder Bildungsevaluation. Die Gefahr einer Kommerzialisierung, die Bildung zur Ware degradiert, ist vor allem dann nicht ausgeschlossen, wenn das Ergebnis der noch laufenden Verhandlungen dazu führen würde, dass auch ausländische Anbieter uneingeschränkt auf dem deutschen Bildungsmarkt tätig werden könnten. Schließlich ist noch auf den Europarat zu verweisen, einer von der Europäischen Gemeinschaft unabhängigen Institution mit Sitz in Strassburg, die auch geografisch weit über die heutige EU hinausreicht. Zu Aufgaben des Europarats gehört neben der Förderung des wirt-schaftlichen und sozialen Fortschritts auch die Förderung kultureller und wissen-schaftlicher Angelegenheiten in insgesamt 46 Mitgliedstaaten. Auch der Europa-rat hat eine „Europäische Menschenrechtskonvention verabschiedet und in einem Zusatzprotokoll ein Recht auf Bildung statuiert. Zu seinen Organen gehört auch der „Europäische Gerichtshof für Menschenrechte", an den sich die Bürger eines Landes zwecks Einklagung von Individualrechten unmittelbar wenden können. So stellte etwa der Europäische Gerichtshof für Menschenrechte im September 2006 mit Bezug auf eine entsprechende Elternklage fest, dass die deutsche Schulpflicht und somit die Unzulässigkeit des Heimunterrichts mit europäischem Recht ebenso vereinbar sei wie mit der Menschenrechtskonvention.

12.1 OECD und Europäische Gemeinschaft bis zum Vertrag von Maastricht

Die wichtigste Aufgabe der 1961 gegründeten *OECD* bestand in der Förderung der wirtschaftlichen Entwicklung und Zusammenarbeit ihrer Mitgliedstaaten. Schon früh befasste sie sich auch mit dem Bildungsbereich, den sie vor allem als „Humanfaktor" für die wirtschaftliche Entwicklung betrachtete (ausführlicher hierzu Martens/Wolf 2006: 163). Bildungspolitik stellte aus dieser Sicht vor allem ein Instrument zur besseren Versorgung des Arbeitsmarktes mit Fachkräf-ten dar. Mit der Errichtung eines Zentrums für Forschung und Innovation im Bildungswesen (1968) und der Bildung eines Ausschusses für Bildungsfragen

(1970) erfolgte innerhalb der OECD erstmals eine Institutionalisierung der Bildungspolitik als eigenständiger Zuständigkeitsbereich. In den 1970er Jahren erweiterte sie mit ihrem Konzept eines „Lebenslangen Lernens" auch inhaltlich ihre Arbeitsschwerpunkte. Die soziale Dimension von Bildung und damit das Thema Chancenungleichheit ergänzten nun die rein ökonomische Perspektive. Internationale Bedeutsamkeit erlangten ihre bildungspolitischen Aktivitäten jedoch erst in den 1990er Jahren. Auf Drängen der USA und Frankreichs entwickelte die OECD ein Konzept zur Analyse von Bildungssystemen auf der Basis von Bildungsindikatoren und umfangreichen Statistiken. Es machte international rasch Karriere, mit dem Ergebnis, dass die OECD heute eine unangefochtene Führungsrolle in der Definition der für das Bildungsberichtwesen maßgeblichen Bildungsindikatoren besitzt. Seit 1992 erscheint jährlich der auch in Deutschland vielbeachtete und stets äußerst lebhaft diskutierte Bericht „Bildung auf einen Blick" (Education at a Glance). Der große Durchbruch im Bildungsbereich gelang ihr jedoch im Jahr 2000 mit der Veröffentlichung der Ergebnisse der ersten PISA-Studie. Seitdem gilt die OECD als *die* Bildungsorganisation schlechthin, an deren Berichten, Analysen oder Empfehlungen auch die nationalen Bildungsminister Maß zu nehmen haben. Zwar verfügt die OECD gegenüber den nationalen Regierungen über keinerlei rechtliche Kompetenzen, über die sie den Mitgliedstaaten verbindliche Entscheidungen aufzwingen könnte. Auch verfügt sie über keinerlei finanzielle Ressourcen, um durch entsprechende Anreize gezielt bestimmte Reformen zu unterstützen. Dafür hat sie mit ihrem international renommierten Indikatorensystem weiche Steuerungsmechanismen entwickelt, die geeignet sind, über Ratings und Rankings auf die Bildungspolitik der Staaten Einfluss zu gewinnen. Vor allem in Deutschland ist angesichts der schlechten PISA-Ergebnisse ein solcher Einfluss sehr ausgeprägt. Davon zeugen nicht nur der öffentliche Bildungsdiskurs, sondern auch die Reaktionen der Kultusminister. Deren Reformanstrengungen in der Schulpolitik sind primär darauf fokussiert, angesichts der im Dreijahresrhythmus veröffentlichten PISA-Ergebnisse kontinuierliche Leistungsverbesserungen nachzuweisen. Doch erzeugt diese Vereinnahmung durch die OECD auch Abwehrhaltungen, zumal sich die Sprecher der OECD mit Empfehlungen und Ermahnungen immer wieder in die innerdeutsche Bildungsdiskussion einmischen. Um ihre Gestaltungsfreiheit zu behaupten, hat die KMK deshalb auch Ende 2005 im Einvernehmen mit dem Bund beschlossen, sich nicht an der von der OECD geplanten „Lehrerstudie" zu beteiligen, da sie auch hier wiederum massive Kritik und damit einen politischen Imageschaden befürchtete. Auch die im Juni 2006 getroffene Entscheidung, die bisherigen PISA-E Untersuchungen durch einen Ländervergleich auf der Basis eigener Bildungsstandards durchzuführen, kann als ein „roll-back unerwünschter Internationalisierungseffekte" durch die OECD interpretiert werden (ebda: 169).

Ähnliche Entwicklungen und Probleme sind auch auf der Ebene der *Europäischen Gemeinschaft* zu registrieren. Auch hier lässt sich im Zeitverlauf ein deutlich zunehmender Bedeutungszuwachs der Bildungspolitik und eine parallel wachsende Eingriffstendenz in die nationalen Bildungspolitiken beobachten (Becker/Primova 2009: 5). In den Römischen Verträgen von 1958 spielte das Bildungswesen noch eine völlig nebensächliche Rolle. Sie enthielten lediglich zwei bildungsrelevante Artikel, die dem Ziel einer Erleichterung der Niederlassungsfreiheit und der Arbeitnehmerfreizügigkeit im europäischen Binnenmarkt dienen sollten. Artikel 128 EWG-Vertrag beinhaltete die Kompetenz der Gemeinschaft zur Verabschiedung allgemeiner Grundsätze zur Durchführung einer gemeinsamen Berufsbildungspolitik, während Artikel 57 EWG-Vertrag die Zuständigkeit zum Erlass von Richtlinien zur gegenseitigen Anerkennung von Diplomen und Zeugnissen regelte. Diesen Vorgaben entsprechend beschränkte sich die Europäische Gemeinschaft bis Ende der 1960er Jahre auf einige wenige Aktivitäten im Bereich der beruflichen Bildung. Auf Drängen der Kommission, die von Anfang an konsequent auf eine breit angelegte Europäisierung der Bildungspolitik drängte, kam es dann im November 1971 zum ersten Treffen der europäischen Bildungsminister, bei dem die Notwendigkeit einer Verstärkung der bildungspolitischen Zusammenarbeit betont wurde. Nachdem 1973 unter der Leitung des deutschen Kommissars Ralf Dahrendorf eine eigene Generaldirektion für Forschung, Wissenschaft und Bildung eingerichtet worden war, verständigten sich die europäischen Bildungsminister 1976 in einer Entschließung erstmals auf eine Intensivierung der gemeinschaftlichen Zusammenarbeit. Beschlossen wurde ein erstes, wenn auch noch recht fragmentarisches Aktionsprogramm, das insgesamt 22 Aktionen umfasste(ebda: 6). Es sollte zu einer besseren Abstimmung der Bildungssysteme führen, den Fremdsprachenunterricht fördern, die Chancengleichheit verbessern und die Zusammenarbeit im Hochschulwesen intensivieren. Dabei wurde nun die Bildungspolitik „nicht mehr nur als Teil der wirtschaftlichen Integration und des Binnenmarkts wahrgenommen, sondern zugleich als Quelle der sozialen Entwicklung, des gesellschaftlichen Fortschritts und der Kultur in Europa. Bildungspolitik wurde durch dieses Programm als eigenständiger Politikbereich vom Ministerrat legitimiert und die Bedeutung der Bildung als kultureller und gesellschaftlicher Faktor in Europa anerkannt" (ebda).

Weitere Förderprogramme, die hieran anknüpften folgten dann in den 1980er Jahren. 1987 startete die Gemeinschaft verschiedene, aber nach wie vor relativ unkoordinierte Aktions- und Bildungsprogramme. Dazu gehörten etwa ERASMUS, ein Programm zur Förderung der Mobilität von Studierenden und zur Zusammenarbeit von Hochschulen, das LINGUA-Programm zur Förderung von Fremdsprachenkenntnissen durch Auslandsaufenthalte sowie verschiedene Programme zur beruflichen Erstausbildung und Weiterbildung. Allerdings waren auch diese Programme noch relativ schwach dotiert und blieben so ohne Breitenwirkung (Führ 1996: 262). Dennoch stießen aber die damit einhergehenden Harmonisierungs- und Europäisierungsversuche der Kommission zunehmend auf den Widerstand vieler Mitgliedstaaten, die sich gegen zu konkrete inhaltliche Formulierungen oder zu weit gehende rechtliche Verpflichtungen zum Teil heftig zur Wehr setzten. Massive Unterstützung erhielt die Kommission in jener Phase der achtziger Jahre vor allem vom Europäischen Gerichtshof (EuGH), der in einer Serie von integrationsfreundlichen Urteilen die Politik der Kommission unterstützte. Stellvertretend erwähnt sei hier nur das umstrittene „Gravier-Urteil" von 1985, in dem der allgemeine Freizügigkeitsgrundsatz der Arbeitnehmer auch auf Studenten als künftige Arbeitnehmer ausgedehnt wurde. Es war vor allem mit der bedeutsamen Feststellung verbunden, dass der Anwendungsbereich von Artikel 128 EWG-Vertrag nicht alleine auf die berufliche Bildung beschränkt werden könne, sondern alle zu einem Beruf qualifizierenden Bildungsgänge, also auch den Sekundarbereich II sowie ein Hochschulstudium, umfasse[160]. Gestützt auf diese und andere analoge Urteile, welche die bisherigen Grenzziehungen verwischten, konnte die Kommission so auch ihre Initiativen im Hochschulbereich künftig als Teil der beruflichen Bildung deklarieren und auch ansonsten ihren Handlungsspielraum kontinuierlich ausweiten (Becker/Primova 2009:7). Zunehmend interpretierte sie entsprechend nun Artikel 128 EWG ausgesprochen extensiv, indem sie Zuständigkeiten nun nicht nur in der beruflichen, sondern auch in der allgemeinen Bildung, der Hochschulbildung und der Weiterbildung beanspruchte. Allerdings stießen diese weitgehenden Harmonisierungsbestrebungen der Kommission und des Europäischen Gerichtshofs zunehmend auf den Widerstand der Mitgliedstaaten, die in einem sensiblen politischen Politikfeld Übergriffe auf ihre Kompetenzen fürchteten. Sie waren deshalb bemüht, der „schleichenden Vergemeinschaftung bildungspolitischer Zuständigkeiten" durch den *Vertrag von Maastricht*, der im November 1993 in Kraft trat, einen Riegel vorzuschieben (Martens/Wolf 2006: 153). Erstmals wurde nun zwar ein eigenes Bildungskapitel in den EGV eingefügt, das die allgemeine (Art. 126, heute Art. 149) und die berufliche Bildung (Art. 127, heute Art. 150) in den Ziel- und Aufgabenbereich der Gemeinschaft einbezieht (Bektchieva: 2004, 25ff). Allerdings ist die Gemeinschaft in beiden Bereichen ausdrücklich auf Maßnahmen zur Förderung der Zusammenarbeit, zur Ergänzung und Unterstützung der Mitgliedstaaten beschränkt. Aufgrund des in Maastricht ebenfalls festgeschriebenen *Subsidiaritätsprinzips* hat die Gemeinschaft die „Verantwortung für die Lehrinhalte und die Gestaltung des Bildungssystems sowie der Vielfalt ihrer Kulturen und Sprachen" bzw. für „Inhalt und Gestaltung der beruflichen Bildung" strikt zu

---

[160] EuGH, Rs 293/83

beachten. Der Vertragstext verfügt daher für den Bildungsbereich ein ausdrückliches *Verbot jeglicher Harmonisierung* der Rechts- und Verwaltungsvorschriften der Mitgliedstaaten. Damit hatten die Mitgliedsstaaten erreicht, dass erstmals in einem europäischen Vertragswerk die Zuständigkeiten zwischen der EU und den Mitgliedsstaaten klar voneinander abgegrenzt wurden. Sie selbst behielten ihre Zuständigkeiten, während der EU lediglich eine Unterstützungsfunktion übertragen wurde, nach der sie laut Artikel 3 EG-Vertrag jedoch einen Beitrag zu einer „qualitativ hochstehenden allgemeinen und beruflichen Bildung" in den Mitgliedsstaaten leisten kann (Becker/Primova 2009: 9). Diese Bestimmungen wurden auch in den am 13. Dezember 2007 von den Staats- und Regierungschefs der EU unterzeichneten Lissaboner Vertrag, der den gescheiterten Verfassungsvertrag ersetzte, nicht in Frage gestellt. Der Ende 2009 in Kraft getretene Reformvertrag steht somit weitgehend für die Bewahrung des bildungspolitischen status quo. Insbesondere blieben die beiden zentralen Bildungsartikel, geringfügig ergänzt um die jugendpolitische Anliegen der demokratischen Erziehung und die europäische Dimension des Sports, in ihrer ursprünglichen Fassung erhalten.

12.2 Die Methode der offenen Koordinierung im Lissabon-Prozess

Von Anfang an war es jedoch zweifelhaft, ob dieses auf Abgrenzung zielende abstrakte Prinzip, „dessen Kompetenzermächtigungen final, jedoch nicht gegenständlich angelegt sind" eine weitere Kompetenzaushöhlung der Bildungshoheit der Mitgliedsstaaten zu verhindern geeignet ist (Thiele: 1999, 163). Nachdem der 1999 in Kraft getretene Amsterdamer Vertrag in seine Präambel die Absichtserklärung der Mitgliedstaaten aufgenommen hatte, „durch umfassenden Zugang zur Bildung und durch ständige Weiterbildung auf einen möglichst hohen Wissensstand ihrer Völker hinzuwirken", fühlte sich die Europäische Kommission in ihrer Absicht bestärkt, daraus eine umfassende Zuständigkeit der Union im gesamten Bildungsbereich abzuleiten (Berggreen-Merkel: 2001, 134). Dies umso mehr, als die Kommission die Auffassung vertritt, der technologische Wandel und der globale Wettbewerb machten es unumgänglich, einen gemeinsamen europäischen Bildungsraum zu schaffen. Seitdem zielt ihre Strategie darauf ab, durch ein immer dichter gewobenes Netz von Gemeinschaftsaktivitäten und Aktionsprogrammen die Konvergenz der nationalen Bildungssysteme und damit eine europäische Bildungsgemeinschaft Schritt für Schritt voranzubringen.

Politische Rückendeckung erhielt die Kommission durch den Europäischen Rat der Staats- und Regierungschefs. In der *Lissabon-Erklärung* vom März 2000 legte er sich auf das ehrgeizige gemeinsame Ziel fest, bis zum Jahre 2010 die *Europäische Union zum wettbewerbsfähigsten und dynamischsten Wirtschafts-*

raum der Welt zu machen und dabei besonderes Gewicht auf Wissen, Innovation und die Optimierung des Humankapitals zu legen. Mit dieser rein ökonomischen und funktionalistischen Zielrichtung wurde hierzu auch ein entsprechender Beitrag der nationalen Bildungspolitiken eingefordert. An die Adresse der Mitgliedstaaten ergingen konkrete Forderungen (Berggreen-Merkel: 2004, 456ff.): Europas Bildungs- und Ausbildungssysteme sollten am Bedarf der Wissensgesellschaft und der Steigerung qualifizierter Beschäftigung ausgerichtet werden. Postuliert wurden z.B. eine deutliche Steigerung der jährlichen Investitionen für Humankapital und Weiterbildung, eine Anpassung der Lern- und Ausbildungsangebote an die technologischen Umbrüche, eine Verdoppelung der Abschlüsse in der Sekundarstufe II, der Ausbau von Schulen und Ausbildungsstätten zu lokalen Mehrzweck-Lernzentren, Zugang zu Internet und Multimediaprodukten für alle Schulen sowie eine europaweite Festlegung der Grundfertigkeiten, die durch lebenslanges Lernen zu vermitteln seien.

Mit dem genannten Lissaboner Gipfel vollzog sich in der europäischen Bildungspolitik ein entscheidender Paradigmenwechsel, der in Brüsseler Kreisen sogar als „silent revolution" beschrieben wurde (Linsenmann: 2001/2002, 142). Die neu entdeckte Gemeinschaftsaufgabe Bildung wurde nun als *der* „wirtschaftliche Erfolgsfaktor" des 21. Jahrhunderts definiert, um die für 2010 von der EU anvisierten Ziele in der Wirtschafts-, Beschäftigungs- und Sozialpolitik zu erreichen. Als Bremsklotz erwies sich jedoch das in Maastricht festgeschriebene Harmonisierungsverbot nach Art. 149(4) und Art. 150(4). Um diese rechtliche Hürde zu umgehen empfahl der Europäische Rat, die bereits in anderen Politikbereichen, vor allem in der Sozial- und Beschäftigungspolitik, praktizierte weichere *Methode der offenen Koordinierung (OMK)* auch in der Bildungspolitik anzuwenden. Dieses Verfahren sieht vor, dass die Mitgliedstaaten anhand von Zielvorgaben (benchmarks als europäische Durchschnittsbezugswerte) durch jährliche Umsetzungsberichte (monitoring) ihre Fortschritte untereinander vergleichen (peer-review) und dabei versuchen, gute Beispiele anderer Mitgliedstaaten aufzugreifen, um damit ihre eigenen Umsetzstrategien zu verbessern (best practice). Mit der weiteren Konkretisierung und Umsetzung der offenen Koordination beauftragte der Europäische Rat die Kommission und den Rat der Bildungsminister. Um Vorbehalte auszuräumen lobte er die OMK geradezu als Muster eines dezentralen Ansatzes, der die Autonomie der Mitgliedstaaten und das Subsidiaritätsprinzip nicht beeinträchtige. Gleichzeitig ließ er verlauten, dass das Verfahren aufgrund fehlender vertraglicher Voraussetzungen keine rechtliche Verbindlichkeit beinhalte, die Gestaltung und Veränderung der Bildungspolitik in Europa somit nach wie vor Sache der Mitgliedstaaten bleibe.

Es liegt jedoch auf der Hand, dass jenseits dieser rechtlichen Schranken von diesem Verfahren eine starke politische Selbstbindung ausgeht und die Mitgliedstaaten sich dem Druck der Überwachung, des Berichtswesens und der Evaluierung auf Dauer schwerlich entziehen können (Berggreen-Merkel: 2001, 142). Ihre verblüffende Dynamik schöpft die OMK aus dem psychologischen Element der gegenseitigen Zielerreichungsprüfung durch die Ratsmitglieder und dem Faktum, dass sich kein Land beim „Benchmarking" im unteren Drittel einer Rangliste sehen möchte (Bauer/Knöll 2003: 33). Diese Wirkung entspricht auch dem politischen Kalkül der Kommission, die hier auf die Strategie eines freiwillig koordinierten Selbstzwanges setzt. Obwohl sie im Bildungsbereich nur über eine reine Förderkompetenz verfügt, hat sich die Kommission so ein höchst wirksames Steuerungsinstrument geschaffen, mit dem sie das Subsidiaritätsprinzip im Bildungsbereich gezielt unterlaufen kann. Entsprechend erarbeitete der Rat der Bildungsminister, der seine Entscheidungen auf Vorschlag der Kommission mit qualifizierter Mehrheit trifft, Anfang 2002 das Arbeitsprogramm *Allgemeine und berufliche Bildung 2010,* das in drei strategische Ziele und 13 bildungspolitische Leitziele untergliedert ist (Höchstetter 2007:154ff.). Angestrebt wurde damit eine Qualitätsverbesserung der Bildungssysteme, eine Erleichterung des Zugangs für alle zur Bildung sowie eine Öffnung der europäischen Bildungssysteme gegenüber der Welt. Im Mai 2003 verständigte sich der Bildungsrat sodann auf die Verabschiedung eines fünf Punkte umfassenden Benchmark-Programms, das erstmals auch europaweit umzusetzende quantitative Ziele benannte, die bis 2010 realisiert und ständig evaluiert werden sollen: Die Absenkung frühzeitiger Schulabbrecher auf 10%, die Erhöhung der Hochschulabsolventen/innen in den Bereichen Mathematik, Naturwissenschaften und Technologie (MINT) um 15% bei gleichzeitigem Abbau der Geschlechterdifferenz, die Erhöhung der Abschlüsse im Sekundarbereich II auf 85% aller 22-Jährigen, die Absenkung schlechter Lesekompetenz bei den 15-Jährigen (unterhalb der Lesekompetenzstufe II bei PISA) auf maximal 15,5 Prozent und die Steigerung des Anteils der Berufstätigen, die sich am lebenslangen Lernen beteiligen auf 12,5%.

Mit der Einführung der OMK und präzisen Benchmarks hatte die Bildungspolitik der Gemeinschaft inzwischen eine neue Dynamik und Qualität erreicht. Eine Minderheit der Mitgliedstaaten, wandte sich von Anfang an mit Entschiedenheit gegen damit verbundene mögliche Kompetenzausweitungen der Gemeinschaft. Die deutsche Delegation, vertreten durch den Staatssekretär des Bundesbildungsministeriums und die ständige Bundesratsbeauftragte im Bildungsrat, die Bildungsministerin aus Schleswig-Holstein, gaben 2002 im Bildungsministerrat eine gemeinsame Stellungnahme ab. Sie stellten klar, dass das Vorhaben der Kommission, den Mitgliedstaaten quantitative bildungspolitische Ziele vorzugeben, durch den Vertrag von Maastricht nicht gedeckt sei und die Gestaltung und Veränderung nationaler Bildungspolitik auch künftig in der primären Verantwortung der Mitgliedstaaten verbleibe. Da eine Rechtsbindung fehle, seien auch keine Sanktionen möglich. Äußerst kritisch äußerte sich seinerzeit auch die *KMK*, die das zentralistische Vorgehen der EU durch den Einsatz der OMK im Bildungsbereich in einer scharfen Stellungnahme rundum ablehnte.[161] In einem im Dezember 2007 vorgelegten Beschluss zu „KMK-Verfahren in Angelegenheiten der Europäische Union" hat sie diese ablehnende Auffassung als einen Eckpunkt ihres künftigen Handelns erneut bestätigt. Darin hat sie sich gegen das dahinter stehende Ansinnen der EU verwahrt, dem Bildungswesen seine Eigenständigkeit zu nehmen und es als Annex der Wirtschafts-, Sozial- oder Beschäftigungspolitik unterzuordnen.[162]

Vor allem aber auch der *Bundesrat*, über den die Länder nach Art. 23 GG in EU-Angelegenheiten mitwirken, hat in einer ganzen Reihe von Erklärungen die OMK als entschieden subsidiaritätsfeindlich abgelehnt (Rosenau 2002: 156). In einer Stellungnahme vor dem EU-Gipfel im März 2004 in Brüssel hielt er der Gemeinschaft vor, sie greife in unzulässiger Weise in das bundesstaatliche Kompetenzgefüge ein und gefährde das Recht der Mitgliedstaaten, über ihre Bildungsausgaben und Investitionen eigenverantwortlich zu entscheiden. Insgesamt könne die Formulierung von Benchmarks nur auf der Basis freiwilliger Kooperation der Mitgliedstaaten und auf der Grundlage des Informations- und Erfahrungsaustauschs erfolgen. Der Handlungsspielraum der Gemeinschaft müsse insgesamt auf unterstützende und ergänzende Maßnahmen beschränkt werden (Bundesrat, DS 928/1/03: 2004, 9ff). Allerdings scheinen die Einwände des Bundesrats in den Jahren danach in Brüssel weitgehend überhört worden zu sein. Die Kommission hat vielmehr ihre Eingriffsaktivitäten im Rahmen der OMK weiter verstärkt und 2008 weitere Maßnahmen zur Verbesserung des Bildungs-

---

[161] In dem im Februar 2002 erfolgten Beschluss „Erste Positionsbestimmung der KMK zur künftigen Kompetenzregelung im EG-Vertrag" äußerte sich die KMK wie folgt: „Die Kultusministerkonferenz […] lehnt eine Kompetenz der Gemeinschaft im Bildungs- und Kulturbereich z.B. für die Festsetzung von zentralen europäischen Leitlinien mit Vorgaben für finanzielle, organisatorische oder inhaltliche Teilziele und mit Zeitplänen für deren Realisierung, für die Bestimmung quantitativer und qualitativer Indikatoren und Benchmarks sowie Berichtspflichten und Bewertungen der Fortschritte ab. Derartige zentralistische Vorgaben sind nicht geeignet, die Vielfalt der Kulturen und Bildungstraditionen zu erhalten und deren Identifikationskraft für die Menschen zu stärken und ihr Verständnis für andere Kulturen und Bildungstraditionen – auch über den Rahmen der Europäischen Union hinaus – zu fördern". http://www.kmk.org/fileadmin/veroeffentlichungen_beschluesse/2002/2002_02_01-Kompetenzregelung-EG-Vertrag.pdf.

[162] Darin heißt es unmissverständlich: „Die Kultusministerkonferenz bekennt sich ausdrücklich für die Bereiche Bildung, Wissenschaft und Kultur zum in Art. 5 EGV festgelegten Grundsatz der Subsidiarität sowie den in Art. 149-151 EGV festgelegten spezifischen Bestimmungen und Begrenzungen. Sie betont die Bedeutung der Bildungs-, Wissenschafts- und Kulturpolitik als Kernbereiche der Eigenstaatlichkeit der Länder und die Eigenständigkeit der Bildungs-, Wissenschafts- und Kulturkooperation, die nicht als Annex der Wirtschafts-, Sozial- oder Beschäftigungspolitik untergeordnet werden können." http://www.kmk.org/fileadmin/veroeffentlichungen_beschluesse/2007/2007_12_13-Europaeische-Union-KMK.pdf.

niveaus angekündigt. Im September des gleichen Jahres hat deshalb der Bundesrat in einem Beschluss erneut seine Sorge geäußert, dass „die bisherige OMK durch Zentralisierung und Aufweichung der Kompetenzverteilung zugunsten der Kommission maßgeblich verändert" wird. „Aufgrund der begrenzten Zuständigkeiten im Bereich der allgemeinen und beruflichen Bildung", so heißt es hier in aller Eindeutigkeit," kann die Gemeinschaft den Mitgliedstaaten keine Vorgaben machen, welche Maßnahmen zur Verbesserung des Bildungswesens ergriffen werden müssen und welche Zielvorgaben zu erreichen sind" (Bundesrat, DS 498/08: 2008, 3).

Angesichts fehlender Sanktionsmöglichkeiten seitens der EU verwundert es nicht, dass die Ziele der Kommission bei der Umsetzung des Arbeitsprogramms Allgemeine und berufliche Bildung 2010 bei weitem nicht erreicht wurden. Abgesehen vom Benchmark zu Absolventen in MINT wurde bis 2010 keine einzige der fünf Zielvorgaben von den 27 EU-Staaten verwirklicht, vielmehr wurden diese zumeist erheblich unterschritten. Die Verbesserungen hielten sich auf recht niedrigen Niveau, bei der Kompetenzarmut der 15-Jährigen Schüler kam es gegenüber 2000 sogar zu Verschlechterungen (Allmendinger/Ebner/Nikolai 2010: 173ff.). Speziell für Deutschland fällt die Bilanz sogar noch ernüchternder aus, da es bei einigen Indikatoren sogar unter dem EU-Durchschnitt liegt. Betrachtet man die 15 alten Mitgliedstaaten (Ausgangsjahr 2000), so lassen sich bei insgesamt vier Indikatoren lediglich leichte Konvergenzprozesse beobachten. Von einem einheitlichen Bildungsraum, wie er seit der Lissabonerklärung angestrebt wird, „lässt sich jedoch noch lange nicht sprechen; weder bei der Betrachtung der EU-15-noch der EU-27 – Staaten" (ebda: 176). Der Europäische Rat hat daher bereits im Mai 2009 einen neuen strategischen Rahmen für die europäische Zusammenarbeit auf dem Gebiet der allgemeinen und beruflichen Bildung mit dem Titel *Education & Training 2020* verabschiedet, mit dem nach 2010 trotz aller Hindernisse die Zusammenarbeit weiter vertieft werden soll. Die bestehenden Benchmarks sollen im Wesentlichen beibehalten, aber durch neue ergänzt werden. Zwei neue Benchmarks sind hinzugekommen: Der Anteil von Absolventen im Hochschulbereich (30-34-Jährige) soll bis 2020 auf mindestens 40%, erhöht werden und der Anteil der Kinder im Alter zwischen vier Jahren und dem gesetzlichen Einschulungsalter, die vorschulische Einrichtung besuchen, soll mindestens 95% betragen (ebda: 177).

12.3 Instrumente der Europäisierung: Europäischer Qualifikationsrahmen, Bologna-Prozess und Förderprogramme

Zur Umsetzungsstrategie der Kommission gehört es, dass seit 2004 die Kommission und der Rat der Bildungsminister im Abstand von zwei Jahren einen Zwischenbericht vorlegen, in dem die Umsetzung des Arbeitsprogramms bilanziert wird. In diesen werden neuerdings die Ergebnisse der 2005 eingeführten nationalen Fortschrittsberichte eingearbeitet, in denen die Mitgliedsstaaten kontinuierlich über die eigenen Umsetzungsaktivitäten Rechenschaft ablegen. In den daraus abgeleiteten Initiativen der Kommission werden dann jeweils regelmäßig Empfehlungen ausgesprochen die Bildungsinvestitionen drastisch zu erhöhen oder auch das Arbeitsprogramm beschleunigt und effizienter umzusetzen. Ferner werden neue Maßnahmen festgelegt, welche die Kompatibilität der Bildungssysteme, die Anerkennung von Qualifikationen und den Abbau von Mobilitätshindernissen vorantreiben sollen. In diesem Kontext integriert das Arbeitsprogramm „Allgemeine und berufliche Bildung 2010" auch alle anderen Aktionen im Bildungsbereich auf europäischer Ebene, einschließlich der Weiterbildung und der Hochschulbildung. Dem Ziel der Schaffung eines integrierten europäischen Bildungsraums dienen weitere flankierende Initiativen der Kommission, die im Grundsatz durchweg auf die Unterstützung und Billigung durch den Europäischen Rat, den Bildungsministerrat und das Europäische Parlament zählen können.

Dazu gehört auch der nach einem mehrjährigen Konsultationsprozess im April 2008 vom EU-Rat und dem EU-Parlament verabschiedete *Europäische Qualifikationsrahmen für ein lebenslanges Lernen (EQR)*. Mit dieser „unverbindlichen" Empfehlung wird ein europaweiter Referenzrahmen geschaffen, der dazu dienen soll, die in den Mitgliedstaaten erworbenen Qualifikationen in der allgemeinen Bildung und Erwachsenenbildung, der Hochschulbildung sowie der beruflichen Aus- und Weiterbildung untereinander transparent und vergleichbar zu machen. Mit der Verknüpfung all dieser Bildungsbereiche unter dem Dach des lebenslangen Lernens soll vor allem auch eine größere Durchlässigkeit zwischen beruflicher und akademischer Bildung bewirkt werden. Zudem umfasst der EQR auf allen Niveaus nicht nur die regulären Ausbildungsgänge und formalen Bildungseinrichtungen, sondern auch das gesamte Spektrum der informellen Lernprozesse. Mit der Fokussierung auf neutral definierte Outcames basieren die Qualifikationsniveaus nicht mehr auf dem Lerninput, der durch die Ausbildungsdauer, den Ausbildungsort und die Ausbildungsform bestimmt wird, sondern ausschließlich auf den Lernergebnissen. Damit soll sichergestellt werden, dass jedes Qualifikationsniveau grundsätzlich auf ganz unterschiedlichen Bildungs- und Karrierewegen erreichbar ist. Als eine Art „Übersetzungshilfe" zwischen den nationalen Qualifikationssystemen soll der EQR dazu beitragen, die transnationale Mobilität von Beschäftigten und Lernenden zu erleichtern, um so den Anforderungen des europäischen Arbeitsmarkts besser entsprechen zu können. Kernstück des EQR sind acht vertikal gestufte Referenzniveaus, in denen Lernergebnisse definiert werden, die auf der jeweiligen Niveaustufe erreicht werden müssen. Zu ihrer näheren Beschreibung dienen drei horizontale Indikatoren, nämlich Kenntnisse, Fertigkeiten und Kompetenzen, die beschreiben, „was ein Lernender weiß, versteht und in der Lage ist zu tun".[163] Die acht Stufen reichen von grundlegenden allgemeinen Qualifikationen, die mit dem Pflichtschulabschluss erreicht werden (Stufe I) bis zu Qualifikationen, die für die höchste Stufe der akademischen oder beruflichen Aus- und Weiterbildung gelten. Entsprechend umfassen die obersten Stufen unter anderem auch die bereits im Rahmen des Bologna-Prozesses vom Bildungsministerrat in Bergen (2005) beschlossenen Deskriptoren für die drei Studienzyklen Bachelor (Stufe 6), Master (Stufe 7) und Promotion (Stufe 8). Zum strategischen Konzept gehört es, dass die EU hierbei dem EQR „die Rolle eines Katalysators für Reformen" in den Mitgliedsstaaten zuweist, der dort als Metarahmen für einen Nationalen Qualifikationsrahmen fungieren soll. Entsprechend hat die EU diesen empfohlen, analog zum EQR jeweils nationale Qualifikationssysteme zu entwickeln und diese bis 2010 an den EQR zu koppeln. Ab 2012 sollen dann alle Zertifikate, Zeugnisse oder Abschlüsse in einem Mitgliedsstaat einen klaren Hinweis auf das entsprechende Niveau des EQR enthalten, um so die internationale Mobilität von Arbeitnehmern und Lernenden zu fördern. Bislang sind in vielen Ländern die erforderlichen Umsetzungen aber nur stockend vorangekommen. In Deutschland hatten die KMK und das BMBF bereits Anfang 2007 eine entsprechende Bund-Länder-Koordinierungsgruppe (B-L-KG) eingesetzt. Um weitere relevante Akteure – Einrichtungen der Hochschulbildung und der beruflichen Bildung, Sozialpartner und Experten aus Wissenschaft und Praxis – in den Erarbeitungsprozess einzubeziehen, haben Bund und Länder zudem einen Arbeitskreis „Deutscher Qualifikationsrahmen" (AK DQR) begründet. Ziel dieser vereinten Bemühungen soll es sein, lernergebnisorientiert und kompatibel zum EQR einen bildungsbereichsübergreifenden *Deutschen Qualifikationsrahmen (DQR)* zu entwickeln. Im Februar 2009 wurde ein erster gemeinsam entwickelter Diskussionsvorschlag für einen DQR vorgelegt, der bis Mitte 2010 einer ersten Erprobung unterzogen wurde.[164] Dabei hat sich bei den innerdeutschen Diskussionen gezeigt, dass so-

---

[163] http://eur-lex.europa.eu/LexUriServ/LexUriServ.do?uri=OJ:C:2008: 111:0001:0007:DE:PDF

[164] Sein Kernelement ist eine Vier-Säulen-Matrix, in der zwei Kompetenzkategorien (Fachkompetenz und Personale Kompetenz) sowie jeweils zwei Subkategorien („Wissen und Fertigkeiten", „Sozial- und „Selbstkompetenz") unterschieden werden. Ferner wurden acht Niveaustufen mit Deskriptoren eingeführt, denen formale Qualifikationen der allgemeinen, der Hochschulbildung und der beruflichen Bildung zuzuordnen sind. In einem späteren Schritt sind auch Ergebnisse des informellen Lernens zu berücksichtigen. Dieser erste Entwurf für einen DQR wurde von Mai 2009 bis Mai 2010

wohl der EQR selbst wie auch der vorliegende DQR-Entwurf von Seiten der beteiligten Akteure teilweise sehr kontrovers beurteilt werden. Zudem bestehen auch zahlreiche ungeklärte Probleme, die nach Lage der Dinge bis 2012 im Konsens vermutlich nicht zu lösen sein dürften. Kritisiert wird etwa beim EQR dessen ausschließliche Orientierung am ökonomischen Nutzen und an der beruflichen Verwertbarkeit im Sinne der Employability, während individuelle oder normative Persönlichkeitsmerkmale keinerlei Aufnahme in die Matrix gefunden haben. Diese EU-Grundtendenz in der Denkweise wird jedoch mit Sicherheit die weitere Entwicklung des DQR prägen. Zudem dürfte die EU ihre Bemühungen fortsetzen, auch im Falle des EQR entsprechende Steuerungs- und Kontrollinstrumente zur Evaluation und Qualitätssicherung zu etablieren. In Deutschland wird zudem befürchtet, die Einordnung des dualen Systems in den EQR könne für dieses zu Benachteiligungen führen und so seine Stellung gefährden. Nicht zuletzt besteht aber bislang weitgehende Unklarheit darüber, wie sich die Umsetzung des EQR im DQR auf die einzelnen Bildungsbereiche selbst sowie auf die Durchlässigkeit und Gleichwertigkeit zwischen den Bildungsbereichen (Schule, berufliche Bildung, Hochschulen) auswirken wird.

Im Hinblick auf die Europäisierung der nationalen Bildungssysteme und die damit wachsende supranationale Einflussnahme auf die Mitgliedstaaten kommt vor allem dem 1999 eingeleiteten *Bologna-Prozess* eine Schlüsselstellung zu (vgl. hierzu ausführlich Kapitel 10.2.3). In seiner Startphase ging er auf eine intergouvernementale Initiative von vier Ländern außerhalb des EU-Rahmens zurück (Toens 2007: 2ff). In der Sorbonne Erklärung vom Mai 1998 hatten Frankreich, Deutschland, Italien und England ihren Willen bekundet, einen „offenen europäischen Raum für Hochschulbildung" zu schaffen. Dieses Ziel sollte durch eine Harmonisierung der Ausbildungszyklen, die wechselseitige Anerkennung akademischer Abschlüsse und die Förderung der Mobilität der Studierenden erreicht werden. Ökonomische Bezüge waren in diesem Text, der die Entwicklung gemeinsamer kultureller Dimensionen betonte und zudem den einleitenden Hinweis enthielt, Europa „ist nicht nur das Europa des Euro, der Banken

---

von Experten aus Wirtschaft, Wissenschaft und Bildungspraxis in vier ausgewählten Berufs- und Tätigkeitsfeldern (Gesundheit, Handel, Metall/Elektro und IT-Bereich) exemplarisch erprobt. Ziel dieser zweiten Erarbeitungsphase des DQR war es, zu nachvollziehbaren, konsensfähigen Zuordnungen ausgewählter Qualifikationen zu kommen sowie die Handhabbarkeit der DQR-Matrix zu überprüfen und gegebenenfalls weiterzuentwickeln.

Die Ergebnisse der einjährigen Erprobungsphase sind in drei Teilen dokumentiert. Weiterführende Informationen finden sich auf der Homepage des BMBF und der KMK zum DQR unter http://www.deutscherqualifikationsrahmen.de/SITEFORUM?t=/contentManager/selectCatalog&e=UTF-8&i=12 15181395066&l=1&ParentID=1215772627052&active=no.

Weitere Gutachten und Stellungnahmen sind abrufbar auf der Homepage des Deutschen Bildungsservers unter http://www.bildungsserver.de/zeigen_e.html?seite=6696

und der Wirtschaft", noch nicht zu finden. Begriffe wie Wettbewerb und arbeitsmarktrelevante Qualifikationen (employalibilty) tauchten dann erstmals ein Jahr später in der von 33 Staaten unterzeichneten Bologna-Erklärung auf, doch dominierten auch hier noch eindeutig die kulturellen Bezüge. Auf der Konferenz in Paris war jedoch auch schon die EU-Kommission präsent, jedoch nur in einer Gastrolle. Sie wurde vertreten durch ihren damaligen Direktor für Bildung, Domenico Lenarducci, sowie die Vorsitzende der Abteilung Schulen und Hochschulen, Angelique Verli (ebda: 41). Die für den weiteren Fortgang wichtige Nachfolgekonferenz ein Jahr später in Bologna wurde jedoch bereits von der wiederum nur als Gast anwesenden Kommission finanziert (Balzer/Humrich 2008: 289). Nach dem Lissaboner Gipfel im Jahre 2000, dessen bildungspolitische Agenda wesentlich von der Kommission vorbereitet und initiiert wurde, kam es zu der bereits erwähnten ökonomischen Wende im Bologna-Prozess. Sie wurde auf der ersten Nachfolgekonferenz mit der Prager Deklaration (2001) mit entsprechenden Formulierungen nun auch auf der Ebene des Bildungsministerrats besiegelt (Martens/Wolf 2006: 160). Ihren institutionellen Niederschlag fand dieser Paradigmenwechsel nicht zuletzt vor allem darin, dass bereits im Vorfeld der Prager Konferenz die Kommission im EU-Rat den Status eines stimmberechtigten Vollmitglieds erhalten hatte. Seitdem hat die Kommission das Gesetz des hochschulpolitischen Handelns in der EU zunehmend an sich gezogen und bestimmt durch ihre zahlreichen Initiativen und Aktionen alle weiteren Schritte zur Errichtung eines einheitlichen europäischen Hochschulraums. Unter Berufung auf die zentralen Ziele der Lissabon-Strategie, der Steigerung von Wettbewerbsfähigkeit, Wachstum und Beschäftigung, ist es ihr gelungen, durch die konsequente Anwendung der OMK weit stärker in nationalstaatliche Zuständigkeiten einzugreifen als dies aufgrund der primärrechtlichen Beschränkungen eigentlich möglich gewesen wäre (Becker/Primova 2009: 23). Sie bedient sich dabei sehr erfolgreich umfassender europäischer Netzwerke, indem sie Experten und Stakeholder sowohl aus dem staatlichen wie dem nichtstaatlichen Bereich, Vertreter von europäischen Dachorganisationen aus dem Wirtschafts- und Sozialbereich, sowie von Vereinigungen aus dem Hochschulsektor konsultativ in das Agenda-Setting koordinierend mit einbezieht (ebda: 26ff.). Mit der Einrichtung einer speziellen „Bologna-Follow-up Group", die zwischen den Tagungen des Bildungsministerrates vorbereitend und implementierend tätig wird, hat sie ein zusätzliches institutionelles Scharnier zwischen den Teilnehmerstaaten geschaffen[165]. Für viele der teilnehmenden Staaten mündete diese umfassend und sehr

---

[165] Die Bologna Follow-up Group (BFUG), die auch bevollmächtigt ist Beschlüsse zu fassen, besteht aus Vertretern der 47 Länder, die zum Europäischen Hochschulraum gehören, der EU-Kommission sowie acht beratenden Mitgliedern. Zu den letzteren gehören hochschulnahe Einrichtungen wie The European University Association (EUA), The European Association of Institutions in Higher Educa-

zielorientiert vorangetriebene Entwicklung in eine tiefgreifende Umgestaltung ihres bisherigen Hochschulwesens, die sich nicht nur auf strukturelle und inhaltliche Zielveränderungen beschränkt. Mit der Entwicklung europäischer Kriterien der Qualitätsentwicklung und Qualitätssicherung wurde zudem durch die Kommission auch die europaweite Ausbreitung neuer Formen der politischen Steuerung im Hochschulbereich propagiert. Prozesse der Deregulierung und Entstaatlichung, die Verschiebung von goverment zu governance, die in Deutschland schon vor dem Bologna-Prozess in Gang gekommen waren, werden seitdem auch von der EU-Ebene aus mit Nachdruck vorangetrieben(Martens/Wolf 2006: 154). Die weitreichende Bedeutung des Bologna-Prozesses kommt aber auch darin zum Ausdruck, dass er gewissermaßen als Katalysator und Einfallstor für Reformprozesse in anderen Bildungsbereichen fungiert, so dass seine Bedeutung weit über den Hochschulbereich hinausreicht. Die weiter oben dargestellten Aktionen im Rahmen des Arbeitsprogramms „Allgemeine und berufliche Bildung 2010" oder die Einrichtung eines „Europäischen Qualifikationsrahmens für ein lebenslanges Lernen" (EQR) stehen für diese Bemühungen der Kommission, die Harmonisierung des Bildungswesens auf allen Ebenen so umfassend wie nur möglich zu forcieren. Eine besondere Bedeutung spielt in diesem Zusammenhang auch der „Kopenhagen-Prozess", der im Dezember 2002 mit der Unterzeichnung einer entsprechenden Deklaration durch 31 EU-Bildungsminister angestoßen wurde. Ähnlich wie im Bologna-Prozess geht es im Falle der beruflichen Bildung darum, einen einheitlichen Rahmen unter anderem für die Anerkennung beruflicher Abschlüsse und gemeinsamer Instrumente zur Qualitätssicherung zu etablieren. Verwirklicht wurde inzwischen unter anderem ein europaweit einheitlicher Europass, der für fünf verschiedene Anwendungsbereiche (z.B. Lebenslauf, Sprachkenntnisse oder Mobilität) die jeweils dort erworbenen Qualifikationen und Kompetenzen dokumentiert. Ferner das Leistungspunktesystem (ECVET) – analog zu ECTS –, das im Juni 2009 vom EU-Parlament und dem EU-Rat als Empfehlung beschlossen worden ist. Unter dem politischen Aspekt bleibt jedoch entscheidend, dass im Kopenhagen-Prozess – anders als im intergouvernementalen Bologna-Prozess – die Initiative nicht vom Bildungsministerrat, sondern von der Kommission selbst ausging und diese auch den weiteren Fortgang des Prozesses nach wie vor weitgehend dominiert.

---

tion (EURASHE), The European Students' Union (ESU). Für den Bereich Qualitätssicherung steht The European Association for Quality Assurance in Higher Education (ENQA). Als supranationale Institutionen sind vertreten The Council of Europe und The UNESCO – European Centre for Higher Education (UNESCO/CEPES). Ferner Education International, eine global-internationale Lehrergewerkschaft mit insgesamt 401 Mitgliedsorganisationen in 172 Ländern sowie BUSINESSEUROPE, ein europäischer Arbeitgeberverband mit 40 Mitgliederverbänden aus 34 Ländern (2009).

Ein weiteres Instrument zur Harmonisierung der nationalen Bildungspolitiken stellt ferner die ständig wachsende Zahl aufeinander abgestimmter und kostenintensiver *Aktionsprogramme im Bereich der Bildung* dar. Im Sinne des lebenslangen Lernens suchen auch sie die allgemeine und berufliche Bildung, die Hochschulbildung und die Erwachsenenbildung systematisch miteinander zu verklammern. Erklärtes Ziel dieser von der EU finanzierten Fördermaßnahmen ist es, die europäische Dimension im Bildungswesen, die Mobilität von Lernenden und Lehrenden, die Zusammenarbeit von Bildungseinrichtungen, die Förderung des Jugendaustauschs sowie die Verbesserung und Anpassung der beruflichen Bildung hinsichtlich der industriellen Wandlungsprozesse voranzutreiben. Die steigende Beteiligungsquote der Mitgliedsstaaten zeigt, dass sich kein Land die damit verbundenen Finanzierungsvorteile entgehen lassen will, was wiederum der EU zusätzliche Einflusspotenziale eröffnet. Diese Aktionsprogramme, die von der Generaldirektion Bildung und Kultur der Kommission verwaltet werden, waren unter Berufung auf die im Maastrichter Vertrag verankerten Artikel 149 und 150 schon bereits in den 1990er Jahren zielstrebig weiter auf- und ausgebaut worden. 1995 starteten z. B. das Programm Sokrates, ein Aktionsprogramm der EU für die grenzüberschreitende Zusammenarbeit in verschiedenen Bereichen der allgemeinen Bildung sowie das Leonardo da Vinci-Programm für den Bereich der beruflichen Aus- und Weiterbildung. Im Jahrzehnt nach der Lissabonerklärung von 2000 kam es mehrfach zur Etablierung neuer Teilprogramme oder auch zu Umstrukturierungen älterer Programme, deren Finanzvolumen zudem ständig erhöht wurde. Auch wenn der Anteil der Ausgaben für die allgemeine und berufliche Bildung im Haushalt der Europäischen Union 2007 nur minimale 0,7% ausmachten, sind diese Maßnahmen von wachsendem politischem Gewicht. Von besonderer Bedeutung ist gegenwärtig das neue *Programm für lebenslanges Lernen (2007-2013),* das der EU-Rat und das EU-Parlament auf Vorschlag der Kommission 2006 verabschiedet haben.[166] Damit wurde bereits die dritte europäische Programmgeneration gestartet. Dieses neue Programm umfasst den lebensbegleitenden Bildungsweg von der Schule über die Hochschule und die Berufsbildung bis zur Erwachsenenbildung. Es führt vor allem auch die bisher getrennt laufenden beiden Programme Sokrates und Leonardo da Vinci unter einem gemeinsamen Dach zusammen. Das Sokrates -Programm wiederum ist in mehrere Teilaktionen untergliedert. Es umfasst Comenius (Schulbildung inklusive der Sekundarstufe II), Erasmus (Hochschulbereich) und Grundtvig (Erwachsenenbildung) sowie eine Reihe ergänzender kleinerer Aktionsprogramme, die als „Querschnittprogramm" firmieren. Mit diesen soll gewährleistet werden, dass die Einzelprogramme die denkbar besten Ergebnisse

---

[166] http://www.eu-bildungspolitik.de/uploads/dokumente_pll/2006_11_ep_rat_beschluss_aktionsprogramm_lll.pdf

erzielen. Sie konzentrieren sich in vier Schwerpunktaktivitäten auf die Bereiche Sprachen, politische Zusammenarbeit, Informations- und Kommunikationstechnologien (IKT) sowie die wirksame Verbreitung und Nutzung von Projektergebnissen.[167] Für den Austausch von Lehrenden und Lernenden aller Altersstufen, die Förderung von innovativen Lehrmethoden sowie die Zusammenarbeit von Bildungseinrichtungen steht innerhalb dieses Programms von 2007 bis 2013 immerhin ein Budget von fast 7 Milliarden Euro zur Verfügung. Parallel haben der EU-Rat und das EU-Parlament im Dezember 2006 für eine Empfehlung zu acht Schlüsselkompetenzen für lebensbegleitendes Lernen verabschiedet, die als „notwendig für den sozialen Zusammenhalt, die Beschäftigungsfähigkeit und die persönliche Entfaltung" erachtet werden.[168] Mit dieser Empfehlung soll den Entscheidungsträgern im Bildungsbereich insbesondere ein europäisches Referenzinstrument zur Verfügung gestellt werden, das künftig in den Mitgliedstaaten bei der Erstellung oder Überarbeitung von Lehrplänen auf den verschiedenen Ebenen des Bildungssystems richtungsweisende Bedeutung erlangen soll.

12.4 Deutscher Bildungsföderalismus und Europäisierung

Angesichts der zunehmenden Europäisierungstendenzen in der Bildungspolitik gilt es im europäischen Mehrebenensystem die nationalen Interessen wirksam zu vertreten, was ein geschlossenes und einheitliches Auftreten in den europäischen Gremien voraussetzt. Aufgrund der föderalen Struktur müssen hier der Bund, der für die Pflege der Beziehungen zu auswärtigen Staaten zuständig ist und die Länder als Träger der Kulturhoheit, eng miteinander kooperieren und sich wechselseitig abstimmen. Da Bund und Länder in der Bildungspolitik traditionell in einem Macht- und Konkurrenzverhältnis stehen und die horizontale Selbstkoordination der Länder einen hohen Abstimmungsaufwand erfordert, sind Blockaden und damit Effektivitätsverluste vorprogrammiert. Andrerseits ist es jedoch von Vorteil, dass auf der europäischen Ebene und damit auch im Bildungsministerrat parteipolitische Orientierungen und damit der in der innerstaatlichen Bildungspolitik mitunter dominierende Parteienwettbewerb so gut wie keine Rolle spielen (Benz 2009: 123). Auf der verfahrensrechtlichen Ebene ist die erforderli-

---

[167] Schließlich ist in diesem Programm auch das Teilprogramm Jean Monnet enthalten. Es fördert weltweit Lehr- und Forschungstätigkeiten sowie Diskussionen zum Thema des europäischen Integrationsprozesses an Hochschuleinrichtungen.

[168] Dazu gehören: Muttersprachliche Kompetenz; fremdsprachliche Kompetenz, mathematische Kompetenz und grundlegende naturwissenschaftlich-technische Kompetenz; Computerkompetenz; Lernkompetenz „Lernen lernen"; Soziale Kompetenz und Bürgerkompetenz; Eigeninitiative und unternehmerische Kompetenz; Kulturbewusstsein und kulturelle Ausdrucksfähigkeit. http://ec.europa.eu/dgs/education_culture/publ/pdf/ll-learning/keycomp_de.pdf

che Zusammenarbeit in Angelegenheiten der Europäischen Union formal durch den ebenso komplexen wie komplizierten *Europaartikel 23 GG* geregelt, der auf Verlangen der Länder nach der Ratifizierung des Vertrags von Maastricht 1992 neu in das Grundgesetz eingefügt wurde. Nähere Einzelheiten der Verfahrenspraxis wurden zudem in einem Ausführungsgesetz und einer Vereinbarung zwischen Bund und Ländern festgelegt.[169] Seitdem verfügt die Ländergemeinschaft über den Bundesrat über gestufte Mitwirkungsmöglichkeiten und Einflussrechte bei der Gestaltung der deutschen Europapolitik. Danach muss die Bundesregierung die Stellungnahmen des Bundesrates zu Vorhaben der Europäischen Union maßgeblich berücksichtigen, wenn bei einem Vorhaben der Europäischen Union im Schwerpunkt Gesetzgebungs- oder Verwaltungsbefugnisse der Länder betroffen sind. Besonders weitreichende Einflussmöglichkeiten erhielten die Länder in diesem Kontext vor allem aber durch die Bestimmung nach Art. 23 Abs. 6 GG. Danach sollte bei einem Vorhaben, das im Schwerpunkt ausschließliche Gesetzgebungsbefugnisse der Länder betrifft, ein vom Bundesrat ernannter Vertreter der Länder, die Verhandlungsführung auf der Ebene der Europäischen Union übernehmen, dies jedoch unter Beteiligung und in Abstimmung mit der Bundesregierung, um die gesamtstaatliche Verantwortung des Bundes zu wahren. Die rechtlichen Bestimmungen sahen unter anderem vor, dass bei Tagungen des Ministerrats ein vom Bundesrat benannter Bundesratsbeauftragter im Ministerrang die Verhandlungsführung übernimmt, wobei jedoch die Delegationsleitung im gegenseitigen Benehmen beim Vertreter der Bundesregierung verbleibt.

In der Praxis sind diese komplizierten Bestimmungen jedoch von der Bundesregierung unter Berufung auf ihre gesamtstaatliche Verantwortung kontinuierlich unterlaufen worden. So hat sie in aller Regel „den Bundesratsbeschlüssen hinsichtlich der Forderung des Bundesrats nach Verhandlungsführung oder der maßgeblichen Berücksichtigung des Bundesratsbeschlusses grundsätzlich und prinzipiell widersprochen" und so die Rolle der Länder im Bildungsministerrat geschwächt.[170] Diese aus der Ländersicht inakzeptable Praxis wurde deshalb auch in der Föderalismuskommission zu einem Streitthema, wo die unterschied-

---

[169] Flankiert wird die Grundgesetznorm vom „Gesetz über die Zusammenarbeit von Bund und Ländern in Angelegenheiten der Europäischen Union" (EUZBLG) vom 12. März 1993, zuletzt geändert am 5. 9. 2006. Die gesetzliche Regelung wird ergänzt durch eine Regierungsvereinbarung zwischen Bund und Ländern vom 29. Oktober 1993.

[170] So in der am 6. Juni 2005 erfolgten Antwort auf eine schriftliche Anfrage des Verfassers an die ehemalige Bildungsministerin von Schleswig-Holstein, Ute Erdsiek-Rave, die von 1999-2005 Beauftragte des Bundesrates im Bildungsministerrat der Europäischen Union war. Ferner hieß es dort: „Ich habe in der Zeit von 1999 bis 2005 nicht in einem einzigen Fall als Bundesratsvertreterin die Verhandlungsführung übernommen. Unabhängig von den formellen Widersprüchen wurde in der Praxis vor den Ratssitzungen Einvernehmen in der Sache hergestellt. Länder und Bund haben sich in den Ratssitzungen gleichberechtigt zu Wort melden können und gemeldet. Die jeweiligen Stellungnahmen waren zwischen Bund und Ländern grundsätzlich vorher abgesprochen."

lichen Auffassungen von Bund und Ländern hart aufeinander prallten (Eppler: 2004, 57ff).[171] Der Bund vertrat dort, hierin unterstützt von zahlreichen Sachverständigen, die Auffassung, die bestehende Regelung mit den damit verbundenen großen Abstimmungsproblemen beeinträchtige die Effektivität der europapolitischen Handlungsfähigkeit Deutschlands (Kommission von Bundestag und Bundesrat/Kommissionsdrucksache 0041). Die Kritik galt vor allem auch Absatz 6: Die Verhandlungsführung durch einen Bundesratsvertreter sei unangemessen, da dieser in Brüssel gleichsam einmalig in Aktion trete, über keine persönlichen Netzwerke auf EU-Ebene verfüge und stets auch Vertreter „seines" Landes sei. Hinzu komme der hohe zeitliche Abstimmungsbedarf, den die innerstaatliche Koordinierung zwischen den 16 Ländern und zwischen Bundesrat und Bundesregierung erfordere. Schnelles und flexibles Reagieren, das kurzfristige Aushandeln von Allianzen bei anstehenden Mehrheitsentscheidungen sei so kaum möglich. Dies führe zur typisch deutschen Praxis der Stimmenthaltung, in Brüssel als „German vote" bezeichnet.

Mit der Föderalismusreform wurde der Versuch unternommen, durch eine Änderung von Art. 23 Abs. 6 GG die verschachtelten Kompetenzen teilweise wieder zu entflechten. Ein eindeutiger Gewinner dieser neuerlichen Abgrenzungsbemühungen ist auf den ersten Blick jedoch nicht auszumachen. Soweit es um die Betroffenheit der Länder im Bereich ausschließlicher Gesetzgebungsbefugnisse geht, sieht die neue Regelung vor, dass die Wahrnehmung der Rechte, die Deutschland als Mitgliedstaat der Europäischen Union zustehen, auf dem Gebiet der „schulischen Bildung" künftig auf den vom Bundesrat beauftragten Ländervertreter zu übertragen ist. Im Sinne einer länderfreundlichen Intensivierung ist die bislang bestehende „Soll-Vorschrift" somit in eine zwingende Vorschrift umgewandelt worden. Insofern können die Länder in einem für sie besonders wichtigen Teilbereich ihrer Kulturhoheit gegenüber dem Bund einen Terraingewinn verbuchen. Insgesamt bewirkt die Reform jedoch im Umkehrschluss, dass – im Gegensatz zu der früheren Regelung – in allen anderen Bildungsbereichen, also etwa bei der vorschulischen Bildung, der Weiterbildung wie vor allem auch in Hochschul-, Wissenschafts- und Forschungsbereich die Übertragung der Verhandlungsführung auf die Länder nunmehr ausgeschlossen ist. Hier gibt also künftig der Bund die Richtung vor. Diese Einschränkung des Anwendungsbereichs ist umso bemerkenswerter als im Hochschulbereich seit

---

[171] In der Föderalismuskommission zeigte sich, dass alle Bundestagsfraktionen die Bundesregierung in ihrem Alleinvertretungsanspruch unterstützten. Durchweg plädierten sie für eine lediglich einfachgesetzliche Mitwirkung des Bundesrats in EU-Angelegenheiten. Der Riss ging nicht die durch die Bundesparteien, sondern durch die Ebenen Bund und Länder. Die Bundesländer beharrten dagegen einmütig auf der vollen Beibehaltung von Art. 23 GG, die Ministerpräsidenten forderten sogar eine weitere Stärkung der Länderposition durch eine Präzisierung der Rechtslage (vgl. hierzu auch Hepp 2006: 269).

der Föderalismusreform die Zuständigkeiten des Bundes auf die Regelungen zur Hochschulzulassung und zu den Hochschulabschlüssen beschränkt sind. In all diesen Fällen, somit auch im gesamten Hochschulwesen, verfügen die Länder nun nur noch über die Möglichkeit, in die Sitzungen des Bildungsministerrats einen vom Bundesrat mandatierten Ländervertreter zu entsenden, der mit Zustimmung der Bundesregierung dort lediglich nur noch Erklärungen abgeben darf bzw. sich in den Debatten artikulieren kann. Damit ist zwar rechtlich gesehen eine den Bund begünstigende neue Regelung geschaffen worden, die jedoch faktisch insofern nichts ändert, insofern sie nur die vor der Föderalismusreform bereits übliche Praxis im nachhinein bestätigt und somit gewissermaßen auch ex post legitimiert. Ob durch diese entflechtende Reform der Zuständigkeiten mit Blick auf die demokratische Legitimität allerdings eine größere Transparenz und Zurechenbarkeit oder gar eine parlamentarische Rückkoppelung der exekutivlastigen Bildungspolitik auf der europäischen Bühne bewirkt werden konnte, dürfte jedoch eher zu bezweifeln sein.

Inwieweit mit der Neuregelung im Zuge der Föderalismusreform eine europataugliche Verbesserung bei der Entscheidungsfindung erfolgt ist, mag zunächst dahin gestellt bleiben. An der Grundproblematik im Mehrebenensystem, dass die Bundesregierung und die Länder über den Bundesrat zu einer gemeinsamen Verhandlungsposition finden müssen, um diese dann im gesamtstaatlichen Interesse effektiv in den Ministerrat einzubringen, hat sich nichts geändert. Nur wenn es gelingt, in Brüssel mit einer Stimme zu sprechen, ist eine Verbesserung der deutschen Handlungsfähigkeit auf der EU-Ebene eine realistische Perspektive. Ziel muss die Stärkung der eigene Initiativen entfaltenden „Position des Steuermanns" sein, nicht die des hinhaltenden „Bremsers", die in der Vergangenheit oft das deutsche Erscheinungsbild prägte (Pernice 2007: 11). Um bundesstaatlich bedingte Blockaden und Abstimmungsdefizite zu reduzieren, müssen beide Seiten ihren Beitrag leisten. So wurde mit Blick auf den Bund häufig Klage geführt über die mangelnde Ressortabstimmung innerhalb der Bundesregierung sowie über organisatorische und verfahrenspraktische Repräsentationsdefizite in der vorausgehenden innerstaatlichen Planungs- und Verhandlungsphase. Bedenkenswerte Verbesserungsvorschläge hierzu wurden unter anderem auch in der Föderalismuskommission gemacht (Kommission von Bundestag und Bundesrat/Kommissionsdrucksache 0042). Im Falle der Länder hat die KMK, der hier eine Schlüsselrolle zukommt, einen Neuanfang unternommen, indem sie im Dezember 2007 zwei Positionspapiere beschlossen hat, um in Angelegenheiten und Vorhaben der Europäischen Union ihre eigene Europafähigkeit und damit die der Länder zu verbessern[172]. Danach versteht sich die KMK als *das* Forum,

---

[172] Vgl. hierzu: KMK-Verfahren in Angelegenheiten der Europäischen Union. http://www.kmk. org/fileadmin/veroeffentlichungen_beschluesse/2007/2007_12_13-Europaeische-Union-KMK.pdf.

in dem die Erarbeitung einvernehmlicher und längerfristiger Positionen und Konzeptionen im Vorfeld und außerhalb des Bundesratsverfahrens erfolgt. Sie betrachtet sich zudem als Koordinierungsstelle für die Ausgestaltung und die laufende Durchführung und Umsetzung europäischer Maßnahmen sowie für die Ländermitwirkung in europäischen Gremien und Veranstaltungen, sofern keine Mandatierung über den Bundesrat verfolgt. Ferner sieht sie sich, unter Einbeziehung der Bundesratsbeauftragten im Ministerrang, als Gesprächspartnerin für den Bund und andere Fachministerkonferenzen. Sofern es um konkrete Vorhaben im Rahmen von Artikel 23 GG geht, liegt es allerdings im Ermessen des Bundesrats, die durch die Koordinationsarbeit der außerkonstitutionellen KMK unter den Ländern abgestimmte Position in ihren Stellungnahmen und Beschlüssen zu übernehmen. Dies ist allerdings der Regelfall, da im zuständigen Fachausschuss des Bundesrats, dem „Ausschuss für Kulturfragen", die Länder fast ausschließlich entweder durch den jeweiligen Kultus- oder den Wissenschaftsminister vertreten sind. Er erarbeitet die Beschlussvorlagen für den federführenden „Ausschuss für Fragen der Europäischen Union", die dieser dann dem Plenum zur abschließenden Beratung und Beschlussfassung vorlegt. Innerhalb der KMK selbst wird das gesamte Spektrum der Bildungspolitik der Ländergemeinschaft durch die ständige „Kommission für europäische und internationale Angelegenheiten" (EuKiA) koordiniert. Dieses länderübergreifende Koordinationsgremium, in dem auch die drei Bundesratsbeauftragten in den die Ministerräte vorbereitenden EU-Gremien der Kommission (EU-Ausschuss für Bildungsfragen, EU-Ausschuss für Kulturfragen, EU-Arbeitsgruppe Forschung) als Mitglieder präsent sind, erarbeitet die gemeinsame Position der KMK für den Bundesrat. Ferner führt die EuKiA auch mit dem Bund die Verhandlungen, die zur Erarbeitung einer gemeinsamen deutschen Bund-Länder Position notwendig sind. Sie führt zudem auch eine Einigung der Länder über Personalvorschläge herbei, wenn es darum geht, dem Bundesrat Ländervertreter für die verschiedenen EU-Gremien vorzuschlagen, die dann von diesem benannt werden müssen. Des Weiteren erarbeitet sie Organisationsvorschläge für die innerdeutsche Durchführung von EU-Förderprogrammen und andere EU-Vorhaben, deren Umsetzung in den Zuständigkeitsbereich der Ländergemeinschaft fällt. Darüber hinaus ist die KMK bemüht, auch durch andere Maßnahmen ihre Effizienz in EU-Angelegenheiten zu erhöhen: Durch die Verstetigung eines Europadialogs auf der Präsidiumsebene, die Einbindung der Bundesratsbeauftragten in den EU-Ratsgremien in die Arbeit der KMK und der EuKiA, die Optimierung der Abstimmungsmechanismen durch Eilverfahren und Ad-hoc-Arbeitsgruppen oder die Schaffung eines

---

Ferner das Positionspapier der Kultusministerkonferenz zur Bildungs-, Wissenschafts- und Kulturpolitik im Hinblick auf Vorhaben der Europäischen Union. http://www.kmk.org/fileadmin/veroeffent lichungen_beschluesse/2007/2007_12_13-Bildung-Wissenschaft-Kultur-EU.pdf

EuKiA-Expertenpools für europäische Angelegenheiten. Inwieweit diese Mechanismen, die auf Beschleunigung der Verfahren und die Optimierung der europäischen Sachkompetenz zielen, für den gewünschten Erfolg sorgen, kann zum gegenwärtigen Zeitpunkt noch nicht zuverlässig bewertet werden. Vor dem Hintergrund der geschilderten Defizite waren sie überfällig, zumal der Handlungsdruck, der von den ständig weiter expandierenden Initiativen der Europäischen Union und ihren Zielen in Form von Prozessen, Benchmarks oder Programmen ausgeht, mit ungebrochener Dynamik weitergeht. Er zwingt Bund und Länder im Bildungs- und Wissenschaftsbereich immer stärker zur Kooperation und Koordination, wobei die entsprechenden Länderverwaltungen sich hier inzwischen einem starken europäischen Standardisierungsdruck ausgesetzt sehen, der schwieriger abzuwehren sein dürfte als die bislang im Zentrum der Wahrnehmung stehenden Kompetenzeingriffe des Bundes (Münch 2008:199). Dies stellt eine neue Variante der Verflechtung im Mehrebenensystem dar, welche die im Zuge der Föderalismusreform erfolgte Entflechtung in ihrer Bedeutung insofern wieder relativiert, da eine schleichende Verschiebung von Kompetenzen in Richtung der Europäischen Union stattgefunden hat (Scheller 2010: 251). Insgesamt betrachtet ist diese Institutionalisierung einer neuen Variante von Verflechtung unterhalb der verfassungsrechtlichen Ebene geeignet, im Widerspruch zum Subsidiaritätsprinzip, den Ländern neue Abhängigkeiten aufzunötigen und so ihre bildungspolitischen Gestaltungsmöglichkeiten auch außerhalb des nationalen Rahmens zunehmend zu beschneiden. Sie verstärken damit die Restriktionen, die parallel hierzu durch die Prozesse der Entstaatlichung und Privatisierung in allen Bereichen des Bildungswesens für das staatliche Handeln entstanden sind. Ob deshalb, wie skeptische Beobachter meinen, die Entwicklung dahin geht, dass Bund und Ländern in der Bildungspolitik künftig nur noch Rahmensetzungs-, Koordinierungs- und Kontrollbefugnisse verbleiben, dürfte jedoch allzu pessimistisch sein (ebda: 253).

Literaturverzeichnis

Ackeren, Isabell van/Klemm, Klaus: Entstehung, Struktur und Steuerung des deutschen Schulsystems. Eine Einführung. Wiesbaden: VS-Verlag, 2009

Aktionsrat Bildung: Bildungsgerechtigkeit. Jahresgutachten 2007, herausgegeben von der Vereinigung der Bayerischen Wirtschaft e. V. Wiesbaden: VS-Verlag, 2007

Allmendinger, Jutta/Nikolai, Rita: Bildung und Herkunft. In: Aus Politik und Zeitgeschichte/B 44-45 (2006), S. 32-38

Allmendinger, Jutta/Ebner, Christian/Nikolai, Rita: Bildung in Europa 2010-Ziele erreicht oder verfehlt? In: WST Mitteilungen 4/2010, S. 171-178

Altrichter, Herbert/Kepler, Johannes: Modernisierung der Steuerung von Einzelschule und Schulsystem-Neue Konzepte für alte Fragen. In: journal für schulentwicklung 10 (2006) 1, S. 59-71

Arnold, Rolf/Marz, Fritz: Einführung in die Bildungspolitik. Grundlagen, Entwicklungen, Probleme. Stuttgart: Kohlhammer, 1979

Autorengruppe Bildungsberichterstattung (Hrsg.): Bildung in Deutschland 2006. Ein indikatorengestützter Bericht mit einer Analyse zu Bildung und Migration. Bielefeld: wbv, 2006

Autorengruppe Bildungsberichterstattung (Hrsg.): Bildung in Deutschland 2008. Ein indikatorengestützter Bericht mit einer Analyse zu Übergängen im Anschluss an den Sekundarbereich I. Bielefeld: wbv, 2008

Autorengruppe Bildungsberichterstattung (Hrsg.): Bildung in Deutschland 2010. Ein indikatorengestützter Bericht mit einer Analyse zu Perspektiven des Bildungswesens im demografischen Wandel. Bielefeld: wbv, 2010

Avenarius, Hermann: Wie viel Eigengestaltung erlaubt das Grundgesetz, wie viel Einheitlichkeit verlangt es? In: Schade, Angelika (Hrsg.): Föderalismus und Koordinierung im Bildungswesen. Dokumentation der 14. DGBV-Jahrestagung vom 12.-14. November 1993 in Bingen. Frankfurt a. M.: Deutsche Gesellschaft für Bildungsverwaltung 1994, S. 29-41

Avenarius, Hermann/Heckel, Hans: Schulrechtskunde. Ein Handbuch für Praxis, Rechtsprechung und Wissenschaft. Neuwied: Luchterhand, 7. Auflage, 2000

Avenarius, Hermann/Füssel Hans-Peter: Schulrecht im Überblick. Darmstadt: Wissenschaftliche Buchgesellschaft, 2008

Avenarius, Hermann: Qualitätsentwicklung im Schulwesen: Die Schule im Spannungsverhältnis zwischen Eigenverantwortung und staatlicher Steuerung. In: http://www.vds-bildungsmedien.de/veranstaltungen/forum-unterrichtspraxis/forum-unterrichts praxis-2009/avenarius-jungenkrueger.pdf

Baethge, Martin: Qualifikation-Qualifikationsstruktur. In: Wulff, Christoph (Hrsg.): Wörterbuch der Erziehung. München: Piper, 1974, S. 478-484

Baethge, Martin: Das berufliche Bildungswesen in Deutschland am Beginn des 21. Jahrhunderts. In: Cortina, Kai S./Baumert, Jürgen/Leschinsky, Achim/Trommer, Luitgard (Hrsg.): Das Bildungswesen in der Bundesrepublik Deutschland. Strukturen und Entwicklungen im Überblick. Reinbek: Rowohlt Taschenbuch, 2003, S. 525-580

Ballauff, Theodor: Funktionen der Schule. Weinheim: Beltz, 1982

Bargel, Tino/Multrus, Frank/Ramm, Michael/Bargel, Holger: Bachelor-Studierende. Erfahrungen in Studium und Lehre. Eine Zwischenbilanz, herausgegeben im Auftrag des BMBF. Bonn: BMBF, 2009

Baumert, Jürgen: Schule ist die große Gleichmacherin. Was muss getan werden, um Deutschlands Bildungssystem gerechter zu machen? In: DIE ZEIT, 39 (2008)

Baumert, Jürgen/Cortina, Kai/Leschinsky, Achim: Grundlegende Entwicklungen und Strukturprobleme im allgemein bildenden Schulwesen. In: Cortina, Kai S./Baumert, Jürgen/Leschinsky, Achim/Trommer, Luitgard (Hrsg.): Das Bildungswesen in der Bundesrepublik Deutschland. Strukturen und Entwicklungen im Überblick. Reinbek: Rowohlt Taschenbuch, 2003, S. 52-147

Baumert, Jürgen/Cortina, Kai/Leschinsky, Achim: Grundlegende Entwicklungen und Strukturprobleme im allgemein bildenden Schulwesen. In: Cortina, Kai S./Baumert, Jürgen/Leschinsky, Achim/Mayer, Karl Ulrich/Trommer, Luitgard (Hrsg.): Das Bildungswesen in der Bundesrepublik Deutschland. Strukturen und Entwicklungen im Überblick. Reinbek: Rowohlt Taschenbuch, 2008, S. 53-130

Becker, Peter/Primova, Radostina : Die Europäische Union und die Bildungspolitik. Diskussionspapier der FG 1, April 2009, Stiftung Wissenschaft und Politik, Berlin. http://www.swp-berlin.org/common/get_document.php?asset_id=5886

Becker, Rolf/Hecken, Anna Ett: Warum werden Arbeiterkinder vom Studium an Universitäten abgelenkt? Eine empirische Überprüfung der „Ablenkungsthese" von Müller und Pollak (2007) und ihrer Erweiterung durch Hillmert und Jacob (2003). In: Kölner Zeitschrift für Soziologie und Sozialpsychologie 60 (2008), S. 3-29

Begemann, Ernst: Bildung. Feststellungen-Positionen-Anmerkungen-Anstöße. http://www.bildungsforschung.org/Archiv/2005-01/bildung

Behmenburg, Ben: Bleibt das Schulwesen Ländersache? In: Recht der Jugend und des Bildungswesens 52 (2003)2, S. 165-178

Behrens, Thomas/Leszczensky, Michael/Mück, Christiane/Schwarzenberger, Astrid: Flexibilisierung und Globalisierung der Hochschulhaushalte der Bundesländer im Vergleich. HIS: Projektbericht, September 2006. http://www.his.de/pdf/23/Flexibilisierung_Hochschulhaushalte.pdf

Benz, Arthur: Politik in Mehrebenensystemen. Wiesbaden: VS-Verlag, 2009

Bektchieva, Jana: Die europäische Bildungspolitik nach Maastricht. Münster: LIT, 2004

Berggreen-Merkel, Ingeborg: Aufbau eines europäischen Bildungssystems? In: Recht der Jugend und des Bildungswesens, 52 (2001) 2, S.133-150

Berggreen-Merkel, Ingeborg: Europäische „Bildungspolitik" am Vorabend einer Europäischen Verfassung. In: Recht der Jugend und des Bildungswesens, 53 (2004) 4, S.452-463

Berlin Institut für Bevölkerung und Entwicklung (Hrsg.): Ungenutzte Potenziale. Zur Lage der Integration in Deutschland. http://www.berlin-institut.org/fileadmin/user_upload/Zuwanderung/Integration_RZ_online.pdf

Bogumil, Jörg/Heinze, Rolf G./Grohs, Stephan/Gerber, Sascha: Hochschulräte als neues Steuerungsinstrument? Eine empirische Analyse der Mitglieder und Aufgabenbereiche. Bochum: 2007. http://www.ssoar.info/ssoar/files/usbkoeln/2008/257/hochschul raetesteuerungsinstrument.pdf

Bos, Wilfried u.a. (Hrsg.): IGLU 2006. Lesekompetenzen von Grundschulkindern in Deutschland im internationalen Vergleich. Münster: Waxmann, 2007

Böttcher, Wolfgang/Kotthof, Hans-Georg (Hrsg.): Schulinspektion: Evaluation, Rechenschaftslegung und Qualitätsentwicklung. Münster (u.a.): Waxmann, 2007

Breitenbach, Dieter: Wege der Selbstkoordination: Die Kultusministerkonferenz. In: Schade, Angelika (Hrsg.): Föderalismus und Koordinierung im Bildungswesen. Dokumentation der 14. DGBV-Jahrestagung vom 12.-14. November 1993 in Bingen. Frankfurt a. M.: Deutsche Gesellschaft für Bildungsverwaltung 1994, S. 19-28

Brinktrine, Ralf: Nach wie vor lückenhaft. Landesrechtliche Regelungen des Akkreditierungswesens. In: Forschung & Lehre,11, 2009, S. 808-811

Bulmahn, Edelgard: Rede anlässlich des Humboldt-Forums am 20. Januar 2004 in Berlin. http://www.bmbf.de/pub/rede_humboldt_forum-20040120.pdf

Bundesministerium für Bildung und Forschung (Hrsg.): Berufsbildungsbericht 2008. Bonn, Berlin: 2008

Bundesministerium für Familie, Senioren, Frauen und Jugend (Hrsg.): Bericht über die Lebenssituation junger Menschen und die Leistungen der Kinder- und Jugendhilfe in Deutschland – Zwölfter Kinder- und Jugendbericht, 2005

Bund-Länder-Kommission für Bildungsplanung und Forschungsförderung (BLK), Jahresbericht 2003, Bonn 2004

Burckhardt, Jürgen: Einheitlichkeit und Vielfalt im Bildungswesen. Zur Aufgabe des Bundes im Bildungswesen. In: Aus Politik und Zeitgeschichte/B 35 (1980), S. 41-47

Coelln, Christian von/Horst, Thomas: „Ökonomisierung, Effizienz und Professionalisierung. Das nordrhein-westfälische Hochschulfreiheitsgesetz. In: Forschung & Lehre, 5, 2009, S. 174-176

Dahrendorf, Ralf: Bildung ist Bürgerrecht. Plädoyer für eine aktive Bildungspolitik. Hamburg: Nannen, 1965

Dedering, Kathrin/Müller, Sabine: Schulinspektion in Deutschland-Forschungsbereiche und -desiderata. In: Böttcher, Wolfgang u.a. (Hrsg.): Bildungsmonitoring und Bildungscontrolling in nationaler und internationaler Perspektive. Münster (u.a.): Waxmann, 2008, S. 241-252

Derbolav, Josef: Entwurf einer bildungspolitischen Rahmenidee. In: Derbolav, Josef (Hrsg.): Grundlagen und Probleme der Bildungspolitik. München: Piper, 1977, S. 17-66

Ellwein, Thomas: Die deutsche Gesellschaft und ihr Bildungswesen. Interessenartikulation und Bildungsdiskussion. In: Führ, Christoph/Furck, Carl-Ludwig (Hrsg.): Handbuch der deutschen Bildungsgeschichte. Band VI 1945 bis zur Gegenwart. München: C.H. Beck, 1998, S. 87-109

Eppler, Annegret: Die Mitwirkungsrechte der Länder in Europaangelegenheiten. In: Borchardt, Michael/Margedant, Udo (Hrsg.): Föderalismusreform – Vor der Reform ist nach der Reform? Eine erste Bilanz der Arbeit der Bundesstaatskommission. Sankt Augustin: Konrad-Adenauer-Stiftung, 2004, S. 57-84

Erhardt, Manfred: Die Rolle der Kultusministerkonferenz. In: Lammert, Norbert (Hrsg.): Persönlichkeitsbildung und Arbeitsmarkorientierung. Baden-Baden: Nomos, 1992, S. 309-315

Fränz, Peter/Schultz-Hardt, Joachim: Zur Geschichte der Kultusministerkonferenz 1948-1998. In: Ständige Konferenz der Kultusminister der Länder in der Bundesrepublik Deutschland (Hrsg.): Einheit in der Vielfalt: 50 Jahre Kultusministerkonferenz 1948-1998. Neuwied: Luchterhand, S. 177-228

Friederich, Hans R.: Ergänzende Anmerkungen zum Beitrag von Uwe Schimank und Stefan Lange „Hochschulpolitik in der Bund-Länder-Konkurrenz". In: Weingart, Peter/Taubert, Niels C. (Hrsg.): Das Wissensministerium. Ein halbes Jahrhundert Forschungs- und Bildungspolitik in Deutschland. Weilerswist: Velbrück Wissenschaft, 2006, S. 481-486

Führ, Christoph: Zur Koordination der Bildungspolitik durch Bund und Länder. In: Führ, Christoph/Furck, Carl-Ludwig (Hrsg.): Handbuch der deutschen Bildungsgeschichte. Band VI 1945 bis zur Gegenwart. München: C.H. Beck, 1998, S. 68-86

Füssel, Hans-Peter: Kooperativer Föderalismus im Bildungswesen. Über die Arbeit von Kultusministerkonferenz und Bund-Länder-Kommission für Bildungsplanung. In: Recht der Jugend und des Bildungswesens, 37 (1989) 4, S. 430-442

Füssel, Hans-Peter: Der Beginn einer neuen Föderalismus-Debatte. Erste Positionsbestimmungen zur Neuordnung der bildungspolitischen Zuständigkeiten. In: Recht der Jugend und des Bildungswesens, 52 (2003) 4, S. 375-380

Füssel, Hans-Peter/Leschinsky, Achim: Der institutionelle Rahmen des Bildungswesens. In: Cortina, Kai S./Baumert, Jürgen/Leschinsky, Achim/Mayer, Karl Ulrich/Trommer, Luitgard (Hrsg.): Das Bildungswesen in der Bundesrepublik Deutschland. Strukturen und Entwicklungen im Überblick. Reinbek: Rowohlt Taschenbuch, 2008, S. 131-203

Füssel, Hans-Peter: Schulinspektion und Schulaufsicht, Schulinspektion oder Schulaufsicht, Schulinspektion versus Schulaufsicht, Schulinspektion als Schulaufsicht? In: Döbert, Hans u.a. (Hrsg.): Externe Evaluation von Schulen. Münster (u.a.): Waxmann, 2008, S. 153-163

Fuchs, Hans Werner:: Educational Governance und Neue Steuerung: Grundsätze – Beispiele – Erwartungen. In: Langer, Roman (Hrsg.): Warum tun die das? Governanceanalysen zum Steuerungshandeln in der Schulentwicklung. Wiesbaden: VS Verlag, 2008, S. 19-29

Gass-Holm, Torsten: Das Gymnasium 1945-1980. Bildungsreformen und gesellschaftlicher Wandel in Deutschland. Göttingen: Wallstein Verlag, 2005

Gauger, Jörg-Dieter: Über Bildung und Schulbildung. In: Gauger, Jörg-Dieter (Hrsg.): Bildung der Persönlichkeit. Freiburg: Herder, 2006, S. 48-84

Geis, Max Emanuel: Kulturföderalismus und kulturelle Eigengesetzlichkeit: eine juristische Symbiose. In: Röbke, Thomas/Wagner, Bernd (Hrsg.): Jahrbuch für Kulturpolitik 2001. Band 2, Thema Kulturföderalismus. Essen: Klartext Verlag, 2002, S. 139-152

Gerber, Sascha/Bogumil, Jörg/Heinze, Rolf G./Grohs, Stephan: Hochschulräte als neues Steuerungsinstrument. In: Bogumil, Jörg/Heinze, Rolf G. (Hrsg.): Neue Steuerung von Hochschulen. Eine Zwischenbilanz. Berlin: edition sigma, 2007, S. 93-122

Gogolin, Ingrid/Tippelt, Rudolf (Hrsg.): Innovation durch Bildung. Beiträge zum 18. Kongress der Deutschen Gesellschaft für Erziehungswissenschaft. Wiesbaden: VS-Verlag, 2003

Gresch, Cornelia/Baumert, Jürgen/Maaz: Empfehlungsstatus, Übergangsempfehlung und der Wechsel in die Sekundarstufe I: Bildungsentscheidungen und soziale Ungleichheit. In: Baumert, Jürgen/Maaz, Kai/Trautwein, Ulrich (Hrsg.): Bildungsentscheidungen. Zeitschrift für Erziehungswissenschaft, Sonderheft 12/2009. Wiesbaden: VS-Verlag, 2009, S. 230-256

Hepp, Gerd F./Weinacht, Paul-Ludwig: Schulpolitik als Gegenstand der Sozialwissenschaften oder: Hat die Politikwissenschaft ein Thema verloren? In: Zeitschrift für Politik (1996) 4, S. 404-433

Hepp, Gerd F./Schneider, Herbert (Hrsg.): Schule in der Bürgergesellschaft. Schwalbach: Wochenschau-Verlag, 1999

Hepp, Gerd F./Weinacht, Paul-Ludwig: Wie viel Selbständigkeit brauchen Schulen. Schulpolitische Kontroversen und Entscheidungen in Hessen (1991-2000). München/Neuwied: Luchterhand, 2003

Hepp, Gerd F./Weinacht, Paul-Ludwig: Wie viel Selbständigkeit brauchen Schulen? Hessens Schulpolitik der 90er-Jahre im Visier politikwissenschaftlicher Forschung. In: Zeitschrift für Bildungsverwaltung, Jg. 20, Heft 1, 2004, S. 57-77

Hepp, Gerd F.: Bildungspolitik als Länderpolitik. In: Schneider, Herbert/Wehling, Hans-Georg (Hrsg.): Landespolitik in Deutschland – Grundlagen-Strukturen-Arbeitsfelder. Wiesbaden: VS-Verlag, 2006, S. 240-269

Hesselberger, Dieter: Das Grundgesetz. Kommentar für die politische Bildung. Bonn: Bundeszentrale für politische Bildung, 2000

Himpele, Klemens: Bildungsfinanzierung in Deutschland: Probleme und Lösungsansätze. http://www.bundestag.de/parlament/gremien/foederalismus2/drucksachen/kdrs050.pdf

Hochschulrektorenkonferenz (Hrsg.): Statistische Daten zur Einführung von Bachelor- und Masterstudiengängen. Sommersemester 2010. Bonn: 2010. http://www.hrk-bologna. de/bologna/de/download/dateien/HRK_StatistikBA_MA_SoSe_2010_finale_mit_Cov er%281%29.pdf)

Hüfner, Klaus u.a.: Hochkonjunktur und Flaute: Bildungspolitik in der Bundesrepublik Deutschland 1967-1980. Stuttgart: Klett-Cotta, 1986

Jaich, Roman: Gesellschaftliche Kosten eines zukunftsfähigen Bildungssystems. Gutachten im Auftrag der Hans-Böckler-Stiftung. http://www.boeckler.de/pdf_fof/S-2008-88-2-1.pdf

Jaeger, Michael: Steuerung durch Anreizsysteme an Hochschulen. Wie wirken formelgebundene Mittelverteilung und Zielvereinbarungen? In: Bogumil, Jörg/Heinze, Rolf G. (Hrsg.): Neue Steuerung von Hochschulen. Eine Zwischenbilanz. Berlin: edition sigma, 2007, S. 45-65

Kehm, Barbara M.: Hochschulen in Deutschland. In: Aus Politik und Zeitgeschichte, B 25/2004, S. 6-17

Kienel, Hartmut/Wunder, Dieter: Wissenschaftliche Beratung und Bildungspolitik. In: Weegen, Michael/Böttcher, Wolfgang/Bellenberg, Gabriele/van Ackeren, Isabell (Hrsg.): Bildungsforschung und Politikberatung. Schule, Hochschule und Berufsbildung an der Schnittstelle von Erziehungswissenschaft und Politik. Weinheim/München: Juventa-Verlag, 2002, S. 39-50

Klemm, Klaus: Der Bund als Player im Feld der Schulentwicklung. Entwicklung, Wege und Instrumente. In: Weingart Peter/Taubert Niels C. (Hrsg.): Das Wissensministerium. Ein halbes Jahrhundert Forschungs- und Bildungspolitik in Deutschland. Weilerswist: Velbrück Wissenschaft, 2006, S. 378-402

Klieme, Eckhard u.a.: Zur Entwicklung nationaler Bildungsstandards: Eine Expertise. Frankfurt a. M.: Deutsches Institut für Internationale Pädagogische Forschung, 2003

Köller, Olaf: Wenn sich Wissenschaft instrumentalisieren lässt – PISA und die Schulstrukturdebatte. In: Bildungsmonitoring, Vergleichsstudien und Innovationen. Berlin: Berliner Wissenschaftsverlag: 2008, S. 25-39

König, Karsten: Hierarchie und Kooperation. Die zwei Seelen einer Zielvereinbarung zwischen Staat und Hochschule. In: Bogumil, Jörg/Heinze, Rolf G. (Hrsg.): Neue Steuerung von Hochschulen. Eine Zwischenbilanz. Berlin: edition sigma, 2007, S. 29-44

Kommission von Bundestag und Bundesrat zur Modernisierung der bundesstaatlichen Ordnung: Kommissionsdrucksache 0034 (Kurt Beck vom 24.03.2004); Kommissionsdrucksache 0035 (Kurt Beck vom 06.04.2004); Kommissionsdrucksache 0036 (Positionspapier der Fraktionsvorsitzenden der Landtage in der Föderalismuskommission vom 14.04.2004); Kommissionsdrucksache 0041 (Position der Bundesregierung vom 29.04.2004); Kommissionsdrucksache 0042 (Hans-Peter Schneider vom 14.04.2004); Kommissionsdrucksache 0045 (Positionspapier der Ministerpräsidenten); Kommissionsdrucksache 0069 (Winfried Kretschmann vom 02.08.2004)

Krauß, Bärbel: Kommt Bewegung in die Bildungspolitik? In: Stuttgarter Zeitung vom 11.03.2005

Kreft, Jesco: Gewerkschaften und Spitzenverbände der Wirtschaft als bildungspolitische Akteure. Positionen, Strategien, Allianzen. Wiesbaden: VS Verlag, 2006

Kultusministerkonferenz (Hrsg.): Bildungsbericht für Deutschland. Erste Befunde. Opladen: Leske+Budrich, 2003

Kultusministerkonferenz (Hrsg.): Bildungsstandards der Kultusministerkonferenz. Erläuterungen zur Konzeption und Entwicklung. München/Neuwied: Luchterhand, 2005

Kultusministerkonferenz (Hrsg.): Das Bildungswesen in der Bundesrepublik Deutschland 2005. Darstellung der Kompetenzen, Strukturen und bildungspolitischen Entwicklungen für den Informationsaustausch in Europa. Bonn: 2006a

Kultusministerkonferenz (Hrsg.): Gesamtstrategie der Kultusministerkonferenz zum Bildungsmonitoring. Bonn: LinkLuchterhand, 2006b

Lanzendorf, Ute/Pasternack, Peer: Landeshochschulpolitiken. In: Hildebrandt, Achim/ Wolf, Dieter (Hrsg.): Die Politik der Bundesländer. Staatstätigkeit im Vergleich. Wiesbaden: VS-Verlag, 2008, S. 43-66

Leszczensky, Michael; Orr, Dominic: Staatliche Hochschulfinanzierung durch indikatorengestützte Mittelverteilung. Dokumentation und Analyse der Verfahren in 11 Bundesländern. Kurzinformation HIS, A 2/2004. http://www.his.de/pdf/pub_kia/kia 200402.pdf

Liessmann, Konrad Paul: Theorie der Unbildung. Wien: Paul Zsolnay Verlag, 2006

Liessmann, Konrad Paul: Bologna als unnötige Bildungsreform. In: Scholz, Christian/ Stein, Volker (Hrsg.): Bologna-Schwarzbuch. Bonn: Deutscher Hochschulverband, 2009, S. 157-167

Link-Heer, Ursula: Warum machen wir alle mit? In: Frankfurter Allgemeine Zeitung, 7. August 2006

Linsenmann, Ingo: Bildungspolitik. In: Weidenfeld, Werner/Wessels, Wolfgang (Hrsg.): Jahrbuch der Europäischen Integration 2001/2002. Berlin: Europa-Union 2002, S. 141-144

Linsenmann, Ingo: Bildungspolitik. In: Weidenfeld, Werner/Wessels, Wolfgang (Hrsg.): Jahrbuch der Europäischen Integration 2002/2003. Berlin: Europa-Union 2003, S. 155-158

Linsenmann, Ingo: Bildungspolitik. In: Weidenfeld, Werner/Wessels, Wolfgang (Hrsg.): Jahrbuch der Europäischen Integration 2003/2004. Berlin: Europa-Union 2004, S. 145-148

Maaz, Kai/Nagy, Gabriel: Der Übergang von der Grundschule in die weiterführenden Schulen des Sekundarschulsystems: Definition, Spezifikation und Quantifizierung primärer und sekundärer Herkunftseffekte. In: Baumert, Jürgen/Maaz, Kai/Trautwein, Ulrich (Hrsg.): Bildungsentscheidungen. Zeitschrift für Erziehungswissenschaft, Sonderheft 12/2009. Wiesbaden: VS-Verlag, 2009, S. 153-182

Maier, Hans: Die Kultusministerkonferenz im föderalen System. In: Ständige Konferenz de Kultusminister der Länder in der Bundesrepublik Deutschland (Hrsg.): Einheit in der Vielfalt: 50 Jahre Kultusministerkonferenz 1948-1998, Neuwied: Luchterhand, S. 21-33

Martens/Wolf, Klaus Dieter: Paradoxien der neuen Staatsräson. Die Internationalisierung der Bildungspolitik in der EU und der OECD. In: Zeitschrift für Internationale Beziehungen, 13. Jg., Heft 2, 2006, S. 145-176

Mayer, Karl Ulrich: Das Hochschulwesen. In: Cortina, Kai S./Baumert, Jürgen/Leschinsky, Achim/Mayer, Karl Ulrich/Trommer, Luitgard (Hrsg.): Das Bildungswesen in der Bundesrepublik Deutschland. Strukturen und Entwicklungen im Überblick. Reinbek: Rowohlt Taschenbuch, 2008, S. 599-645

Mönikes, Wolfgang/Faber, Klaus/Gieseke, Ludwig (Hrsg.): Gemeinschaftsaufgaben von Bund und Ländern im Hochschulbereich. Rechtliche Texte mit Einführungen und Hinweisen. Bad Honnef: Bock, 3. Auflage 1997

Münch, Joachim: Bildungspolitik. Grundlagen-Entwicklungen. Baltmannsweiler: Schneider Verlag Hohengehren, 2002

Münch, Ursula: Vernachlässigung eines „Hausguts". Bundesdeutsche Bildungspolitik zwischen Europäisierung und Entstaatlichung. In: Scheller, Henrik/Schmid (Hrsg.): Föderale Politikgestaltung im deutschen Bundesstaat. Variable Verflechtungsmuster in Politikfeldern. Baden-Baden: Nomos, 2008, S. 186-215

Neidhardt, Friedhelm: Möglichkeiten und Grenzen der Politikberatung. In: Deutsche Gesellschaft für Bildungsverwaltung (Hrsg.): Bildungspolitik und Expertenmacht-Glanz und Elend der Politikberatung im Bildungswesen. Dokumentation der 24. DGBV-Jahrestagung vom 20.-22. November 2003 in Halle. Bonn, 2004, S. 11-24

OECD (Hrsg.): Lernen für das Leben. Erste Ergebnisse der internationalen Schulleistungsstudie PISA 2000. Paris: OECD Publications, 2001

OECD (Hrsg.): Bildung auf einen Blick 2008. OECD-Indikatoren. Bielefeld: wbv, 2008

OECD (Hrsg.): Bildung auf einen Blick 2009. OECD-Indikatoren. Bielefeld: wbv, 2009

Oppermann, Thomas: Kulturverwaltungsrecht. Tübingen: Mohr, 1969

Payk, Bernhard: Deutsche Schulpolitik nach dem PISA-Schock. Wie die Bundesländer auf die Legitimationskrise des Schulsystems reagieren. Hamburg: Dr. Kovac, 2009

Pernice, Rüdiger: Europäische Bildungs-, Wissenschafts- und Kulturpolitik der Länder nach der Föderalismusreform, 2007. http://www.whi-berlin.de/documents/WEV-Pernice0207.pdf

Pestalozzi, Heinrich: Grundlehren über Mensch, Staat, Erziehung. Seine Schriften in Auswahl, herausgegeben von Hans Barth in Verbindung mit Max Zollinger. Stuttgart: Alfred Kröner, 1956

Pinkwart, Andreas: Die neue Hochschulfreiheit in NRW. In: Ministerium für Innovation, Wissenschaft, Forschung und Technologie des Landes Nordrhein-Westfalen, MIWFT 1/2007, S. 18-26

Pletl, Renate: Bologna – ein Curriculum-Desaster oder: Ist curriculare und didaktische Ahnungslosigkeit noch steigerbar? In: Das Hochschulwesen, Band 54, Heft 1, 2006, S. 3-4

Plünnecke, Axel/Stettes, Oliver: Der Bildungsmonitor 2006. Das Benchmarking der Bildungssysteme in den Bundesländern aus bildungsökonomischer Perspektive. http://www.iwkoeln.de/Portals/0/pdf/dokumente_andere/2006/dokumente_0806_bildungs monitor_2006.pdf

Plünnecke, Axel/Riesen Ilona/Stettes, Oliver: Bildungsmonitor 2007, IW-Analysen 34, Forschungsberichte aus dem Institut der deutschen Wirtschaft Köln. Köln, 2008

Prenzel, M. u.a. (Hrsg.): PISA 06. Die Ergebnisse der dritten internationalen Vergleichsstudie. Münster u.a.: Waxmann, 2007

Prenzel, M. u.a. (Hrsg.): PISA 2006 in Deutschland. Die Kompetenzen der Jugendlichen im dritten Ländervergleich. Münster u.a.: Waxmann, 2008

Raithel, Jürgen/Dollinger, Bernd/Hörmann, Georg: Einführung Pädagogik. Begriffe, Strömungen, Klassiker, Fachrichtungen. Wiesbaden: VS-Verlag, 2005

Reuter, Lutz R.: Erziehungs- und Bildungsziele aus rechtlicher Sicht. In: Zeitschrift für Pädagogik 49 (2003) 47, S. 28-48

Reuter, Lutz R.: Rechtliche Grundlagen und Rahmenbedingungen. In: Führ, Christoph/Furck, Carl-Ludwig (Hrsg.): Handbuch der deutschen Bildungsgeschichte. Band VI 1945 bis zur Gegenwart. München: C.H. Beck, 1998, S. 35-57

Robert Bosch Stiftung (Hrsg.): Zukunftsvermögen Bildung. Wie Deutschland die Bildungsreform beschleunigt, die Fachkräftelücke schließt und Wachstum sichert. Studie von Mc Kinsey &Company im Auftrag der Robert Bosch Stiftung: http://www.bosch-stiftung.de/content/language1/downloads/McKinsey_Studie_gesamt_small_2.pdf

Romberg, Helga: Staat und Höhere Schule. Ein Beitrag zur deutschen Bildungsverfassung vom Anfang des 19. Jahrhunderts bis Ersten Weltkrieg. Weinheim: Beltz, 1979

Rosenau, Renate: Neue europäische Bildungszusammenarbeit: „Ehrgeizige aber realistische Ziele" bis 2010. In: Die berufsbildende Schule (BbSch) 54 (2002) 5., S. 153-158

Röbke, Thomas/Wagner, Bernd (Hrsg.): Jahrbuch für Kulturpolitik 2001. Band 2, Thema Kulturföderalismus. Essen: Klartext Verlag, 2002

Rürup, Matthias: Bildungspolitische Entscheidungsfindung in der KMK. Eine Analyse der Diskussion um 12 oder 13 Schuljahre bis zum Abitur. Erfurt: Universität Erfurt, 2006

Rürup, Matthias: Innovationswege im deutschen Bildungssystem. Die Verbreitung der Idee „Schulautonomie" im Ländervergleich. Wiesbaden: VS Verlag, 2007

Schaumann, Fritz: Zusammenarbeit von Bund und Ländern in der Bildungs- und Wissenschaftspolitik. In: Recht der Jugend und des Bildungswesens, 43 (1995) 3, S. 245-254

Scheller, Henrik: Der deutsche Bildungsföderalismus im Spannungsfeld zwischen föderalem Kompetenzstreit und europäischer Harmonisierung. In: Detterbeck, Klaus/ Rentzsch, Wolfgang/Schieren, Stefan (Hrsg.): Föderalismus in Deutschland. München: Oldenburg Verlag, 2010

Schimank, Uwe/Lange, Stefan: Hochschulpolitik in der Bund-Länder-Konkurrenz. In: Weingart, Peter/Taubert, Niels C.: Das Bundesministerium für Bildung und Forschung, in: Weingart Peter/Taubert Niels C. (Hrsg.): Das Wissensministerium. Ein halbes Jahrhundert Forschungs- und Bildungspolitik in Deutschland. Weilerswist: Velbrück Wissenschaft, 2006, S. 311-347

Schipanski, Dagmar: „Wir haben schon genug Experten". Der Kompetenzstreit (2003), S. 6-11

Scholz, Christian/Stein, Volker (Hrsg.): Bologna-Schwarzbuch. Bonn: Deutscher Hochschulverband, 2009

Schmoll, Heike: Wissensfabriken. In: Frankfurter Allgemeine Zeitung, 24. Juli 2007

Schröder, Gerhard: „Ein Gesetz für alle Schulen". Pisa und die Konsequenzen für das deutsche Schulsystem. In: DIE ZEIT 27 (2002), S. 33

Sekretariat der Ständigen Konferenz der Kultusminister der Länder in der Bundesrepublik Deutschland (Hrsg.): Jahresbericht 2002, Bonn 2003

Speth, Rudolf/Leif, Thomas: Lobbying und PR am Beispiel der Initiative Neue Soziale Marktwirtschaft. In: Dies. (Hrsg.): Die fünfte Gewalt. Lobbyismus in Deutschland. Bonn: Schriftenreihe der Bundeszentrale für politische Bildung, Band 514, S. 302-316

Statistische Ämter des Bundes und der Länder: Internationale Bildungsindikatoren im Ländervergleich. Ausgabe 2008. Wiesbaden, 2008

Statistisches Bundesamt: Bildungsfinanzbericht 2008. Im Auftrag des Bundesministeriums für Bildung und Forschung und der Ständigen Konferenz der Kultusminister der Länder in der Bundesrepublik Deutschland. Wiesbaden, 2008

Statistisches Bundesamt: Bildung und Kultur. Nichtmonetäre hochschulstatistische Kennzahlen. 1980-2008. Fachserie 11 Reihe 4.3.1. Wiesbaden 2009a

Statistisches Bundesamt: Hochschulstandort Deutschland 2009. Ergebnisse aus der Hochschulstatistik. Wiesbaden, 2009b

Statistisches Bundesamt: Bildung und Kultur. Monetäre hochschulstatistische Kennzahlen. Fachserie 11Reihe 4.3.2. Wiesbaden, 2009c

Statistisches Bundesamt: Bildung und Kultur. Fachserie 11 Reihe 4.1. Wiesbaden, 2010a

Statistisches Bundesamt: Nichtmonetäre hochschulstatistische Kennzahlen. 1980-2008. Wiesbaden, 2010b

Statistisches Bundesamt: Hochschulen auf einen Blick. Wiesbaden, 2010c

Statistisches Bundesamt: Bildung und Kultur. Finanzen der Hochschulen. Fachserie 11 Reihe 4.5. Wiesbaden 2010d

Stern, Jutta: Programme versus Programmatik. Parteien und ihre Programme als Gestaltungsgröße auf bildungspolitische Entscheidungsprozesse. Franfurt am Main u.a. : Peter Lang, 2000

Sterzel, Dieter: Entstaatlichung der beruflichen Schulen. Verfassungsrechtliche Grenzen einer Privatisierung des Lernorts Schule im Dualen System der Berufsausbildung. Baden-Baden: Nomos, 2005

Stock, Manfred unter Mitarbeit von Reisz, Robert D. und König, Karsten: Politische Steuerung und Hochschulentwicklung unter föderalen Bedingungen. Stand der Forschung und theoretisch-methodologische Vorüberlegungen für eine empirische Untersuchung. Institut für Hochschulforschung Wittenberg. http://www.hof.uni-halle.de/dateien/ab_4_2009.pdf

Tenorth, Heinz-Elmar: „Alle alles zu lehren". Möglichkeiten und Perspektiven allgemeiner Bildung. Darmstadt: Wissenschaftliche Buchgesellschaft, 1994

Tenorth, Heinz-Elmar: Erfahrungen mit Beratung in Bildung und Wissenschaft: Bildungssystem und Bildungsforschung. In: Deutsche Gesellschaft für Bildungsverwaltung (Hrsg.): Bildungspolitik und Expertenmacht-Glanz und Elend der Politikberatung im Bildungswesen. Dokumentation der 24. DGBV-Jahrestagung vom 20.-22. November 2003 in Halle. Bonn: 2004, S. 51-64

Tenorth, Heinz-Elmar: Erziehung zur Persönlichkeit. In: Ternoth, Heinz-Elmar/Hüther, Michael/Heimbach-Steins, Marianne: Erziehung und Bildung heute, hg. von der Walter-Raymond-Stiftung der BDA. Berlin: GDA, 2006

Thiele, Burkard: Die Bildungspolitik der Europäischen Gemeinschaft. Chancen und Versäumnisse der EG-Bildungspolitik zur Entwicklung des Europas der Bürger. Münster: LIT, 1999

Tillmann, Klaus-Jürgen/Dedering, Kathrin/Kneuper, Daniel/Kuhlmann, Christian/Nessel, Isa: PISA als bildungspolitisches Ereignis. Fallstudien in vier Bundesländern. Wiesbaden: VS-Verlag, 2008

Toens, Katrin: Die Sorbonne-Deklaration. Hintergründe und Bedeutung für den Bologna-Prozess. http://hsdbs.hof.uni-halle.de/documents/t1723.pdf

vbw-Vereinigung der Bayerischen Wirtschaft e.V.: Arbeitslandschaft 2030. Steuert Deutschland auf einen generellen Personalmangel zu ? Eine Studie der Prognos AG, Basel. http://www.prognos.com/fileadmin/pdf/aktuelles/Arbeitslandschaft_2030_Langfassung_2008-10-08.pdf

Verbraucherzentrale des Bundesverbandes zur Verbraucherpolitik (Hrsg.): Werbung und Sponsoring in der Schule. Berlin: Berliner Wissenschaftsverlag, 2006

Walter, Thomas: Der Bologna-Prozess. Ein Wendepunkt europäischer Hochschulpolitik? Wiesbaden: VS-Verlag, 2006

Weinacht, Paul-Ludwig: Politik und Verwaltung im Bildungsbereich. Referenten und Abteilungsleiter eines Kultusministeriums in der Bundesrepublik Deutschland (1972/1973), in: Politische Vierteljahresschrift, Sonderheft 9, 1978, S. 192-219

Weingart, Peter/Taubert, Niels C.: Das Bundesministerium für Bildung und Forschung. In: Weingart Peter/Taubert Niels C. (Hrsg.): Das Wissensministerium. Ein halbes Jahrhundert Forschungs- und Bildungspolitik in Deutschland. Weilerswist: Velbrück Wissenschaft, 2006

Weishaupt, Horst: Veränderungen im elementaren und sekundären Bildungsbereich durch demographischen Wandel. http://kolloq.destatis.de/2004/kolloq_2004.htm

Wendt, Rudolf/Rixecker, Roland (Hrsg.): Verfassung des Saarlandes. Kommentar. Saarbrücken: Alma Mater, 2009

Winter, Martin: Programm-, Prozess-, Problem-Akkreditierung. Die Akkreditierung von Studiengängen und ihre Alternativen. In: Forschung & Lehre, 2, 2008, S. 98-101

Winter, Martin: Das neue Studieren. Chancen, Risiken, Nebenwirkungen der Studienstrukturreform: Zwischenbilanz zum Bologna-Prozess in Deutschland (HoF-Arbeitsbericht, 1/2009). Wittenberg: Institut für Hochschulforschung (HoF), 2009

Wolf, Frieder: Die Schulpolitik – Kernbestand der Kulturhoheit. In: Hildebrandt, Achim/ Wolf, Dieter (Hrsg.): Die Politik der Bundesländer. Staatstätigkeit im Vergleich. Wiesbaden: VS-Verlag, 2008, S. 21-41

Wolf, Frieder: Bildungsfinanzierung in Deutschland. Wiesbaden: VS Verlag, 2008

Wolf, Frieder/Henkes, Christian: Die Bildungspolitik von 2002 bis 2005: Eine Misserfolgsgeschichte und ihre Ursachen. In: Egle, Christoph/Zohlnhöfer, Reimut (Hrsg.): Ende des rot-grünen Projektes. Eine Bilanz der Regierung Schröder 2002-2005. Wiesbaden: VS-Verlag, 2007, S. 355-378

Wunder, Dieter: Auf die Ministerin, den Minister kommt es an. Ein Versuch zu analysieren, wie Bildungspolitik „gemacht" wird. In: Frommelt, Bernd/Klemm, Klaus/Rösner, Ernst/Tillmann, Klaus-Jürgen (Hrsg.): Schule am Ausgang des 20. Jahrhunderts. Gesellschaftliche Ungleichheit, Modernisierung, Steuerungsprobleme im Prozess der Schulentwicklung. Weinheim und München: Juventa Verlag, 2000

Elemente der Politik

Hrsg. von Bernhard Frevel / Klaus Schubert / Suzanne S. Schüttemeyer / Hans-Georg Ehrhart

Aden, Umweltpolitik
2011. ca. 120 S. Br. ca. EUR 12,95
ISBN 978-3-531-14765-9

Blum / Schubert, Politikfeldanalyse
2., akt. Aufl. 2011. 195 S. Br. ca. EUR 16,95
ISBN 978-3-531-17276-7

Dehling / Schubert,
Ökonomische Theorien der Politik
2011. ca. 120 S. Br. ca. EUR 12,95
ISBN 978-3-531-17113-5

Dittberner, Liberalismus
2011. ca. 120 S. Br. ca. EUR 14,95
ISBN 978-3-531-14771-0

Dobner, Neue Soziale Frage und Sozialpolitik
2007. 158 S. Br. EUR 12,90
ISBN 978-3-531-15241-7

Frantz / Martens, Nichtregierungs-
organisationen (NGOs)
2006. 159 S. Br. EUR 14,90
ISBN 978-3-531-15191-5

Frevel, Demokratie
Entwicklung - Gestaltung - Problematisierung
2., überarb. Aufl. 2009. 177 S. Br. EUR 12,90
ISBN 978-3-531-16402-1

Fuchs, Kulturpolitik
2007. 133 S. Br. EUR 14,90
ISBN 978-3-531-15448-0

Gareis, Internationaler Menschenrechtsschutz
2011. ca. 150 S. Br. ca. EUR 13,95
ISBN 978-3-531-15474-9

Gawrich, Das politische System der BRD
2011. ca. 120 S. Br. ca. EUR 12,95
ISBN 978-3-531-16407-6

Holtmann / Reiser, Kommunalpolitik
2011. ca. 120 S. Br. ca. EUR 12,95
ISBN 978-3-531-14799-4

Jahn, Vergleichende Politikwissenschaft
2011. ca. 120 S. Br. ca. EUR 12,95
ISBN 978-3-531-15209-7

Jahn, Frieden und Konflikt
2011. ca. 120 S. Br. ca. EUR 14,95
ISBN 978-3-531-16490-8

Jaschke, Politischer Extremismus
2006. 147 S. Br. EUR 14,95
ISBN 978-3-531-14747-5

Johannsen, Der Nahost-Konflikt
2., akt. Aufl. 2009. 167 S. Br. EUR 16,95
ISBN 978-3-531-16690-2

Kevenhörster / v.d. Boom, Entwicklungspolitik
2009. 112 S. Br. EUR 12,90
ISBN 978-3-531-15239-4

Kost, Direkte Demokratie
2008. 116 S. Br. EUR 12,90
ISBN 978-3-531-15190-8

Meyer, Sozialismus
2008. 153 S. Br. EUR 12,90
ISBN 978-3-531-15445-9

Piazolo, Die Europäische Union
2011. ca. 120 S. Br. ca. EUR 12,95
ISBN 978-3-531-15446-6

Schmitz, Konservativismus
2009. 170 S. Br. EUR 16,90
ISBN 978-3-531-15303-2

Schröter, Verwaltung
2011. ca. 120 S. Br. ca. EUR 14,95
ISBN 978-3-531-16474-8

Erhältlich im Buchhandel oder beim Verlag.
Änderungen vorbehalten. Stand: Juli 2010.

www.vs-verlag.de

VS VERLAG

Abraham-Lincoln-Straße 46
65189 Wiesbaden
Tel. 0611.7878-722
Fax 0611.7878-400

Neu im Programm
Politikwissenschaft

Christine Bauhardt / Gülay Çaglar (Hrsg.)

Gender and Economics

Feministische Kritik der politischen Ökonomie
2010. 308 S. (Gender und Globalisierung) Br. EUR 34,95
ISBN 978-3-531-16485-4

Arthur Benz / Nicolai Dose (Hrsg.)

Governance – Regieren in komplexen Regelsystemen

Eine Einführung
2., akt. u. veränd. Aufl. 2010. 277 S. (Governance) Br. EUR 26,95
ISBN 978-3-531-17332-0

Sebastian Bukow / Wenke Seemann (Hrsg.)

Die Große Koalition

Regierung - Politik - Parteien 2005-2009
2010. 391 S. Br. EUR 34,95
ISBN 978-3-531-16199-0

Jürgen Dittberner

Die FDP

Geschichte, Personen, Organisation, Perspektiven. Eine Einführung
2., überarb. u. akt. Aufl. 2010. 343 S. Br. EUR 39,95
ISBN 978-3-531-17494-5

Erhältlich im Buchhandel oder beim Verlag.
Änderungen vorbehalten. Stand: Juli 2010.

Thorsten Faas / Kai Arzheimer / Sigrid Roßteutscher (Hrsg.)

Information – Wahrnehmung – Emotion

Politische Psychologie in der Wahl- und Einstellungsforschung
2010. 377 S. (Veröffentlichung des Arbeitskreises „Wahlen und politische Einstellungen" der DVPW) Br. EUR 49,95
ISBN 978-3-531-17384-9

Florian Kühn

Sicherheit und Entwicklung in der Weltgesellschaft

Liberales Paradigma und Statebuilding in Afghanistan
2010. 385 S. (Politik und Gesellschaft des Nahen Ostens) Br. EUR 39,95
ISBN 978-3-531-17254-5

Markus M. Müller / Roland Sturm

Wirtschaftspolitik kompakt

2010. 259 S. Br. EUR 24,95
ISBN 978-3-531-14497-9

Franz Walter

Vom Milieu zum Parteienstaat

Lebenswelten, Leitfiguren und Politik im historischen Wandel
2010. 254 S. Br. EUR 24,95
ISBN 978-3-531-17280-4

www.vs-verlag.de

VS VERLAG

Abraham-Lincoln-Straße 46
65189 Wiesbaden
Tel. 0611.7878-722
Fax 0611.7878-400

2635576R00189

Printed in Germany
by Amazon Distribution
GmbH, Leipzig